BIBLIOGRAPHIE

DE

L'HISTOIRE DE FRANCE

OUVRAGES DU MÊME AUTEUR

BIBLIOGRAPHIE

DE

L'HISTOIRE DE FRANCE

CATALOGUE MÉTHODIQUE ET CHRONOLOGIQUE

DES SOURCES ET DES OUVRAGES

RELATIFS A L'HISTOIRE DE FRANCE

DEPUIS LES ORIGINES JUSQU'EN 1789

PAR

G. MONOD

Maître de conférences à l'École Normale supérieure

PARIS

LIBRAIRIE HACHETTE ET Cie

79, BOULEVARD SAINT-GERMAIN, 79

1888

BIBLIOGRAPHIE

DE

L'HISTOIRE DE FRANCE

PREMIÈRE PARTIE

RECUEILS ET OUVRAGES GÉNÉRAUX

I

SCIENCES AUXILIAIRES

1. Bibliographie générale et histoire des sources.

1. *Journal de la librairie, 1813-47, in-8°. — Bibliographie de la France, 1848-56, in-8°. — Journal de la librairie, 1857 et s., in-8°.

2. Lorenz. Catalogue de la librairie française de 1840 à 1865. Paris, 1867-71, 4 vol. in-8°.—Catalogue de la librairie française de 1866 à 1875. Paris, 1876-77, 2 vol. in-8°. — Table des années 1840-76. Paris, 1879-80, 2 vol. in-8°.

3. Graesse. Trésor de livres rares ou précieux, ou Nouveau Dictionnaire bibliographique. Dresde et Paris, 1858-1869, 5 vol. in-4°.

4. Petzholdt. Bibliotheca bibliographica. Leipzig, 1868, in-8°.

5. Vallée. Bibliographie des bibliographies. Paris, 1883, in-8°.

6. PAULOWSKI (G.). Les Travaux bibliographiques de 1867 à 1878. Paris, 1879, in-8°. (Extrait du *Recueil des travaux du congrès bibliographique international*, 1878.)

7. *BRUNET. Manuel du Libraire. Paris, 1860-67, 6 vol. in-8°. — Supplément (par Deschamps et Brunet). Paris, 1878-80, 2 vol. in-8°.

8. *QUÉRARD (J.-M.). La France littéraire, ou Dictionnaire bibliographique. Paris, 1827-64, 12 vol. in-8°.

9. DENIS (F.), PINÇON et DE MARTONNE. Nouveau Manuel de bibliographie universelle. Paris, 1857, in-8°.

10. VOGEL (F.-G.). Literatur früherer und noch bestehender europäischer öffentlicher und Corporations Bibliotheken. Leipzig, 1840, in-8°.

11. *QUÉRARD, BOURQUELOT, LOUANDRE et MAURY. La Littérature française contemporaine (1827-49). Paris, 1840-57, 6 vol. in-8°.

12. *BARBIER. Dictionnaire des Anonymes. Paris, 1822-27, 4 vol. in-8°. — 3° édit. Paris, 1872-79, 4 vol. in-8°.

13. *QUÉRARD. Les Supercheries littéraires dévoilées. Paris, 1869-70, 3 vol. in-8°.

14. FRANKLIN (A.). Dictionnaire des noms, surnoms et pseudonymes latins de l'histoire littéraire du moyen âge, 1100 à 1530. Paris, 1875, in-8°.

15. Universal catalogue of books on art compiled... by order of the lords of the committee of Council on education. Londres, 1870, 3 vol. in-8°.

———

16. *POTTHAST (A.). Bibliotheca historica medii aevi. Wegweiser durch die Geschichtswerke des europäischen Mittelalters. Berlin, 1862, in-8°. — Supplément, 1868, in-8°.

17. *CHEVALIER (U.). Répertoire des sources historiques du moyen âge. Première partie. Bio-bibliographie. Paris, 1877-84, in-8°.

18. OETTINGER (E.-M.). Bibliographie biographique universelle. Bruxelles, 1854, 2 vol. in-8°.

———

19. *LELONG (P.). Bibliothèque historique de la France. Paris, 1719, in-fol. — Éd. Fevret de Fontette. Paris, 1768-78, 5 vol. in-fol.

19 bis. RUELLE (C.-E.). Bibliographie générale des Gaules. Paris, 1880, in-8° (En cours de publication.) .

20. GIRAULT DE SAINT-FARGEAU. Bibliographie historique et topographique de la France. Paris, 1845, in-8°.

21. *Catalogue de l'histoire de France de la Bibliothèque nationale. Paris, 1855-82, 11 vol. in-4°.

22. FRANKLIN (A.). Les Sources de l'histoire de France. Paris, 1877, in-8°.

23. *DAHLMANN. Quellenkunde der deutschen Geschichte. 5e édition, revue par G. Waitz. Gœttingue, 1884, in-8°.

24. ROBERT (U.). Bibliographie des Sociétés savantes de la France. Paris, 1878, in-8°. (Extrait de la *Revue des Sociétés Savantes*, 6e série, t. VI.)

25. HATIN (E.). Bibliographie de la Presse périodique française. Paris, 1866, in-8°.

———

26. MONTFAUCON. Bibliotheca bibliothecarum manuscriptorum nova. Paris, 1739, 2 vol. in-fol.

27. HAENEL (G.-F.). Catalogi librorum manuscriptorum qui in bibliothecis *Galliae, Helvetiae, Belgiae*, etc., asservantur. Leipzig, 1830, in-4°.

28. Dictionnaire des manuscrits français et étrangers. Paris, 1853, 2 vol. in-4° (tomes 40 et 41 de la *Nouvelle Encyclopédie théologique* de Migne).

29. Catalogus codicum manuscriptorum bibliothecae regiae. Paris, 1739-44, 4 vol. in-fol.

30. DELISLE (L.). Inventaire des manuscrits latins conservés à la Bibliothèque nationale sous les nᵒˢ 8823-18613. Paris, 1863-71, in-8°. (Extrait de la *Bibliothèque de l'École des Chartes*, 1863, 1868, 1869, 1871.)

31. Catalogue des manuscrits français de la Bibliothèque nationale. Paris, 1868-80, 3 vol. in-4°. (En cours de publication.)

32. DELISLE (L.). Inventaire général et méthodique des manuscrits français de la Bibliothèque nationale. Paris, 1876-78, 2 vol. in-8°. (En cours de publication.)

33. PARIS (P.). Les Manuscrits françois de la Bibliothèque du roi. Paris, 1836-48, 7 vol. in-8° et table in-8°.

34. ROBERT (U.). État des catalogues des manuscrits des bibliothèques de *France* (dans le *Cabinet historique*, année 1877, p. 101).

35. ROBERT (U.). Inventaire sommaire des manuscrits des bibliothèques de *France* dont les catalogues n'ont pas été imprimés. Paris, 1879, in-8°. (En cours de publication.)

36. Catalogue général des manuscrits des bibliothèques publiques des départements. Paris, 1849-79, 6 vol. in-4°. (Publié par le ministère de l'Instruction publique.)

37. ROBERT (U.). État des catalogues des manuscrits des bibliothèques de *Belgique* et de *Hollande* (dans le *Cabinet historique*, année 1878, p. 196).

38. ROBERT (U.). État des catalogues des manuscrits des bibliothèques de *Danemark*, d'*Islande*, de *Norvège* et de *Suède* (dans le *Cabinet historique*, année 1880, p. 119).

39. ROBERT (U.). État des catalogues des manuscrits des bibliothèques d'*Espagne* et de *Portugal* (dans le *Cabinet historique*, année 1880, p. 294).

40. Tableau général numérique des fonds d'archives départementales antérieures à 1790, publié par la Commission des archives départementales et communales. Paris, 1848, in-4°.

41. PANNIER (L.). État des inventaires-sommaires et des autres travaux relatifs aux diverses archives de la France au 1er janvier 1875. Paris, 1875, in-8°. (Extrait de la *Bibliothèque de l'École des Chartes.*)

42. Catalogue général des cartulaires des archives départementales. Paris, 1847, in-4°.

43. ROBERT (U.). Inventaire des Cartulaires conservés dans les bibliothèques de Paris et aux Archives nationales, suivi d'une bibliographie des cartulaires publiés en *France* (dans le *Cabinet historique*, année 1878, p. 126).

———

44. * BORDIER (H.). Les Archives de France ou histoire des Archives de l'Empire. Paris, 1855, in-8°.

45. Inventaire général sommaire des Archives de l'Empire. Paris, 1867, in-4°.

46. Inventaire sommaire et tableau méthodique des fonds conservés aux Archives nationales. 1re partie; régime antérieur à 1789. Paris, 1871, in-4°.

47. Inventaire sommaire des archives du département des Affaires étrangères. Mémoires et documents. France. Paris, 1882, in-8°. — Index, 1884, in-8°.

48. GEFFROY. Notices et extraits des manuscrits concernant l'histoire ou la littérature de la *France* qui sont conservés dans les bibliothèques ou archives de Suède, Danemark, et Norvège. Paris, 1857, in-8°. (Extrait des *Archives des miss. scient. et littér.,* t. IV.)

49. BOUTARIC. Rapport sur une mission en Belgique à l'effet de rechercher les documents relatifs à l'histoire de *France* au moyen âge. Paris, 1865, in-8°. (Extrait des *Archives des miss. scient. et littér.,* 2e série, II.)

50. LA FERRIÈRE (H. DE). Recherches faites à la Bibliothèque impériale de Saint-Pétersbourg concernant les lettres originales et les manuscrits sortis de *France,*

Paris, 1867, in-8°. (Extrait des *Archives des miss. scient. et litter.*, 2° série, II-IV, 1865-67.)

51. BERTRAND (G.). Les Manuscrits français de la Bibliothèque impériale de Saint-Pétersbourg. Paris, 1874, in-8°. (Extrait de la *Revue des Sociétés Savantes,* 5° série, t. VI.)

52. MEYER (P.). Rapport sur une mission littéraire en Angleterre. Paris, 1866-67, in-8°. (Extrait des *Archives des miss. scient. et littér.*, 2° série, t. III et IV.)

53. MORBIO (Ch.). Manuscrits relatifs à l'histoire et à la littérature de *France* découverts en *Italie.* Milan, 1839, in-8°.

54. BIANCHI (N.). Le Materie politiche relative all'estero degli Archivi di Stato piemontesi. Bologne, 1876, in-8°.

55. BASCHET. Les Archives de Venise. Paris, 1877, in-8°.

———————

56. LENGLET-DUFRESNOY. Méthode pour étudier l'histoire, avec un catalogue des principaux historiens. Paris, 1729, 4 vol. in-4°. — Suppl. 1740, 2 vol. in-4°. — Dernière édition. Paris, 1772, 15 vol. in-12.

57. *FABRICIUS. Bibliotheca latina mediae et infimae latinitatis. Hambourg, 1734-46, 6 vol. in-8°. — 2° édit. (F.-D. Mansi). Padoue, 1754, 6 vol. in-4°. — Florence, 1855, 6 vol. in-8°.

58. STRUVIUS. Bibliotheca historica. Iéna, 1705, in-8°. — Éd. Meusel. Iéna, 1710, 2 vol. in-8°. — Leipzig, 1782-1804, 11 tomes en 22 vol. in-8°.

59. SAXE (C.). Onomasticon litterarium, sive nomenclator historico-criticus præstantissimorum... scriptorum. Utrecht, 1775-1803, 8 vol. in-8°.

60. *WATTENBACH (W.). Deutschlands Geschichtsquellen im Mittelalter bis zur Mitte des XIII. Jahrhunderts. 4° édition. Berlin, 1877-78, 2 vol. in-8°.

61. *Histoire littéraire de la *France*, commencée par les religieux bénédictins de la Congrégation de Saint-Maur et

continuée par l'Académie des inscriptions et belles-lettres, Paris, 1733-1881, 28 vol. in-4°.

62. Oudin (C.). Commentarius de scriptoribus ecclesiasticis. Leipzig, 1722, 3 vol. in-fol.

63. Ceillier (D. Rémy). Histoire générale des auteurs sacrés et ecclésiastiques. Paris, 1729, 25 vol. in-4°. — Nouv. édit. (par l'abbé Bauzon). Paris, 1858-64, 17 vol. in-8°.

64. Cave (G.). Scriptorum ecclesiasticorum historia litteraria a Christo nato usque ad sæc. xiv. Oxford, 1740-43, 2 vol. in-8°.

2. Chronologie.

65. *Scaliger (J.-C.). De emendatione temporum. Genève, 1629, in-fol.

66. Petau (D.). Opus de doctrina temporum. Anvers, 1705, 3 vol. in-fol. — Rationarium temporum. 2ᵉ édit. Leyde, 1710, 2 vol. in-8°.

67. Pilgram (A.). Calendarium chronologicum medii potissimum aevi monumentis accomodatum. Vienne, 1781, in-4°.

68. *L'Art de vérifier les dates..... depuis la naissance de Jésus-Christ. 1ʳᵉ édit. Paris, 1750, in-4°. — 2ᵉ édit. 1770, in-fol. — 3ᵉ édit. 1783-87, 3 vol. in-fol. — Continuation par V. de Saint-Allais. Paris, 1818-19, 18 vol. in-8°.

69. L'Art de vérifier les dates depuis 1770 jusqu'à nos jours, par le chevalier de Courcelles. Paris, 1821-1844, 19 vol. in-8°.

70. Dictionnaire de l'Art de vérifier les dates (dans l'Encyclopédie de Migne). Paris, 1854, in-4°.

71. Labbe (Ph.). Chronologia technica et historica. Paris, 1670, 5 vol. in-fol.

72. *Ideler (L.). Handbuch der mathematischen und

technischen Chronologie. Berlin, 1825-26, 2 vol. in-8°. — Lehrbuch der Chronologie. Berlin, 1831, in-8°.

73. WEIDENBACH (A.-J.). Calendarium historico-christianum medii et novi aevi. Ratisbonne, 1855, in-4°.

74. GROTEFEND (H.). Handbuch der historischen Chronologie des Mittelalters und der Neuzeit. Hanovre, 1872, in-4°.

75. BRINCKMEIER (E.). Praktisches Handbuch der historischen Chronologie aller Zeiten und Völker, besonders des Mittelalters. 2e édit. Berlin, 1882, in-8°.

76. DREYSS. Chronologie universelle. 5e édit. Paris, 1873, 2 vol. in-12.

77. KALTENBRUNNER. Beiträge zur Geschichte der gregorianischen Kalenderreform. Vienne, 1880, in-8°.

3. Linguistique.

78. LITTRÉ. Histoire de la langue française. Études sur les origines, l'étymologie, la grammaire, les dialectes, la versification et les lettres au moyen âge. Paris, 1863, 2 vol. in-8°.

79. *DIEZ. Grammatik der romanischen Sprachen. Bonn, 1836-38, 2 vol. in-8°. — Trad. Brachet, Morel-Fatio et Gaston Paris. Paris, 1873-76, 3 vol. in-8°.

80. BRACHET. Grammaire historique de la langue française. Paris, s. d., in-12.

81. MARTY-LAVEAUX. Grammaire historique de la langue française. Paris, 1875, in-12.

82. PARIS (G.). Étude sur le rôle de l'accent latin dans la langue française. Paris, 1862, in-8°.

83. *QUICHERAT (J.). De la formation française des noms de lieux. Paris, 1867, in-12.

84. *Du Cange. Glossarium mediae et infimae latinitatis. Paris, 1678, 3 vol. in-fol.; édit. des Bénédictins. Paris, 1733, 6 vol. in-fol. — Édit. dom Carpentier. Paris, 1766, 10 vol. in-fol. — Édit. Henschel. Paris, 1840-50, 7 vol. in-4°.

85. Nicot. Trésor de la langue françoise. Paris, 1606, in-f°. — Rouen, 1618, in-4°.

86. Richelet. Dictionnaire de la langue françoise ancienne et moderne. Paris, 1728, 3 vol. in-fol.

87. Ménage. Dictionnaire étymologique de la langue françoise. Paris, 1750, 2 vol. in-fol.

88. Dictionnaire de Trévoux. Paris, 1771, 8 vol. in-fol.

89. *Littré. Dictionnaire de la langue française. 1878-81, 5 vol. in-4°.

90. Diez. Etymologisches Wörterbuch der romanischen Sprachen. 4e édit. Bonn. 1878, in-8°.

91. * Brachet. Dictionnaire étymologique de la langue française. Paris, 1870, in-12.

92. Scheler. Dictionnaire d'étymologie française. Bruxelles, 1873, in-8°.

93. La Curne de Sainte-Palaye. Dictionnaire historique de l'ancien langage français. Éd. L. Favre. Paris, 1875-1882, 10 vol. in-4°.

94. *Godefroy. Dictionnaire de l'ancienne langue française. Paris, 1880 et suiv. in-4°. (En cours de publication.)

95. *Dictionnaire de l'Académie française. 1re édit. Paris, 1694, 2 vol. in-fol. — 7e édit. Paris, 1874-1878, 2 vol.

96. Le Gonidec et de la Villemarqué. Grammaire bretonne et dictionnaire breton-français et français-breton. Saint-Brieuc, 1850, 2 vol. in-8°.

97. Roquefort. Glossaire de la langue romane. Paris, 1808, 3 vol. in-8°.

98. Rochegude. Essai d'un glossaire occitanien. Toulouse, 1819, in-8°.

99. Raynouard. Lexique roman. Paris, 1836-44, 6 vol. in-8.

100. Mistral. Lou Trésor de félibrige. Avignon, 1877, et suiv. in-8°. (En cours de publication.)

101. Hécart. Dictionnaire rouchi-françois. Valenciennes, 1833, in-8°.

102. Corblet (l'abbé). Dictionnaire étymologique et comparatif du patois picard ancien et moderne. Paris, 1871, in-8°.

103. Saulny (de). Vocabulaire patois du pays messin. Metz, 1854, in-12.

104. Duméril. Dictionnaire du patois normand. Caen, 1849, in-8°.

105. Favre. Glossaire du *Poitou*, de la *Saintonge* et de l'*Aunis*. Niort, 1868, in-8°.

106. Jaubert (comte). Glossaire du centre de la France. Paris, 1856, 2 vol. in-8°. Supplément, 1869, in-4°.

107. Chambure (E. de). Glossaire du *Morvan*. Paris, 1878, in-4°.

----

4. Paléographie et Diplomatique.

108. *Mabillon (dom). De re diplomatica libri VI. Paris, 1686, in-fol. — Supplément, 1704, in-fol. — 2° édit. Paris, 1709, in-fol. — 3° édit. (par Adimari). Naples, 1789, 2 vol. in-fol.

109. Walther. Lexicon diplomaticum. Gœttingue, 1745-47, 3 tomes en 1 vol. in-fol. — 2° édit. Ulm, 1756, in-fol.

110. *Toustain et Tassin (DD.). Nouveau Traité de diplomatique, par deux religieux bénédictins de la congrégation de Saint-Maur. Paris, 1750-65, 6 vol. in-4°.

111. Paoli (C.). Programma di paleografia latina e di diplomatica. Florence, 1883, in-8°.

112. Carpentier (dom). Alphabetum tironianum, seu notas tironianas explicandi methodus. Paris, 1747, in-fol.

113. TARDIF (J.). Mémoires sur les notes tironiennes. Paris, 1852, in-4°.

114. KOPP (U.-F.). Palaeographia critica. Mannheim, 1817, 2 vol. in-4°.

115. *WAILLY (N. DE). Éléments de paléographie. Paris, 1838, 2 vol. in-fol. (Dans la *Coll. des documents inédits rel. à l'Hist. de France.*)

116. SILVESTRE. Paléographie universelle ; collection de fac-similés d'écriture de tous les peuples et de tous les temps. Paris, 1841, 4 vol. in-fol.

117. CHASSANT. Paléographie des chartes et des manuscrits du XIᵉ au XVIIIᵉ siècle. 6ᵉ édit. Paris, 1846, in-12. — Dictionnaire des abréviations latines et françaises usitées dans les inscriptions, les manuscrits et les chartes du moyen âge. 3ᵉ édit. Paris, 1866, in-12.

118. VAINES (dom DE). Dictionnaire raisonné de diplomatique. Paris, 1774, 2 vol. in-8°. — 2ᵉ édit. Paris, 1855, 2 vol. in-8°.

119. Dictionnaire de paléographie (dans l'*Encyclopédie* de Migne). Paris, 1851, in-4°.

120. QUANTIN (M.). Dictionnaire de diplomatique (dans l'*Encyclopédie* de Migne). Paris, 1846, in-4°.

121. SCHOENEMANN. Lehrbuch der allgemeinen besonders ältern Diplomatik, in einem vollständigen systematischen Zusammenhange. Leipzig, 1818, in-8°.

122. LEIST (Fr.). Urkundenlehre. Katechismus der Diplomatik, Paläographie, Chronologie und Sphragistik. Leipzig, 1882, in-16.

123. BESSEL (G. von). Chronicon Gotwicense. [T. I. De codd. mss. De imperatorum et regum Germaniae diplomatibus. De eorundem palatiis, villis, etc. De Germaniae medii aevi pagis.] Typ. monast. Tegernsee, 1782, in-fol.

124. LAUNOY (F.). Syntagma histor. de sanctis Franciae

cancellariis in genere et de cancellariis Franciae amplifi-
catum. Paris, 1634, in-4°.

125. SICKEL (Th.). Beiträge zur Diplomatik, I (1861),
II (1862), III (1864), IV (1864), V (1865), VI (1877), VII (1879),
VIII (1881). Vienne, in-8°. (Extrait des *Sitzungsber. d. k.
Akad. der Wissenschaften.*)

126. WATTENBACH (W.). Anleitung zur lateinischen
Paläographie. 3e édit. Leipzig, 1878, in-4°.

127. * WATTENBACH (W.). Das Schriftwesen im Mittelalter.
2e édit. Leipzig, 1875, in-8°.

128. EBERT (F.-A.). Zur Handschriftenkunde. Leipzig,
1825-1827, 2 vol. in-8°.

129. DEMAY. Paléographie des sceaux. Paris, 1881, in-8°.

130. Musée des archives nationales. Ouvrage enrichi de
1200 fac-similés depuis l'époque mérovingienne jusqu'à
la Révolution. Paris, 1872, in-4°.

131. Ministère de l'Intérieur. Musée des archives départementales. Paris, 1878 in-4° et atlas gr. in-fol.

132. Recueil de fac-similés à l'usage de l'École des
Chartes. Paris, 1880 et suiv., in-fol. (En cours de publication.)

133. BOURMONT (A. DE). Lecture et transcription des
vieilles écritures. Manuel de paléographie des xvie, xviie et
xviiie siècles. Paris, 1881, in-fol.

5. Sphragistique et Blason.

134. HEINECCIUS (J.-M.). De veteribus Germanorum alia-
rumque nationum sigillis. 2e édit. Francfort, 1719, in-fol.

135. CHASSANT et DELBARRE. Dictionnaire de sigillographie pratique. Paris, 1860, in-18.

136. *DOUET D'ARCQ. Collection des sceaux des Archives nationales. Paris, 1863-68, 3 vol. in-4°.

137. DEMAY. Inventaire des sceaux de *Flandre*. Paris, 1873, 2 vol. in-4°, pl.

138. DEMAY. Inventaire des sceaux de *Picardie* et d'*Artois*. Paris, 1877, in-4°, pl.

139. DEMAY. Inventaire des sceaux de *Normandie*. Paris, 1881, in-4°, pl.

140. FARCY (DE). Sigillographie de la *Normandie* (évêché de Bayeux). Caen, 1875, in-8°, pl.

141. HUCHER. Sigillographie du *Maine*. Caen, 1853, in-8°. (Extrait du *Bulletin Monumental*.)

142. ROMAN (J.). Sigillographie du diocèse d'*Embrun*. Paris et Grenoble, 1873, in-4°, pl.

143. BOSREDON (DE). Sigillographie du *Périgord*. Paris, 1879, in-8°.

144. BLANCARD. Iconographie des sceaux et bulles conservés dans la partie antérieure à 1790 des archives départementales des *Bouches-du-Rhône*. Marseille, 1860, 2 vol. in-f°.

———

145. GRANDMAISON. Dictionnaire d'héraldique (dans l'*Encyclopédie* de Migne). Paris, 1854, in-4°.

146. CHASSANT et TAUSIN. Dictionnaire des devises historiques et héraldiques. Paris, 1878, 2 vol. in-18.

147. *MENESTRIER (P.). Le Véritable Art du blason. Lyon, 1659, in-16. — La Méthode du blason. Lyon, 1689, in-12.

148. PALLIOT. La Vraie et parfaite Science des armoiries. Lyon, 1660, in-fol.

149. GUIGARD. Bibliothèque héraldique. Paris, 1862, in-8.

150. *HOZIER (L.-P. D'). Armorial général de la *France*. 1re édit. Paris, 1738-68, 10 vol. in-fol. — 2e édit. Paris, 1863-78, 12 vol. in-fol.

151. Paris (L.). Indicateur du grand armorial de *France*, de Charles d'Hozier. Paris, 1866, in-8°.

152. Guilbert (A.). Histoire des villes de France avec armorial des villes. Paris, 1844, 3 vol. in-8°.

153. Rietstap. Armorial général contenant la description des armoiries des familles nobles de l'*Europe*. Gouda, 1861, in-8°. (Cf. plus bas, § 8, *Généalogie*.)

---

6. Numismatique.

154. Dictionnaire de numismatique et de sigillographie religieuse (dans l'*Encyclopédie* de Migne). Paris, 1852, in-4°.

155. *Barthélemy (A. de). Nouveau Manuel de numismatique. Paris, 1851, 2 vol. in-18 et atlas (dans la coll. des *Manuels Roret*).

156. *Leblanc. Traité historique des monnaies de *France*. Paris, 1690, in-4°.

157. Combrouse (G.). Catalogue raisonné des monnaies nationales de *France*. Paris, 1839-51, 2 vol. in-4° et atlas.

158. Tobiesen-Duby (P.-A.). Traité des monnaies des barons, ou Représentation et explication des monnaies. Paris, 1790, 2 vol. in-4°.

159. Caron (E.). Monnaies féodales françaises. Paris, in-4°. (En cours de publication.)

160. Lenormant. Trésor de numismatique et de glyptique. Paris, 1834-1850, 22 vol. in-fol.

---

161. Combrouse (G.). Monétaire des rois mérovingiens. Paris, 1840, in-4°.

162. Barthélemy (A. de). Liste des noms d'hommes gravés sur les monnaies de l'époque mérovingienne. Paris,

1881, in-8°. — Liste des noms de lieux inscrits sur les monnaies de l'époque mérovingienne. Paris, 1865, in-8°.

163. LELEWEL. Numismatique du moyen âge. Paris, 1835, 3 vol. in-8° et atlas.

164. FOUGÈRES (F.) et COMBROUSE (G.). Description des monnaies de la deuxième race royale de *France*. Paris, 1837, in-4°.

165. POEY D'AVANT (F.). Monnaies féodales de France. Paris, 1858-62, 3 vol. in-4°.

166. HOFFMANN. Les Monnaies royales de *France*, depuis Hugues Capet jusqu'à Louis XVI. Paris, 1878, in-4°.

167. SAULCY (DE). Éléments de l'histoire des ateliers monétaires du royaume de *France*, depuis Philippe-Auguste jusqu'à François Ier inclusivement. Paris, 1879, in-4°.

168. BARTHÉLEMY (A. DE). Essai sur les monnaies des ducs de *Bourgogne*. Dijon, 1849, in-4°.

169. PLANTET et JEANNEZ. Essai sur les monnaies du comté de *Bourgogne*. Lons-le-Saulnier, 1857, in-4°.

170. GAILLARD (V.). Recherches sur les monnaies des comtes de *Flandre*. Gand, 1852, in-4°.

171. MORIN (M.). Numismatique féodale du *Dauphiné*. Paris, 1854, in-4°.

172. BIGOT (A.). Essai sur les monnaies du royaume et duché de *Bretagne*. Rennes, 1857, in-8°.

173. SAULCY (DE). Recherches sur les monnaies des ducs de *Lorraine*. Metz, 1841, in-4°. — Recherches sur les monnaies des comtes héréditaires et ducs de *Bar*. Metz, 1843, in-4°.

174. ROBERT (Charles). Études numismatiques sur une partie du nord-est de la *France*. Metz, 1852, in-4°.

175. ROBERT (C.). Recherches sur les monnaies des évêques de *Toul*. Metz, 1841, in-4°.

176. ROBERT (C.). Recherches sur les monnaies et les

jetons des maîtres échevins et description de jetons divers. Metz, 1853, in-4.

177. ROBERT (C.). Numismatique de *Cambrai*. Metz, 1862, in-4°.

178. SOULTRAIT (DE). Essai sur la numismatique nivernaise. Paris, 1854, in-8°.

179. SAUSSAYE (DE LA). Numismatique de la *Gaule Narbonnaise*. Blois, 1842, in-4°.

180. ROBERT (C.). Numismatique de *Languedoc*. Période gauloise. Période wisigothe et franque; période carolingienne. Toulouse, 1876-1880, 2 vol. in-4°. (Extraits de l'*Histoire du Languedoc*, t. II et VII.)

181. GERMAIN (A.). Mémoire sur les anciennes monnaies seigneuriales de *Melgueil* et de *Montpellier*. (Société archéologique de Montpellier.) 1852, in-4°.

182. SAULCY (DE). Numismatique des croisades. Metz, 1847, in-4°.

183. SCHLUMBERGER (G.). Numismatique de l'*Orient latin*. Paris, 1878, in-4°.

184. ROUYER et HUCHER. Histoire du jeton au moyen âge. Le Mans, 1857, in-8°.

185. FONTENAY (DE). Manuel de l'amateur de jetons. Autun, 1854, in-8°.

7. Archéologie.

186. Dictionnaire archéologique de la Gaule celtique. Paris, 1875, t. I, in-4°.

187. BERTRAND (A.). Archéologie celtique et gauloise. Paris, 1876, in-8°.

188. *MARTIGNY (l'abbé). Dictionnaire des antiquités chrétiennes. 2° édit. Paris, 1877, in-8°.

189. Dictionnaire d'épigraphie (dans l'*Encyclopédie* de Migne). Paris, 1852, 2 vol. in-4°.

190. LE BLANT (Ed.). Manuel d'épigraphie chrétienne d'après les marbres de la Gaule. Paris, 1869, in-12.

191. GUILHERMY (DE) et LASTEYRIE (R. DE). Inscriptions de la France du V° siècle au XVIII°. — Ancien diocèse de *Paris.* Paris, 1873-1883, 5 vol. in-4°.

192. LABORDE (M¹⁸ DE). Glossaire Archéologique du moyen âge. Paris, 1853, in-8° (tome II de la Notice des émaux... du Musée du Louvre).

193. *GAY (V.). Glossaire archéologique. Paris, 1882 et suiv. in-8°. (En cours de publication.)

194. CROSNIER (M⁸ʳ). Iconographie chrétienne. Tours, 1876, in-8°, fig.

195. CAHIER (le P.). Caractéristiques des Saints dans l'art populaire. Paris, 1867. 2 parties en 1 vol. in-4°.

196. GUÉNEBAULT. Dictionnaire iconographique des monuments de l'antiquité chrétienne et du moyen âge, depuis le Bas Empire jusqu'à la fin du XVI° siècle. Paris, 1843-1845, 2 vol. in-8°.

197. *CAUMONT (A. DE). Abécédaire d'archéologie. Caen, 1869-70, nouv. édit., 3 vol. in-8°.—Cours d'antiquités monumentales, professé à Caen en 1830. Caen, 1831-43, 6 vol. in-8° et atlas.

198. BATISSIER. Histoire de l'art monumental dans l'antiquité et au moyen âge, suivie d'un traité de la peinture sur verre. Paris, 1845, gr. in-8°.

199. *VIOLLET-LE-DUC. Dictionnaire..... de l'architecture française du XI° au XVI° siècle. Paris, 1875, 10 vol. in-8°.

200. LENOIR (A.).Architecture monastique du moyen âge. Paris, 1852-1856, 2 vol. in-4°. (Coll. des *Documents inédits.*)

201. Archives de la Commission des monuments historiques. Paris, 1855-72, 4 vol. in-fol. de planches.

202. RAMÉE (D.). Histoire générale de l'architecture. Paris, 1877, 2 vol. in-8°.

203. GAILHABAUD. L'Architecture du v⁰ au xvii⁰ siècle et les arts qui en dépendent. Paris, 1858, 4 vol. in-4⁰ et atlas in-fol. — Monuments anciens et modernes. Paris, 1770, 4 vol. in-4⁰, fig.

204. VERDIER et CATTOIS. Architecture civile et domestique au moyen âge et à la Renaissance. Paris, 1855-57, 2 vol. in-4⁰.

205. PALUSTRE (L.). La Renaissance en *France*. Paris, Quantin, 1880 et suiv., in-fol. (En cours de publication.)

206. DAVID (W. G.). Architectural studies in *France*. Londres, 1878, fol.

207. MILLIN. Antiquités nationales, ou recueil des monuments pour servir à l'histoire de l'empire français. Paris, 1790-99, 5 vol. in-4⁰, fig.

208. Bulletin monumental. Caen et Tours, 1835 et années suivantes, in-8⁰, fig.

209. CHAPUY et DE JOLIMONT. Collection dite des cathédrales de France (*Albi, Auxerre, Amiens, Beauvais, Chartres, Dijon, Paris, Rouen, Sens, Senlis, Strasbourg*). Paris, 1823, in-4⁰.

210. MORET. Le Moyen âge pittoresque... du x⁰ au xvii⁰ siècle. Paris, 1840, 2 vol. in-fol.

211. TAYLOR, NODIER et DE CAILLEUX. Voyage pittoresque en France. Paris, 1820 et suiv., 16 vol. in-fol. (*Aunis, Normandie, Franche-Comté, Auvergne, Languedoc, Picardie, Dauphiné, Bretagne, Champagne, Bourgogne*).

212. ROUYER et DARCEL. L'Art architectural en *France*, de François I⁰ʳ à Louis XVI. Paris, 1859-66, in-4⁰.

213. EYRIÈS (G.). Les Châteaux historiques de *France*. Paris et Poitiers, 1877-79, 2 vol. in-4⁰.

214. *Répertoires archéologiques des départements, publiés sous les auspices du Ministère de l'Instruction publique. Paris, 1861-76, 7 vol. in-4⁰ (*Aube, Morbihan, Nièvre, Oise, Seine-Inférieure, Tarn, Yonne*).

215. Millin. Voyage dans le midi de la *France*. 1807-11, 5 vol. in-8° et atl. in-4°.

216. Révoil (H.). Architecture romane du midi de la *France*. Paris, 1873, 3 vol. in-fol.

216 *bis*. Tholin. Étude, sur l'architecture religieuse de l'*Agenais*. Paris, 1874, in-8°. — Les églises du haut *Languedoc*. Toulouse, 1876, in-4°.

217. Fleury (Ed.). Antiquités et monuments du département de l'*Aisne*. Laon, 1877, in-4°.

218. Buhot de Kersers. Étude sur l'architecture religieuse en *Berry*. Paris, 1871, in-8°. — Statistique monumentale du département du *Cher*. Paris, 1877, in-4°.

219. Gaussen. Portefeuille archéologique de la *Champagne*. Bar-sur-Aube, 1861, in-4°, fig.

220. Ledain (B.). La *Gâtine* historique et monumentale. Paris, 1876, in-4°.

221. Caumont (A. de). Statistique monumentale du département du *Calvados*. Caen, 1847-62, 5 vol. in-8°. — Statistique monumentale de l'arrondissement de *Bayeux*. Caen, 1858, in-8°.

222. Cochet (l'abbé). La *Normandie* souterraine. Dieppe, 1855, in-8°. — La Seine-Inférieure historique et archéologique. Époques Gauloise, Romaine et Franke. Dieppe, 1864, in-4°.

223. Lenoir (A.). Statistique monumentale de *Paris*. Paris, 1867, in-4° et 2 vol. in-fol. de planches.

224. Guilhermy (de). Itinéraire archéologique de *Paris*. Paris, 1855, in-12.

225. Saint-Paul (A.). Notices et observations comparatives sur les églises des environs de *Paris*. Paris, 1869, in-8.

226. Guigue et Bégul. Monographie de la cathédrale de *Lyon*. Lyon, 1881, in-4°.

227. Lassus et Didron. Monographie de la cathédrale de *Chartres*. Paris, 1837-65, 2 vol. in-4°.

223. Vitet et Ramée. Monographie de Notre-Dame de *Noyon*. Paris, 1845, in-4° et atlas in-fol.

229. Corroyer. Description de l'abbaye du *Mont-Saint-Michel*. Paris, 1877, in-8°.

230. Desjardins. Histoire de la cathédrale de *Beauvais*. Beauvais, 1865, in-4°.

231. Dupasquier et Didron. Monographie de Notre-Dame de *Brou*. Paris, 1842, in-4° et atlas in-fol.

(Voir aussi plus loin la division *Arts et Littérature*.)

------

232. *Labarte (J.). Les Arts industriels au moyen âge et à l'époque de la Renaissance. Paris, 1re édit., 1864-66, 4 vol. in-8° et 2 vol. in-4. — 2e édit., 1872-75, 3 vol. in-4°.

233. *Viollet-le-Duc. Dictionnaire raisonné du mobilier français de l'époque Carolingienne à la Renaissance. Paris, 1865-75, 6 vol. in-8°.

234. *Quicherat (J.). Histoire du Costume en *France*. Paris, 1875, in-8°.

235. Weiss. Kostümkunde. Geschichte der Tracht und des Gerathes vom 4ten Jahrh. bis auf die Gegenwart. Stuttgart, 1864-72, 3 vol. in-8°.

236. Demay (G.). Le Costume au moyen âge d'après les sceaux. Paris, 1880, in-8°.

237. Texier (l'abbé). Dictionnaire d'orfèvrerie (dans l'*Encyclopédie* de Migne). Paris, 1856, in-4°.

238. Lasteyrie (J. de). Histoire de la peinture sur verre. Paris, 1860, 2 vol. in-fol.

8. Généalogie.

239. Almanach de Gotha; tous les ans depuis 1763, pet. in-8°.

240. BEHR. Genealogie der in Europa regierenden Fürstenhäuser, 2° éd. Leipzig, 1870, in-4°.

241. *ANSELME (P.). Histoire généalogique et chronologique de la maison royale de *France*, des pairs et grands officiers de la maison, des barons de France, etc. Paris, 1726, 9 vol. in-fol.

242. CHESNAYE-DESBOIS (DE LA) et BADIER. Dictionnaire de la noblesse. Paris, 3° édit., 1863 et suiv. 18 vol. in-4°. (En cours de publication.)

243. LAINÉ. Archives généalogiques et historiques de la noblesse de *France*. Paris, 1831-50, 11 vol. in-8°.

244. GARNIER (Ed.). Tableaux généalogiques des souverains de la *France* et de ses grands feudataires. Paris, 1863, in-4°.

245. SAINT-ALLAIS (DE). Tableaux chronologiques, généalogiques, historiques et statistiques des maisons souveraines de l'Europe. Paris, 1809, in-fol.

246. BETANCOURT (dom). Noms féodaux. Paris, 2° édit., 1867-1868, 4 vol. in-8°.

247. *D'HOZIER. Armorial général de la France. Paris, 1738-1768 et suppl., 1872, 14 vol. in-fol.

248. BOUILLET (J.-B.). Nobiliaire d'*Auvergne*. Clermont-Ferrand, 1846-1853, 7 vol. in-8°.

249. SOULTRAIT (G. DE). Armorial du *Bourbonnais*. Moulins, 1857, in-8°.

250. SOULTRAIT (DE). Armorial de l'ancien duché de *Nivernais*, suivi de la liste de l'assemblée de l'ordre de la noblesse aux États généraux de 1789. Paris, 1847, in-8°.

251. Courcy (Potier de). Nobiliaire de *Bretagne*. Saint-Pol-de-Léon, 1861, 3 vol. in-4°.

252. Roque (de la). Armorial de la noblesse de *Languedoc*. Montpellier et Paris, 1860-61, 4 vol. in-8°.

253. Steyert (A.). Armorial général du *Lyonnais, Forez et Beaujolais*. Lyon, 1860, in-4°.

254. Roque (de la). Histoire de la maison d'*Harcourt*. Paris, 1661, 4 vol. in-fol.

255. Du Chesne (André). Histoire de la maison de *Dreux*, Paris, 1631, in-fol. — Histoire de la maison de *Vergy*. Paris, 1625, in-fol. — Histoire généalogique de la maison de *Chastillon-sur-Marne*. Paris, 1621, in-fol. — Histoire généalogique des ducs de *Bourgogne* de la maison de *France*, à laquelle sont ajoutés les seigneurs de *Montagu*, de *Sombernon* et de *Conches*, issus des mêmes ducs. Paris, 1628, in-4. — Histoire généalogique de la maison de *Montmorency* et de *Laval*. Paris, 1624, in-fol. — Histoire des maisons de *Guines*, d'*Ardres*, de *Gand* et de *Coucy*. Paris, 1631, in-fol.

256. Justel. Histoire de la maison de *Turenne*, divisée en deux livres. Paris, 1645, in-fol. — Histoire généalogique de la maison d'*Auvergne*... divisée en sept livres. Paris, 1645, in-fol.

257. Baluze. Histoire généalogique de la maison d'*Auvergne*. Paris, 1708, 2 vol. in-fol.

---

9. Biographie.

258. Bayle. Dictionnaire historique et critique. Rotterdam, 1720, 4 vol. in-fol.; — édit. Beuchot. Paris, 1820, 15 vol. in-8°.

259. *Moréri. Grand Dictionnaire historique. Paris, 1759, 10 vol. in-fol.

260. La Croix du Maine et Du Verdier. Bibliothèque

française. Nouv. édit. par R. de Juvigny. Paris, 1772-1773, 6 vol. in-4°.

261. MICHAUD. Biographie universelle. Paris, 1811-28, 52 vol. in-8°. — Paris, 1854-1865, 45 vol. in-8°.

262. *HŒFER. Nouvelle Biographie générale, publiée par Firmin Didot. Paris, 1859-1866, 46 vol. in-8°.

263. LEBAS. Dictionnaire encyclopédique de l'histoire de France. Paris, 1840-1845, 12 vol. in-8°.

264. *LALANNE (L.). Dictionnaire historique de la *France*. Paris, 1877, in-8°.

265. JAL. Dictionnaire critique de biographie et d'histoire. Nouv. édit. Paris, 1872, in-8°.

266. DEZOBRY et BACHELET. Dictionnaire général de biographie et d'histoire. Paris, 1871, 2 vol. in-8°.

267. BOUILLET. Dictionnaire universel d'histoire et de géographie. Paris, 1872, in-8°.

268. VAPEREAU. Dictionnaire des littératures. Paris, 1876, in-8°.

269. HERZOG. Real-Encyclopädie für protestantische Theologie und Kirche. Hambourg et Gotha, 1854-1868, 22 vol. in-8°. — Nouv. édit. en coll. avec MM. PLITT et HAUK. Leipzig, 1877 et suiv., in-8°. (En cours de publication.)

270. LICHTENBERGER. Encyclopédie des sciences théologiques. Paris, 1877-82, 12 vol. et 1 vol. de suppl., in-8°.

271. HAAG. La France protestante. Paris, 1846-1852, 10 v. in-8°. — Nouv. édit. Paris, 1877 et suiv., in-8°. (En cours de publication.)

272. FRANCK. Dictionnaire des sciences philosophiques. Paris, 1875, in-8°.

273. *ERSCH et GRŒBER. Allgemeine Encyclopädie der Wissenschaften und Künste. Leipzig, 1818 et suiv., in-4.

274. ZANI. Encyclopedia metodica critico-ragionata delle Belle Arti. Parme, 1819-1822, 28 vol. in-8°.

275. NAGLER. Neues allgemeines Künstler-lexicon. Munich, 1835-1852, 22 vol. in-8°.

276. BÉRARD. Dictionnaire biographique des artistes français du xiie au xviie siècle. Paris, 1873, in-8°.

277. BELLIER DE LA CHAVIGNERIE et AUVRAY. Dictionnaire général des artistes de l'École française depuis l'origine des arts du dessin jusqu'à l'année 1868 inclusivement. Paris, 1869 et suiv., in-8°. (En cours de publication.)

278. SIRET. Dictionnaire historique des peintres. Paris, 1866, 2 vol. in-8°.

279. LANCE. Dictionnaire des architectes. Paris, 1873, 2 vol. in-8°.

280. FÉTIS. Biographie des musiciens. Paris, 2e édit., 1860-1865, 8 vol. in-8°.

281. BOULLIOT (l'abbé). Biographie ardennaise. Paris, 1830, 2 vol. in-8°.

282. AIGUEPERSE (P.-G.). Biographie ou dictionnaire historique des personnages d'*Auvergne*. Clermont, 1834, 2 vol. in-8°.

283. LEVOT. Biographie bretonne. Vannes, 1852-1857, 2 vol. in-8°.

284. ROCHAS (A.). Biographie du *Dauphiné*. Paris, 1856, 1860, 2 vol. in-8°.

285. BERNARD (A.). Biographie et bibliographie forézienne. Montbrison, 1835, in-8°.

286. DU BOYS et l'abbé ARBELLOT. Biographie des hommes illustres de l'ancienne province du *Limousin*. Limoges, 1854, in-8°.

287. CALMET (dom). Bibliothèque lorraine, ou Histoire des hommes illustres qui ont fleuri en *Lorraine*. Nancy, 1751, in-fol.

288. BREGHOT DU LUT et PERICAUD. Biographie lyonnaise. Lyon, 1839, 9 vol. in-8°.

289. HAURÉAU (B.). Histoire littéraire du *Maine*. 2° édit. Paris, 1870-77, 10 vol. in-18.

290. LEBRETON (Ch.). Biographie normande. Rouen, 1857-1861, 3 vol. in-8°.

291. DREUX DU RADIER. Bibliothèque historique t critique du *Poitou*. Paris, 1754, 5 vol. in-12.

292. ACHARD. Dictionnaire des hommes illustres de *Provence*. Aix, 1785, 2 vol. in-4°.

293. RAINGUET (P.-D.). Biographie saintongeaise. Saintes. 1851, in-8°.

294. FORESTIÉ. Biographie de *Tarn-et-Garonne*. Montauban, 1860, 1 vol. in-8°.

294 *bis*. SOCARD (E.). Biographie des personnages remarquables de *Troyes* et du département de l'*Aube*. Troyes, 1882, tome I, in-8°.

295. BARJAVEL. Dictionnaire historique, biographique et bibliographique du département de *Vaucluse*. Carpentras, 1841, 2 vol. in-8°.

---

10. Géographie.

296. VALOIS (Ad.). Notitia *Galliarum*. Paris, 1875, in-fol.

297. DESNOYERS (G.). Topographie ecclésiastique de la *France* pendant le moyen âge et dans les temps modernes. Paris, 1853, 1859-63, in-12 et in-8°.

298. DELOCHE. Études sur la géographie historique de la *Gaule* et spécialement sur les divisions territoriales du *Limousin*. Paris, 1861, in-4°.

299. MABILLE (Émile). Notice sur les divisions territoriales et la topographie de l'ancienne province de *Touraine*. Paris, in-8°, 1866.

300. CAUVIN (Th.). Géographie ancienne du diocèse du *Mans*. Paris, in-4°, 1845.

301. MAURY (A.). Les Forêts de la *Gaule*. Paris, 1867, in-8,

302. LONGUERUE (l'abbé D. DE). Description historique et géographique de la *France* ancienne et moderne. Paris, 1722, in-fol.

303. JOANNE (Ad.). Itinéraire général de la *France*. Paris, 1880, 11 vol. in-16.

304. DUSSIEUX (L.). Géographie historique de la *France*. Paris, 1849, in-8°.

305. RECLUS (E.). Nouvelle Géographie universelle. Paris, 1876 et suiv., in-8°. La *France*, tome II.

306. BADIN et QUANTIN. Géographie départementale, classique et administrative de la *France*. Paris, 1847-1848, 15 vol. in-12.

307. SCHNITZER (J.-H.). Statistique générale de la *France*. Paris, 1846, 4 vol. in-8°.

308. *MARTINIÈRE (DE LA). Dictionnaire géographique, historique et critique. La Haye, 1725, 10 vol. in-fol.

309. SAUGRAIN. Dictionnaire universel de la France ancienne et moderne. Paris, 1726, 3 vol. in-fol.

310. *EXPILLY (l'abbé Cl.). Dictionnaire géographique des *Gaules* et de la *France*. Paris, 1762-1770, 6 vol. in-fol. (Manquent les dernières lettres et les noms de saints.)

311. GIRAULT DE SAINT-FARGEAU. Dictionnaire géographique, historique, industriel et commercial de toutes les communes de *France*. Paris, 1844, 3 vol. in-4°.

312. *JOANNE. Dictionnaire géographique de la *France*, de l'*Algérie* et des colonies. Paris, 1872, in-8°.

313. Dictionnaire des postes. Paris, 1876, in-8°.

314. CHAZAUD. Dictionnaire des noms de lieux habités du département de l'*Allier*. Moulins, 1881, in-16.

315. GUIGUE. Topographie historique du département de l'*Ain*. Trévoux, 1873, in-4°.

316. MATTON. Dictionnaire topographique du département de l'*Aisne*. Paris, 1871, in-4°.

317. Boutiot et Socard. Dictionnaire topographique du département de l'*Aube*. Paris, 1874, in-4°.

318. Garnier (J.). Nomenclature historique des communes du département de la *Côte-d'Or*. Dijon, 1859, in-8°.

319. Gourgues (de). Dictionnaire topographique du département de la *Dordogne*. Paris, 1873, in-4°.

320. Blosseville (de). Dictionnaire topographique du département de l'*Eure*. Paris, 1878, in-4°.

321. Merlet. Dictionnaire topographique du département d'*Eure-et-Loir*. Paris, 1861, in-4°.

322. Germer-Durand. Dictionnaire topographique du département du *Gard*. Paris, 1868, in-4°.

323. Thomas. Dictionnaire topographique du département de l'*Hérault*. Paris, 1865, in-4°.

324. Maitre. Dictionnaire topographique du département de la *Mayenne*. Paris, 1878, in-4°.

325. Lepage. Dictionnaire topographique du département de la *Meurthe*. Paris, 1862, in-4°.

326. Liénard. Dictionnaire topographique du département de la *Meuse*. Paris, 1871, in-4°.

327. Rosenzweig. Dictionnaire topographique du département du *Morbihan*. Paris, 1870, in-4°.

328. Bouteiller. Dictionnaire topographique du département de la *Moselle*. Paris, 1874, in-4°.

329. Soultrait (de). Dictionnaire topographique du département de la *Nièvre*. Paris, 1865, in-4°.

330. Bruyelles (Ad.). Dictionnaire topographique de l'arrondissement de *Cambrai*. Cambrai, 1862, in-8°.

331. Courtois (A.). Dictionnaire géographique de l'arrondissement de *Saint-Omer*. Saint-Omer, 1869, in-8°.

332. Raymond (P.). Dictionnaire topographique du département des *Basses-Pyrénées*. Paris, 1863, in-4°.

333. STOFFEL. Dictionnaire topographique du département du *Haut-Rhin*. Paris, 1868, in-4°.

334. REDET. Dictionnaire topographique du département de la *Vienne*. Paris, 1881, in-4°.

335. QUANTIN. Dictionnaire topographique du département de l'*Yonne*. Paris, 1862, in-4°.

336. GARNIER (J.). Dictionnaire topographique du département de la *Somme*. Amiens, 1867-1878, 2 vol. in-8°.

337. Carte des *Gaules* sous le proconsulat de César, publiée par la commission de la topographie des Gaules. 1 feuille. Paris, 1861, in-fol.

338. Carte de la *Gaule* au commencement du v⁰ siècle, publiée par la commission de la topographie des Gaules. 4 feuilles. Paris, 1861, in-fol.

339. *CASSINI (C.-Fr.). Carte de la *France*. Paris, 1744-1788, in-fol.

340. *Carte topographique de la *France*, commencée par le corps des ingénieurs géographes, continuée par le corps d'état-major. Paris, 1836 et suiv., in-fol.

341. *SPRUNER (K. von). Historisch-geographischer Hand-Atlas zur Geschichte der Staaten Europas vom Anfang des Mittelalters bis auf die neueste Zeit. 3° édit. Gotha, 1871, in-fol.

342. BRUÉ. Atlas géographique, historique, politique et administratif de la *France*. Paris, 1820, in-fol.

343. BOUILLET. Atlas de géographie et d'histoire. Paris, 1865, in-8°.

344. Nouvelle Carte de *France* au 1/100 000, dressée par le service vicinal, par ordre du Ministre de l'Intérieur. In-fol. (En cours de publication.)

———

345. LELEWEL. Géographie du moyen âge. Bruxelles, 1852, 4 vol. in-8° et atlas.

346. * VIVIEN DE SAINT-MARTIN. Histoire de la géographie et des découvertes géographiques depuis les temps les plus reculés jusqu'à nos jours. Paris, 1873, in-8 et atlas in-fol.

II

SOURCES

11. Recueils généraux pour l'Europe.

347. Patrologiae Graeco-Latinae cursus completus. Paris, Migne, 161 vol. in-4. (Le tome 162 et dernier est en latin.)

348. *Patrologiae Latinae cursus completus... ab aevo apostolico ad Innocenti III tempora. Paris, Migne, 1839, et suiv. 221 vol. in-4°.

349. CANISIUS. Antiquae lectiones. Tom I-VI. Ingolstadt, 1601-1604, in-4. — 2° édit. sous ce titre :

350. BASNAGE. Thesaurus monumentorum ecclesiasticorum et historicorum. Anvers, 1725, 7 tomes en 4 ou 5 vol. in-fol.

351. *ACHERY (D. Luc d'). Veterum aliquot scriptorum... spicilegium. Paris, 1655-1677, 13 vol. in-4. — 2° édit. Paris, 1723, 3 vol. in-fol.

352. LABBE. Nova bibliotheca mss. librorum. Paris, 1657, 2 vol. in-fol.

353. MABILLON (J.). Vetera analecta. Paris, 1675-1685, 4 vol. in-8°. — 2° édit. Paris, 1723, in-fol. — Museum italicum, seu collectio veterum scriptorum. Paris, 1687, 2 vol. in-4°.

354. *BALUZE. Miscellanea. Paris, 1678-1715, 7 vol. in-8°. — Édit. Mansi, Lucques, 1761, 4 vol. in-fol.

355. GOLDAST DE HEIMINSFELD (M.). Monarchia S. Romani imperii, sive tractatus de jurisdictione imperiali seu regia et pontificia sacerdotali. Hanau et Francfort, 1610-1614, 3 vol. in-fol.

356. Matuaeus (Ant.). Analecta veteris aevi, seu vetera aliquot monumenta quibus continentur auctores varii qui praecipue historiam universalem, expeditiones in *Terram Sanctam* et res Belgicas memoriae prodiderunt. Leyde, 1698-1710, 10 vol. in-8°.

357. Muratori (A.). Anecdota ex Ambrosianae bibliothecae codicibus. Milan, 1697, t. I-II. — Padoue, 1713, t. III-IV, in-4°.

358. *Martène et Durand (DD.). Thesaurus anecdotorum novus. Paris, 1717, 5 vol. in-fol. — Veterum scriptorum et monumentorum amplissima collectio. Paris, 1724-33, 9 vol. in-fol.

359. Pez (B.). Thesaurus anecdotorum novissimus. Vienne, 1721-29, 6 vol. in-fol.

360. Ludewig (P.). Reliquiae manuscriptorum. Francfort, 1720. 12 vol. in-8°.

361. Notices et extraits des mss. de la Bibliothèque nationale et autres bibliothèques, publiés par l'Institut. Paris, 1787-1883, 31 vol. in-4. (Le tome XV (1861) contient une table des volumes précédents.)

362. *Société de l'Orient latin (Publications de la). Genève, 1877 et suiv., in-8°.

---

12. Recueils généraux pour la France.

363. *Collection des documents inédits pour servir à l'histoire de France (publiée par le Ministère de l'Instruction publique). Paris, 1835 et suiv., in-4°.

364. *Société de l'histoire de France (publications de la). Paris, 1835 et suiv., in-8°.

365. Société de l'histoire de Normandie (publications de la). Rouen, 1870 et suiv., in-8°.

366. Martène et Durand (DD.). Voyage littéraire de

deux religieux bénédictins de la congrégation de Saint-Maur. Paris, 1717, 2 t. en 1 vol. in-4; 1724, 2 vol. in-4°.

367. MÉNARD et marquis D'AUBAIS. Pièces fugitives pour servir à l'histoire de *France*. Paris, 1759, 3 vol. in-4°.

368. Curiosités historiques, ou recueil de pièces utiles à l'histoire de *France* et qui n'ont jamais paru. Amsterdam, 1759, 2 vol. in-12.

369. LA PLACE (DE) [d'après Barbier]. Pièces intéressantes et peu connues pour servir à l'histoire. Bruxelles et Paris, 1781-1790, 8 vol. in-12. — 3e édit. Maestricht, 1790, 8 vol. in-12.

370. CHAMPOLLION. Lettres de rois, reines..... des cours de France et d'Angleterre, de Louis VII à Henri IV, tirées des archives de Londres par Bréquigny. Paris, 1839-47, 2 vol. in-4°. (Coll. des *Documents inédits pour servir à l'histoire de France*.)

371. CHAMPOLLION-FIGEAC. Documents historiques inédits. Paris, 1841-74, 4 vol. et table in-4°. (Coll. des *Documents inédits pour servir à l'histoire de France*.)

372. Mélanges historiques (nouvelle série), t. I et II, 1874-1880, in-4°. (Coll. des *Documents inédits pour servir à l'histoire de France*.)

373. *CIMBER et DANJOU. Archives curieuses de l'histoire de *France* depuis Louis XI jusqu'à Louis XVIII, ou Collection de pièces rares et intéressantes... Paris, 1834-1840, 27 vol. in-8°.

374. CAMUZAT (Nic.). Mélanges historiques, ou recueil de plusieurs actes, traités, lettres missives et autres mémoires qui peuvent servir en la déduction de l'histoire depuis 1390 jusqu'à 1580. Troyes, 1619, in-8°. — 3e édit. Troyes, 1644, in-8°.

375. KENTZINGER (DE). Documents relatifs à l'histoire de *France* tirés des archives de Strasbourg. Strasbourg, 1818-1819, 2 vol. in-8°.

13. Recueils de chroniques pour la France.

376. Pithou (P.). Annalium et historiae Francorum ab anno Christi 708 ad ann. 990 Scriptores coaetanei XII. Paris, 1588; Francfort, 1594, in-8°.

377. Pithou (P.). Historiae Francorum ab anno 900 ad ann. 1285 scriptores veteres XI. Francfort, 1596, in-fol.

378. Freher (M.). Corpus francicae historiae veteris et sincerae. Hanovre, 1613, in-fol.

379. Duchesne (And.). Historiae Francorum scriptores coaetanei. Paris, 1636-1649, 5 vol. in-fol.

380. *Bouquet (D.). Recueil des historiens des *Gaules* et de la *France* jusqu'en 1328. Paris, 1738-1833, in-fol. t. I-XIX. — Continué par l'Académie des Inscriptions. Paris, 1840-1876, t. XX-XXIII, in-fol.

381. Perrin. Collection universelle des Mémoires particuliers relatifs à l'histoire de *France*. Londres et Paris, 1785-1806, 72 vol. in-8°.

382. Guizot. Collection des Mémoires relatifs à l'histoire de *France* depuis la fondation de la monarchie jusqu'au XIII° siècle. Paris, 1823-1835, 31 vol. in-8°. (Traduction française des chroniques latines.)

383. *Petitot. Collection complète des mémoires relatifs à l'histoire de *France* depuis le règne de Philippe-Auguste jusqu'en 1763. Paris, 1819-1829, 52 vol. in-8°.

384. Buchon. Collection des chroniques françaises du XIII° au XVI° siècle. Paris, 1824-1829, 47 vol. in-4°.

385. *Buchon. Choix de chroniques et mémoires sur l'histoire de *France*, de Joinville à la fin du XVIII° siècle. (Fait partie du *Panthéon Littéraire*.) Paris, 1836-38, 17 vol. in-4°.

386. *Michaud et Poujoulat. Nouvelle collection des Mémoires sur l'histoire de *France* depuis le XIII° siècle jusqu'à la fin du XVIII° siècle. Paris, 1836-39, 32 vol. in-4°.

387. BONGARS. Gesta Dei per Francos. Hanovre, 1611, 2 vol. in-fol.

388. *Recueil des historiens des Croisades, publié par l'Académie des Inscriptions. Paris, 1841 et suiv. in-fol. (En cours de publication. Lois, 2 vol. Historiens occidentaux, 3 vol. Historiens orientaux, 2 vol. Documents arméniens, 1 vol. Historiens grecs, 1 vol.)

389. MICHAUD (J.). Bibliothèque des croisades. Paris, 1829, 4 vol. in-8°.

15. Recueils de chroniques pour les provinces.

390. MEYER (J.). Commentarii sive annales rerum Flandricarum libri XVII. Anvers, 1561, in-fol.

391. *DUCHESNE (And.). Historiae Normannorum scriptores antiqui. Paris, 1619, in-fol.

392. MICHEL (Franc.). Chroniques anglo-normandes. Rouen, 1836, 3 vol. in-8°.

393. *MARCHEGAY et SALMON. Chroniques des comtes d'*Anjou*. Paris, 1856, in-8. (*Soc. Hist. Fr.* Introduc., par M. MABILLE. Paris, 1871, in-8°.)

394. MARCHEGAY et MABILLE. Chroniques des églises d'*Anjou*. Paris, 1869, in-8°. (*Soc. Hist. Fr.*)

395. SALMON. Recueil de chroniques de *Touraine*, publiées par A. Salmon. Tours, 1854, in-8. — Supplément. Tours, 1856, in-8°. (Publications de la *Société archéologique de Touraine*.)

396. Analecta Divionensia; documents inédits pour servir à l'histoire de *France* et particulièrement à celle de *Bourgogne*, tirés des archives et de la bibliothèque de Dijon. Dijon, 1866-1874, 7 vol. in-8°.

397. *DURU (l'abbé L.-M.). Bibliothèque historique de l'*Yonne*, ou Collection de légendes, chroniques et documents

divers pour servir à l'histoire de ce département. Auxerre, 1850, 2 vol. in-4.

---

16. Recueils de chroniques pour les pays voisins.

398. PISTORIUS. Rerum Germanicarum scriptores. Francfort, 1583-1607, 3 vol. in-fol. — Édit. Struve. Ratisbonne, 1726.

399. SCHARD (S.). Historicum opus. Bâle, 1574, 4 vol. in-fol. — Édit. Hier. Thomas, sous ce titre : Schardius redivivus. Giessen, 1673, 4 vol. in-fol.

400. FREHER. Rerum germanicarum scriptores aliquot insignes. Francfort, 1600-1611, 3 vol. in-fol. — Édit. Struve. Strasbourg, 1717.

401. ECCARD (J.-G.). Corpus historicum medii aevi, scilicet scriptores res praecipue in Germania... gestas enarrantes. Leipzig, 1723, 2 vol. in-fol.

402. MEIBOM (H.). Rerum Germanicarum tomi III...... Helmstadt, 1688, in-fol., 3 vol. in-fol.

403. *Monumenta Germaniae historica inde ab anno Christi quingentesimo usque ad annum millesimum et quingentesimum; 1° Scriptores, 23 vol. in-fol. et 6 vol. in-4; 2° Leges, 5 vol. in-fol.; 3° Diplomata, 1 vol. in-fol. et 1 vol. in-4; 4° Epistolae, 1 vol. in-4; 5° Antiquitates, 2 vol. in-4. Hanovre, 1826-1883. (Recueil en cours de publication, souvent désigné par le nom de G.-H. PERTZ, qui en a dirigé la publication pendant plus de cinquante ans.)

404. Monumenta Germaniae historica. Scriptores qui vernacula lingua usi sunt. Hanovre, 1877-1883, 4 vol. in-4°. (En cours de publication.)

405. MENCKEN (J.-B.). Scriptores rerum Germanicarum, praecipue Saxonicarum. Leipzig, 1728, 3 vol. in-fol.

406. LEIBNITZ (G.-G.). Scriptores rerum Brunsvicensium. Hanovre, 1707-1711, 3 vol. in-fol.

407. Monumenta *Boica;* edit. academia scientiarum Maximil. — Boica. Munich, 1763 et suiv., 41 vol. in-8°.

408. Die Chroniken der deutschen Städte vom 14 bis ins 16 Iahrhundert, herausgegeben durch die historische Commission bei der Academic der Wissenschaften (zu München). Leipzig, 1862-1882, 18 vol. in-8°. (En cours de publication.)

409. WATTERICH (J.-M.). Pontificum Romanorum qui fuerunt inde ab exeunte s. IX usque ad finem saeculi XIII vitae. Leipzig, 1862, 2 vol. in-8°.

410. Monumenta historica Britannica or materials for the history of *Britain.* Vol. I, extending to the Norman conquest, with notes by H. Petrie and with an introduction by Ph. D. Hardy. Londres, 1848, in-fol.

411. *Rerum Britannicarum medii aevi... scriptores... published by the authority of Her Majesty's treasury, under the direction of the master of the rolls. Londres, 1858-1883, 172 vol. in-8°.

412. * Collection de chroniques et de documents belges inédits. Bruxelles, 1836-1882, 63 vol. in-4°. (En cours de publication.)

413. SCHOTT (And.). Hispaniae illustratae... scriptores varii in unum collecti. Francfort, 1603-08, 4 vol. in-fol.

414. Coleccion de cronicas. Madrid,1779-87, 7 vol.in-4°.

415. SALVA (M.), SAINS DE BARANDA et DE NAVARRETE (J.). Coleccion de documentos ineditos para la historia de España. Madrid, 1842-1860, 35 vol. in-4°.

416. ROSELL (D. Cayetano). Biblioteca de autores españoles desde la formacion del lenguage hasta nuestros dias. — Cronicas de los reyes de *Castilla* desde D. Alfonso el Sabio hasta los catolicos D. Fernando y dona Isabel. Madrid, 1875-1878, 3 vol. in-8°.

417. Biblioteca de escritores Aragoneses publicada por la Exc^{ma} diputacion provincial de Zaragoza. — Seccion his-

torico-doctrinal, t. I. Saragosse, 1876, in-4. — Section literaria, t. I. Saragosse, 1876, in-8°.

418. Portugalliae monumenta historica a saeculo VIII. — Scriptores, 1856 et suiv. — Leges, 1873 et suiv. — Diplomata et chartae, 1870 et suiv. — Lisbonne, in-fol.

419. *MURATORI. Rerum italicarum scriptores ab anno aerae christianae quingentesimo ad millesimum quingentesimum. Milan, 1723-1738, 27 vol. in-fol. — Antiquitates italicae medii aevi post declinationem Romani imperii ad annum 1500. Mediolani, 1738-1742, 6 vol. in-fol.

420. *Monumenta historiae patriae. Turin, 1836-1877, 17 vol. in-fol.

421. Fontes rerum Bernensium. *Bern 's* Geschichtsquellen. Berne, 1875-1882, 3 vol. in-8°.

422. Basler chroniken, herausgg. von der historische Gesellschaft. Tome I (publié par Vischer, Stern et Heyne). Leipzig, 1872, in-8°.

423. Quellen zur schweizerische Geschichte. Bâle, 1877 et suiv., in-8°.

----

17. Histoire ecclésiastique.

424. RUINART. Acta primorum martyrum sincera et selecta. Paris, 1689, in-4. — 3° édit. Ratisbonne, 1859, in-8°.

425. SURIUS. Vitae sanctorum; 3° édit. Cologne, 1618, 12 vol. in-fol. — Turin, 1880, 13 vol. in-8°. (Ed. Bracco et Colombo.)

426. *Acta Sanctorum Bollandistarum. Bruxelles, 1643-58, 56 vol. in-fol. — Auctaria octobris et tables générales dans la réimpression de Paris, 1875, in-fol.

427. *MABILLON. Acta sanctorum ordinis sancti Benedicti (500-1100). Paris, 1668-1701, 9 vol. in-fol.

428. *LABBE. Sacrosanta concilia. Paris, 1671-72, 18 vol. in-fol.

429. COLETI (N.). Sacrosancta concilia ad regiam editionem exacta. Venise, 1728-1734, 23 (25) vol. in-fol.

430. *MANSI. Supplementum ad collectionem conciliorum. Lucques, 1748-52, 6 vol. in-fol. — Conciliorum nova et amplissima collectio. Florence et Venise, 1759-1793, 31 vol. in-fol.

431. HARDOUIN. Collectio regia maxima conciliorum, ab anno 34 ad ann. 1714. Paris, 1715, 12 vol. in-fol.

432. SIRMOND. Concilia antiqua Galliae. Paris, 1629, 3 vol. in-fol.

433. LALANDE (DE). Conciliorum antiquorum Galliae a J. Sirmondo editorum supplementa. Paris, 1666, in-fol.

434. Bibliotheca magna Patrum. Paris, 1654, 17 vol. in-fol.

435. Bibliotheca maxima Patrum. Lyon, 1677, 27 vol. in-fol.

436. *Liber pontificalis, seu Vitae pontificum Romanorum a S. Petro usque ad Stephanum. 1re édit. (Anastasii bibliothecarii vitae, seu gesta Romanorum pontificum). Mayence, 1602, in-4°. — 4e édit. apud Muratori, Script. rer. Ital. t. III. — 6e édit. Venise, 1729, in-fol. — Migne, *Patrologie Latine*, t. 127-129.

437. SIRMOND. Opera varia. Paris, 1696, 5 vol. in-fol.

438. TENGNAGEL. Vetera monumenta contra schismaticos. Ingolstadt, 1611, in-4°.

439. PITRA (J.-B.). Spicilegium Solesmense complectens sanctorum Patrum scriptorumque ecclesiasticorum anecdota hactenus opera. Paris, 1852-58, 4 vol. in-4°.

440. MAI (A.). Spicilegium Romanum. Rome, 1839-44, 10 vol. in-8°.

441. MARRIER (M.). Bibliotheca Cluniacensis (avec notes d'And. Duchesne). Paris, 1614, in-fol.

442. TISSIER. Bibliotheca Cisterciensis. Bonnefontaine,

1660-61, 2 vol. in-fol. et Paris, 1669, 8 tomes en 4 ou 3 vol. in-fol.

113. QUÉTIF et ECHARD. Scriptores ordinis praedicatorum. Paris, 1719-21, 2 vol. in-fol.

114. WADDING (L.). Scriptores ordinis Minorum. Rome, 1650, in-fol., 1806, in-fol.

115. LE PAIGE. Bibliotheca Praemonstratensis ordinis. Paris, 1633, in-fol. — Sanctorum confessorum ordinis Praemonstratensis vitae. Paris, 1620, in-8°.

116. CHAPEAVILLE (J.). Auctores qui gesta pontificum Tungrensium, Trajectensium et Leodiensium scripserunt. Liège, 1612, 3 vol. in-4°.

117. Collection des procès-verbaux des assemblées générales du clergé de *France* depuis 1560 jusqu'à présent. Paris, 1767-80, 9 vol. in-fol.

------

18. Collections de chartes et diplômes.

I. CATALOGUES GÉNÉRAUX

118. *BRÉQUIGNY. Table chronologique des diplômes, chartes, lettres et actes imprimés concernant l'histoire de *France* jusqu'en 1314. Paris, 1769-1783, t. I-III, in-fol. — Continué par l'Académie des inscriptions. Paris, 1836-1876, t. IV-VIII, in-fol.

119. *SICKEL. Acta regum et imperatorum Karolinorum digesta et enarrata. Vienne, 1867, 2 vol. in-8°.

150. BOEHMER. Regesta chronologico-diplomatica Karolorum. Francfort, 1833, in-8°.

151. *BOEHMER. Regesta imperii. I. Die regesten des Kaiserreichs unter den Karolingern. 752-918. Nach J. B. Boehmer neu bearbeitet von E. Mühlbacher; 3 Lieferungen. Insprück, 1880-1883, in-4°.

452. Livet (Ch.). Catalogue des documents relatifs à l'histoire de *France* conservés aux archives de la Torre do Tombo à Lisbonne. Paris, 1869, in-8°.

453. Carte (Th.). Catalogue des rôles gascons, normands et français conservés à la Tour de Londres. Londres et Paris, 1743, 2 vol. in-fol.

454. Delpit (J.). Collection générale des documents français qui se trouvent en Angleterre. Paris, 1847, in-4°.

455. Correspondance de M. de Bréquigny relative à ses recherches sur l'histoire de *France* dans les archives d'Angleterre, publiée par Champollion-Figeac. Paris, 1831, in-8.

456. Tableau général numérique par fonds des archives départementales antérieures à 1790. Paris, 1848, in-4.

457. Inventaires sommaires des archives départementales antérieures à 1790. Paris, 1863 et suiv., in-4.

458. Inventaires sommaires des archives communales antérieures à 1790. Paris, 1863 et suiv., in-4.

459. Catalogue général des cartulaires des archives départementales. Paris, 1847, in-4. (Voyez plus haut, n° 43.)

460. Jourdain (Ch.). Index chronologicus chartarum pertinentium ad historiam universitatis Parisiensis. Paris, 1862, in-fol.

II. RECUEILS GÉNÉRAUX

461. Letronne. Chartes et diplômes de l'époque mérovingienne sur papyrus et sur vélin conservés aux Archives du royaume. Paris, 1844, grand in-fol.

462. Pertz (K.). Diplomata imperii, t. I. Hanovre, 1872, in-fol. (*Monum. Germaniae historica.*)

463. *Bréquigny. Diplomata, chartae et instrumenta aetatis merovingicae. Paris, 1791, 1 vol. in-fol. — Edit. Pardessus. Paris, 1841-1849, 2 vol. in-fol.

464. *Teulet et de Laborde. Layettes du Trésor des chartes. Paris, 1863-1875, 3 vol. in-4.

465. *TARDIF. Monuments historiques. Cartons des rois. Paris, 1866, in-4°.

466. *BOUTARIC. Actes du parlement de Paris; 1re série. Paris, 1863-1867, 2 vol. in-4°.

467. BOISLISLE (DE). Chambre des comptes; pièces justificatives pour servir à l'histoire des premiers présidents (1506-1791). Nogent-le-Rotrou, 1873, in-4°

468. DELISLE (L.). Rouleaux des morts du IXe au XVe siècle. Paris, 1866, in-8°. (*Soc. Hist. de France.*)

III. CATALOGUES ET RECUEILS PROVINCIAUX

Alsace.

469. *SCHŒPFLIN. *Alsatia* diplomatica. Mannheim, 1772-1775, 2 vol. in-fol.

470. *MOSSMANN. Cartulaire de Mulhouse. Strasbourg, t. I, 1883, in-8°.

Angoumois.

471. Le Trésor des pièces angoumoisines inédites ou rares, publié sous les auspices de la Soc. arch. et hist. de la Charente. Angoulême, 1869-1876, 2 vol. in-8°.

Anjou.

472. MARCHEGAY. Archives d'*Anjou*; recueil de documents et mémoires sur cette province. Angers, 1843-1849, 2 vol. in-8°.

473. PORT (Célestin). Inventaire des archives anciennes de l'hôpital Saint-Jean d'*Angers*. Paris, 1870, in-4°.

Artois.

474. GUESNON. Cartulaire municipal d'*Arras*. S. l. n. d., in-4,

475. CAVROIS. Cartulaire de Notre-Dame des Ardents à *Arras*. Arras, 1876, in-8°.

476. BÉTENCOURT (dom). Cartulaire de l'abbaye de Saint-Silvin d'Auchy en *Artois*. Tome I, s. l. n. d., in-4°.

477. Hautcœur. Cartulaire de l'abbaye de *Flines*. Paris, 1873, 2 vol. in-8°.

478. Van Drival. Cartulaire de l'abbaye de Saint-Vaast d'*Arras*. Arras, 1875, in-8°.

479. *Guérard. Cartulaire de l'abbaye de *Saint-Bertin*. Paris, 1841, in-4°. (*Coll. des doc. inédits.*)

480. Giry. Analyses et extraits d'un registre des archives municipales de *Saint-Omer* (1166-1778). Saint-Omer, 1870, in-8°. (Extrait des *Mém. de la Soc. des Antiquaires de la Morinie.*)

481. Héricourt (d'). Titres de la commanderie de *Haute-Avesnes* antérieurs à 1312. Arras, 1878, in-8°.

482. Pièces inédites en prose et en vers concernant l'histoire d'*Artois* et autres ouvrages inédits publiés par l'Académie d'Arras. Arras, 1852-1858, 3 vol. in-8°.

483. Ducher et Giry. Cartulaire de l'église de *Thérouanne*. Saint-Omer, 1881, in-4°.

484. Dinaux (Art.). Archives historiques et littéraires du nord de la *France* et du midi de la *Belgique*. 1re, 2e et 3e séries. Valenciennes 18, 29 et suiv., 18 vol. in-8°.

Auvergne.

485. Doniol. Cartulaire de *Brioude*. Clermont et Paris, 1869, n-4°.

486. Doniol. Cartulaire de *Sauxillanges*. Clermont et Paris, 1864, in-4°.

Bourbonnais.

487. *Huillard-Bréholles et Lecoy de la Marche. Titres de la maison ducale de *Bourbon*. Paris, 1867-74, 2 vol. in-4°.

Bourgogne.

488. *Pérard. Recueil de plusieurs pièces curieuses servant à l'histoire de *Bourgogne*. Paris, 1664, in-fol.

489. Simonnet. Documents inédits pour servir à l'histoire

des institutions et de la vie privée en *Bourgogne* (XIVᵉ et XVᵉ siècles). Dijon, 1867, in-8°.

490. *GARNIER. Chartes bourguignonnes inédites des IXᵉ, Xᵉ et XIᵉ siècles. Paris, 1845, in-4°.

491. *QUANTIN. Cartulaire général de l'*Yonne*. Auxerre, 1854-1860, 2 vol. in-4°. — Recueil de pièces pour faire suite au cartulaire général de l'*Yonne*. Auxerre, 1873, in-8°.

492. *BRUEL. Recueil de Chartes de l'abbaye de *Cluny*. Paris, 1879 et suiv., in-4°. (En cours de publication.) (*Coll. des doc. inédits.*)

Bresse.

493. Bibliotheca Dumbensis, ou Recueil de chartes, titres et documents relatifs à l'histoire de *Dombes*. Trévoux, 1864, in-4°.

494. JARRIN et BROSSARD. Cartulaire de Bourg-en-Bresse. Bourg, 1883, in-4°.

Bretagne.

495. LE MAOUT (Ch.). Bibliothèque bretonne; collection de pièces inédites ou peu connues concernant l'histoire, l'archéologie et la littérature. Saint-Brieuc,1851,2 vol. in-8°.

496. *COURSON (A. DE). Cartulaire de l'abbaye de *Redon* en *Bretagne*. Paris, 1869, in-4°. (*Coll. des doc. inédits.*)

497. MARCHEGAY. Cartulaire des sires de *Rays*. Paris, 1857, in-8°. (Extr. de la *Revue des provinces de l'Ouest.*)

498. BIGNE-VILLENEUVE (P. DE LA). Cartulaire de Saint-Georges-de-*Rennes* (dans le *Bulletin de la Soc. arch. d'Ille-et-Vilaine*, t. IX). 1876, in-8°.

Champagne.

499. LONGNON. Le Livre des vassaux du comté de *Champagne* et de *Brie* (1172-1222). Paris, 1869, in-8°.

500. CARNANDET. Le Trésor des pièces rares et curieuses de la *Champagne* et de la *Brie*, documents pour servir à l'histoire de la *Champagne*. Paris, 1863, 2 vol. in-8°.

501. *VARIN. Archives administratives de la ville de *Reims*. Paris, 1839-53, 10 vol. in-4°. (*Coll. des doc. inédits.*)

502. LALORE (l'abbé). Collection des principaux cartulaires du diocèse de *Troyes*. Paris, 1871-83, 7 vol. in-8°. — Cartulaire de *Sainte-Menehould*. Paris, 1879, in-8°.

503. ASSIER (A.). Les Archives curieuses de la *Champagne*. Troyes, 1853, in-8°.

Dauphiné.

504. CHEVALIER (l'abbé). Ordonnances des rois de France et autres princes souverains relatives au *Dauphiné*. Colmar, 1871, in-8°.

505. GUICHENON. Biblioteca Sebusiana, sive variarum chartarum nunquam antea editarum miscellae centuriae II. Lyon, 1660, in-4°.

506. Cartulare monasterii Beatorum Petri et Pauli de Domina Cluniacensis ordinis. Lyon, 1859, in-8°.

507. AUVERGNE (l'abbé). Documents inédits relatifs au *Dauphiné*. Grenoble, 1865-1868, 2 vol. in-8°.

508. *CHEVALIER (l'abbé). Choix de documents historiques inédits sur le *Dauphiné*. Montbéliard, 1874, in-8°. — Cartulaire de l'abbaye de Saint-André-le-Bas de *Vienne*, ordre de Saint-Benoît. Vienne, 1869, in-8°. — Cartulaire de l'abbaye de Notre-Dame de *Léoncel*, ordre de Cîteaux, au diocèse de *Die*. Montélimar, 1869, in-8°. — Cartulaire du prieuré de Saint-Pierre du *Bourg-lès-Valence*, ordre de Saint-Augustin. Valence, 1875, in-8°. — Nécrologe et cartulaire des dominicains de *Grenoble*. Romans, 1870, in-8°. — Cartulaire de l'abbaye de *Bonnevaux*, ordre de Saint-Benoît, au diocèse de *Vienne*. Montbéliard, in-8°. — Inventaire des archives des dauphins de *Viennois*, à Saint-André de *Grenoble* en 1277. Nogent-le-Rotrou, 1869, in-8°. — Inventaire des archives des dauphins de *Viennois* à Saint-André de *Grenoble* en 1346. Nogent-le-Rotrou, 1871, in-8°. — Inventaire des archives de l'évêché de *Grenoble*, rédigé en 1500, in-8°. — Actes capitulaires de l'église Saint-

Maurice de *Vienne*. Vienne, 1873, in-8°. — Cartulaire municipal de la ville de *Montélimar*. Montélimar, 1871, in-8°.

509. MARION. Cartulaire de l'église cathédrale de *Grenoble*,
dits cartulaires de Saint-Hugues. Paris, 1869, in-4°. (*Coll.
des doc. inédits.*)

Flandre.

510. Inventaire analytique et chronologique de la
chambre des comptes à *Lille*. Lille, 1865, 2 vol. in-4°.

511. COUSSEMAKER (E. DE). Documents relatifs à la
Flandre maritime. Lille, 1860, in-8°. — Documents inédits
relatifs à la ville de *Bailleul* en *Flandre*. Paris, 1877-78,
3 vol. in-8°.

Forez.

512. GUIGUE et DE CHARPIN DE FEUGEROLLES. Cartulaire du
prieuré de Saint-Sauveur-en-Rue (*Forez*). Lyon, 1881, in-4°.

Franche-Comté.

513. TROYES (Ad. DE). La Franche-Comté de *Bourgogne*
sous les princes espagnols de la maison d'*Autriche*. 1re série :
Recès des États. Paris, 1847, 4 vol. in-8°.

Guienne et Gascogne.

514. *Archives historiques de la *Gironde*. Bordeaux,
1859-81, 21 vol. in-4°.

515. L'Archiviste bordelais, recueil de titres et documents pour servir à l'histoire générale de la *Guienne*
propre et du département de la *Gironde*, par une société
d'historiographes. Bordeaux, 1837, in-8°.

516. MAGEN et THOLIN. Archives municipales d'*Agen*.
Chartes, 1re série (1189-1328). Villeneuve-sur-Lot, 1876,
in-4°.

517. Archives municipales de *Bordeaux*. Livre des bouil-
lons. Bordeaux, 1867, in-4°.

518. Archives municipales de *Bordeaux*. Registres de la
Jurade; délibérations de 1406 à 1409. Bordeaux, 1873, in-4°.

519. Michel (Fr.). L'Esclapot, ou Cartulaire de *Monségur*. Paris, 1863, in-4°.

520. Raymond. Cartulaire de l'abbaye de Saint-Jean de *Sorde*. Pau, 1873, in-8°.

521. Moulencq. Documents historiques sur le *Tarn-et-Garonne*. Montauban, 1877-79, 2 vol. in-8°.

Ile-de-France.

522. *Guérard. Cartulaire de l'église Notre-Dame de *Paris*. Paris, 1850, 4 vol. in-4°. (*Coll. des doc. inédits.*)

523. Société de l'histoire de Paris (Documents publiés par la). Paris, 1878-83, 5 vol. in-8°.

Languedoc.

524. Compayré. Études historiques et documents inédits sur l'*Albigeois*, le *Castrais* et l'ancien diocèse de *Lavaur*. Albi, 1841, in-4°.

525. Mahul. Cartulaire et archives des communes de l'ancien diocèse de *Carcassonne*. Paris, 1857-82, 7 vol. in-4°.

526. Desjardins. Cartulaire de l'abbaye de *Conques* en *Rouergue*. Paris, 1879, in-8°.

527. Charvet. Cartulaire de *Rémoulins*. Alais, 1873, in-8°.

528. Payrard. Cartularium sive terrarium Piperacensis monasterii. Le Puy, 1875, in-8°.

529. Fraisse. Cartularium conventus S. *Egidii Camaleriarum*. Le Puy, 1871, in-8°.

530. Germer-Durand. Cartulaire de l'église cathédrale de Notre-Dame de *Nîmes*. Nîmes, 1874, in-8°.

531. Thalamus parvus. Petit Thalamus de *Montpellier*, publié par la Société archéologique de Montpellier. Montpellier, 1836, in-4°.

532. Chassaing (Aug.). Cartulaire des Templiers du *Puy-en-Velay*. Paris, 1882, in-8°.

533. BURDIN (G. DE). Documents historiques sur la province du *Gévaudan*. Toulouse, 1846-47, 2 vol. in-8.

Limousin.

534. LEYMARIE (A.). Le *Limousin* historique, recueil de toutes les pièces manuscrites pouvant servir à l'histoire de l'ancienne province de *Limousin*. Limoges, 1837-1839, 2 vol. in-8°.

535. DELOCHE (M.). Cartulaire de l'abbaye de *Beaulieu* en *Limousin*. Paris, 1859, in-4°. (*Coll. des doc. inédits.*)

536. LEROUX, MOLINIER et THOMAS. Documents historiques... concernant la Marche et le Limousin. Limoges, tome I, 1883, in-8°.

Lorraine.

537. Recueil de documents sur l'histoire de *Lorraine* (publié par la *Société d'archéologie de Lorraine*). Nancy, 1855-1880, 15 vol. in-8°.

538. DUHAMEL, CHAPELLIER et LE GLEY. Documents rares ou inédits de l'histoire des *Vosges*. Épinal, 1868-82, 7 vol. in-8°.

539. LEPAGE. Les Archives de *Nancy*, ou Documents inédits relatifs à l'histoire de cette ville. Nancy, 1865, 4 vol. in-8°.

540. JACOB (Al.). Cartulaire de Sainte-Hoïlde (t. XI de la *Soc. des lettres de Bar-le-Duc*). Bar, 1882, in-8°.

Lyonnais.

541. MONFALCON (J.-B.). Origines et bases de l'histoire de *Lyon* en diplômes, chartes, bulles, lois, etc., concernant les annales lyonnaises. Lyon, 1855-60, 1 vol. in-4°.

542. GUIGUE. Cartulaire municipal de la ville de *Lyon*, recueil formé au XIVᵉ siècle par Étienne de Villeneuve. Lyon, 1876, in-4°.

543. SAINT-DIDIER (II. DE). Recueil des titres et autres pièces authentiques concernant les privilèges et franchises

du *Franc-Lyonnais*, extraits sur les originaux qui sont dans les archives à *Neuville*. Lyon, 1716, in-4°.

544. *BERNARD (A.). Cartulaire de l'abbaye de *Savigny*, suivi du petit cartulaire de l'abbaye d'*Ainay*. Paris, 1853, in-4°. (*Coll. des doc.inédits.*)

Maine.

545. LOTTIN et LASSUS. Recueil de documents inédits ou rares sur la topographie et les monuments historiques de l'ancienne province du *Maine*. Le Mans, 1831, in-fol.

546. Documents pour servir à l'histoire du *Maine* reproduits par un bibliophile sarthois. Paris, 1856, in-8°.

547. CAUVIN. Cartularium insignis ecclesiae Cenomanensis quod dicitur Liber Albus capituli. Le Mans, 1869, in-4°.

548. PIOLIN (dom). Cartulaire de Saint-Pierre de la Couture du *Mans* et de Saint-Pierre de *Solesme*. Le Mans, 1881, in-4°.

549. BILARD. Analyse des documents historiques conservés dans les archives du département de la *Sarthe*. Le Mans, 1851-63, 2 vol. in-4°.

Normandie.

550. DELISLE. Cartulaire normand de Philippe-Auguste, Louis VIII, saint Louis et Philippe le Hardi. Caen, 1852, in-4° (2° partie du t. XVI des Mémoires de la *Société des Antiquaires de Normandie*). — Actes normands de la Chambre des comptes. Rouen, 1871, in-8°. — Recueil de jugements de l'Échiquier de *Normandie* au XIII° siècle. Paris, 1864, in-4°. (Extr. du t. XX des *Notices et extraits des mss.* et du t. XXIV des *Mém. de l'Acad. des Inscrip.*)

551. LÉCHAUDÉ D'ANISY. Extraits des chartes et autres actes normands ou anglo-normands qui se trouvent dans les archives du *Calvados*. Caen, 1834-35, 2 vol. in-8° et atlas.

552. BONNIN. Cartulaire de *Louviers*. Évreux, 1870-71, 2 vol. in-4°.

553. LAFLEUR DE KERMAINGANT. Cartulaire de l'abbaye de Saint-Michel du *Tréport*. Paris, 1880, in-4° et atlas.

554. ANDRIEUX. Cartulaire de l'abbaye royale de Notre-Dame de Bon-Port, au diocèse d'*Évreux*. Évreux, 1862, in-4°.

555. HIPPEAU (C.). Le Gouvernement de *Normandie* au XVII° et au XVIII° siècle. Documents tirés des archives du château d'Harcourt. Caen, 1863-67, 7 vol. in-8°. (Non terminé.)

Nivernais.

556. SOULTRAIT (DE). Inventaire des titres de *Nevers* de l'abbé de Marolles, suivi d'extraits des titres de *Bourgogne* et de *Nivernais*. Nevers, 1872, in-4°.

Orléanais.

557. *LÉPINOIS (DE) et MERLET. Cartulaire de Notre-Dame de *Chartres*. Chartres, 1862-65, 3 vol. in-4°.

558. *GUÉRARD. Cartulaire de l'abbaye de Saint-Père de *Chartres*. Paris, 1840, 2 vol. in-4°. (*Coll. des doc. inédits.*)

559. VIGNAT. Cartulaire et histoire de Notre-Dame de *Beaugency*, ordre de saint Augustin. Orléans, 1879, in-4°.

Perche.

560. FLEURY. Cartulaire de *Perseigne*. Mamers et le Mans, 1880, in-4°.

Picardie.

561. PÉRIN. Recherches bibliographiques sur le département de l'*Aisne*, ou Catalogue et table des livres, chartes, lettres patentes, édits, arrêts..., concernant ce département. Paris, 1866-67, 2 vol. in-8°.

562. COCHERIS. Notices et extraits des documents manuscrits conservés dans les dépôts publics de Paris et relatifs à l'histoire de la *Picardie*. Paris, 1854-58, 2 vol. in-8°.

563. BEAUVILLE (N. DE). Recueil de documents inédits concernant la *Picardie*. Paris, 1860-77, 3 vol. in-4°.

564. *THIERRY (A.). Recueil des monuments inédits de l'histoire du tiers état. Tomes I-III. Paris, 1850-56, in-4°. (Coll. des doc. inédits.)

Poitou.

565. Archives historiques du *Poitou*. Fontenay-le-Comte, 1841-47, 3 vol. in-8°. — Nouvelle série. Poitiers, 1872 et suiv., in-8°.

566. FILLON (B.). Documents pour servir à l'histoire du *Bas-Poitou* et de la révolution en *Vendée*. Fontenay, 1847, in-8°.

567. MARCHEGAY. Cartulaire du *Bas-Poitou*. Les Roches-Baritaud, 1877, in-8°.

568. IMBERT. Cartulaire de l'abbaye de *Chambon*. Niort, 1876, in-8. (Extrait des Mém. de la *Soc. arch. des Deux-Sèvres*, t. XIII.) — Cartulaire de l'abbaye de Saint-Laon de *Thouars*. Niort, 1876, in-8°.

569. DUVAL. Cartulaire de l'abbaye royale de *Notre-Dame-des-Châtelliers*. Niort, 1872, in-8°.

570. RICHARD. Archives seigneuriales du *Poitou*. Inventaire analytique des archives du château de *La Barre*. Saint-Maixent et Paris, 1868, 2 vol. in-8°.

571. TRÉMOILLE (DE LA). Chartier de *Thouars*. Paris, 1877, in-fol.

Provence.

572. *GUÉRARD. Cartulaire de l'abbaye de Saint-Victor de *Marseille*. Paris, 1857, 2 vol. in-4°. (Coll. des doc. inédits).

573. ROSTAN. Cartulaire municipal de *Saint-Maximin*. Paris, 1862, in-4°.

574. MÉRY et GUINDON. Histoire analytique et chronologique des actes et des délibérations de la municipalité de Marseille. Marseille, 1842-73, 8 vol. in-8°.

Saintonge.

575. GRASILIER (l'abbé). Cartulaires inédits de *Saintonge*. Niort, 1872, 2 vol. in-8°.

576. CHOLET (l'abbé). Cartulaire de l'abbaye de Saint-Étienne de *Baigne* en *Saintonge*. Niort, 1868, in-4°.

Touraine.

577. *MABILLE. La Pancarte noire de Saint-Martin de *Tours*. Paris, 1866, in-8°.

578. SALMON et GRANDMAISON. Le Livre des serfs de *Marmoutiers*. Tours, 1864, in-8°.

579. CHEVALIER (l'abbé C.). Cartulaire de l'abbaye de *Noyers*. Tours, 1872, in-8°.

580. BOURASSÉ (l'abbé). Cartulaire de *Cormery*. Tours, et Paris, 1861, in-8°.

Vermandois.

581. BOUCHOT et LEMAIRE. Le Livre rouge de l'hôtel de ville de *Saint-Quentin*. Saint-Quentin, 1881, in-4°.

IV. CATALOGUES ET RECUEILS POUR LES PAYS VOISINS.

État Pontifical.

582. COQUÉLINES (Ch.). Bullarum, privilegiorum ac diplomatum romanorum pontificum amplissima collectio a S. Leone usque ad Clementem XII. Rome, 1739, 28 vol. in-fol. — Bullarium Benedicti XIV. Rome, 1746-57, 4 vol. in-fol. 2° édit. — Bullarium magnum romanum a S. Leone usque ad Benedictum XIV (450-1557). Luxembourg, 1747-58, 11 vol. in-fol.

583. *JAFFÉ (Ph.). Regesta pontificum romanorum a condita Ecclesia ad annum 1198. Berlin, 1851, in-8°. — Ed. Lœwenfeld, Kaltenbrunner et Ewald. Fasc. 1 et 2. Leipzig, 1883 et suiv. in-4°.

584. *POTTHAST. Regesta pontificum romanorum inde ab ann. 1198 ad ann. 1304. Berlin, 1874, 2 vol. in-4°.

Allemagne et Autriche.

585. *BŒHMER. Regesta regum atque imperatorum romanorum (911-1313). Francfort, 1831, in-4°.

586. BŒHMER. Regesta imperii. V. Die regesten des Kaiserreichs unter Philipp, Otto IV, Friedrich II, Heinrich VII,

Conrad IV, Heinrich Raspe, Wilhelm und Richard (1198-1272), nach der ef Bearbeitung und dem Nachlasse J. F. Boehmers, neu herausgegeben und ergänzt von J. Ficker. Insprück, 1879-81, 2 fasc. in-4°. -- Regesta imperii (1198-1254). Stuttgart, 1849, in-4°.--Regesta imperii (1147-1313). Stuttgart, 1844, in-4°. —Additio I, 1849; Additio II, 1857. — Regesta imperii (1314-1347). Francfort, 1839, in-4°. Additio I, 1841.--Additio II, 1846.--Additio III, 1865, in-4°.

587. Boehmer et Huber. Die Regesten des Kaiserreichs unter Kaiser Karl IV (1346-78). Insprück,1874-77,5 liv. in-4°.

588. Sickel. Diplomata regum et imperatorum Germamaniae. T. I, pars I. Conradi I et Henrici I diplomata. Hanovre, 1879, in-4°. (*Monumenta Germaniæ historica.*)

589. Stumpf. Die Kaiserurkunden des X-XI und XII Iahrh. Insprück, 1865, in-8° (parties 1 à 3, forme le 2° vol. des *Reichskansler.*)

590. Chmel (J.). Regesta Ruperti (1400-1410). Francfort, 1834, in-4°. — Regesta Friderici III imperatoris (1440-1493). Vienne, 1840, in-4°.

591. Birk (E.). Verzeichniss der Urkunden zur Geschichte des Hauses Habsburg (— 1493). (Appendice à la « Geschichte des Hauses Habsburg », de Lichnowski. Vienne, 1831-44).

592. Lünig (J. Ch.). Deutsches Reichsarchiv. Leipzig, 1713-22, 24 vol. in-fol.

593. Inventarium omnium et singulorum privilegiorum, litterarum... quaecumque in archivo regni in arce Cracoviensi continentur... anno 1862, cura bibliothecae polonicae editum. Paris, 1862, in-8°.

594. Fejer (G.). Codex diplomaticus *Hungariae.* Bude, 1829-44, 40 vol. in-8°. — Index, 1866, in-8°.

Suisse.

595. *Regesten der Archive der schweizerischen Eidgenossenschaft. Coire, 1848-54, 2 vol. in-4°.

596. *HIDBER. Schweizerisches Urkundenregister. Berne, 1863-77, 2 vol. gr. in-8°.

597. *Amtliche Sammlung der ælteren eidgenossischen Abschiede. Berne, 1856-79, 4 vol. in-4°.

598. MOHR (Th. et C. von). Codex diplomaticus. Sammlung der Urkunden zur Geschichte Cur-Rætiens und der Republik Graubünden. Coire, 1848-65, 4 vol. in-8°.

599. LULLIN et LEFORT. Chartes inédites relatives à l'histoire de la ville et du diocèse de *Genève* et antérieures à l'année 1312. Genève, 1862, in-8°.

600. LULLIN et LEFORT. Regeste Genevois ou répertoire chronologique et analytique des documents imprimés relatifs à l'histoire de la ville et du diocèse de *Genève* avant 1312. Genève, 1866, in-4°.

601. F. FOREL. Regeste ou Répertoire chronologique de documents relatifs à la *Suisse Romande*. Lausanne, 1864, in-8°.

Angleterre.

602. KEMBLE (J. M.). Codex diplomaticus aevi Saxonici. Londres, 1839-48, 6 vol. in-8°.

603. THORPE (R.). Diplomatarium anglicum aevi Saxonici. Londres, 1865, in-8°.

604. *RYMER. Foedera, conventiones, litterae... inter reges *Angliae* et alios quosvis reges. — Londres, 1704-1735, 20 vol. in-fol. — 3° édit. La Haye, 1739-45, 10 vol. in-fol., dern. édit. — Londres, 1816-69. 4 tomes en 7 vol. in-fol.

605. Reports of the royal commission of historical manuscripts. Londres, 1870-78, 7 vol. in-fol.

606. *Calendars of State paper preserved in the State-paper department of Her Majestys Public Record Office. Domestic series; Foreing series. — Londres, 1857 et suiv. in-8°.

607. Rotuli litterarum clausarum in Turri Londinensi asservati. Édit. T. D. Hardy. Londres, 1833-44, 2 vol. in-fol.

608. Rotuli Normanniae in Turri Londinensi asservati, Johanne et Henrico Quinto Angliae regibus. Édit. T. D. Hardy. T. I, Londres, 1835, in-8°.

609. Rotuli litterarum patentium in Turri Londinensi asservati. Édit. T. D. Hardy. T. I, pars I, Londres, 1835, in-fol.

610. Rotuli chartarum in turri Londinensi asservati. Édit. T. D. Hardy, vol. 1, pars 1, Londres, 1835, in-fol.

611. Calendarium rotulorum patentium in Turri Londinensi. Londres, 1802, in-fol.

Belgique.

612. *WAUTERS (A.). Table chronologique des chartes et diplômes imprimés concernant l'histoire de la Belgique. Bruxelles, 1866-68, 3 vol. in-4°.

613. MIROEUS. Opera diplomatica et historica, 2° édit. (par Foppens), Bruxelles, 1723, 4 vol. in-fol.

614. BOUTARIC. Rapport sur les recherches faites dans les archives de *Belgique.* (*Archives des missions,* 2° série, t. II, 1865; *Bulletin de la Société de l'histoire de Paris et de l'Ile-de-France,* année 1878.)

615. POLAIN (L.). Recueil des ordonnances du duché de *Bouillon* (1240-1795). Bruxelles, 1866, in-fol.

616. KERVYN DE LETTENHOVE. Codex Dunensis sive chartarum medii aevi amplissima collectio. (*Coll. des chroniques belges inédites.*) Bruxelles, 1873, in-4°.

Espagne.

617. VILLANUEVA (Fr. Jayne). Viaje litterario á las iglesias de *España* con observaciones de D. Joaquin Lorenzo Villanueva. Madrid et Valence, 1803 et suiv., t. I à XXII, in-8°, fig.

618. Coleccion de documentos ineditos del archivo general de *Aragon;* publiée par D. Prospero de Bofarull y

Mascaró; continuée par D. Manuel de Bofarull y de Sarto-
rio. Barcelone, t. I-XL. 1840-76, in-8°.

Italie.

619. Lünig (J. Ch.). Codex Italiae diplomaticus. Leipzig,
1726-1735, 4 vol. in-fol.

620. *Troya (C.). Codice diplomatico Langobardo. Naples, 1853-55, 5 vol. in-8°.

621. Codex diplomaticus *Langobardiae* usque ad ann.
1000. Turin, 1873, in-fol. (Tome XIII des *Monumenta historiae patriae.*)

19. Recueils de traités et actes diplomatiques.

622. Leibnitz. Codex juris gentium diplomaticus. Hanovre, 1693, 2 vol. in-fol.

623. Leibnitz. Mantissa codicis juris gentium diploma-
tici. Hanovre, 1700, in-fol. ; — 2ᵉ édit. Wolfenbüttel, 1747,
2 vol. in-fol.

624. *Dumont. Corps universel diplomatique du droit
des gens (800-1731). Amsterdam et la Haye, 1726-1731,
8 vol. in-fol.

625. Roussel. Supplément au Corps universel diplomatique de Dumont continué jusqu'en 1739. Amsterdam et la
Haye, 1739, 5 vol. in-fol.

626. Wenck. Codex juris gentium recentissimi (1735-72).
Leipzig, 1781-95, 3 vol. in-8°.

627. *Martens. (F. de). Recueil des principaux traités...
depuis 1761 jusqu'à présent. Gœttingue, 1761-1801, 7 vol.
in-8°; 2ᵉ éd. 1817-35, 8 vol. in-8°. — Supplément contenant
les traités du xviiiᵉ siècle qui ne se trouvent ni dans Dumont ni dans Roussel. Gœttingue, 1801-1808, 4 vol. in-8°.
(Le dernier contient la table du recueil.) — Nouveaux sup-
pléments, comprenant les années 1761-1839. Gœttingue,
1839-42, 3 vol. in-8°; nouvelle table générale, 1839-42,
2 vol. in-8°.

628. MARTENS (F. DE) et DE CUSSY. Recueil manuel de traités, conventions et autres actes diplomatiques sur lesquels sont établis les relations et les rapports existant aujourd'hui entre les divers souverains du globe, depuis l'année 1760 jusqu'à l'époque actuelle. Leipzig, 1846-57, 7 vol. in-8°.

629. DUMONT et ROUSSEL. Cérémonial diplomatique des cours de l'Europe, ou Collection des actes, mémoires et relations qui concernent les dignités, honneurs, etc. Amsterdam et La Haye, 1739, 2 vol. in-fol.

630. *DUPUY. Traités concernant l'histoire de *France*. Paris, 1654, in-4°. — 3e édit. Paris, 1700, in-12°.

631. DESJARDINS (Abel). Négociations diplomatiques de la *France* avec la *Toscane*, documents recueillis par Giuseppe Canestrini et publiés par... — Paris, 1859-75, 5 vol. in-4°. (Dans la *Coll. des documents inédits relatifs à l'histoire de France*.)

632. CHARRIÈRE (E.). Négociations de la *France* dans le *Levant*. Paris, 1848-60, 4 vol. in-4°. (Dans la *Coll. des documents inédits relatifs à l'histoire de France*.)

633. MAS-LATRIE (DE). Traités de paix et de commerce et documents divers concernant les relations des chrétiens avec les Arabes de l'*Afrique* septentrionale au moyen âge. Paris, 1865, in-4°.

634. ALBERI (E.). Relazioni degli ambasciatori veneti al senato, raccolte ed edite da.... — Florence, 1839-62, 15 vol. in-8°.

635. BASCHET. La diplomatie vénitienne. Paris, 1862, in-8°.

---

20. Sources législatives et juridiques.

RECUEILS GÉNÉRAUX

636. BALUZE. Capitularia regum Francorum. Paris, 1677, 2 vol. in-fol.; — 2e édit. Venise, 1772, 2 vol. in-fol; — 3e édit. (de Chiniac) Paris, 1780, 2 vol. in-fol.

637. *Boretius. Capitularia regum Francorum. T. I, Hanovre, 1881-1883. (Coll. des *Monumenta Germaniae historica*, Legum sectio II.)

638. *Rozière (E. de). Recueil général des formules usitées dans l'empire des Francs du v° au x° siècle. Paris, 1859-71, 3 vol. in-8°. — Formules inédites. Paris, 1858, in-18°. — Liber diurnus ou recueil des formules usitées par la chancellerie pontificale du v° au xi° siècle. Paris, 1869, in-8°.

639. Fontanon et de la Roche-Maillet. Les Édits et ordonnances des rois de *France* depuis Louis le Gros, l'an 1108, jusqu'au roi Henri IV. Paris, 1611, 3 vol. in-fol.

640. *Ordonnances des rois de *France* de la III° race jusqu'en 1514. Paris, 1723-1849, 22 vol. in-fol. (Recueil dit des Ordonnances du Louvre).

641. *Isambert, Jourdan et Decrusy. Recueil général des anciennes lois françaises de 420 à 1789. Paris, 1822-27, 29 vol. in-8°.

642. Houard. Anciennes lois des François conservées dans les coutumes anglaises, recueillies par Littleton,... Rouen et Paris, 1779, 2 vol. in-4°.

643. *Beugnot. Les Olim, ou Registres des arrêts rendus par la cour du roi. Paris, 1839-48, 4 vol. in-4°. (Dans la *Coll. des documents inédits relatifs à l'histoire de France*.)

644. *Boutaric. Actes du Parlement de Paris, 1863-67, 2 vol. in-4°.

645. Guénois (Pierre). La Conférence des ordonnances royaux depuis les origines jusqu'à Louis XIII. Éd. Laurent Bouchet. Paris, 1620, 2 vol. in-fol; — 1660-1678, 3 vol. in-fol.

646. Néron (Pierre) et Girard. Les Édicts et ordonnances des rois de *France* depuis François I°", avec annotations et conférences. Édit. augmentée par M. F. S. A. Paris, 1656, in-fol. — Réédit. Paris, 1720, 2 vol. in-fol.

647. Blanchard. Compilation chronologique contenant

un recueil abrégé des ordonnances, édits, déclarations des rois de *France*. Paris, 1725, in-fol.

648. WALKER. Collection complète par ordre chronologique des lois, édits, traités de paix, ordonnances, déclarations et règlements d'intérêt général antérieurs à 1789 restés en vigueur. Paris, 1846, 5 vol. in-8°.

649. CROT (DU). Le Vrai Style du conseil privé du roy, de la cour de Parlement, de la cour des aides, etc. Paris, 1633 et 1634, in-8°.

650. *Établissements de Saint-Louis. Édit. P. Viollet. Paris, 1882-84, 3 vol. in-8°. (*Soc. Hist. de France.*)

651. *Livre de Jostice et de Plet. Édit. Rapetti. Paris, 1850, in-4°. (*Coll. des Doc. inédits.*)

652. Conseil que Pierre de Fontaines donne à un ami. Édit. Marnier. Paris, 1846, in-8°.

653. *Assises de Jérusalem ou recueil des ouvrages de jurisprudence composés pendant le XIII° siècle dans les provinces de Jérusalem et de Chypre. Édit. Beugnot. Paris, 1841-43, 2 vol. in-fol.

654. BREUIL (G. DU). Stylus Parlamenti. Édit. Lot. Paris, 1878, in-fol.

655. Le Grand Coutumier de *France*. Nouv. édit. par Laboulaye et Dareste. Paris, 1868, in-8°.

656. LOISEL (A.). Institutes coutumières de la France. Édit. Dupin et Laboulaye. Paris, 1845, 2 vol. in-12°.

657. DENISART (J.-B). Collection de décisions nouvelles et de notions relatives à la jurisprudence actuelle. Paris, 1763, 3 vol. in-4°.

658. RONDONNEAU. (Collection d'ordonnances, arrêts, etc. (*Aux archives nationales.*)

659. DOUJAT (J.). Specimen juris ecclesiastici apud Gallos quo pragmaticae sanctiones, concordata, indultorum genera varia... aliaque continentur. Paris, 1680, 2 vol. in-12°.

660. BRUNET. Traitez des droits et libertés de l'Eglise gallicane. Paris, 1731, 5 vol. in-fol.

661. *DURAND DE MAILLANE. Les libertés de l'Église gallicane prouvées et commentées suivant l'ordre des articles dressé par P. Pithou, et sur les recueils de P. Dupuy. Lyon, 1771, 5 vol. in-4°.

662. BAQUET. Recueil des édits, lettres, etc., concernant le pouvoir de juridiction de la Chambre du Trésor. Paris, 1610, in-folio.

663. PEUCHET. Collection des lois, ordonnances et règlements de police depuis le XIII° siècle. Paris, 1818-19, 8 vol. in-8°.

664. BOUTEILLER. Somme rurale. Édit. Charondas le Caron. Paris, 1611, in-4°.

665. PARDESSUS. Us et coutumes de la mer. Paris 1847, 2 vol. in-4°.

666. *PARDESSUS. Collection des lois maritimes antérieures au XVIII° siècle. Paris, 1828-45, 6 vol. in-4°.

667. BLANCHARD. Répertoire des lois, décrets et ordonnances sur la marine.(*Aux archives du ministère de la Marine.*)

668. TOUSSAINT QUINET. Recueil général des estats tenus en *France* sous les rois Charles VI, Charles VIII, Charles IX, Henri III et Louis XIII. Paris, 1651, in-4°.

669. RAPINE. Recueil des États généraux. Paris, 1786, 16 vol. in-fol.

670. MAYER (Ch. J. DE). Des États généraux et autres assemblées nationales. Collection recueillie et publiée par... — La Haye et Paris, 1788-1789, 18 vol. in-8° et 1 vol. de pièces justificatives.

671. Recueil des cahiers généraux des trois ordres aux états généraux d'*Orléans* (1560), *Blois* (1576), *Blois* (1588), *Paris* (1614). Paris, 1789, 4 vol. in-8°.

672. Recueil de pièces originales et authentiques concernant la tenue des États généraux. Paris, 1789, 9 vol. in-8°.

21. Sources législatives et juridiques.

673. *BOURDOT DE RICHEBOURG. Le Coutumier général. Paris, 1724, 4 vol. in-fol.

674. BOUTHORS. Anciennes coutumes d'*Amiens*. Paris, 1842, in-4°.

675. VIGIER (J. et F.). Coutumes d'*Angoumois*, *Aunis* et *la Rochelle*. Paris, in-fol., 1879.

676. POCQUET DE LIVONIÈRE. Coutumes d'*Anjou*. Paris, 1725, 2 vol. in-fol.

677. BEAUTEMPS-BEAUPRÉ. Coutumes et institutions de l'*Anjou* et du *Maine* antérieures au XVIᵉ siècle. Première partie : Coutumes et styles. Paris, 1877-1883, 4 vol. in-8°.

678. MAILLARD (A.). Coutumes d'*Artois*. Paris, 1756, in-fol.

679. TARDIF (A.). Coutumier d'*Artois*. Paris, 1883, in-8°.

680. CHABROL. Coutumes d'*Auvergne*. Riom, 1784, 4 vol. in-4°.

681. Coutumes du comté et bailliage d'*Auxerre*. Paris, 1563, in-4°.

682. Los fors et costumas de *Bearn*. Pau, 1552, in-4°.

683. *BEAUMANOIR (Ph. DE). Les coutumes de *Beauvaisis*. Édit. Beugnot. Paris, 1842, 2 vol. in-8°. (*Soc. Hist. de France*.)

684. THAUMASSIÈRE (THAUMAS DE LA). Anciennes et nouvelles coutumes de *Berry* et celle de *Lorris*. Paris, 1620, 1701 et 1750, in-fol.

685. BOÉ et DUPIN. Commentaire sur les coutumes de *Bordeaux*, par Anthomme, augmentés par N... Bordeaux, 1728 et 1737, in-fol.

686. AUROUX DES POMMIERS. Coutumes de *Bourbonnais*. Paris, 1780, in-fol.

687. BOUHIER. Coutumes de *Bourgogne*. Dijon, 1742, 2 vol. in-fol.

688. Ordonnances du comté de *Bourgogne*. Dôle, 1490, in-4°.

689. REVEL et GUICHENON. Usages des pays de *Bresse, Bugey* et *Gex*. Bourg-en-Bresse, 1775, 2 vol. in-fol.

690. POULLAIN du PARC. Coutumes générales de *Bretagne*. Rennes, 1745-48, 3 vol. in-4°.

691. Coustumes du bailliage de *Chaumont-en-Bassigny*. Paris, 1511. in-8°.

692. LE GRAND et VAN DEN HANE. Les Coustumes et lois des villes et chastellenies du comté de *Flandre*. Cambrai, 1719, 3 vol. in-fol.

693. Coustumes et usaiges de la ville de *Lille*. Anvers, 1531, in-4°.

694. BRUN-LACUINE. Le Roisin. Paris 1840, in-8°.

695. ALBISSON. Recueil des lois municipales de *Languedoc*. Montpellier, 1780, 7 vol. in-4°.

696. FABERT. Coutume du duché de *Lorraine*. Metz, 1657, in-fol.

697. BRODEAU. Coutume du *Maine*. Paris, 1675, in-fol.

698. Coutumes du pays de *Normandie*, 1483, in-fol.

699. G. LAMBERT. Coutumes de *Normandie*. Rouen, 1588, in-4°.

700. HOUARD. Dictionnaire analytique de la coutume de *Normandie*.

701. MARNIER. Établissements et coutumes, assises et arrêts de l'échiquier de *Normandie* au XIII° siècle (1207-1245). Paris, 1839, in-8°.

702. *TARDIF (E.-J.). Coutumiers de *Normandie*. 1re partie. Le très ancien Coutumier de *Normandie*. Rouen, 1881, in-8°.

703. L'ancienne coutume de *Normandie*. Réimpression par W.-L. de Gruchy. Saint-Hélier, 1881, in-8°.

704. Coustumes du *Nyvernoys*. La Charité, 1535, in-4°.

705. LALANDE (J. DE). Coutumes d'*Orléans*. Orléans, 1673, in-fol.

706. FERRIÈRE (DE) et LE CAMUS. Coutume de *Paris*. Paris, 1714, 4 vol. in-fol.

707. MARNIER. Ancien Coutumier de *Picardie*. Paris, 1840, in-8°.

708. Le Coutumier de *Picardie*. Paris, 1726, 2 vol. in-fol.

709. BOUCHEUL (J.). Corps et compilation de tous les commentateurs de la coutume de *Poitou*. Poitiers, 1727, 2 vol. in-fol.

710. Le Coustumier de *Touraine*. Paris, 1507, in-4°.

711. THOU (DE). Coutumes de *Touraine*. Paris, 1561, in-4°.

712. LEGRAND. Coutumes de *Troyes*. Paris, 1737, in-fol.

713. Le Coutumier de *Vermandois*, avec les commentaires de Buridan. Paris 1728, 2 vol. in-fol.

714. CASEVIEILLE (J. DE). Consuetudines Tholosac. Toulouse, 1544, in-4°.

---

22. Monuments figurés et inscriptions.

715. AGINCOURT (SEROUX D'). Histoire de l'art par les monuments depuis sa décadence au IV° siècle jusqu'à son renouvellement au XVI° siècle. Paris, 1823, 6 vol. in-fol., planches.

716. SOMMERARD (DU). Les Arts au moyen âge. Paris, 1838-46, 5 vol. in-8°, et 6 vol. in-fol. de planches.

717. BASTARD (DE). Peintures et ornements des manuscrits pour servir à l'histoire des arts du dessin, depuis le IV° siècle de l'ère chrétienne jusqu'à la fin du XVI°. Paris, s. d., in-fol.

répétition de page 8°

718. GAILHABAUD. Monuments anciens et modernes. Paris, 1850, 4 vol. in-4°. — L'Architecture du Ve au XVIIe siècle et les arts qui en dépendent. Paris, 1858, 4 vol. in-4°.

719. MILLIN. Antiquités nationales. Paris, 1790-98, 5 vol. in-4°.

720. MILLIN. Voyage dans les départements du Midi de la France. Paris, 1807-11, 5 vol. in-4° et atlas in-folio.

721. WILLEMIN. Monuments français inédits pour servir à l'histoire de France. Paris, 1806, 2 vol. in-fol.

722. NODIER, TAYLOR et DE CAILLEUX. Voyages pittoresques et romantiques dans l'ancienne *France.* Paris, 1833 et suiv., in-fol. *Auvergne,* 2 vol. — *Bourgogne,* 1 vol. — *Bretagne,* 2 vol. — *Champagne,* 2 vol. — *Dauphiné,* 1 vol. — *Franche-Comté,* 1 vol. — *Languedoc,* 1 vol. — *Normandie,* 3 vol. — *Picardie,* 2 vol.

723. EYRIÈS et SADOUX. Les Châteaux historiques de la *France.* Poitiers, 1876, in-4°.

724. *MONTFAUCON (D. B. DE). Les Monuments de la monarchie françoise. Paris, 1729-33, 5 vol. in-fol.

725. COMBROUSE (J.). Monuments de la maison de *France,* collection de médailles, estampes et portraits. Paris, 1856, in-fol. et atlas.

726. Monasticon Gallicanum, reproduit par les soins de H. Peigné-Delacourt. Paris, 1875, 2 vol. in-4°.

727. *HENNIN. Les Monuments de l'histoire de France. Catalogue des productions de la sculpture, de la peinture et de la gravure, relatives à l'histoire de la *France* et des Français. Paris, 1856-63, 10 vol. in-8°.

728. LENOIR (Albert). Statistique monumentale de *Paris.* Paris, 1867, in-4° et atlas en 2 vol. in-fol.

729. DIDRON. Iconographie chrétienne. Histoire de Dieu. Paris, 1844, in-4°. (Dans la *Coll. des Documents inédits relatifs à l'histoire de France.*)

730. *Le Blant (Ed.). Inscriptions chrétiennes de la *Gaule* antérieures au viiie siècle. Paris, 1856, 2 vol. in-4°.

731. *Guilhermy (de) et de Lasteyrie. Inscriptions de la *France* du ve au xviiie siècle. Paris, 1873-83, 5 vol. in-4°. (*Coll. des Doc. inédits.*)

732. Castellane (de). Épigraphie du midi de la *France*. (*Mémoires de la Soc. arch. du midi de la France, t. 2 et 3.*)

733. Bonnefoy (de). Épigraphie roussillonnaise. Perpignan, 1856-60, in-8°.

734. Boissieu (de). Inscriptions antiques de *Lyon*. Lyon, 1846-1854, in-fol.

735. Allmer et de Terrebasse. Inscriptions antiques et du moyen âge de *Vienne* en Dauphiné. Paris et Vienne, 1875, 5 vol. in-8°.

736. Texier (l'abbé). Manuel d'épigraphie suivi du recueil des inscriptions du *Limousin*. Poitiers, 1851, in-8°.

737. Blanc. Épigraphie antique des *Alpes-Maritimes*. 1880, in-4°.

738. Robert (Ch.). Épigraphie gallo-romaine de la *Moselle*. Paris, 1873, in-4°.

739. Mommsen (Th.). Inscriptiones confoederationis helveticae latinae. Zürich, 1854, in-4°.

740. Brambach. Corpus inscriptionum Rhenanarum. Elberfeld, 1867, in-4°.

741. *Corpus inscriptionum latinarum, publié par l'Académie des Sciences et lettres de Berlin. Berlin, 1863 et suiv. in-f°.

III

TRAVAUX DE SECONDE MAIN

23. Histoire générale.

742. GAGUIN (R.). La Mer des cronicques et mirouer hystorial de *France*... nouvellement traduict du latin en vulgaire françoys. Paris, 1536, in-fol.

743. BELLEFOREST (FR. DE). Les Grandes Annales et histoires generalles de *France* dès la venue des Francs en *Gaule* jusques au règne du roy Henri III. Paris, 1579, 2 vol. in-fol.

744. DUPLEIX (Scipion). Histoire générale de la *France* avec l'état de l'Église et de l'Empire. Paris, 1621-1643, 5 vol. in-fol.

745. MÉZERAY (DE). Histoire de *France* depuis Pharamond jusqu'à maintenant. Paris, 1643-1651, 3 vol. in-fol.

746. *DANIEL (le P. G.). Histoire de *France* depuis l'établissement de la monarchie françoise dans les Gaules. Paris, 1713, 3 vol. in-fol; 1755-1760, 17 vol. in-4°.

747. VELLY, VILLARET, GARNIER et FANTIN DES ODOARDS. Histoire de *France*. Paris 1808-12, 26 vol. in-12°, 26 vol. in-12°. — Ed. Dufau. Paris, 1819-22, 43 vol. in-12°.

748. LORENZ (Mich.). Summa historiae Gallo-Franciscae civilis et sacrae. Strasbourg, 1790-93, 4 vol. in-8°.

749. *SISMONDI (DE). Histoire des Français depuis l'origine jusqu'en 1789. Paris, 1821-1844, 31 vol. in-8°.

750. SCHMIDT. Geschichte von Frankreich. Nouv. édit. Paris, s. d., 5 vol. in-12°.

751. *MARTIN (Henri). Histoire de *France*. Paris, 1833-1836 et 1837-1854, 17 vol. in-8°. — 4° édit. Paris, 1855-60, 19 vol. in-8°.

752. MICHELET (J.). Précis de l'histoire moderne. Paris, 1833, in-8°; — 1861, in-12°.

753. * DARESTE DE LA CHAVANNE. Histoire de *France*. Paris, 1868-1873, 8 vol. in-8°.

754. LAVALLÉE (Th.). Histoire des Français depuis les temps des Gaulois jusqu'en 1873. Paris, 1861-1873, 7 vol. in-12°.

755. BORDIER et CHARTON. Histoire de *France* depuis les temps les plus anciens jusqu'à nos jours, d'après les documents originaux et les monuments de l'art de chaque époque. Paris, 1859, 2 vol. in-8°.

756. * MICHELET (J.). Histoire de *France* depuis les origines jusqu'en 1789. Nouv. édit. Paris, 1871-1874, 17 vol. in-8°.

757. HALLAM. View of the state of Europe in the Middle ages. Londres, 1818; — 1846, 2 vol. in-8°. — Trad. franç. (par Dudoint et Borghers). Paris, 1820-22, 4 vol. in-8°.

————

24. Histoire provinciale, municipale et locale.

I. — OUVRAGES GÉNÉRAUX.

758. LEBER (Ch.). Histoire critique du pouvoir municipal. Paris, 1828, in-8°.

759. * THIERRY (Aug.). Essai sur l'histoire de la formation et des progrès du tiers état en *France*. Paris, 1853, in-8°.

760. * THIERRY (Aug.). Lettres sur l'histoire de *France*. Paris, 1859, in-8°.

761. WAUTERS. Les libertés communales. Essai sur leur origine et leurs premiers développements en *Belgique*, dans le nord de la *France* et sur les bords du Rhin. Bruxelles, 1878, 2 vol. in-8°.

762. TAILLIAR. De l'affranchissement des communes dans le nord de la *France* et des avantages qui en sont résultés. Cambrai, 1837, in-8°.

763. TAILLIAR. Recherches sur l'histoire des institutions politiques et civiles du moyen âge, du IXe au XVIe siècle, et nouvelles recherches sur l'institution des communes dans le nord de la *France* et le midi de la *Belgique*. (Extrait du tome VIII du *Bulletin de la Commission royale d'histoire de Belgique*.) 1844, in-8°.

764. KLIPFFEL (H.). Étude sur l'origine et les caractères de la révolution communale dans les cités épiscopales romaines de l'Empire germanique. Strasbourg, 1869, in 8°.

765. VERNEILH-PUIRASEAU (DE). Histoire politique et statistique de l'*Aquitaine* ou des pays compris entre la Loire et les Pyrénées, l'Océan et les Cévennes. Paris, 1822-1827, 3 vol. in-8°.

766. * BRÉQUIGNY. Recherches sur les communes et les bourgeoisies. (*Ordonnances des rois de France*, t. XI et XII.)

767. CLOS (L.). Recherches sur le régime municipal dans le midi de la *France* au moyen âge. Paris, 1851, in-4°. (*Notices et extraits des manuscrits*, publiés par l'Académie des inscriptions.)

768. * RAYNOUARD. Histoire du droit municipal en *France* sous la domination romaine et sous les trois dynasties. Paris, 1829, 2 vol. in-8°.

769. CURIE-SEIMBRES. Essai sur les villes fondées dans le sud-ouest de la *France* aux XIIIe et XIVe siècles sous le nom générique de bastides. Toulouse, 1880, in-8°.

---

25. Histoire provinciale, municipale et locale.

II. — OUVRAGES SPÉCIAUX

Alsace.

770. REUSS (Rod.). Bibliothèque alsatique. Catalogue des livres de M. F.-C. Heitz. Strasbourg, 1868, in-8° (contient toute la bibliographie alsatique).

771. KÖNIGSHOVEN (J. DE). Die ælteste teutsche so wol allgemeine als insonderheit elsassische und strassbur-gische Chronicke. Edit. Schiltern. Strasbourg, 1698, in-4°. — Edit. Hegel. Leipzig, 1870-71, 2 vol. in-8° (dans la coll. des *Deutsche Stædtechroniken,* vol. 8 et 9).

772. *SCHŒPFLIN (J.-D.). *Alsatia* illustrata. Colmar, 1751-1761, 2 vol. in-fol. — Trad. franç. par Ravenez. Mulhouse, 1849-52, 5 vol. in-8°.

773. LAGUILLE (le P. Louis). Histoire de la province d'*Alsace* depuis Jules César jusqu'au mariage de Louis XV. Strasbourg, 1727, 2 parties en 1 vol. in-fol. — 1727, 8 to-mes en 4 vol. in-8°.

774. STROBEL (A.-G.). Vaterländische Geschichte des *Elsasses.* Strasburg, 1841-1849, 6 vol. in-8°.

775. BAQUOL (J.). L'*Alsace* ancienne et moderne, ou Dic-tionnaire topographique, historique, etc., du Haut et du Bas-Rhin, 3° édit. par Ristelhuber. Strasbourg, 1865, in-8°.

776. VÉRON-RÉVILLE. Essai sur les anciennes juridictions d'*Alsace.* Colmar, 1857, in-8°.

777. HANAUER (l'abbé). Les Constitutions des campa-gnes de l'*Alsace* au moyen âge. Colmar, 1865, in-8°.

778. HANAUER (l'abbé). Les Paysans de l'*Alsace* au moyen-âge. Colmar, 1865, in-8°.

779. HANAUER (l'abbé). Études économiques sur l'*Alsace* ancienne et moderne. Paris, 1876-78, 2 vol. in-8°.

780. GRANDIDIER. Histoire ecclésiastique, civile et mili-taire de la province d'*Alsace,* t. I. Strasbourg, 1787, in-4°.

781. GRANDIDIER. Histoire de l'église et des princes-évê-ques de *Strasbourg,* t. I et II. Strasbourg, 1776, 2 vol. in-4°.

782. GRANDIDIER. Œuvres historiques inédites, publiées par J. Liblin. Colmar, 1865-68, 6 vol. in-8°.

783. HERMANN (F.). Notices historiques, statistiques et littéraires sur la ville de *Strasbourg.* Strasbourg, 1818-18, 2 vol. in-8°.

784. GRAF (Math.). Geschichte der Stadt Mulhausen Mulhouse, 1819-26, 4 vol. in-18°.

785. MOSSMANN (X.). Recherches sous la constitution de la commune à *Colmar*. Colmar, 1878, in-8°.

786. DORIAN (A.). Notices historiques sur l'*Alsace* et principalement sur la ville de *Schlestadt*. Colmar, 1832, 2 vol. in-8°.

Angoumois. Aunis. Saintonge.

787. CASTAIGNE (E.). Essai d'une bibliothèque historique de l'*Angoumois*. Angoulême, 1817, in-8°.

788. MAICHIN (A.). Histoire de *Saintonge, Poitou, Aunis* et *Angoumois*. 1ʳᵉ partie, Saint-Jean-d'Angely, 1671, in-fol.

789. MARVAUD. Études historiques sur l'*Angoumois*. Angoulême, 1835, in-8°.

790. MASSION (D.). Histoire politique, civile et religieuse de la *Saintonge* et de l'*Aunis*. Saintes, 1846, 6 vol. in-8°.

791. VIGIER DE LA PILE. Histoire de l'*Angoumois*, publiée avec des documents inédits par J.-H. Michon. Paris, 1846, in-4.°

792. BABINET DE RENCOGNE. Nouvelle chronologie historique des maires de la ville d'*Angoulême*, publiée avec de nombreuses pièces justificatives. Angoulême, 1870, in-8°. (Ext. du *Bull. de la Soc. archéol. de la Charente*, 1869, 4ᵉ série, t. VI.)

Anjou et Maine.

793. *PORT (C.). Dictionnaire, historique, géographique, archéologique et biographique du *Maine-et-Loire*. Paris, 1877-1879, 3 vol. in-8° et atlas.

794. BOURDIGNÉ (Jean). Annales et chronique d'*Anjou* et du *Maine*. Angers, 1529, in-4; — avec un avant-propos de M. le comte de Quatrebarbes, Angers, 1842, 2 tomes en 1 vol. in-8°.

795. MONTZEY (Ch. DE). Histoire de *La Flèche* et de ses seigneurs. Le Mans, 1878-1879, 3 vol. in-8°.

Artois.

796. MALBRANQ (J.). De Morinis et Morinorum rebus. Tournay, 1639-54, 3 vol. in-4°.

797. HENNEBERT. Histoire générale de la province d'Artois. Lille, 1786-89, 3 vol. in-8°.

798. Dictionnaire historique et archéologique du Pas-de-Calais, publié par la commission départementale des monuments historiques. (En cours de publication.) Arras, 1880, in-8°.

799. Chronique de la ville d'Arras. Arras, 1766, in-4°.

800. *GIRY (A.). Histoire de la ville de Saint-Omer et de ses institutions jusqu'au XIV° siècle. Paris, 1877, in-8°. (Bibl. de l'École des Hautes Études.)

Auvergne.

801. GONOD (B.). Catalogue des ouvrages imprimés et manuscrits concernant l'Auvergne, extrait du catalogue général de la bibliothèque de Clermont. Clermont, 1849, in-8°.

802. RIVIÈRE. Histoire des institutions de l'Auvergne. Paris, 1874, 2 vol. in-8°.

803. RIVAIN (Camille). Notice sur le consulat et l'administration consulaire d'Aurillac. Aurillac, 1874, in-12°.

Béarn.

804. *MARCA (P. DE). Histoire de Béarn. Paris, 1640, in-fol.

805. OLHAGARAY (P.). Histoire de Foix, Béarn et Navarre. Paris, 1609, in-4°.

806. BALASQUE et DULAURENS. Études historiques sur la ville de Bayonne. Bayonne, 1872, 2 vol. in-8°.

Berry.

807. THAUMASSIÈRE (T. DE LA). Histoire de Berry. Bourges, 1689, in-fol.

808. RAYNAL. Histoire du *Berry* depuis les temps les plus anciens jusqu'en 1789. Bourges, 1844-1847, 4 vol. in-8°.

Bourgogne.

809. *PLANCHER (D. U.). Histoire générale et particulière de *Bourgogne*. Dijon, 1739-1781, 4 vol. in-fol.

810. COURTÉPÉE et BEGUILLET. Description générale et particulière du duché de *Bourgogne*. Dijon, 1773-1785, 7 vol. in-8°.

811. DU CHESNE (André). Histoire des roys, ducs et comtes de *Bourgogne* et d'*Arles*. Paris, 1619, in-4°.

812. ROSNY (J.). Histoire de la ville d'*Autun*. Autun, 1802, in-4°.

813. QUANTIN (Max.). Recherches sur le tiers état dans les pays qui forment aujourd'hui le département de l'*Yonne*. Auxerre, 1851, in-8°.

814. *LEBEUF (l'abbé). Mémoires concernant l'histoire ecclésiastique et civile d'*Auxerre*. Paris, 1743, 2 vol. in-4°.

815. CHARDON. Histoire de la ville d'*Auxerre*. Auxerre, 1834-1835, 2 vol. in-8°.

816. CHALLE (A.). Histoire de l'*Auxerrois*. Auxerre, 1878, in-8°.

817. GANDELOT. Histoire de la ville de *Beaune*. Dijon, 1772, in-4°.

818. MAILLARD DE CHAMBURE. *Dijon* ancien et moderne, recherches historiques. Dijon, 1840, in-8°.

Bourbonnais. (Voyez *Lyonnais* et *Forez*.)

819. COIFFIER-DEMORET (DE). Histoire du *Bourbonnais*. Paris, 1814-1816, 2 vol. in-8°.

820. BÉRAUD. Histoire des sires et des ducs de *Bourbon*. Paris, 1835-1836, 4 vol. in-8°.

Bresse.

821. GUICHENON (S.). Histoire de *Bresse* et de *Bugey*. Lyon, 1650, in-fol.

822. BROSSARD (J.). Histoire politique et religieuse du pays de *Gex* et lieux circonvoisins depuis César jusqu'à nos jours. Bourg en Bresse, 1851, in-8°.

823. *JARRIN. La *Bresse* et le *Bugey*, leur place dans l'histoire. Bourg, 1883, t. I, in-8°.

824. TEYSSONIÈRE (DE). Recherches historiques sur le département de l'*Ain*. Bourg, 1838-1844, 5 vol. in-8°.

Bretagne.

825. ARGENTRÉ (B. D'). L'Histoire de *Bretaigne*, des roys, ducs, comtes et princes d'icelle; l'établissement du royaume, mutation de ce titre en duché, continué jusques au temps de madame Anne, dernière duchesse. Paris, 1588, in-fol.

826. LE BAUD. Histoire de *Bretagne* jusqu'en 1458... Mise en lumière par Pierre d'Hozier. Paris, 1638, in-fol.

827. *LOBINEAU (D. G.-A.). Histoire de *Bretagne*. Paris, 1707, 2 vol. in-fol. — Traité de la mouvance de *Bretagne*. Paris, 1711, in-fol.

828. *MORICE (D. H.). Mémoires pour servir de preuves à l'histoire ecclésiastique et civile de *Bretagne*. Paris, 1742-46, 3 vol. in-fol.

829. MORICE et TAILLANDIER (DD.). Histoire ecclésiastique et civile de *Bretagne*. Paris, 1756, 2 vol. in-fol.

830. COURSON (A. DE). Essai sur l'histoire, la langue et les institutions de la *Bretagne armoricaine*. Rouen, 1840, in-8°.

831. LABORDERIE (DE). Examen critique des chartes du cartulaire de Redon antérieures au XIᵉ siècle (dans la *Bibliothèque de l'École des Chartes*, t. XXV). Paris, 1864, in-8°.

Champagne.

832. Pithou (P.). Premier livre des comtes de *Champagne* et de *Brie*. Paris, 1572, in-4°.

833. Baugier. Mémoires historiques de la province de *Champagne*, contenant son état avant et depuis l'établissement de la monarchie française. Châlons, 1721, 2 vol. in-8°.

833 *bis*. *Arbois de Jubainville (d'). Histoire des ducs et comtes de *Champagne*. Troyes, 1859-65, 7 vol. in-8°.

834. Barbat (L.). Histoire de *Châlons-sur-Marne*. Châlons, 1855-60, 2 vol. in-4°.

835. Bonvalot (Ed.). Le Tiers-État d'après la charte de Beaumont et ses filiales. Paris, 1883, in-8°.

836. Anquetil. Histoire civile et politique de la ville de *Reims*. Reims, 1756, 3 vol. in-12.

837. Camuzat. Promptuarium sacrarum antiquitatum Tricassinae dioecesis. Troyes, 1610, in-fol.

Dauphiné.

838. * Chorier (N.). Histoire générale de *Dauphiné*. Grenoble, 1661-72, 2 vol. in-fol.

839. Valbonnais (Bourchenu, marquis de). Histoire de *Dauphiné* et des princes qui ont porté le nom de Dauphins, particulièrement de ceux de la troisième race, descendus des barons de *La Tour-du-Pin*, 2e édit. Genève, 1721-1722, 2 vol. in-fol.

840. Champollion-Figeac. Mélanges historiques sur le *Dauphiné* et principalement sur le département de l'*Isère*. S. l. n. d., in-8°.

841. Laplane. Histoire de la ville de *Sisteron*. Paris, 1843, 2 vol. in-8°.

842. Olivier. Essais historiques sur la ville de *Valence*. Valence, 1831, in-8°.

843. Le Lièvre (J.). Histoire de l'antiquité et sainteté de la ville de *Vienne*. Vienne, 1623, in-8°.

Flandre.

844. MEYER (Jacques). Annales *Flandriae*. Anvers, 1561, in-fol.

845. * WARNKOENIG (L.-A.). *Flandrische* Staats- und Rechts-Geschichte. Tubingue, 1835-1839, 5 vol. in-8°.

846. * WARNKOENIG (L.-A.). Histoire de la *Flandre* et de ses institutions civiles et politiques jusqu'à l'année 1305. Traduite avec add. et corr., par E. Ghuldolf. Bruxelles, 1835-1864, 5 vol. in-8°.

847. LE GLAY (Edw.). Histoire des comtes de *Flandre* jusqu'à l'avènement de la maison de *Bourgogne*. Paris, 1843, 2 vol. in-8°.

848. KERVYN DE LETTENHOVE. Histoire de *Flandre*. Bruxelles, 1846-50, 7 vol. in-8°; — 1853-54, 5 vol. in-8°.

849. CELLIER (L.). Recherches sur les institutions politiques de la ville de *Valenciennes*. Valenciennes, 1870, in-8°.

850. BRASSART. Histoire du château et de la châtellenie de *Douai*. Douai, 1877, 3 vol. in-8°.

851. DUPONT. Histoire ecclésiastique et civile de la ville de *Cambrai* et du *Cambrésis*. Cambrai, 1759-67, 3 vol. in-12°.

Franche-Comté.

852. DUNOD DE CHARNAGE. Histoire du comté de *Bourgogne* et mémoires pour servir à l'histoire des comtes de *Bourgogne*. Besançon, 1740, 3 vol. in-4°.

853. CLERC (Ed.). Essai sur l'histoire de *Franche-Comté*. Besançon, 1840-46, 2 vol. in-8°.

854. Mémoires et documents inédits pour servir à l'histoire de la *Franche-Comté*, publiés par l'académie de Besançon. Besançon, 1838-44, 3 vol. in-8°.

855. DORONZIER. Mémoires historiques sur la *Franche-Comté* pendant la domination des ducs de *Bourgogne* de la maison de Valois. Besançon, 1833, in-8°.

856. Chifflet (J.-J.). *Vesontio*, civitas imperialis libera, Sequanorum metropolis, illustrata. Lyon, 1618 et 1650, in-4°.

857. Droz. Histoire de *Pontarlier*, avec un essai sur l'histoire des Bourgeoisies. Besançon, 1760.

858. Tuetey (A.). Étude sur le droit municipal au xiii° et au xiv° siècle en *Franche-Comté* et particulièrement à *Montbéliard*. Montbéliard, 1865, in-8°.

859. Droz. Recherches historiques sur la ville de *Besançon*. Besançon, 1856, in-8°.

860. Castan (A.). Origines de la commune de *Besançon*. Besançon, 1858, in-8°.

861. Duvernoy. Éphémérides du comté de *Montbéliard*. Besançon, 1832, in-8°.

862. Guillaume. Mémoires historiques sur la ville et la seigneurie de *Poligny*. Lons-le-Saulnier, 1767-69, 2 vol. in-4°.

863. Chevalier. Histoire des sires de *Salins*. Besançon, 1762, 2 vol. in-4°.

Guyenne et Gascogne.

864. Bouchet (Jehan). Les annales d'*Acquitaine*, faictz et gestes en sommaire des roys de France et d'Angleterre et des pays de Naples et de Milan. Poitiers, 1644, in-fol.

865. Oihenart (Arnaud). Notitia utriusque *Vasconiae* tum Ibericae tum Aquitanicae. Paris, 1637 et 1656, in-4°.

866. Altaserra (Ant. Dadine). Rerum Aquitanicarum libri quinque qui sequuntur, quibus continentur gesta regum et ducum *Aquitaniae* a Clodoveo ad Eleonoram usque. Toulouse, 1648-1654, 2 vol. in-4°.

867. Besly (Jean). Histoire des comtes de *Poitou* et ducs de *Guyenne*... depuis 811 jusques au roi Louis le Jeune. Paris, 1647, in-fol.

868. Louvet (Pierre). Traité en forme d'abrégé de l'his-

toire d'*Aquitaine, Guyenne* et *Gascogne*. Bordeaux, 1659, in-4°.

869. Du Mège (A.). Statistique générale des départements pyrénéens ou des provinces de *Guienne* et de *Languedoc*. Paris, 1828, in-8°.

870. Samazeuilh (J.-F.). Histoire de l'*Agenais*, du *Condomois* et du *Bazadais*. Auch, 1846-47, 2 vol. in-8°.

871. Cathala-Coture. Histoire politique, ecclésiastique et littéraire du *Quercy*. Montauban, 1785, 3 vol. in-8°.

872. Périé (R.). Histoire politique, religieuse et littéraire du *Quercy* à partir des temps celtiques jusqu'en 1789. Cahors, in-8°.

873. Avezac-Macaya (d'). Essais historiques sur le *Bigorre*. Bagnères, 1823, 2 vol. in-8°.

874. Lebret (Henry). Histoire de la ville de *Montauban*. Montauban, 1668, in-4° et 1841, in-8°.

875. Devals aîné. Histoire de *Montauban*. Montauban, tome I, 1855, in-8° (seul paru).

876. Tholin. Aperçus généraux sur le régime municipal de la ville d'*Agen* au XVIᵉ siècle. Agen, 1878, in-8°.

Ile-de-France.

877. Louvet (Pierre.) Histoire et antiquités du pays de *Beauvaisis*. Beauvais, 1635, 2 vol. in-8°.

878. Loisel (A.). Mémoires des pays, villes, comtés et comtes de *Beauvais* et du *Beauvaisis*. Paris, 1617, in-4°.

879. Lépinois (E. de). Recherches historiques sur l'ancien comté de *Clermont-en-Beauvaisis*. Paris, 1878, in-8°.

880. Carlier. Histoire du duché de *Valois* depuis les Gaulois jusqu'en 1703. Paris, 1764, 3 vol. in-4°.

881. Sauval. Histoire et recherches des antiquités de la ville de *Paris*. Paris, 1724, 3 vol. in-fol.

882. Jaillot. Recherches critiques, historiques et to-

pographiques sur la ville de *Paris*. Paris, 1772, 3 vol. in-8°
et atlas.

883. *FÉLIBIEN et LOBINEAU (DD.) Histoire de la ville de
Paris. Paris, 1725, 5 vol. in-fol.

884. ROBIQUET. Histoire municipale de *Paris*. Paris,
1880, in-8°.

885. BREUL (DU). Le Théâtre des antiquités de la ville
de *Paris*. Paris, 1612, in-4°.

886. *FLAMMERMONT. Histoire de *Senlis*. Paris, 1881, in-8°
(*Bibl. de l'École des Hautes Études*).

887. BOUILLART. Histoire de la ville de *Melun*. Paris,
1628, in-4°.

888. MARTIN (H.). Histoire de *Soissons*. Soissons, 1839,
2 vol. in-8°.

Languedoc.

889. CATEL (G. DE). Histoire des comtes de *Tolose*.
Toulouse, 1623, in-fol.

890. CATEL (G. DE). Mémoires de l'histoire de *Languedoc*.
Toulouse, Bosc, 1633, in-fol.

891. *VAISSÈTE et DEVIC (DD.). Histoire générale de *Languedoc*. Paris, 1733-45, 5 vol. in-fol. — Nouvelle édition.
Toulouse, 1872-79, 10 vol. in-4°. (En cours de publication.)

892. ASTRUC (Jean). Mémoires pour l'histoire naturelle
de la province de *Languedoc*. Paris, 1737, in-4°.

893. ZURITA (Ieronimus). Anales de la corona de *Aragon*.
Saragosse, 1610-21, 7 vol. in-fol.

894. COMPAYRÉ. Études historiques et documents inédits
sur l'*Albigeois*, le pays *Castrais* et l'ancien diocèse de *Lavaur*. Albi, 1841, in-4°.

895. LOUVRELEUIL (le P.). Mémoires historiques sur le
pays de *Gévaudan* et sur la ville de *Mende* qui en est la capitale. Mende, 1726, in-8°.

896. Bosc. Mémoires pour servir à l'histoire de *Rouergue*. Rodez, 1797, 3 vol. in-8°.

897. *Gaujal (baron de). Études historiques sur le *Rouergue*. Paris, 1858-59, 4 vol. in-8°.

898. Mandet (Fr.). Histoire du *Vélai*. Le Puy, 1860-61, 7 vol. in-18°.

899. Rouchier (l'abbé). Histoire religieuse, civile et politique du *Vivarais*. 1862, in-8°, t. I (*seul paru*).

900. Poncer (M.). Mémoires historiques sur le *Vivarais*. 1873, 3 vol. in-8°.

901. Pacotte (D.). Annales d'*Aigues-Mortes*, publiées par L. Lacour de la Pijardière. Montpellier, 1878, in-4°.

902. Pagezy (J.). Mémoires sur le port d'*Aigues-Mortes*. Paris, 1879, in-8°.

903. Maillane (de). Recherches historiques et chronologiques sur la ville de *Beaucaire*. Avignon, 1718, in-8°.

904. Eyssette. Histoire de *Beaucaire*. Paris, 1867, in-8°; tome II (*seul paru*).

905. Bouges (Th.). Histoire ecclésiastique et civile de la ville et diocèse de *Carcassonne*. Paris, 1741, in-4°.

906. Besse (Guillaume). Histoire des comtes de *Carcassonne*, autrement appelés princes des Goths, ducs de Septimanie et marquis de Narbonne. Béziers, 1645, in-4°.

907. Rossignol. Monographies communales du département du *Tarn*. Arrondissement de Gaillac. Albi, 4 vol. in-8°.

908. Germain (A.). Étude historique sur les comtes de *Maguelone*, de *Substantion* et de *Melgueil*. (*Mémoires de la Société archéologique de Montpellier*, t. III.) 1854, in-4°.

909. Aigrefeuille (d'). Histoire de la ville de *Montpellier*. Montpellier, 1737, in-fol.

910. *Germain (A.). Histoire de la commune de *Montpellier*, depuis son origine jusqu'à son incorporation définitive à la monarchie française. Montpellier, 1851, 3 vol. in-8°.

911. Besse (Guillaume). Histoire des ducs, marquis et comtes de *Narbonne*. Paris, 1609, in-4°.

912. *Ménard. Histoire de la ville de *Nimes*. Nimes, 1750-58, 7 vol. in-4°.

913. Lahondès (J. de). Annales de *Pamiers*. Toulouse et Pamiers, 1882, in-8°, t. I.

914. Bertrandi (N.). De Tholosanorum gestis. Toulouse, 1515, in-fol.

915. La Faille. Annales de la ville de *Toulouse*, avec un abrégé de l'ancienne histoire de cette ville. Toulouse, 1687-1701, 2 vol. in-fol.

Limousin.

916. Saint-Amable (Bonaventure de). Histoire de *Saint-Martial*. Clermont, 1676-85, 3 vol. in-fol.

917. Marvaud. Histoire politique, civile et religieuse du *Bas-Limousin*. Paris, 1842, 2 vol. in-8°.

918. *Lasteyrie (R. de). Les vicomtes de *Limoges*. Paris, 1874, in-8°. (*Bibl. de l'école des Hautes Études.*)

919. Leymarie. Le *Limousin* historique. Limoges, 1845, in-8°.

Lorraine.

920. *Calmet (D.). Histoire ecclésiastique et civile de *Lorraine*... depuis l'entrée de Jules César dans les Gaules jusqu'à la mort de Charles V, duc de Lorraine, arrivée en 1690. Nancy, 1728, 3 vol. in-fol. — Histoire de *Lorraine*... depuis l'entrée de Jules César dans les Gaules jusqu'à la cession de la Lorraine arrivée en 1737. Nancy, 1747-57, 7 vol. in-fol.

921. Bégin. Histoire des duchés de *Lorraine* et de *Bar* et des *Trois-Évêchés*. Nancy, 1833, 2 vol. in-8°.

922. Digot. Histoire de *Lorraine*. Nancy, 1866, 7 vol. in-8°.

923. *Huhn. Geschichte *Lothringen's*. Berlin, 1877, 2 vol. in-8.

924. LEPAGE. Le Département des *Vosges*, statistique historique, administrative, etc. Nancy, 1845, 2 vol. in-8°.

925. PROST (Aug.). Le patriciat dans la cité de *Metz*. Paris, 1873, in-8°.

926. PROST (Aug.). Études sur l'histoire de *Metz*. Les Légendes. Metz, 1865, in-8°.

927. *KLIPFFEL. Les paraiges Messins. Étude sur la république Messine du xiii° au xiv° siècle. Metz, 1864, in-8°.

928. ABEL (Ch.). Des institutions municipales dans le département de la *Moselle*. Nancy, 1875, 2 vol. in-8°.

Lyonnais, Bourbonnais et Forez.

929. FABVIER. Histoire de *Lyon* et des anciennes provinces du *Lyonnais*, du *Forez* et du *Beaujolais*, depuis l'origine de Lyon jusqu'à nos jours. Lyon, 1845, 2 vol. in-8°.

930. MÉNESTRIER. Histoire civile et consulaire de la ville de *Lyon*. Lyon, 1696, in-fol.

931. CLUJON. Histoire de *Lyon* depuis sa fondation jusqu'à nos jours. Lyon, 1830, 6 vol. in-8°.

932. BRISSON. Mémoires historiques et économiques sur le *Beaujolais*, ou Recherches et observations sur les princes de Beaujeu, Avignon et Lyon, 1770, in-8°.

933. BERNARD. Histoire de *Forez*. Montbrison, 1835, 2 vol. in-8°.

934. LA MURE (J.-M. DE). Histoire universelle civile et ecclésiastique du pays de *Forez*, dressée sur des autorités et des preuves authentiques. Lyon, 1674, in-4°.

934 *bis*. LA MURE (DE). Histoire des ducs de Bourbon et des comtes de Forez. Édit. Chantelauze. Lyon, 1860-68, 3 vol. in-4°.

Marche.

935. JOULLIETTON. Histoire de la *Marche* et du pays de *Combraille*. Guéret, 1814-15, 2 vol. in-8°.

Navarre.

936. FAVYN (André). Histoire de *Navarre*, contenant l'ori-

gine, les vies et conquêtes de ses rois,... ensemble ce qui s'est passé de plus remarquable durant leurs règnes en *France*, en *Espagne* et ailleurs. Paris, 1612, in-fol.

937. RANCY (DE). Description géographique, historique et statistique de la *Navarre*. Toulouse, 1817, in-8°.

Nivernais.

938. COQUILLE (Guy). Histoire du pays et duché de *Nivernais*. Paris, 1612, in-4°.

Normandie.

939. ANNEVILLE (D'). Inventaire de l'histoire de *Normandie*. Rouen, 1645, in-4°.

940. LIQUET. Histoire de la *Normandie* depuis les temps les plus reculés jusqu'à la conquête de l'Angleterre (1066). Rouen, 1835, 2 vol. in-8°.

941. DEPPING (G.-B.). Histoire de *Normandie* depuis les temps les plus reculés jusqu'à la conquête de l'Angleterre en 1066. Rouen, 1835, 2 vol. in-8°.

942. MURS (O. DES). Histoire des comtes du *Perche* et de la famille de *Rotrou* de 910 à 1231. Nogent-le-Rotrou, 1856, in-8°.

943. BRY (Gilles). Histoire des pays et comté de *Perche* et duché d'*Alençon*. Paris, 1620, in-4°.

944. LE PRÉVOST (A.). Mémoires et notes pour servir à l'histoire du département de l'*Eure*, recueillis et publiés par MM. Léopold Delisle et Louis Passy. Évreux, 1862, in-8°.

945. DESNOS (Odolant). Mémoires historiques sur la ville d'*Alençon* et sur ses seigneurs. — 2e édit. Alençon, 1861, in-8°.

946. DELARUE. Essai historique sur la ville de *Caen* et son arrondissement. Caen, 1820, 2 vol. in-8°.

947. PONTAUMONT (DE). Histoire de la ville de *Carentan* et de ses notables, d'après les documents paléographiques. Cherbourg, 1863, in-8°.

947. VIAUD et FLEURY. Histoire de la ville et du port de *Cherbourg*. Rochefort, 1848, 2 vol. in-8°.

948. VITET (L.). Histoire de *Dieppe*. Dieppe, 1844, in-12.

949. *CHÉRUEL. Histoire de *Rouen* pendant l'époque communale. Rouen, 1844, 2 vol. in-8°.

950. BORÉLY. Histoire de la ville du *Havre* et son ancien gouvernement. Le Havre, 1880-1883, 3 vol. in-8°.

951. DELISLE (L.). Histoire du château et des sires de *Saint-Sauveur-le-Vicomte*. Paris, 1869, in-8°.

Orléanais, Blésois et Pays Chartrain.

952. LEMAIRE. Histoire de la ville et duché d'*Orléans*. Orléans, 1648, 3 vol. in-fol.

953. MORIN (Dom G.). Histoire générale des pays de *Gastinois, Sénonois et Hurepois*. Paris, 1630, in-4°.

954. BORDAS (l'abbé). Histoire du comté de *Dunois*, de ses comtes et de sa capitale. Châteaudun, 1850-51, 2 vol. in-8°.

955. CHEVARD. Histoire de *Chartres* et du pays chartrain. Paris, 1609, 2 vol. in-8°.

956. BERNIER. Histoire de *Blois*. Paris, 1622, in-4°.

957. DUPRÉ. Étude sur les institutions municipales de *Blois*. Orléans, 1875, in-8°.

Picardie, Vermandois.

958. FOUQUIER. Histoire des comtes héréditaires de *Vermandois*. Saint-Quentin, 1733, in-8°.

959. DAIRE (Le P.). Histoire du diocèse et de la ville d'*Amiens* depuis son origine. Paris, 1757, 2 vol. in-4°.

960. MORLIÈRE (A. DE LA). Les Antiquités, histoires... de la ville d'*Amiens*. Paris, 1642, in-fol.

961. DU CANGE (DU FRESNE). Histoire de l'état de la ville d'*Amiens*. Amiens, 1840, in-8°.

962. Sanson (J.). Histoire généalogique des comtes de *Ponthieu* et maieurs d'*Abbeville*... de 1183 à 1657. Paris, 1657, in-fol.

963. Louandre (C.). Histoire d'*Abbeville* et du comté de *Ponthieu* jusqu'en 1789. Abbeville, 1844, 2 vol. in-8°.

964. Du Chesne (André). Histoire de la maison de *Béthune*. Paris, 1639, in-fol.

965. Le Febvre. Histoire générale et particulière de la ville de *Calais* et du *Calaisis*. Paris, 1766, 2 vol. in-4°.

966. *Colliette (L.-P.). Mémoires pour servir à l'histoire ecclésiastique, civile et militaire de la province de *Vermandois*. Cambrai, 1771-72, 3 vol. in-4°.

967. Quentin de la Fons. Histoire de la ville de *Saint-Quentin*. Saint-Quentin, 1875, 2 vol. in-8°.

968. De Beauvillé. Histoire de la ville de *Montdidier*, 2 vol. in-8°.

Poitou.

969. Guérinière (J.). Histoire générale du *Poitou*. Poitiers, 1838-40. 2 vol. in-8°.

970. Dufour (J.-M.). Histoire générale du *Poitou* jusqu'à sa réunion à la couronne sous Philippe-Auguste. Poitiers, 1828, in-8°.

971. Fontenelle de Vaudoré. Recherches sur les vigueries et les origines de la féodalité en *Poitou*. Poitiers, 1839, in-8°.

972. Giraudeau (J.). Précis historique du *Poitou*... suivi d'un aperçu statistique des départements de la *Vienne*, des *Deux-Sèvres* et de la *Vendée*. Paris, 1848, in-8°.

973. Bibliothèque Poitevine. Niort, 1839-49, 8 vol. in-8°.

974. Richard (Alfred). Recherches sur l'organisation communale de la ville de *Saint-Maixent*. Poitiers, 1870, in-8°.

Provence et Comtat Venaissin.

975. Nostradamus (C. de). Histoire et chronique de *Provence*. Lyon, 1614, in-fol.

976. RUFFI (A. DE). Histoire des comtes de *Provence.* Aix, 1655, in-fol.

977. RUFFI (A. DE). Histoire de la ville de *Marseille.* Marseille, 1842, in-fol. ; — 1696, 2 vol. in-fol.

978. BOUDIN. Histoire de *Marseille.* Marseille, 1852, in-8°.

979. GAUFRIDI (J.-F.). Histoire de *Provence.* Aix, 1723, 2 vol. in-fol.

980. BOUCHE (H.). La Chorographie, ou Description de *Provence.* Aix, 1664, 2 vol. in-fol.

981. * PAPON. Histoire de *Provence,* 1777-1786, 4 vol. in-8°.

982. * GINGINS-LA-SARRA (DE). Mémoires pour servir à l'histoire de *Provence* et de *Bourgogne jurane.* Lausanne, 1851-53, 2 vol. in-4°.

983. SÉRANON (J. DE). Les villes consulaires et les républiques de *Provence* au moyen âge. Aix, 1858. in-8°.

984. PITTON. Histoire de la Ville d'*Aix.* Aix, 1666, in-fol.

985. ANIBERT. Mémoires historiques et critiques sur l'ancienne république d'*Arles.* Yvernon et Arles, 1779-81, 3 vol. in-12.

986. ANIBERT. Mémoire sur l'ancienneté d'*Arles.* Arles, 1782, in-12.

987. PISE (Joseph DE LA). Tableau de l'histoire des princes et principauté d'*Orange.* La Haye, 1639, in-fol.

988. CASTRUCCI (FANTONI). Istoria della citta d'*Avignone* et del *Contado Venesino.* Venise, 1678, 2 vol. in-4°.

989. ACHARD. La municipalité et la république d'*Avignon.* Avignon, 1872, in-8°.

990. DE MAULDE. Coutumes et règlements de la république d'*Avignon.* Paris, 1877, in-8°.

991. GUICHARD. Essai historique sur le cominalat et la ville de *Digne.* Digne, 1846, 2 vol. in-8°.

992. ARBAUD (D.). Études historiques sur la ville de *Manosque* au moyen âge. Digne, 1847-1859, 3 vol. in-8°.

Roussillon.

993. *MARCA (Pierre DE). *Marca hispanica* sive limes Hispanicus, hoc est geographica et historica descriptio *Cataloniae, Ruscinonis* et circumjacentium populorum. Paris, 1688, in-fol.

994. HENRY. Histoire de *Roussillon*, comprenant l'histoire du royaume de *Majorque*. Paris, 1835, 2 vol. in-8°.

995. BOFARULL Y MASCARO. Los Condes de *Barcelona* vindicados. Barcelona, 1836, 2 vol. in-8°.

Savoie.

996. PARADIN (G.).Chronique de *Savoye*.Lyon,1602,in-fol.

997. CIBRARIO (Luigi). Storia della monarchia di *Savoia*. Torino, 1840-44, 3 vol. in-8°.

998. CHAMPIER (S.). Les Grans Croniques des gestes et vertueux faicts des... ducz et princes du pays de *Savoye* et *Piemont*. Paris, 1516, in-fol.

999. BEAUMONT. Description des Alpes Grecques et Cottiennes, ou Tableau historique et statistique de la *Savoie*. Paris, 1802-1806, 5 vol. in-4°.

Touraine.

1000. CHALMEL (J.-L.). Histoire de *Touraine* depuis la conquête des Gaules par les Romains jusqu'en 1790. Paris, 1828, 4 vol. in-8°.

1001. BOURASSÉ (l'abbé J.-J.). *Touraine*, histoire et monuments. Tours, 1855, in-fol.

1002. GIRAUDET (E.). Histoire de la ville de *Tours*. Tours, 1873, 2 vol. in-8°.

30. Institutions politiques, administratives, judiciaires et financières.

I. OUVRAGES GÉNÉRAUX.

1003. ROBINET (J.-B.). Dictionnaire universel des sciences morales, économiques, politiques et diplomatiques. Londres (Paris), 1777-1783, 30 vol. in-4°.

1004. BRISSOT DE WARVILLE. Bibliothèque philosophique du législateur, du politique et du jurisconsulte. Paris, 1782-86, 10 vol. in-8°.

1005. ISAMBERT. Manuel du publiciste et de l'homme d'État, contenant les chartes et les lois fondamentales, les traités et les conventions, etc., relatifs aux constitutions politiques et aux intérêts généraux des États de l'ancien et du nouveau monde. Paris, 1826, 4 vol. in-8°.

1006. LIMNÆUS. Notitia regni *Franciae*. Strasbourg, 1655, 2 vol. in-4°.

1007. ELZEVIR. Respublica sive status regni Galliae. Amsterdam, 1626, in-12.

1008. * WARNKŒNIG. Französische Staats- und Rechtsgeschichte. Bâle, 2e édit., 1875, 3 vol. in-8°.

1009. SCHULTE (F. DE). Histoire du droit et des institutions de l'*Allemagne*, trad. fr. par M. Fournier. Paris, 1882, in-8°.

1010. * WAITZ (G.). Deutsche Verfassungsgeschichte. Kiel, 1844-1876, 7 vol. in-8°. — 3e édit. t. I et II, 1880-1882; — 2e édit. t. III et IV, 1882-1884.

1011. EICHHORN (K. Fr.). Deutsche Staats und Rechtsgeschichte. Gœttingue, 1843-44, 4 vol. in-8°.

1012. * CHÉRUEL. Dictionnaire historique des institutions, mœurs et coutumes de la *France*. Paris, 1855, 2 vol. in-12.

1013. * LALANNE. Dictionnaire historique de la *France*. 2e édit. Paris, 1875, in-8°.

1014. Du Haillan. De l'estat et succez des affaires de France. Paris, 1596, in-8°.

1015. Lelaboureur. Histoire du gouvernement de la France, de l'origine et de l'autorité des pairs du royaume et du parlement. La Haye, 1743, in-12.

1016. *Montesquieu (de). L'Esprit des lois. Genève, 1748, 2 vol. in-4°; — édit. Laboulaye. Paris, 1877, in-8°.

1017. Mably. Observations sur l'histoire de France. Genève, 1765, 2 vol. in 12; — Kehl, 1788, 6 vol. in-12; — Paris, 1823, 3 vol. in-12 (édit. Guizot).

1018. Gauthier de Sibert. Variations de la monarchie françoise dans son gouvernement politique, civil et militaire. Paris, 1765, 4 vol. in-12.

1019. *Fleury (l'abbé). Droit public de la France. Paris, 1769, 2 vol. in-12 (édit. de Darragon); — et Nîmes, 1781, 5 vol. in-8° (opuscules de Fleury), tome II.

1020. Piganiol de La Force. Nouvelle description géographique et historique de la France. Paris, 1715, 3 vol. in-12.

1021. Maximes de droit public français tirées des capitulaires et des ordonnances du royaume et des autres monuments de l'histoire. Amsterdam, 1775, 6 vol. in-12 ou 2 vol. in-4°.

1022. Buat. Origines de l'ancien gouvernement de la France. La Haye, 1789, 3 vol. in-8°.

1023. Moreau. Principes de morale, de politique et de droit public puisés de l'histoire de France. Paris, 1777-89, 21 vol. in-8°.

1024. Moreau. Exposition et défense de notre constitution monarchique. Paris, 1789, 2 vol. in-fol.

1025. *Lézardière (Mⁿᵉ de). Théorie des lois politiques de la monarchie française. Paris, 1844, 4 vol. in-8°.

1026. Montlosier. De la monarchie française depuis son

établissement jusqu'à nos jours. Paris, 1815 et suiv. 7 vol. in-8°.

1027. *GUIZOT. Histoire de la civilisation en *France*. 6° édit. Paris, 1857, 4 vol. in-8°.

1028. *GUIZOT. Essais sur l'histoire de *France*. Paris, 1823, in 3°.

II. INSTITUTIONS POLITIQUES.

§ 1. *Diplomatie.*

1029. *FLASSAN. Histoire générale et raisonnée de la diplomatie française depuis la fondation de la monarchie jusqu'à la fin du règne de Louis XVI. Paris et Strasbourg, 1808, 6 vol. in-8°; — nouv. édit. 1811, 7 vol. in-8°.

§ 2. *Royauté et droits de la couronne.*

1030. DU TILLET. Recueil des rois de *France*, leur couronne et maison, ensemble le rang des grands du royaume. Paris, 1618, in-4°.

1031. LÉBRET. De la souveraineté du roi. Paris, 1632, in-4°.

1032. *CHOPPIN. De domanio Franciae libri III. Dans ses œuvres. Paris, 1863, 6 vol. in-fol. -- A part, Paris, 1874, in-8°.

1033. *LEFÈVRE DE LA PLANCHE. Traité du domaine. Paris, 1764-65, 3 vol. in-4.

1034. DUPUY. Traité de la majorité de nos rois et des régences du royaume; avec un traité des prééminences du parlement de Paris. Paris, 1655, in-4°. — Amsterdam, 1722, 2 vol. in-8°.

1035. PAULE LA GARDE (Fr. DE). Traité historique des droits du souverain en *France* et principalement des droits utiles et domaniaux. Paris, 1767, 2 vol. in-4°.

1036. CHABRIT (P.). De la monarchie française et de ses lois, Bouillon, 1783, 2 vol. in-8°.

1037. Mignet. Essai sur la formation territoriale et politique de la *France* depuis la fin du xi⁰ siècle jusqu'à la fin du xv⁰ siècle. Paris, 1843, in-8°. (2⁰ volume de ses *Notices et Mémoires historiques.*)

1038. Vaucel (L. F. du). Essai sur les apanages ou mémoire historique de leur établissement. S. d. n. l., 2 vol. in-4°.

1039. *Dupin. Traité des apanages, 4⁰ édit. Paris, 1835, in-18.

1040. Traité historique de la souveraineté du roi. Paris, 1754, 2 vol. in-8°.

§ 3. *Grands officiers et fonctionnaires de la couronne en général.*

1041. *Anselme (P.). Histoire généalogique et chronologique de la maison royale de *France*, des pairs, grands officiers de la couronne, etc. Paris, 1726-33, 9 vol. in-fol.

1042. Fauchet (Claude). Origines des dignités et magistrats de *France*. Paris, 1600, 1601, 1606, in-8°; — et dans le Rec. de ses œuvres. Paris, 1610, in-4°;—Genève, 1611, in-4°.

1043. Favin (André). Traité des premiers officiers de la couronne de *France*. Paris, 1613, in-8°.

1044. Loyseau. Traité des seigneuries; Traité des dignités; dans ses œuvres, Genève, 1636, 2 vol. in-fol. — Paris, 1640, 1660, 1666, 1678, in-fol. — Lyon, 1701, in-fol.

1045. *Girard (Et.) et Joly (J.). Trois livres des offices de *France*; des parlements; des chanceliers, etc.; des baillis, sénéchaux, etc. Paris, 1638, 2 vol. in-fol.

1046. Besongne (N.). L'État de la *France*, où l'on voit tous les princes, ducs et pairs, maréchaux... les évêques, les cours qui jugent en dernier ressort... les gouverneurs des provinces, les chevaliers de trois ordres du roy, etc. Paris, 1698, 3 vol. in-12.

1047. Guyot et Merlin. Traité des droits, fonctions,

franchises, exceptions, prérogatives et privilèges annexés en *France* à chaque dignité... Paris, 1786-88, 4 vol. in-4°.

1048. Duchesne (André). Histoire des chanceliers et gardes des sceaux de *France* (publ. par François Duchesne). Paris, 1680, in-fol.

1049. * Godefroy (Denis). Histoire des connétables, chanceliers, gardes des sceaux. Paris, 1688, in-fol.

1050. Miraulmont (Pierre de). Traité de la chancellerie, avec un recueil des chanceliers et gardes des sceaux de *France*. Paris, 1610, in-8°.

1051. * Tessereau (A.). Histoire chronologique de la grande chancellerie de *France*. Paris, 1710, 2 vol. in-fol.

§ 4. *Ministres.*

1052. Fauvelet du Toc. Histoire des secrétaires d'État, contenant l'origine, le progrès et l'établissement de leurs charges. Paris, 1668, in-12.

1053. *Luçay (de). Des origines du pouvoir ministériel en *France*. Les secrétaires d'État depuis leur institution jusqu'à la mort de Louis XV. Paris, 1881, in-8°.

§ 5. *Conseil du roi.*

1054. * Guillard (René). Histoire du conseil du roi depuis le commencement de la monarchie jusqu'à la fin de Louis le Grand. Paris, 1718, in-4°.

1055. Lescalopier de Nourar. Recherches sur l'origine du conseil du roi. Paris, 1765, in-12.

1056. * Aucoc (L.). Le Conseil d'État avant et depuis 1789. Paris, 1876, in-8°.

III. INSTITUTIONS ADMINISTRATIVES.

§ 1. *Administration en général.*

1057. Boulainvilliers (de). Histoire de l'ancien gouvernement de la *France*, avec 14 lettres sur les parlements ou états généraux. Amsterdam, 1737, 3 vol. in-12.

1058. BOULAINVILLIERS (DE). État de la *France*, dans lequel on voit tout ce qui regarde le gouvernement ecclésiastique, le militaire, la justice, les finances, le commerce, les manufactures, le nombre des habitants et en général tout ce qui peut faire connaître à fond cette monarchie. Londres, 1727, 3 vol. in-fol. ; 1737, 6 vol. in-12 ; 1752, 8 vol. in-18.

1059. *DARESTE (C.). Histoire de l'administration et des progrès du pouvoir royal en *France* depuis le règne de Philippe-Auguste jusqu'à la mort de Louis XIV. Paris, 1848, 2 vol. in-8°.

1060. *CHÉRUEL. Histoire de l'administration monarchique en *France* depuis l'avènement de Philippe Auguste jusqu'à la mort de Louis XIV. Paris, 1855, 2 vol. in-8°.

1061. CLOS (J.). Analyse raisonnée historique et critique des lois et usages primitifs du gouvernement des Francs; suivie d'un abrégé historique du gouvernement féodal. Paris, 1790, in-4°.

§ 2. *Droits féodaux.*

1062. BRUNET. Abrégé chronologique des grands fiefs de la couronne de *France*, avec la chronologie des princes qui les ont possédés. Paris, 1759, in-8°.

1063. CHANTEREAU LE FÈVRE. Traité des fiefs et de leur origine, avec les preuves. Paris, 1662, in-fol.

1064. GUYOT. Traité des fiefs, tant pour le pays coutumier que pour les pays de droit écrit. Paris, 1738-51, 5 vol. in-4°.

1065. *BRUSSEL. Nouvel examen de l'usage général des fiefs en *France*, pendant les xɪᵉ, xɪɪᵉ, xɪɪɪᵉ et xɪvᵉ siècles. Paris, 1750, 2 vol. in-4°.

1066. GŒZMANN. Dictionnaire des fiefs. Paris, 1769, 2 vol. in-4°.

1067. JAQUET. Traité des justices des seigneurs. Lyon et Paris, 1754, in-4°.

1068. Renauldon (J.). Traité historique et pratique des droits seigneuriaux. Paris, 1765, in-4°.

1069. Henrion de Pansey. Traité des fiefs de Dumoulin, analysé et conféré avec les autres feudistes. Paris, 1773, in-4°.

1070. Boutaric (Fr. de). Traité des droits seigneuriaux et des matières féodales. Toulouse, 1711, in-4°. — Paris, 1775, in-4°; — Nîmes, 1781, in-4°.

1071. Touloubre (de la). Jurisprudence observée en *Provence* sur les matières féodales et les droits seigneuriaux. Avignon, 1756 et 1765, 2 vol. in-8°.

1072. Saint-Génois. Histoire des avoueries en *Belgique*. Bruxelles, 1837, 4 vol. in-8°.

1073. Laurière (de). De l'origine du droit d'amortissement. Paris, 1692, in-fol.

1074. Galland. Du franc-alleu. Paris, 1637, in-4°.

1075. Championnière. De la propriété des eaux courantes. Paris, 1846, in-8°.

§ 3. *Chambre des comptes.*

1076. Le Chanteur (J.-L.). Dissertation historique et critique sur la Chambre des comptes en général; sur l'origine, l'état et les fonctions de ses différents officiers. Paris, 1765, in-8°.

1077. * Boislisle (de). Chambre des comptes; pièces justificatives pour servir à l'histoire des premiers présidents (1506-1791). Nogent-le-Rotrou, 1873, in-4°.

§ 4. *Administration municipale.*

1078. * Raynouard. Histoire du droit municipal en *France*. Paris, 1829, 2 vol. in-8°.

1079. Poix de Fréminville (de la). Traité général du gouvernement des biens et affaires des communautés d'habitants des villes, bourgs, villages et paroisses. Paris, 1760, in-4°.

1080. BOILEAU. Recueil de réglemens et recherches concernant la municipalité. Paris, 1785, 5 vol. in-12.

§ 5. *États généraux.*

1081. SAVARON (Jean). Chronologie des États généraux où le tiers état est compris depuis l'an 422 jusqu'en 1615. Paris, 1615, in-8, 1788, in-8°.

1082. BEUGNOT. Chronologie des États généraux. Annuaire hist. de la Soc. de l'Hist. de Fr. Paris, 1840, in-8°.

1083. MAYER (DE). Des États généraux et autres assemblées nationales. Paris, 1788-89, 18 vol. in-8°.

1084. HENRION DE PANSEY. Des assemblées nationales en France depuis l'établissement de la monarchie jusqu'en 1814. Paris, 1829, 2 vol. in-8°.

1085. THIBAUDEAU. Histoire des États généraux et des institutions représentatives en *France* depuis l'origine de la monarchie jusqu'à 1789. Paris, 1843, 2 vol. in-8°.

1086. *THIERRY (Aug.). Histoire du Tiers État. Paris, 1853, in-8°.

1087. *PICOT (G.). Histoire des États généraux, considérés au point de vue de leur influence sur le gouvernement de la *France*, de 1355 à 1614. Paris, 1872, 4 vol. in-8°.

1088. * DESJARDINS (Arthur). États généraux (1350-1614), leur influence sur le gouvernement et la législation du pays. Paris, 1871, in-8°.

1089. *HERVIEU. Recherches sur les premiers États généraux. Paris, 1876, in-8°.

1090. Forme générale et particulière de la convocation et de la tenue des États généraux de *France*, justifiée par pièces authentiques. Paris, 1789, 3 vol. in-8°.

§ 6. *États provinciaux.*

1091. PAQUET (J.). Institutions provinciales, communales et corporations. Paris, 1835, in-8°.

1092. LAFERRIÈRE. Mémoire sur l'histoire et l'organisation comparée des États provinciaux aux diverses époques de la monarchie. Paris, 1860, in-4. (*Séances et Travaux de l'Acad. des Sciences mor. et polit.*, t. XI.)

1093. TROUVÉ (baron). Essai historique sur les États généraux de la province de *Languedoc*. Paris, 1818, 2 vol. in-4°.

1094. CANEL. Des États de *Normandie*. (Mém. de la Soc. des Antiq. de Normandie, t. X.)

1095. * THOMAS (A.). Les États provinciaux de la *France centrale* sous Charles VII. Paris, 1879, 2 vol. in-8°.

IV. INSTITUTIONS JUDICIAIRES.

§ 1. *Histoire du droit.*

1096. THÉVENEAU (Adam). Commentaire sur les ordonnances... divisé en six livres. Paris, 1629, 1641, 1666, in-4°.

1097. BERNARDI. De l'origine et des progrès de la législation française, ou histoire du droit public et privé de la *France* depuis la fondation de la monarchie jusques et compris la Révolution. Paris, 1817, in-8°.

1098. FLEURY (l'abbé). Précis historique du droit français. Paris, 1676, in-12 ; — avec continuation jusqu'en 1789 par Dupin ; Paris, 1826, in-18.

1099. MICHELET (J.). Origines du droit français cherchées dans les symboles et les formules du droit universel. Paris, 1837, in-8°.

1100. * GIRAUD (Ch.). Essai sur l'histoire du droit français au moyen âge. Paris, 1846, 2 vol. in-8.

1101. LAFERRIÈRE. Histoire du droit français. Paris, 1845-58, 6 vol. in-8°.

1102. * VIOLLET (P.). Précis de l'histoire du droit français, accompagné de notions de droit canonique. Tome I. Paris, 1884, in-8°.

1103. KŒNIGSWARTER. Sources et monuments du droit français antérieurs au xv° siècle. Paris, 1853, in-18.

1104. MEYER (J. D.). Esprit, origine et progrès des institutions judiciaires des principaux pays de l'Europe. Amsterdam, 1818 et 1823, 5 vol. in-8°; — supplément, 1823, in-8°.

1105. * SAVIGNY (DE). Geschichte des römischen Rechts im Mittelalter. Heidelberg, 1826-31, 6 vol. in-8; — 1850-52, 7 vol. in-8°. — Trad. française. Paris, 1839, 4 vol. in-8°.

§ 2. *Droit proprement dit.*

1106. BRILLON (P.-J.). Dictionnaire des arrêts ou jurisprudence universelle des parlements de *France.* Paris, 1727, 6 vol. in-8°.

1107. * Encyclopédie méthodique. Jurisprudence. Paris, 1782-89, 8 vol. in-4°.

1108. * GUYOT. Répertoire universel de jurisprudence. Paris, 1766-86, 64 vol. in-8°. — 1784-85, 17 vol. in-4°.

1109. * MERLIN. Répertoire universel et raisonné de jurisprudence. Paris, 1807 et suiv., 13 vol. in-4°; — Bruxelles, 1827-1830, 36 vol. gr. in-8°.

1110. *[LOYSEL. Institutes coutumières. Édit. Dupin et Laboulaye. Paris, 1846, 1 vol. in-12.

1111. COQUILLE (Gui). Institution du droit français. Paris, 1599, in-4°.

1112. HOMMEAU (Pierre DE L'). Maximes générales du droit français, divisées en trois livres. Rouen, 1614, 1616 et 1624, in-8; — édition avec notes et observations par P. Challines, Paris, 1657, in-8°.

1113. CHARONDAS LE CARON. Pandectes du droit français. Paris, 1697, 2 vol. in-fol.

1114. JOUSSE. Traité de la justice criminelle en *France.* Paris, 1771, 4 vol. in-4°.

1115. BERROYER et DE LAURIÈRE. Bibliothèque des coutumes, contenant la préface d'un nouveau coutumier général, une liste historique des coutumiers généraux, une liste alphabétique des textes et commentaires des coutumes, etc., avec quelques observations historiques; le texte des anciennes coutumes de *Bourbonnais*... le texte des nouvelles coutumes, etc. Paris, 1699 et 1755, in-fol.

1116. * PARDESSUS. Cours de droit commercial. Paris, 1857, 8 vol. in-8°.

1117. LABOULAYE. Essai sur la condition civile et politique des femmes. Paris, 1843, in-8°.

§ 3. *Organisation judiciaire.*

1118. BORJON. Des offices de judicature en général, où il est traité de l'âge, des provisions, des informations, de l'examen, des déceptions, des gages, du droit annuel, des rangs et séances, de l'incompatibilité, prises à parties, récusations, résignations et destitutions de tous les officiers de judicature du royaume. Páris, 1683, in-12.

1119. JOUSSE. Traité de l'administration de la justice. Paris, 1771, 2 vol. in-4°.

1120. BREWER. Geschichte der französischen Gerichtsverfassung. Dusseldorf, 1835-37, 2 vol. in-8°.

1121. SCHEFFNER (W.). Geschichte der Rechtsverfassung *Frankreichs.* Francfort, 1849-50, 4 vol. grand in-8°.

1122. * SCHENK. Traité du ministère public. Paris, 1813, 2 vol. in-8°.

1123. ORTOLAN et LEDEAU. Le Ministère public en *France,* traité et code de son organisation, de sa compétence et de ses fonctions dans l'ordre politique, judiciaire et administratif. Paris, 1830, 2 vol. in-8°.

1124. DELPON. Essai sur l'histoire de l'action publique. Paris, 1830, 2 vol. in-8.

1125. LANGLOIS. Traité des droits, privilèges et fonctions des notaires. Paris, 1778, in-4°.

§ 4. Cours de justice.

1126. PIERRE DE MIRAULMONT (Les Mémoires de) sur l'origine et institution des cours souveraines et justices royales étant dans l'enclos du Palais. Paris, 1593 et 1612, in-8°.

1127. FAUCHET (Claude). Origine des dignités et magistrats de *France*. Paris, 1600, 1601, 1606, in-8°.

1128. CLOS (C.-J.). Histoire de l'ancienne cour de justice de la maison de nos rois depuis l'établissement de la monarchie, de l'époque où elle a été connue sous le nom de prévôté de l'hôtel et grande prévôté de *France*, et depuis ce temps jusqu'à nos jours. Paris, 1790, in-8°.

1129. *Encyclopédie méthodique. Article *Parlement* (par Boucher d'Argis). Paris, 1786, in-4°.

1130. * ROCHE-FLAVIN (Bernard DE LA). Treize livres des parlements de *France*. Bordeaux, 1617, in-fol.; — Genève, 1631, in-fol.

1131. BLANCHARD (Fr.). Les Présidens à mortier du parlement de *Paris*, leurs emplois, charges, etc., depuis 1331 jusqu'à présent. Paris, 1647, in-fol.

1132. BOULAINVILLERS (DE). Lettres sur les anciens parlemens de *France*. Londres, 1753, 3 vol. in-12.

1133. LE PAIGE. Lettres historiques sur les fonctions essentielles du parlement, sur le droit des pairs et les lois fondamentales du royaume. Amsterdam (Paris), 1753-54, 2 parties en 1 vol. in-12.

1134. DUFAY DE L'YONNE. Histoire, actes et remontrances des parlements de *France*, chambres des comptes, cours des aides et autres cours souveraines, depuis 1461 jusqu'à leur suppression en 1790. Paris, 1826, 2 vol. in-8°.

1135. Tableau historique, généalogique et chronologique des trois cours souveraines de *France*. La Haye, 1772.

1136. Boscheron des Portes. Les registres secrets du parlement de *Bordeaux*. Essai historique sur ce corps judiciaire. Paris, 1867, in-8°.

1137. Pillot. Histoire du parlement de *Flandre*. Douai,. 1849, 2 vol. in-8°.

1138. Michel. Histoire du parlement de *Metz*. Metz, 1845, in-8°.

1139. *Floquet. Histoire du parlement de *Normandie*. Rouen, 1840-49. 7 vol. in-8°.

1140. Giraud (Ch.). Du parlement et du barreau dans l'ancienne *Provence*. Aix, 1842, in-8°.

1141. Cabasse. Histoire du parlement de *Provence*. Paris, 1826, 3 vol. in-8°.

1142. Palliot et Petitot. Le Parlement de *Bourgogne*, son origine, son établissement et son progrès. Dijon, 1649 et 1733, 2 vol. in-4°.

1143. Pasquier (F.). Les Grands Jours de *Poitiers*. Toulouse, 1875, in-8°.

1144. Jousse. Traité des juridictions des présidiaux. Paris, 1755, in-8°.

1145. Fournel. Histoire des avocats. Paris, 1813, 2 vol. in-8°.

1146. Bataillard. Les Origines de l'histoire des procureurs et des avoués. Paris, 1868, in-8°.

1147. *De la Mare et Le Clerc de Brillet. Traité de la police. Paris, 1713, 4 vol. in-fol.

V. INSTITUTIONS FINANCIÈRES

1148. Fromenteau. Le secret des finances. Paris, 1581, in-8°.

1149. Potherat de Thou. Recherches sur l'origine de l'impôt en *France*. Paris, 1838, in-8°.

1150. Forbonnais (Véron de). Recherches et considéra-

7

tions sur les finances de la *France* depuis 1595 jusqu'en 1721. Bâle, 1758, 2 vol. in-4°.

1151. *MOREAU DE BEAUMONT. Mémoires sur les impositions de la France. Paris, 1785, 5 vol. in-8°.

1152. LEFÈVRE DE LA PLANCHE. Traité du domaine. Paris, 1764-1765, 3 vol. in-4°.

1153. BOSQUET. Dictionnaire des domaines. Rouen, 1762, 3 vol. in-4°.

1154. NECKER. De l'administration des finances. Paris, 1784, 3 vol. in-8°.

1155. *BAILLY. Histoire financière de la France. Paris, 1830, 2 vol. in-8°.

1156. PARIEU (DE). Traité des impôts considérés sous le rapport historique, économique, etc., en France et à l'étranger. Paris, 1862-1864, 5 vol. in-8°. — 2° édit., 1866, 4 vol. in-8°.

1157. *CLAMAGERAN. Histoire de l'impôt en *France*. Paris, 1867-76, 3 vol. in-8°.

1158. *VUITRY. Études sur le régime financier de la France avant la Révolution de 1789. Paris, 1878-83, 3 vol. in-8°.

1159. NERVO (DE). Les finances françaises sous l'ancienne monarchie, la République et l'Empire. Paris, 1863, 2 vol. in-8°.

1160. PASTORET (DE). Mémoires relatifs à l'histoire financière de la France (en tête des tomes XV, XVI, XVII, XVIII, XIX du *Recueil des ordonnances des rois de France de la troisième race*).

1161. SAULNIER. Recherches historiques sur le droit de douane. Paris, 1839, in-8°.

1162. DIONIS. Mémoires pour servir à l'histoire de la cour des aides, depuis son origine en 1388 jusqu'à 1741. Paris, 1792, in-4°.

1163. BOURNEUF (DE). Mémoire sur les privilèges et fonctions des trésoriers de France. Orléans, 1745, in-4°.

1164. VIEULE (Pierre). Nouveau traité des élections. Paris, 1739, in-8°.

1165. BÉZINGHEN (ABOS DE). Traité des monnaies et de la juridiction de la cour des monnaies. Paris, 1764, 2 vol.

1166. *WAILLY (N. DE). Des variations de la livre tournois, depuis saint Louis jusqu'à l'établissement de la monnaie décimale. Paris, 1857, in-4°.

1167. ROTHSCHILD (DE). Histoire de la poste aux lettres, depuis ses origines les plus anciennes jusqu'à nos jours. Paris, 1879, in-12.

---

31. Histoire religieuse.

I. HISTOIRE GÉNÉRALE

1168. Dictionnaire des ordres religieux (*Encyclopédie de Migne*). Paris, 1847, 4 vol. in-4°.

1169. MONTROND (DE). Dictionnaire des abbayes (*Encyclopédie de Migne*). Paris, 1856, in-4°.

1170. *HAAG. La France protestante. Paris, 1846-59, 10 vol. in-8. — Nouvelle édition, Paris, 1874 et suiv., in-8°.

1171. *RANKE. Die rœmischen Pæpste in den letzten vier Jahrhunderten. 7° édition. Leipzig, 1878, 3 vol. in-8°.

1172. *BARONIUS, RAYNALDUS et PAGI. Annales ecclesiastici. Ed. Mansi, Lucques, 1738-59, 38 vol. in-fol.

1173. TILLEMONT (LE NAIN DE). Mémoires pour servir à l'histoire ecclésiastique des six premiers siècles. Paris, 1663-1712, 16 vol. in-4°.

1174. FLEURY (l'abbé). Histoire ecclésiastique, continuée par le P. Fabre. Paris, 1691, 36 vol. in-4°.

1175. *GIESELER. Lehrbuch der Kirchen-Geschichte. Bonn, 1844-1855, 6 vol. in-8°.

1176. ALZOG. Histoire universelle de l'Église. Trad. Goschler et Audley. Paris, 1855, 3 vol. in-8°.

1177. *FLOREZ. *España* sagrada. Teatro geografico-historico de la iglesia de España. Madrid, 1754-1856, 48 vol. in-4°.

1178. *HEFELE. Conciliengeschichte. Fribourg en Brisgau, 1865-74, 12 vol. grand in-8. — Trad. franç. par l'abbé Delarc. Paris, 1869-76, 11 vol. in-4°.

1179. CIACONIUS. Vitae et res gestae pontificum Romanorum. Rome, 1677, 4 vol. in-fol.

1180. *GAMS (P.-B.). Series episcoporum ecclesiae catholicae quotquot innotuerunt. Ratisbonne, 1872, in-4°.

1181. *GALLIA CHRISTIANA in provincias ecclesiasticas distributa (commencé par les Bénédictins et continué depuis le tome XIV par l'Académie des inscriptions). Paris, 1715-1865, 16 vol. in-fol.

1182. HELYOT. Histoire des ordres monastiques, religieux et militaires. Paris, 1714-1719, 8 vol. in-4°.

1183. MONTALEMBERT (DE). Les Moines d'Occident. Paris, 1860-74, 5 vol. in-8°.

1184. MABILLON. Annales ordinis S. Benedicti. Paris, 1703-39, 6 vol in-fol.

1185. WADDING. Annales minorum. Rome, 1731-45, 19 vol. in-fol.

II. DROIT CANONIQUE

1186. DURAND DE MAILLANE. Dictionnaire de droit canonique. Lyon, 1770, 4 vol. in-4 ; — 1787, 6 vol. in-8°.

1187. *FRIEDBERG. Corpus juris canonici. Leipzig, 1879-80, 2 vol. in-fol.

1188. VAN ESPEN. Jus ecclesiasticum universum. Louvain, 1753, 4 vol. in-8 ; — supplément. Cologne, 1777, in-fol.

1189. EYMERIC. Directorium inquisitorum. Rome, 1587, in-fol. ; — Venise, 1667, in-fol.

1190. *THOMASSIN (le P.). Ancienne et nouvelle discipline de l'Église. Paris, 1688, 3 vol. in-fol. (latin) ; — Paris, 1725, 3 vol. in-fol. (français).

1191. LANCELOTTI. Institutiones juris canonici. Cologne, 1609, in-8. — Trad. franç. par Durand de Maillane. Lyon, 1770, 10 vol. in-12.

1192. HINSCHIUS. Der pseudo-Isidorus. Leipzig, 1853, in-8.

1193. *SCHULTE (Fr. VON). Geschichte der Quellen und Literatur des canonischen Rechts von Gratian bis auf die Gegenwart. Stuttgart, 1875-78, 3 vol. in-8°.

1194. *STAUDENMAIER. Geschichte der Bischofswahlen. Tubingue, 1630, in-8.

1195. FLEURY (l'abbé). Institution au droit ecclésiastique. Paris, 1687, 2 vol. in-12.

1196. LIMBORCH (Ph. A.). Historia inquisitionis. Amsterdam, 1692, in-fol.

1197. ROUSSAUD DE LA COMBE (Guy DU). Recueil de jurisprudence canonique et bénéficiale. Paris, 1748, in-fol.

1198. HÉRICOURT (D'). Lois ecclésiastiques de France. Paris, 1756 et 1771, in-fol.

1199. DESMAISONS et CASTEL. Les définitions du droit canonique. Paris, 1700, in-fol.

1200. GRAPPIN (dom). Origine de la Mainmorte. Besançon, 1778, in-8.

1201. JOUSSE. Traité de la juridiction des officiaux. Paris, 1769, in-4°.

III. ÉGLISE GALLICANE

1202. *FOURNIER. Les officialités au moyen âge. Paris, 1881, in-8°.

1203. COQUILLE (Guy). Traité des libertés de l'Église gallicane. Bordeaux, 1703, 2 vol. in-fol.

1204. DUPUY. Traité des droits et libertés de l'Église gallicane. Paris, 1731, in-fol. (Cf. n°s 659-661.)

1205. *DURAND DE MAILLANE. Les libertés de l'Église gallicane. Lyon, 1771, 5 vol. in-4°.

1206. GRÉGOIRE. Essai historique sur les libertés de l'Église gallicane. Paris, 1818, in-8.

1207. PEIGNOT (J.). Précis historique et analytique des pragmatiques, concordats, etc., relatifs à la discipline de l'Église en France depuis saint Louis jusqu'à Louis XVIII. Paris, 1817, in-8.

1208. * PRADT (DE). Les quatre concordats. Paris, 1818, 3 vol. in-8.

1209. MÜNCH. Vollstændige Sammlung ælterer und neuerer Concordate. Leipzig, 1831-33, 2 vol. in-8°.

1210. MARCA (P. DE). De concordia sacerdotii et imperii. Paris, 1704, in-fol.

1211. LE VAYER DE BOUTIGNY. Traité de l'autorité des rois touchant l'administration de l'Église. Cologne, 1682, in-8. — Londres (Paris), 1753, 2 vol. in-12.

1212. DESMARAIS. Histoire des démélés de la cour de Rome avec la cour de *France*. Paris, 1706, in-4.

1213. ANDRAUL (G.). Traité de l'origine de la régale. Paris, 1708, in-4.

1214. Du pouvoir du Pape sur les souverains du moyen âge. Paris, 1839, in-8.

1215. * DUPIN (L.-E.). Traité de l'autorité ecclésiastique et de la puissance temporelle conformément à la déclaration du clergé de France en 1682. Paris, 1707, in-8 ; — Paris, 1762, 3 vol. in-12. — Traité historique des excommunications, Paris, 1715 et 1719, 2 vol. in-12.

1216. FEVRET. Traité de l'abus. Lyon, 1736 ; — Lausanne, 1778, 2 vol. in-fol.

1217. * RICHER (Ed.). Traité des appellations comme d'abus. Paris, 1764, 2 vol. in-12.

1218. GIBERT. Usages de l'Église gallicane concernant les censures. Paris, 1724 et 1750, in-4.

1219. TABARAUD. Histoire critique de l'assemblée générale du clergé de France en 1682. Paris, 1826, in-8.

1220. *Desnoyers (J.). Topographie ecclésiastique de la France pendant le moyen âge (*Annuaire de la Société de l'Hist. de France;* 1853 et 1859, in-8°).

1221. Longueval (de). Histoire de l'Église gallicane. Paris, 1730-1749, 18 vol. in-8°.

1222. Baiole (le P.). Histoire sacrée d'*Aquitaine*. Cahors, 1644, in-8°.

IV. Église protestante

1223. Puaux. Histoire de la réformation française. Paris, 1859-69, 7 vol. in-8°.

1224. Félice (G. de). Histoire des protestants de *France*, depuis la réformation jusqu'au temps présent. Paris, 1851, in-8°.

1225. Smedley. History of the reformed religion in *France*. Londres, 1832, 3 vol. in-8°.

1226. Drion. Histoire chronologique de l'Église protestante de *France* jusqu'à la révocation (1685). Paris, 1855, 2 vol. in-8°.

1227. Soulier (A.). Statistique des Églises réformées de *France*. Paris, 1828, in-8°.

1228. Felice (de). Histoire des synodes nationaux des Églises réformées de *France*. Paris, 1664, in-12.

V. Histoire locale

1229. *Aix.* — Pitton (J.-S.). Annales de la sainte Église d'*Aix*. Lyon, 1688, in-4°.

1230. *Albi.* — Auriac (E. d'). Histoire de l'ancienne cathédrale et des évêques d'*Alby*. Paris, 1858, in-8°.

1231. *Auxerre.* — Lebeuf. Mémoires contenant l'histoire ecclésiastique et civile d'*Auxerre*. Paris, 1754, 2 vol. in-4°.

1232. *Beauvais.* — Delettre (l'abbé). Histoire du diocèse de *Beauvais*. Beauvais, 1842-43, 3 vol. in-8°.

1233. *Bordeaux*. — DEVIENNE (dom). Histoire de l'Église de *Bordeaux*. Bordeaux, 1862, in-4°.

1234. *Bourges*. — CHENU (Jean). Chronologia historica patriarcharum archiepiscoporum *Bituricensium* et Aquitaniarum primatum. Paris, 1621, in-4°.

1235. *Cahors*. — LACROIX (G. DE). Series et acta episcoporum *Cadurcensium*. Cahors, 1626, in-4°.

1236. *Cambray*. — GAZET (G.). L'Ordre et suyte des evesques de *Cambray* et d'*Arras*. Arras, 1598, in-8°.

1237. *Carcassonne*. — VIC (G. DE). Cronicon historicum episcoporum et rerum memorabilium Ecclesiae *Carcassonensis*. [Carcassonne, 1667], in-fol.

1238. *Castres*. — SABATIER. Histoire de la ville et des évêques de *Castres*. Béziers, 1851, in-8°.

1239. *Coutances*. — LECANU. Histoire des évêques de *Coutances*. Coutances, 1839, in-8°.

1240. *Digne*. — GASSENDI (P.). Notitia Ecclesiae *Dinensis*. Paris, 1654, in-4°.

1241. *Évreux*. — JAU (J. LE). Series episcoporum *Ebroicensium*. Évreux, 1622, in-8°.

1242. *Lodève*. — PLANTAVIT DE LA PAUSE. Chronologia praesulum *Lodovensium*. Aramon, 1634, in-4°.

1243. *Lyon*. — LE LABOUREUR. Les Mazures de l'abbaye de *l'Isle Barbe-lès-Lyon*, avec le catalogue de ses abbés. Lyon, 1665, in-4°.

1244. SEVERTIUS (G.). Chronologia historica successionis hierarchicae. antistitum *Lugdunensis* archiepiscopatus. Lyon, 1607, in-4°.

1245. *Le Mans*. — COURTEILLES (A. LE CORVAISIER DE). Histoire des évêques du *Mans*. Paris, 1648, in-4°.

1246. *Marseille*. — BELSUNCE (DE). L'antiquité de l'Église de Marseille et la succession de ses évêques. Marseille, 1747-51, 3 vol, in-4°.

1247. *Meaux.* — TOUSSAINTS DU PLESSIS (dom). Histoire de l'Église de *Meaux.* Paris, 1731, 2 vol. in-4°.

1248. *Metz.* — MEURISSE (le P.). Histoire des évêques de l'Église de *Metz.* Metz, 1634, in-fol.

1249. *Montauban.* — DAUX. Histoire de l'Église de *Montauban.* Montauban, 1881, in-8°, t. 1.

1250. *Montpellier.* — GARIEL (P.). Series praesulum *Magalonensium* et *Monspeliensium.* Toulouse, 1665, in-fol.

1251. *GERMAIN. *Maguelonne* sous ses évêques et ses chanoines. Montpellier, 1869, in-4°.

1252. *Narbonne.* — CAUVET. Étude historique sur *Fonfroide,* abbaye de l'ordre de Cîteaux. Montpellier et Paris, 1875, in-8°.

1253. *Nîmes.* — GERMAIN. Histoire de l'Église de *Nîmes.* Paris, 1838-42, 2 vol. in-8°.

1254. *Paris.* — DUBOIS (G.). Historia Ecclesiae *Parisiensis.* Paris, 1690-1710, 2 vol. in-fol.

1255. *LEBEUF. Histoire de la ville et de tout le diocèse de *Paris.* Paris, 1754 et suivantes, 15 vol. in-12. — Ed. Cocheris, Paris, 1863-70, in-8° (non terminé). — Nouv. édit., Paris, 1883, 6 vol. in-8°.

1256. BOUILLART (dom). Histoire de l'abbaye de Saint-Germain des Prés. Paris, 1724, in-fol.

1257. LE BEURIER. Histoire du monastère et du couvent des Célestins de *Paris.* Paris, 1654, in-3°.

1258. DOUBLET (dom). Histoire de l'abbaye de *Saint-Denys* en *France.* Paris, 1625, in-4°.

1259. *FÉLIBIEN (dom). Histoire de l'abbaye de *Saint-Denis.* Paris, 1706, in-fol.

1260. *Le Puy.* — AYMARD. Les premiers évêques du *Puy,* étude critique sur leur ordre de succession et sur la date de la translation du siège épiscopal de Saint-Paulien au Puy. Le Puy, 1870, in-8°.

1261. *Reims.* — MARLOT. Metropolis *Remensis* historia, a

Frodoardo digesta, plurimum aucta et illustrata. Lille et Reims, 1666-79, 2 vol. in-fol. — Histoire de la ville, cité et université de *Reims*, contenant l'état civil et ecclésiastique du pays. Reims, 1843-45, 3 vol. in-4°.

1262. *Riez*. — BARTEL (S.). Historia et chronologica praesulum sanctae *Regiensis* ecclesiae nomenclatura. Aix, 1636, in-fol.

1263. *Rouen*. — POMMERAYE (F.). Histoire des archevêques de *Rouen*. Rouen, 1667, in-fol.

1264. *Saint-Brieuc*. — GUIMART (Ch.). Histoire des évêques de *Saint-Brieuc*. Saint-Brieuc, 1852, in-8°.

1265. *Sens*. — TAVEAU (J.). *Senonensium* archiepiscoporum vitae actusque variis e locis collecti. Sens, 1608, in-4°.

1266. * *Strasbourg*. — GRANDIDIER. Histoire de l'Église et des évêques-princes de *Strasbourg*. Strasbourg, 1776-1778, 2 vol. in-8°.

1267. WYMPHELING (J.). *Argentinensium* episcoporum catologus. Strasbourg, 1508, in-4°.

1268. *Toulouse*. — SALVAN. Histoire de l'Église de Toulouse. Toulouse, 1840, 4 vol. in-8°.

1269.* *Tours*. — MAAN (J.). Sancta et metropolitana ecclesia *Turonensis*. Tours, 1667, in-fol.

1270. * *Tulle*. — BALUZE. Historia Ecclesiae *Tutelensis*. Paris, 1717, in-4°.

1271. *Vaison*. — COLUMBI (J.) De rebus gestis episcoporum *Vasionensium* libri IV. Lyon, 1656, in-4°.

1272. *Valence*. — COLUMBI (J.). De rebus gestis *Valentinorum* et *Diensium* episcoporum libri IV. Lyon, 1638, in-4°.

1273. *Vienne*. — MAUPERTUIS (DE). Histoire de la sainte Église de *Vienne*. Lyon, 1708, in-4°.

1274. *Viviers*. — COLUMBI (J.). De rebus gestis episcoporum *Vivariensum* libri IV. Lyon, 1656 et 1668, in-fol.

1275. *Alsace* — ROEHRICH (T. G.). Mittheilungen aus der Geschichte der evangelischen Kirche des *Elsasses*. Strasbourg, 1855, 3 vol. in-8°.

1276. DRION. Notice sur l'Église réformée de *Sainte-Marie-aux-Mines*. Colmar, 1858, in-12.

1277. MUEHLENBECK. Une Église calviniste au xviᵉ siècle : Histoire de l'Église réformée de *Sainte-Marie-aux-Mines*. 1580-1581. Paris, 1882, in-8°.

1278. *Angoumois*. — BUJEAUD (V.). Chronique protestante de l'*Angoumois*. S. l., 1861, in-8.

1279. *Bretagne*. — VAURIGAUD. Essai sur l'histoire des Églises réformées de *Bretagne* (1535-1808). Nantes, 1870, 3 vol. in-8°.

1280. *Champagne*. — PEYRAN (J.). Histoire de l'ancienne principauté de *Sedan* jusqu'à la fin du xviiiᵉ siècle. Paris, 1826, 2 vol. in-8°.

1281. *Dauphiné*. — ARNAUD (E.). Histoire des protestants du *Dauphiné*. Paris, 1875, 3 vol. in-8°.

1282. *Gex*. — CLAPARÈDE (T.). Histoire des Églises réformées du pays de *Gex*. Genève, 1856, in-8°.

1283. *Guyenne*. — LAGARDE (A.). Chronique des Églises réformées de l'*Agenais*. Toulouse, 1870, in-8°.

1284. *Ile-de-France*. — COQUEREL. Précis de l'histoire de l'Église réformée de *Paris*. Paris, 1860, in-8°.

1285. *Languedoc*. — RABAUD (C.). Histoire du protestantisme dans l'*Albigeois* et le *Lauraguais*. Paris, 1873, in-8°.

1286. CORBIÈRE. Histoire de l'Église réformée de *Montpellier*. Montpellier, 1861, in-8°.

1287. BORREL. Histoire de l'Église réformée de *Nîmes*. Toulouse, 1856, in-12.

1288. HUGUES. Histoire de l'Église réformée d'*Anduze*. 1864, Montpellier, in-8°.

1289. *Normandie.* — WADDINGTON (F.). Le protestantisme en *Normandie* depuis la révocation de l'édit de Nantes. Paris, 1862, in-8°.

1290. BEAUJOUR (S.). Essai sur l'histoire de l'Église réformée de *Caen*. Caen, 1877, in-8°.

1291. *Picardie.* — ROSSIER. Histoire des protestants de *Picardie*, Amiens, 1861, in-12.

1292. DOUEN. Essai historique sur les Églises réformées du département de l'*Aisne*. Saint-Quentin, 1660, in-8°.

1293. *Poitou.* — DELMAS. L'Église réformée de *La Rochelle*. Toulouse, 1870, in-12.

1294. CALLOT. *La Rochelle* protestante. Recherches politiques et religieuses. La Rochelle, 1864, in-8°.

1295. FILLON (B.). L'Église réformée de *Fontenay-le-Comte*. Fontenay, s. d. in-8°.

1296. CROTTET. Histoire des Églises réformées de *Pons*, *Gemosac* et *Mortagne*. Bordeaux, 1843, in-8°.

32. Histoire des classes.

1297. MÉNESTRIER (le P.). De la chevalerie ancienne et moderne. Paris, 1683, in-12.

1298. *LA CURNE DE SAINTE-PALAYE. Mémoires sur l'ancienne chevalerie. Paris, 1759-1760, 3 vol. in-12. Édition Nodier. Paris, 1826, 2 vol. in-8°.

1299. MONTEIL. Histoire des Français de divers états aux cinq derniers siècles. Paris, 1828-44, 10 vol. in-8.

1300. GAUTIER (LÉON). La Chevalerie, Paris, 1884, in-8°.

1301. GRANIER DE CASSAGNAC. Histoire des classes nobles et des classes anoblies. Paris, 1840, in-8°.

1302. SEIGNOBOS. Le régime féodal en *Bourgogne*, jusqu'en 1360. Paris, 1882, in-8°.

1303. BONVALOT (E.). Le Tiers État d'après la charte de

Beaumont et ses filiales. Paris, 1884, in-8°. (Cf. n° 1086. A. Thierry.)

1304. *Levasseur. Histoire des classes ouvrières en *France*, depuis la conquête de J. César jusqu'à la Révolution. Paris, 1859, 2 vol. in-8°.

1305. Bonnemère. Histoire des paysans depuis la fin du moyen âge jusqu'à nos jours. Paris, 1874, 2 vol. in-12.

1306. *Dareste (C.). Histoire des classes agricoles en *France* depuis saint Louis jusqu'à Louis XIV. Paris, 1854, in-8°.

1307. Doniol. Histoire des classes rurales en France. Paris, 1857, in-8°.

1308. Hanauer (l'abbé). Les paysans de l'*Alsace* au moyen âge. Colmar, 1865, in-8°.

1309. *Delisle (L.). Études sur la condition de la classe agricole et de l'état de l'agriculture en *Normandie* pendant le moyen âge. Paris ; Évreux, 1851, in-8°.

1310. Calonne (A. de). La Vie agricole sous l'ancien régime en Picardie et en Artois. Paris, 1884, in-8°.

1311. Babeau, La Ville sous l'ancien régime. Paris, 1880, in-8°.

1312. Babeau. Le Village sous l'ancien régime. Paris, 1880, in-8°.

1313. Leymarie. Histoire des paysans en *France*. Paris, 1829, 2 vol. in-8°.

1314. Perreciot. De l'état civil des personnes et de la condition des terres dans les Gaules dès les temps celtiques jusqu'à la rédaction des coutumes. En Suisse, 1786, 2 vol. in-4°.

1315. Richard. Condition des personnes et des terres en *Poitou* au xe siècle. Paris, 1869, in-8°.

1316. Saige. Les Juifs du *Languedoc* antérieurement au xvie siècle. Paris, 1881, in-8°.

1317. Michel (Fr.). Histoire des races maudites de la *France* et de l'Espagne. Paris, 1847, 2 vol. in-8°.

(Voir aussi les différentes introductions aux Cartulaires.)

33. Histoire militaire et maritime.

1318. Montgommery (de). La milice française réduite à l'ancien ordre et discipline militaire. Paris, 1614, in-8°.

1319. *Daniel (le P.). Histoire de la milice française. Paris, 1721, 2 vol. in-4°.

1320. Sicard. Histoire des institutions militaires de la France. Paris, 1831, 4 vol. in-8°, et atlas.

1321. Audouin. Histoire de l'administration militaire. Paris, 1811, 4 vol. in-8°.

1322. *Boutaric. Institutions militaires de la *France* avant les armées permanentes. Paris, 1863, in-8°.

1323. Susane. Histoire de l'ancienne infanterie française. Paris, 1849-53, 8 vol. in-8°.

1324. Susane. Histoire de la cavalerie française. Paris, 1874, 3 vol. in-8°.

1325. Fieffé. Histoire des troupes étrangères au service de la *France.* Paris, 1854, 2 vol. in-8°.

1326. Gebelin. Histoire des milices provinciales. Paris, 1882, in-8°.

1327. Roque (de la). Traité du ban et de l'arrière-ban. Paris, 1676.

1328. Favé. Études sur le passé et l'avenir de l'artillerie. Paris, 1846-1872, 6 vol. in-4°.

1329. Lacabane. De la poudre à canon et de son introduction en France. Paris, 1845, in-8°.

1330. Lalanne. Recherches sur le feu grégeois et sur l'introduction de la poudre à canon en Europe. Paris, 1841, in-4°. (*Mém. par divers savants à l'Académie des Inscr.*)

1331. Hardy. Histoire de la tactique française. Paris, 1880, 2 vol. in-8°.

1332. Guérin. Histoire maritime de la *France*. 2ᵉ édit. Paris, 1844, 2 vol. in-8º.

1333. *Jal. Archéologie navale. Paris, 1839, 2 vol. in-8º.

1334. Dufourmantelle. La Marine française sous Philippe le Bel. Paris, 1880, in-8º.

1335. Hoste (le P.). L'art des armées navales. Lyon, 1727, in-fol.

1336. Morogues (de). Tactique navale. Paris, 1763, in-4º.

1337. *Jal. Glossaire nautique. Paris, 1848, in-4º.

1338. Jurien de la Gravière. Les marins du xvᵉ et du xviᵉ siècle. Paris, 1879, 2 vol. in-12.

---

34. Histoire de l'industrie, du commerce et de l'agriculture.

1339. Franklin (Alfred). Les corporations ouvrières de *Paris* du xiiᵉ au xviiiᵉ siècle. Paris, 1884, in-4º. (En cours de publication).

1340. *Fagniez. Études sur l'industrie et la classe industrielle à *Paris* au xiiiᵉ et au xivᵉ siècle. Paris, 1877, in-8º.

1341. Pagart d'Hermansart. Les anciennes communautés d'arts et métiers à *Saint-Omer*. Saint-Omer, 3 vol. in-8º.

1342. Bourquelot. Études sur les foires de *Champagne*. Paris, 1865, in-4º. (*Mémoires présentés par divers savants à l'Académie des Inscriptions.*)

1343. Cauvin et Lochet. Documents relatifs à l'histoire des corporations d'arts et métiers de la ville du *Mans*. Le Mans, 1860, in-12.

1344. Ouin-la-Croix (l'abbé). Histoire des anciennes corporations d'arts et métiers et des confréries religieuses de la capitale de la *Normandie*. Rouen, 1850, in-8º.

1345. VÆSEN. La juridiction commerciale à *Lyon* sous l'ancien régime. Lyon, 1879, in-8°.

1346. MAS-LATRIE (DE). Du droit de marque ou de représailles au moyen âge. Paris, 1875, in-8°.

1347. GOURAUD. Histoire de la politique commerciale de la *France* et de son influence sur la richesse publique. Paris, 1854, 2 vol. in-8°.

1348. SÉGUR-DUPEYRON. Histoire des négociations commerciales de la *France* au XVII° et au XVIII° siècle. Paris, 1863, 2 vol. in-8°.

1349. HUTTEAU D'ORIGNY. Des institutions commerciales de la *France*. Le bureau du commerce. Paris, 1857, in-8°.

1350. TRAULLÉ. Notice sur le commerce de mer d'*Abbeville*. Abbeville, 1809, in-8°.

1351. BACHELET. Histoire du commerce de *Bordeaux*. Bordeaux, 1869, in-8°.

1352. *GERMAIN. Histoire du commerce de *Montpellier*. Montpellier, 1861, 2 vol. in-8°.

1353. PORT (C.). Essai sur l'histoire du commerce maritime de *Narbonne*. Paris, 1852, in-8°.

1354. * FRÉVILLE (DE). Mémoire sur le commerce maritime de *Rouen*. Rouen, 1857, 2 vol. in-8°.

1355. * PAQUET. Lois forestières de la *France*. Paris, 1753, 2 vol. in-4°.

1356. BAUDRILLART. Traité des eaux et forêts. Paris, 1821-31, 3 vol. in-8°.

1357. MAURY (A.). Les forêts de la *Gaule*. Paris, 1865, in-8°.

1358. VIGNON. Études historiques sur l'administration des voies publiques en *France*. Paris, 1862, 3 vol. in-8°.

1359. HYENNE. De la corvée en France et en particulier en *Franche-Comté*. Paris, 1863, in-8°.

1360. Dictionnaire des arts et métiers. Paris, 1873, 5 vol. in-8°.

(Voy. aussi Dareste n° 1306, Delisle n° 1309, Levasseur n° 1304.)

1361. Description des arts et métiers (publié par l'Académie des sciences). Paris, 1761-1780. 113 cahiers in-fol.

---

35. Mœurs et coutumes.

1362. LEGRAND D'AUSSI. Histoire de la vie privée des François. Paris, 1783, 3 vol. in-8°.

1363. LEGENDRE. Mœurs et coutumes des François. Paris, 1753, in-12.

1364. LA CHESNAYE-DESBOIS. Dictionnaire historique des mœurs et usages des François. Paris, 1767, 2 vol. pet. in-8°.

1365. GODEFROY. Le Cérémonial françois. Paris, 1649, 2 vol. in-fol.

1366. SÉRÉ et P. LACROIX. Le Moyen Age et la Renaissance, histoire et description des mœurs et usages... Paris, 1848-51, 5 vol in-8°.

1367. LACROIX (P.). Mœurs, usages et costumes au moyen âge et à l'époque de la Renaissance. Paris, 1871, in-4°. — XVIII° siècle. Institutions, usages et costumes de la France. 1700-1789. Paris, 1874, in-4°.

1368. *VIOLLET-LE-DUC. Dictionnaire raisonné du mobilier de l'époque carlovingienne à la Renaissance. Paris, 1865-75, 6 vol. in-8°.

1369. *QUICHERAT (J.). Histoire du costume en France. Paris, 1875, in-8°.

1370. * Le Ménagier de Paris. Paris, 1846, 2 vol. in-8°. (Soc. des Bibliophiles français.)

1371. JANVIER (O.-A.). Recherches sur les anciennes corporations d'archers, d'arbalétriers, de couleuvriniers et d'arquebusiers des villes de Picardie. Amiens, 1855, in-8°.

1372. CHALLAMEL (A.). Mémoires du peuple français. Paris, 1873, 8 vol. in-8°.

1373. * ROSIÈRES (R.). Histoire de la société française au moyen âge. Paris, 1880, 2 vol. in-8°.

1374. ROSIÈRES (R.). Recherches sur l'histoire religieuse de la France. Paris, 1879, in-12.

36. Instruction publique.

1375. JOLY (Cl.). Traité historique des écoles épiscopales et ecclésiastiques. Paris, 1678, in-12.

1376. MAÎTRE (LÉON). Les Écoles épiscopales et monastiques de l'Occident depuis Charlemagne jusqu'à Philippe-Auguste. Paris et le Mans, 1866, in-8°.

1377. BOURBON (G.). La Licence d'enseigner et le rôle de l'écolâtre au moyen âge. Paris, 1876, in-8. (Extrait de la *Revue des Questions historiques*.)

1378. GAUFRÈS. Claude Baduel et la Réforme des études au XVIe siècle. Paris, 1880, in-8°.

1379. ROLLAND (J.). L'Instruction en province avant 1789 : Histoire littéraire de la ville d'*Albi*. Toulouse, 1879, in-8°.

1380. LENS (DE). Histoire de l'Université d'*Angers*. Angers, 1878, in-8°.

1381. BILLY (DE). Histoire de l'Université du comté de *Bourgogne*. Besançon, 1819, 2 vol. in-8°.

1382. BOURMONT (A. DE). La Fondation de l'Université de *Caen* et son organisation au XVe siècle. Caen, 1883, in-8°.

1383. DEVALS. Les Écoles publiques à *Montauban* du Xe au XVIe siècle. Montauban, 1873, in-8°.

1384. GERMAIN (A.). Étude historique sur l'École de droit de *Montpellier*. Montpellier, 1877, in-4°. — La Renaissance à *Montpellier*. Montpellier, 1871, in-4°.

1385. CASTELNAU (J.). Notice sur la vie et les ouvrages du jurisconsulte Placentin. (*Soc. arch. de Montpellier*, tome I, p. 471-515.)

1386. ASTRUC. Mémoires pour servir à l'histoire de la faculté de médecine de *Montpellier*. Montpellier,1767, in-4°.

1387. * GERMAIN (A.). L'École de médecine de *Montpellier*, ses origines, sa constitution, son enseignement. Montpellier, 1880, in-4°.

1388. BIMBENET (E.). Histoire de l'Université des lois d'*Orléans*. Orléans, 1853, in-8°.

1389. *BOULLAY (DU). Historia universitatis *Parisiensis*. Paris, 1665-79, 6 vol. in-fol.

1390. *JOURDAIN (CH.). Histoire de l'université de *Paris* au xvii° et au xviii° siècle. Paris, 1862-1866, in-fol.

1391. JOURDAIN (CH.). Index chonologicus chartarum pertinentium ad historiam Universitatis *Parisiensis*. Paris, 1862, in-fol.

1392. CREVIER. Histoire de l'Université de *Paris* jusqu'en 1600. Paris, 1761, 7 vol. in-12.

1393. * THUROT. De l'organisation de l'enseignement dans l'Université de *Paris* au moyen âge. Paris, 1850, in-8°.

1394. BUDINSZKY. Die Universität *Paris* und die Fremden an derselben im Mittelalter. Berlin, 1876, in-8°.

1395. GOUJET. Mémoires historiques et littéraires sur le Collège royal de *France*. Paris, 1758, in-4, ou 3 vol. in-12.

1396. * QUICHERAT (J.). Histoire de *Sainte-Barbe*, collège, communauté, institution. Paris, 1860-64, 3 vol. in-8°.

1397. Traité de l'Université de la ville de *Poictiers*, du temps de son érection, du recteur, officiers et privilèges de cette Université, avec plusieurs autres pièces extraites d'un ancien ms. latin gardé dans la bibliothèque Jean Filleau. Poitiers, 1644, in-fol.

1398. Opusculum de Academia *Tolosana* (dans *Percin*,

Monumenta conventus Tolosani. Toulouse, 1693, in-fol., pp. 145-197).

1399. *Molinier (A.). Étude sur l'organisation de l'Université de *Toulouse* au xiv° et au xv° siècle (1309-1450). (Dans *D. Vaissète*. Histoire de Languedoc, nouv. édit. VII, pp. 570-608. Dans le même volume sont publiés les statuts.)

1400. Babeau. L'Instruction primaire dans les campagnes avant 1789. Troyes, 1875, in-8°.

1401. *Allain. L'Instruction primaire en France avant 1789. Paris, 1881, in-12. (On trouvera dans ce livre l'indication de nombreux travaux de détail. Cf. *Polybiblion* 1880-1881.)

1402. Sérurier. L'Instruction primaire dans la région des Pyrénées occidentales, spécialement en *Béarn* (1385-1789). Paris, 1873, in-8°.

1403. Merlet (L.). De l'Instruction primaire en *Eure-et-Loir* avant 1790. (Dans *Mémoires de la Société arch. d'Eure-et-Loir*, tome VI.)

1404. *Beaurepaire (de). Recherches sur l'instruction publique dans le diocèse de *Rouen* avant 1789. Évreux, 1872, 3 vol. in-8°.

1405. Fontaine de Resbecq (de). Histoire de l'enseignement primaire avant 1789 dans les communes qui ont formé le département du *Nord*. Paris, 1878, in-8°.

1406. Quantin. Histoire de l'instruction primaire avant 1789 dans les pays formant le département de l'*Yonne*. Auxerre, 1874, in-8°.

37. Arts et littérature.

1407. *Histoire littéraire de la France, ouvrage commencé par les religieux bénédictins de la congrégation de Saint-Maur et continué par l'Académie des inscriptions et belles-lettres. Paris, 1733-1881, 28 vol. in-4°. Table générale des 15 premiers volumes. Paris, 1875, in-4°.

1408. NICERON (J.-P.) Mémoires pour servir à l'histoire des hommes illustres dans la république des lettres. Paris, 1727-45, 44 vol. in-12.

1409. GOUJET (C.-P.). Bibliothèque française, ou Histoire de la littérature française. Paris, 1740-56, 18 vol. in-12.

1410. NOSTREDAME (J. DE). Les Vies des plus célèbres et anciens poètes provensaux. Lyon, 1575, in-8. — Edit. Chabanneau, Montpellier, 1883, in-12.

1411. CRESCIMBENI (G.-M.). Istoria della volgar poesia. Venise, 1730-31, 6 vol. in-4°.

1412. FAURIEL. Histoire de la poésie provençale. Paris, 1846, 3 vol. in-8°.

1413. * DIEZ (F.). Leben und Werke der Troubadour. Zwickau, 1829, in-8°.

1414. DINAUX. Trouvères, jongleurs et ménestrels du nord de la France et du midi de la Belgique. Paris, 1837-43, 3 vol. in-8°.

1415. RUE (G. DE LA). Essais historiques sur les bardes, jongleurs et trouvères anglo-normands. Caen, 1834, 3 vol. in-8°.

1416. * GAUTIER (L.). Les Épopées françaises. Paris, 1865-68, 3 vol. in-8°. — 2e édition. Paris, 1881, t. I.

1417. * PARIS (G.). Histoire poétique de Charlemagne. Paris, 1866, in-8°.

1418. * AMPÈRE. Histoire littéraire de la France avant Charlemagne, 2e édit. Paris, 1870, 2 vol. in-12. — Histoire littéraire de la France sous Charlemagne. 2e édit. Paris, 1868, in-8°.

1419. AUBERTIN. Histoire de la littérature française au moyen âge. Paris, 1841, in-8, 2 vol. in-8°.

1420. NISARD. Histoire de la littérature française. Paris, 1875, 4 vol. in-12.

1121. VILLEMAIN. Cours de littérature française. Paris, 1864, 6 vol. in-8°.

1122. SAINTE-BEUVE. Premiers lundis. Paris, 1857-62, 15 vol. in-12.

1123. SAINTE-BEUVE. Nouveaux lundis. Paris, 1863-72, 13 vol. in-12.

1124. SAYOUS. Études littéraires sur les écrivains français de la réformation. Paris, 1842, 2 vol. in-8°.

1125. SAYOUS. Histoire de la littérature française à l'étranger depuis le commencement du XVIIe siècle. Paris, 1859, 2 vol. in-8°.

1126. SAYOUS. Le XVIIIe siècle à l'étranger : histoire de la littérature française dans les divers pays de l'Europe depuis la mort de Louis XIV jusqu'à la Révolution française. Paris, 1861, 2 vol. in-8°.

1127. DARMESTETER et HATZFELD. Morceaux choisis des principaux écrivains en prose et en vers du XVIe siècle. Paris, 1876, in-12.

1128. GODEFROY. Poètes français des XVIIe, XVIIIe et XIXe siècles. Paris, 1869, in-12.

1129. VAPEREAU. Dictionnaire universel des littératures. Paris, 1876, grand in-8°.

———

1130. NAGLER. Neues allgemeines Künstler-Lexicon. — Munich, 1835-52, 22 vol. in-8°.

1131. ZANI (P.). Enciclopedia metodica delle Belle Arti. Parme, 1819-1822, 29 vol. in-8°.

1132. SIRET. Dictionnaire historique des peintres de toutes les écoles. Paris, 1866, gr. in-8°.

1133. BÉRARD (A.). Dictionnaire biographique des artistes français du XIIe au XVIIIe siècle. Paris, 1872, in-8°.

1134. LENOIR (Al.). Histoire des Arts en France. Paris, 1810, in-4 et atlas in-fol.

1435. LENOIR (Al.). Musée des Monuments français. Paris, 1800-1822, 8 vol. in-8°.

1436. Archives de l'art français, recueil de documents inédits. Paris, 1851-60, 14 vol. in-8. — Nouvelles Archives de l'art français. Paris, 1872 et suiv. in-8°.

1437. LASTEYRIE (F. DE). Histoire de la peinture sur verre d'après ses monuments en France. Paris, 1828 et suiv. 2 vol. in-8°.

1438. * DELABORDE (le Mis). Les Ducs de *Bourgogne*, études sur les lettres, les arts et l'industrie pendant le xv° siècle et plus particulièrement dans les Pays-Bas et le duché de Bourgogne. Paris, 1849-52, 3 vol. in-8°.

1439. LECOY DE LA MARCHE. Le roi René. Paris, 1875, 2 vol. in-8°.

1440. GRANDMAISON (Ch.). Documents inédits pour servir à l'histoire des arts en *Touraine*. Paris, 1870, in-8°.

1441. FONS-MÉLICOCQ (Al. DE LA). Les Artistes du *Nord de la France* et du midi de la *Belgique* aux xiv°, xv° et xvi° siècles. Béthune, 1848, in-8°.

1442. DELABORDE (le Mis). La Renaissance des arts à la cour de *France*, études sur le xvi° siècle. Paris, 1855, in-8°.

1443. PALUSTRE. La Renaissance en *France*. Paris, 1879 et suiv., in-fol.

1444. DUPLESSIS. Histoire de la gravure en *France*. Paris, 1861, in-8°.

1445. * GUIFFREY (J.-J.), MÜNTZ et PINCHART. Histoire générale de la tapisserie. Paris, 1878 et suiv. in-folio.

1446. DUSSIEUX (L.). Les Artistes français à l'étranger. Paris, 1852, in-12 et 1856, in-8°.

1447. MONTAIGLON (A. DE). Mémoires pour servir à l'histoire de l'Académie royale de peinture depuis 1648 jusqu'en 1664. Paris, 1853, 2 vol. in-12.

1448. COURAJOD (L.). Histoire de l'enseignement des arts du dessin au xviii° siècle; l'École royale des élèves protégés. Paris, 1874, in-8°.

1449. Chenneviès-Pointel (Ph. de). Recherches sur la vie et les ouvrages de quelques peintres provinciaux de l'ancienne France. Paris, 1847-62, 4 vol. in-8°.

1450. Dumesnil (J.). Histoire des plus célèbres amateurs français. Paris, 1856-63, vol. in-8°.

IV

RECUEILS DE MÉMOIRES ET PÉRIODIQUES

38. Recueils de mémoires.

1451. Mézéray. Mémoires historiques et critiques sur divers points de l'histoire de France. Amsterdam, 1732, 1 vol. in-8°; — Amsterdam, 1735, 1 vol. in-12.

1452. * Lebeuf (l'abbé). Recueil de divers écrits pour servir d'éclaircissements à l'histoire de France. Paris, 1738, 2 vol. in-12.

1453. * Leber. Collection des meilleures dissertations, notices et traités particuliers relatifs à l'histoire de France. Paris, 1826-38, 20 vol. in-8°.

1454. * Daunou. Cours d'études historiques. Paris, 1842-1849, 20 vol. in-8°.

1454 bis. * Mignet. Mémoires historiques, 3e éd. Paris, 1854, in-12.

1455. * Thierry (A.). Dix ans d'études historiques. Paris, 1834, in-8°.

1456. Thierry (A.). Lettres sur l'histoire de France. Paris, 1827, in-8°.

1457. Delisle (L.). Mélanges de paléographie et de bibliographie. Paris, 1880, in-fol.

1458. Le Prévost. Mémoires et notes de M. A. Le Prévost pour servir à l'histoire du département de l'Eure, publiés par MM. L. Delisle et L. Passy. Évreux, 1862-64, 2 vol. in-8°.

1459. CONGRÈS ARCHÉOLOGIQUE DE FRANCE. Séances générales. Paris, 1834 et suiv., in-8°. (Annuel.)

1460. HAURÉAU. Singularités historiques et littéraires. Paris, 1861, in-12.

1461. LALANNE. Curiosités littéraires. Paris, 1857, in-16.

1462. *Paris.* *Académie des inscriptions et belles-lettres. Histoire et mémoires. Paris (1701-93). Paris, 1717-1809, 50 vol. in-4. (table générale au tome XLIV); table des 6 derniers volumes, 1844, in-4°. — Mémoires de la classe d'histoire et de littérature anciennes (1803-1811). Paris, 1815-18, 4 vol. in-4°. — Mémoires de l'Académie des inscriptions (1812 et suiv. 1 vol. in-4°). Le tome XI (1839) contient la table des tomes I-X. — Table générale et méthodique des mémoires contenus dans le recueil de l'Académie des inscriptions et de l'Académie des sciences morales (par de Rozière et Chatel). Paris, 1851, in-4°.) — Mémoires présentés à l'Académie par divers savants étrangers. 1re série : sujets divers. Paris, 1844 et suiv., in-4°. 2e série : Antiquités de la France. Paris, 1843 et suiv., in-4°.

1463. * Académie des Sciences morales et politiques. Comptes rendus. Paris, 1840 et suiv., in-8°.

1464. Bulletin de la Société des Antiquaires de France. Paris, 1859 et suiv., in-8°.

1465. Mémoires de la Société des *Antiquaires de France.* Paris, 1817 et suiv., in-8°.

1466. Annuaire historique, publié par la Société de l'Histoire de France. Paris, 1837-1863, 27 vol. in-8°.

1467. Bulletin de la *Société de l'Histoire de France.* Paris, 1834-1863, 17 vol. in-8°.

1468. Annuaire-Bulletin de la *Société de l'Histoire de France,* 1864 et suiv., in-8°.

1469. Mémoires et Bulletin de la Société de l'histoire de *Paris et de l'Ile-de-France.* Paris, 1874 et suiv., in-8°.

1470. Bulletin de la Société pour l'histoire du protestantisme français. Paris, 1852 et suiv., in-8°.

1471. *Agen.* Recueil des travaux de la Société des sciences et arts d'*Agen*. Agen, 1809 et suiv., in-8°.

1472. *Amiens.* — Mémoires de l'Académie des sciences, des lettres et des arts d'*Amiens*. Amiens, 1835 et suiv., in-8°.

1473. — Mémoires et bulletin de la Société des antiquaires de *Picardie*. Amiens, 1838-1841 et suiv., in-8°.

1474. *Angers.* — Mémoires de la Société académique de *Maine-et-Loire*. Angers, 1857 et suiv., in-8°.

1475. Mémoires de la Société d'agriculture, sciences et arts d'*Angers*. Angers, 1831 et suiv., in-8°.

1476. *Angoulême.* — Bulletin de la Société archéologique et historique de la *Charente*. Angoulême, 1845 et suiv., in-8°.

1477. *Arras.* — Mémoires de l'Académie d'*Arras*. Arras, 1818 et suiv., in-8°.

1478. Mémoires de la commission des monuments historiques et des antiquités du département du *Pas-de-Calais*. Arras, 1849 et suiv., in-8°.

1479. *Auch.* — Bulletin du comité d'histoire et d'archéologie de la province ecclésiastique d'*Auch*. Auch, 1860 et suiv., in-8°.

1480. *Autun.* — Mémoires de la Société *Éduenne* des lettres, sciences et arts. Autun, 1837 et suiv., in-8°.

1481. *Auxerre.* — Bulletin de la Société des sciences historiques et naturelles de l'*Yonne*. Autun, 1847 et suiv., in-8°.

1482. *Bar-le-Duc.* — Mémoires de la Société des lettres de *Bar-le-Duc*. Bar-le-Duc, 1870 et suiv., in-8°.

1483. *Beauvais.* — Mémoires de la Société académique... du département de l'*Oise*. Beauvais, 1847 et suiv., in-8°.

1484. *Besançon.* — Séances publiques de l'Académie... de *Besançon*. Besançon, 1754-83, 19 livraisons, in-8°; 1806 et suiv., in-8°.

1485. Mémoires de la Société d'émulation du *Doubs*. Besançon, 1841 et suiv., in-8°.

1486. *Béziers*. — Bulletin de la Société archéologique... de *Béziers*. Béziers, 1836 et suiv., in-8°.

1487. *Blois*. — Mémoires et bulletin de la Société... de *Loir-et-Cher*. Blois, 1833 et suiv., in-8°.

1488. *Bordeaux*. — Mémoires couronnés par l'Académie... de *Bordeaux*. Bordeaux, 1715-365, vol. in-12, 1740 et suiv., in-4°.

1489. Actes de l'Académie des belles-lettres, sciences et arts de *Bordeaux*. Bordeaux, 1839 et suiv., in-4°.

1490. — Archives historiques du département de la *Gironde*. Bordeaux, 1859 et suiv., in-4°.

1491. *Bourg*. Annales de la Société d'émulation de l'*Ain*. Bourg, 1868 et suiv., in-8°.

1492. *Bourges*. — Mémoires de la Société des Antiquaires du *Centre*. Bourges, 1867 et suiv., in-8°.

1493. *Caen*. Mémoires de l'Académie... de *Caen*. Caen, 1754-65, 5 vol. in-8°.

1494. Mémoires et bulletin de la Société des Antiquaires de *Normandie*. Caen, 1825 et 1860 et suiv., in-8°.

1495. *Cambrai*. — Mémoires de la Société d'émulation de *Cambrai*. Cambrai, 1808 et suiv., in-8°.

1496. *Carcassonne*. — Mémoires de la Société des arts... de *Carcassonne*. Carcassonne, 1849 et suiv., in-8°.

1497. *Chalon-sur-Saône*. — Mémoires et Bulletin de la Société d'histoire.., de *Chalon-sur-Saône*. Chalon-sur-Saône, 1846 et suiv., in-8°.

1498. *Châlons-sur-Marne*. — Mémoires de la Société d'agriculture... de *Châlons-sur-Marne*. Châlons-sur-Marne, 1807 et suiv., in-8°.

1499. *Chambéry*. — Mémoires de la Société... de *Chambéry*. Chambéry, 1825 et suiv., in-8°.

1500. Mémoires et bulletin de la Société *Savoisienne*. Chambéry, 1856 et suiv., in-8°.

1501. *Chartres.* — Mémoires et procès-verbaux de la Société archéologique d'*Eure-et-Loir*. Chartres, 1858 et suiv., in-8°.

1502. *Clermont-Ferrand.* — Annales et Mémoires de l'Académie de *Clermont*. Clermont, 1828 et suiv., in-8°.

1503. *Dijon.* — Mémoires de la Société libre des sciences, de *Dijon*. Dijon, 1769 et suiv., in-8°.

1504. Mémoires de la Commission des Antiquités de la *Côte-d'Or*. Dijon, 1832 et suiv., in-8°.

1505. *Douai.* — Mémoires de la Société d'agriculture du *Nord*. Douai, 1826 et suiv., in-8°.

1506. *Évreux.* — Recueil des travaux de la Société d'agriculture du département de l'*Eure*. Évreux, 1830 et suiv., in-8°.

1507. *Grenoble.* — Mémoires et Bulletin de l'*Académie Delphinale*. Grenoble, 1787-89, 3 vol. in-4°, 1846 et suiv., in-8°.

1508. *Laon.* — Bulletin de la Société académique de *Laon*. Laon, 1852 et suiv., in-8°.

1509. *La Rochelle.* — Annales de l'Académie de la *Rochelle*. La Rochelle, 1851 et suiv., in-8°.

1510. *Le Puy.* — Annales de la Société d'agriculture du *Puy*. Le Puy, 1826 et suiv., in-8°.

1511. *Lille.* — Annales et Bulletin du comité Flamand de France. Lille, 1854 et suiv., in-8°.

1512. Bulletin de la commission historique du département du *Nord*. Lille, 1843 et suiv., in-8°.

1513. Mémoires de la Société des sciences de *Lille*. Lille, 1819 et suiv., in-8°.

1514. *Limoges.* — Bulletin de la Société archéologique du *Limousin*. Limoges, 1845 et suiv., in-8°.

1515. *Lons-le-Saulnier.* — Mémoiresde la Société d'émulation du *Jura.* Lons-le-Saulnier, 1818 et suiv., in-8°

1516. *Lyon.* — Mémoires de l'Académie... de *Lyon.* Lyon, 1845 et suiv., in-8°.

1517. Mémoires de la Société littéraire, historique... de *Lyon.* Lyon, 1861 et suiv., in-8°.

1518. *Mâcon.* — Annales de l'Académie de *Mâcon.* Mâcon, 1859 et suiv., in-8°.

1519. *Marseille.* — Mémoires de l'académie... de *Marseille.* Marseille, 1809 et suiv., in-8°.

1520. *Melun.* — Bulletin de la Société d'archéologie de *Seine-et-Marne.* Melun, 1865 et suiv., in-8°.

1521. *Mende.* Mémoires et Bulletin de la Société d'agriculture de la Lozère. Mende, 1827 et suiv., in-8°.

1522. *Montauban.* — Bulletin de la Société archéologique de *Tarn-et-Garonne.* Montauban, 1873, et suiv., in-8°.

1523. *Montpellier.* — Mémoires de la Société archéologique de *Montpellier.* Montpellier, 1833 et suiv., in-4°.

1524. Mémoires de l'Académie des sciences et lettres de *Montpellier.* Montpellier, 1846 et suiv. in-4°.

1525. *Moulins.* — Mémoires et Bulletins de la Société d'émulation du département de l'*Allier.* Moulins, 1850 et suiv., in-8°.

1526. *Nancy.* — Mémoires de l'Académie de *Stanislas.* Nancy, 1759 et suiv., in-8°.

1527. Mémoires de la Société d'archéologie *Lorraine.* Nancy, 1850 et suiv., in-8°.

1528. *Nantes.* — Bulletin de la Société archéologique de *Nantes.* Nantes, 1859 et suiv., in-8°.

1529. *Narbonne.* — Bulletin de la Commission archéologique de l'arrondissement de *Narbonne.* Narbonne, 1877 et suiv., in-8°.

1530. *Nevers.* — Bulletin de la Société *Nivernaise.* Nevers, 1851 et suiv., in-8°.

1531. *Nîmes.* — Mémoires de l'Académie du *Gard.* 1682 et suiv., in-8°.

1532. *Orléans.* — Annales et Mémoires de la Société d'agriculture d'*Orléans.* Orléans, 1818 et suiv., in-8°.

1533. Mémoires et Bulletin de la Société archéologique de l'*Orléanais.* Orléans, 1851 et suiv., in-8°.

1534. *Pau.* — Bulletin de la Société des sciences de *Pau.* Pau, 1841 et suiv., in-8°.

1535. *Périgueux.* — Bulletin de la Société historique du *Périgord.* Périgueux, 1874 et suiv., in-8°.

1536. *Perpignan.* — Bulletin de la Société agricole des *Pyrénées-Orientales.* Perpignan, 1831 et suiv., in-8°.

1537. *Poitiers.* — Mémoires et bulletins de la Société des *Antiquaires de l'Ouest.* Poitiers, 1835 et suiv., in-8°.

1538. Archives historiques du *Poitou.* Poitiers, 1872 et suiv., in-8°.

1539. *Rennes.* — Bulletins et mémoires de la Société archéologique d'*Ille-et-Vilaine.* Rennes, 1859 et suiv., in-8°.

1540. *Rodez.* — Mémoires et procès-verbaux de la Société des lettres de l'*Aveyron.* Rodez, 1838 et suiv., in-8°.

1541. *Rouen.* — Bulletin de la Commission des antiquités de la *Seine-Inférieure.* Rouen, 1867 et suiv., in-8°.

1542. Bulletin de la Société d'histoire de *Normandie.* Rouen, 1870 et suiv., in-8°.

1543. *Saint-Brieuc.* — Mémoires de la Société archéologique des *Côtes-du-Nord.* Saint-Brieuc, 1842 et suiv., in-8°.

1544. Bulletin et Mémoires de la Société d'émulation des *Côtes-du-Nord.* Saint-Brieuc, 1861 et suiv., in-8°.

1545. *Saint-Omer.* — Mémoires de la Société des antiquaires de la *Morinie.* Saint-Omer, 1831 et suiv., in-8°.

1546. *Saint-Quentin.* — Mémoires de la Société académique de *Saint-Quentin.* Saint-Quentin, 1830 et suiv., in-8°.

1547. *Saintes.* — Archives historiques de la *Saintonge* et de l'*Aunis.* Saintes, 1874 et suiv., in-8°.

1548. *Senlis.* — Mémoires du comité archéologique de *Senlis.* Senlis, 1862 et suiv., in-8°.

1549. *Sens.* — Bulletin de la Société archéologique de *Sens.* Sens, 1846 et suiv., in-8°.

1550. *Soissons.* — Mémoires de la Société archéologique de *Soissons.* Soissons, 1847 et suiv., in-8°.

1551. *Tarbes.* — Bulletin de la Société académique des *Hautes-Pyrénées.* Tarbes, 1851 et suiv., in-8°.

1552. *Toulouse.* — Recueil des Mémoires de l'Académie de législation de *Toulouse.* Toulouse, 1851 et suiv., in-8°.

1553. Mémoires de l'Académie des sciences, inscriptions et belles-lettres de *Toulouse.* Toulouse, 1827 et suiv., in-8°.

1554. Mémoires et bulletin de la Société archéologique du *Midi de la France.* Toulouse, 1831 et suiv., in-4°.

1555. *Tours.* — Mémoires et bulletin de la Société archéologique de *Touraine.* Tours, 1842 et suiv., in-8°.

1556. *Troyes.* — Mémoires de la Société académique de l'*Aube.* Troyes, 1801 et suiv., in-8°.

1557. *Valence.* — Bulletin de la Société départementale d'archéologie de la *Drôme.* Valence, 1866 et suiv., in-8°.

1558. *Valenciennes.* — Mémoires de la Société d'agriculture de l'arrondissement de *Valenciennes.* Valenciennes, 1839 et suiv., in-8°.

1559. *Vendôme.* — Bulletin de la Société archéologique du *Vendômois.* Vendôme, 1862 et suiv., in-8°.

1560. Mémoires de l'Académie royale de *Belgique*. Bruxelles, 1836 et suiv., in-4°.

1561. Société *Jersiaise*. — Bulletins. 1875 et suiv., in-4°.

1562. Mémoires et documents de la Société d'histoire de la *Suisse romande*. Lausanne, 1830 et suiv., in-8°.

1563. Mémoires de la Société d'histoire et d'archéologie de *Genève*. Genève, 1840 et suiv. in-8°, 1870 et suiv., in-4°.

1564. *Schweizerischer Geschichtsforscher*. Berne, 1812-1840, 12 vol. in-8°.

1565. Archiv für *Schweizerische* Geschichte. Zurich, 1877 et suiv., in-8°.

1566. Jahrbuch für *Schweizerische* Geschichte. Zurich, 1877 et suiv., in-8°.

1567. Miscellanea di storia italiana. Turin, 1862 et suiv., in-8°.

39. Revues.

1568. *Bibliothèque de l'École des Chartes. Paris, 1835, et suiv., in-8°.

1569. * Revue historique. Paris, 1876 et suiv., in-8°.

1570. *Revue des Questions historiques. Paris, 1866 et suiv., in-8°.

1571. Bulletin des Comités historiques. Paris, 1849-1852, 8 vol. in-8°.

1572. Bulletin des Sociétés savantes. Paris, 1854 et 1880, in-8°.

1573. Bulletin des Comités des travaux historiques. Paris, 1882 et suiv.

1574. Revue des Sociétés savantes. Paris, 1856-1882, in-8°.

1575. Répertoire des travaux historiques. Paris, 1882 et suiv., in-8°.

1576. Bulletin des Bibliothèques et des Archives. Paris, 1884 et suiv., in-8°.

1577. Analecta juris pontificii. Paris, 1862 et suiv., in-4°.

1578. Cabinet historique. Paris, 1854-1883, 30 vol. in-8°.

1579. Revue critique. Paris, 1866 et suiv., in-8°.

1580. Bulletin critique. Paris, 1880 et suiv., in-8°.

1581. Polybiblion. Paris, 1868 et suiv., in-8°.

1582. Romania. Paris, 1872 et suiv., in-8°.

1583. Revue des Langues romanes. Montpellier, 1870 et suiv., in-8°.

1584. Revue celtique. Paris, 1870 et suiv., in-8°.

1585. Magasin encyclopédique, ou journal des sciences, des lettres et des arts, par A.-L. Millin, 1795-1816, 122 vol. in-8° et 4 vol. de tables.

1586. Athenæum français. Paris, 1852-56, 5 vol. in-4°.

1587. Revue historique de droit français et étranger. Paris, 1855-1869, 15 vol. in-8°. — Revue de législation ancienne et moderne. Paris, 1870-1876, 6 vol. in-8. — Nouvelle revue de droit historique. Paris, 1877 et suiv., in-8°.

1588. Revue générale du droit. Paris, 1879 et suiv.

1589. Revue historique et nobiliaire. Paris, 1862 et suiv., in-8°.

1590. Revue épigraphique du Midi de la France. 1878 et suiv.

1591. Revue archéologique. Paris, 1844 et suiv., in-8°.

1592. Gazette archéologique. Paris, 1875 et suiv., in-4°.

1593. Annales archéologiques. Paris, 1844 et suiv., in-4°.

1594. Nouvelles Archives de l'Art français. Paris, 1872 et suiv., in-8°.

1595. Gazette des Beaux-Arts. Paris, 1859 et suiv.,grand in-8°.

1596. Revue universelle des Arts. Bruxelles et Paris, 1856 et suiv., in-8°.

1597. Revue de numismatique française. Blois et Paris, 1836 et suiv., in-8°.

1598. Revue de l'*Agenais* et des anciennes provinces du Sud-Ouest. Agen, 1873 et suiv., in-8°.

1599. Revue d'*Alsace*. Colmar, 1850 et suiv., in-8.

1600. Revue d'*Aquitaine*. Bordeaux, 1855 et suiv., in-8°.

1601. Revue des *Basses-Pyrénées* et des *Landes*. Paris, 1883 et suiv., in-8°.

1602. Revue de *Bretagne* et de *Vendée*. Nantes, 1857 et suiv., in-8°.

1603. Revue de *Champagne* et de *Brie*. Paris, 1877 et suiv., in-8°.

1604. Revue de *Dauphiné* et du *Vivarais*. Vienne, 1876-1881, in-8°.

1605. Revue de *Gascogne*. Auch, 1861 et suiv., in-8°.

1606. Revue du *Lyonnais*. Lyon, 1835 et suiv., in-8°.

1607. Revue *Lyonnaise*. Lyon, 1881, et suiv. in-8°.

1608. Revue du *Maine*. Mamers et le Mans, 1872 et suiv., in-8°.

1609. Revue de *Marseille* et de *Provence*. Marseille, 1854 et suiv., in-8°.

1610. Revue de la *Normandie*. Rouen, 1862-1870, in-4°.

1611. Revue *Savoisienne*. Chambéry, 1880 et suiv., in-8°.

1612. Revue *Sextienne*. Aix, 1880 et suiv., in-8°.

1613. Revue de *Toulouse*. Toulouse, 1855 et suiv., in-8°.

1614. Chroniques de *Languedoc*. Montpellier, 1874-1880, 6 vol. in-8°.

1615. Bulletin historique, archéologique et artistique de *Vaucluse* et des départements limitrophes. Avignon, 1879 et suiv., in-8°.

———

1616. Archiv der Gesellschaft für ältere deutsche Geschichtskunde. Francfort et Hanovre, 1821-1874, 12 vol. in-8°.

1617. Neues Archiv der Gesellschaft für ältere deutsche Geschichtskunde. Hanovre, 1876 et suiv., in-8°.

1618. Historische Zeitschrift. Leipzig, 1859-1877, 36 vol. in-8. — Nouvelle série, 1878 et suiv., in-8°.

1619. Forschungen zur deutschen Geschichte. Hanovre, 1860 et suiv., in-8°.

1620. Jahresbericht der Geschichtswissenschaft. 1878-1881. Berlin, 1880-1883, 4 vol. in-8.

1621. Literarisches Centralblat. Leipzig, 1850 et suiv., in-4°.

1622. Zeitschrift für romanische Philologie. Halle, 1877 et suiv., in-8°.

1623. Westdeutsche Zeitschrift. Cologne, 1882 et suiv. in-8°.

1624. Mittheilungen des Instituts für œsterreichische Geschichtsforschung. Inspruck, 1880 et suiv., in-8°.

1625. Revista de ciencias historicas. Barcelone, 1830 et suiv. in-8°.

1626. Compte rendu des séances de la commission royale d'histoire de *Belgique*, ou Recueil de ses bulletins. Bruxelles, 1834 et suiv., in-8°.

1627. Messager des sciences historiques de *Belgique*. Gand, 1833 et suiv., in-8°.

1628. Rivista storica *Italiana*. Rome, 1884 et suiv., in-8°.

1629. Archivio storico *Italiano*. Florence, 1842 et suiv. in-8°.

1630. Archivio storico *Lombardo*. Milan, 1874 et suiv., in-8°.

1631. Archivio *Veneto*. Venise, 1871 et suiv., in-8°.

1632. Archivio storico per le provincie *Napoletane*. Naples, 1876 et suiv., in-8°.

1633. Archivio storico *Siciliano*. Nouvelle série. Palerme, 1877 et suiv., in-8°.

1634. Curiosità e ricerche di storia subalpina. Turin, 1866 et suiv., in-8°.

1635. Rivista di filologia romanza. Rome, 1879 et suiv., in-8°.

1636. The Athenæum. Londres, 1828 et suiv., in-4°. — The Academy. Londres, 1869 et suiv., in-4°.

DEUXIÈME PARTIE

HISTOIRE PAR ÉPOQUES

I

DES ORIGINES A L'INVASION DES FRANKS

40. La Gaule barbare et romaine [1].

Voyez pour cette période :

1637. Recueil des historiens des Gaules et de la France, t. I.

1638. RONCALLI. Vetustiora latinorum scriptorum Chronica. Padoue et Venise, 1787, 2 vol. in-4°.

1639. COUGNY. Γαλλικῶν συγγραφεῖς ἑλληνικοι : Extraits des auteurs grecs concernant la géographie et l'histoire des Gaules (publiés pour la Société de l'histoire de France). Paris, 1878-1881, 3 vol. in-8°.

Et plus particulièrement les auteurs suivants :

1640. *CÆSAR. De Bello gallico. (Schneider. Halle, 1840-1855, 2 vol. in-8°; — Doberenz, 6° édit. Leipzig, 1875, in-8°; — trad. fr. par Artaud dans la coll. Panckoucke. Paris, 1832, 3 vol. in-8°).

1641. AUSONIUS (D. Magnus). (Opuscula, édit. Schenkel

---

1. Pour toute l'histoire ancienne de la Gaule et de la France jusqu'à la fin des Carolingiens, il faut consulter aussi l'ouvrage de Dahlmann-Waitz (n° 23), qui donne la bibliographie des mêmes époques au point de vue spécial de l'histoire d'Allemagne.

dans les Mon. Germ. hist. SS. antiquissimi, t. V; — trad. fr.
Corpet dans la coll. Panckoucke. Paris, 1842-1843, 2 vol.
in-8°. — Migne, Patrologie latine, XIX.)

1642. * AMMIANUS MARCELLINUS. Rerum gestarum libri
qui supersunt XIII; 353-378. (Eyssenhardt. Berlin, 1871,
in-8°; — Gardthausen, Leipzig, 1874, 2 vol. in-12.)

1643. Panegyrici latini XII. (Bæhrens, Leipzig, 1874,
in-12.)

1644. SULPICIUS SEVERUS. Chronica sacra seu historia
sacra ab O. C. — 400. (Bibl. Patrum Lugd., VI, 321; —
Hieron. de Prato, Vérone, 1741-1754, 2 vol. in-4°; — Migne,
Patr. latine, XX. — Halm, Vienne, 1866, in-8°).

1645. RUTILIUS NAMATIANUS. Itinerarium. (Zumpt, Berlin, 1840, in-8°; — Müller, Leipzig, 1870, in-12; — trad.
fr. par Collombet. Lyon et Paris, 1842, in-8°.)

1646. OROSIUS (P.). Libri VII adversus paganos, ab O. C.
— 410. (Havercamp. Leyde, 1738 et 1767, in-4°; — Migne,
Patr. lat. XXXI.)

1647. MEROBAUDES. Fragmenta. (Niebuhr. Saint-Gall, 1823,
in-8°; — Bonn, 1824, in-8°; — Bekker, dans le Corpus
scriptorum byzantinorum. Bonn, 1836, in-8°).

1648. * SALVIANUS. De Gubernatione Dei. (Halm, dans Mon.
Germ. hist. SS. antiquiss., t. I; — Migne, Patr. lat., LIII.)

1649. PAULINUS (de Pella). Eucharisticon. (Leipziger.
Breslau, 1858, in-8°.)

1650. * APOLLINARIS SIDONIUS (C. Sollius). Opera. (Sirmond.
Paris, 1614; — 1652 dans Sirmondi opera I; — Migne, Patr.
lat., LVIII; — Baret. Paris, 1879, gr. in-8°. — Trad. fr.
par Grégoire et Collombet. Lyon, 1836, 3 vol. in-8°.)

— Voyez aussi la chronique de PROSPER d'Aquitaine,
dite Chronicon imperiale, dans Labbe, Nova bibliotheca
mss. et dans Roncalli; — le Chronicon consulare, dit
Chronique de PROSPER TIRO; — la Chronique d'IDACE, dans
Roncalli; — les *Itinéraires*, dits itinéraire d'Antonin, et itiné-

raire de Bordeaux à Jérusalem, éd. par Parthey et Pinder, Berlin, 1818, in-8°, et par Fortia d'Urban, Paris, 1845, in-4°; — enfin la *Carte* dite de *Peutinger*, éd. par Mannert, Leipzig, 1824, et par Desjardins, Paris, 1869 (inachevée).

— ·——·——

1651. Dictionnaire archéologique de la Gaule, t. I. Époque celtique. Paris, 1874, in-4°.

1652. PICTET (Ad.). Origines indo-européennes. Paris, 1850, in-8°.

1653. DIEFENBACH. Origines Europeae. Francfort, 1861, in-8°.

1654. * ZEUSS. Die Deutsche und ihre Nachbarstæmme. Munich, 1837, in-8°.

1655. * BELLOGUET (ROGET DE). Ethnogénie gauloise. Paris, 1858-1872, 4 vol. in-8°.

1656. OBERLIN (J.-J.). Epitome rerum gallicarum ab origine gentis usque ad Romanorum imperium. Leipzig, 1762, in-4°.

1657. * JUBAINVILLE (D'ARBOIS DE). Les premiers habitants de l'Europe. Paris, 1877, in-8°. — Introduction à l'étude de la littérature celtique. Paris, 1883, in-8°. — Les Celtes, les Galates, les Gaulois, dans la Revue archéologique, 1875. — Les Cimbres et les Kymris, ibid., 1872, in-8°.

1658. PELLOUTIER. Histoire des Celtes. Paris, 1771, 2 vol. in-4°.

1659. BOUCHER DE PERTHES. Antiquités celtiques. Abbeville, 1846-1865, 3 vol. in-8°.

1660. MARTIN (H.). Études d'archéologie celtique. Paris, 1870, in-8°.

1661. WALCKENAER (Ath.). Mémoire sur les anciens habitants des Gaules. Paris, 1811, in-4°.

1662. FORTIA D'URBAN (DE). Histoire des premiers temps

de la Gaule, depuis son origine jusqu'au siècle d'Alexandre. Paris, 1844, in-12.

1663. *Bertrand (Al.). Les Anciennes Populations de la Gaule. Paris, 1864, gr. in-8°.— La Gaule avant les Gaulois. Paris, 1884, in-8°.

1664. Martin (Dom). Histoire des Gaules et conquêtes des Gaulois. Paris, 1752-1754, in-4°.

1665. Valentin-Smith. De l'Origine des peuples de la Gaule Transalpine. Paris, 1864, in-8°.

1666. Contzen (L.). Die Wanderungen der Kelten. Leipzig, 1861, in-8°.

1667. *Thierry (Am.). Histoire des Gaulois avant la conquête romaine. Paris, 1873, 2 vol. in-8°.

1668. Maissiat. Annibal en Gaule. Paris, 1874, in-8°.

1669. Holtzmann. Kelten und Germanen. Stuttgart, 1855, in-4°.

1670. Brandes (H. B. Chr.). Das ethnographische Verhæltniss der Kelten und Germanen. Leipzig, 1857, in-8°.

1671. Hucher (E.). L'Art gaulois ou les Gaulois d'après leurs médailles. Paris, 1868-1872, 2 vol. in-4°.

———

1672. *Longnon. Atlas historique de la France depuis Jules César jusqu'à nos jours. Paris, 1885, in-8° et in-f°. (En cours de publication.)

1673. *Desjardins. Géographie de la Gaule d'après la carte de Peutinger. Paris, 1869, in-8°.

1674. Deloche (M.). Études sur la géographie historique de la Gaule. Paris, 1861-64, 2 part. en 1 vol. in-4°.

1675. Jacobs (Al.). Exploration en Gaule pour l'éclaircissement des campagnes de César. Alesia, Uxellodunum. Paris, 1862, in-8°.

1676. Saulcy (F. de). Les Campagnes de Jules César dans les Gaules. Paris, 1862, in-8°.

1677. * NAPOLÉON III. Histoire de Jules César. Paris, 1865-1866, 2 vol. in-4°.

1678. KŒCHLY. Caesar und die Gallier. Berlin, 1871, in-8.

1679. MONNIER (F.). Vercingétorix et l'indépendance gauloise. Paris, 1876, in-12.

1680. BOSC et BONNEMÈRE. Histoire nationale des Gaulois sous Vercingétorix. Paris, 1881, in-8°.

1681. * DESJARDINS (E.). Géographie historique et administrative de la Gaule Romaine. Paris, 1876-1885, 3 vol. in-8°.

1682. BERTRAND (A.). Les Voies romaines en Gaule. Résumé de la commission de topographie des Gaules. Paris, 1863, in-8°.

1683. RENIER (L.). Itinéraires romains de la Gaule. Paris, 1850, in-12.

—————

1684. ANVILLE (D'). Notice sur l'ancienne Gaule, tirée des monuments romains. Paris, 1760, in-4°.

1685. LONGNON (A.). Les Cités gallo-romaines de la Bretagne. Paris, 1873, in-8°.

1686. LACARRY (G.). Historia Galliarum sub praefectis praetorio Galliarum. Clermont, 1672, in-4°.

1687. * THIERRY (Amédée). Histoire de la Gaule sous l'administration romaine. Paris, 1840-1842, in-8°.

1688. * HERZOG (E.). Galliae Narbonensis provinciae romanae historia. Leipzig, 1864, in-8°.

1689. WITTE (J. DE). Recherches sur les empereurs qui ont régné dans les Gaules au III° siècle de l'ère chrétienne. Paris, 1868, in-4°.

1690. DUBOS (l'abbé). Histoire des quatre Gordiens. Paris, 1695, in-12.

1691. ZÉVORT (E.). De Gallicanis Imperatoribus. Paris, 1880, in-8°.

1692. Düntzer (H.). Postumus, Victorinus und Tetricus in Gallien. Berlin, 1867, in-8°.

1693. Desjardins (Abel). L'Empereur Julien. Paris, 1845, in-8°.

1694. Muecke (Alph.). Flavius Claudius Julianus. 1ª abtheil. : Julians Kriegsthaten. Gotha, 1866, in-8°.

1695. * Thierry (Amédée). Récits de l'histoire romaine au vᵉ siècle. Paris, 1860, in-8°. — Histoire d'Attila et de ses successeurs. Paris, 1864, 2 vol. in-8°.

1696. Barthélemy (A. de). La Campagne d'Attila : invasion des Huns dans les Gaules en 451. Paris, 1870, in-8°.

1697. * Le Nain de Tillemont. Histoire des empereurs et des autres princes qui ont régné pendant les six premiers siècles de l'Église. Paris, 1690-1740, 6 vol. in-4°.

1698. * Wietersheim (V.). Geschichte der Völkerwanderung. Leipzig, 1859-64, 4 vol. in-8°. — 2ᵉ édit. par Dahn. 1ᵉʳ vol., Leipzig, 1880, in-8°.

1699. * Dahn. Die Könige der Germanen. Wurzburg, 1861-71, 6 vol. in-8°.

1700. * Binding. Das burgundisch-romanische Königreich. Leipzig, 1868, in-8°.

1701. Jahn. Geschichte der Burgundionen. Halle, 1874, 2 vol. in-8°.

1702. * Gaupp. Die Germanischen Ansiedlungen und Landtheilungen. Breslau, 1844, in-8°.

1703. Aschbach. Geschichte der Westgothen. Francfort, 1827, in-8°.

1704. Beauvois (E.). Histoire légendaire des Francs et des Burgondes aux iiiᵉ et ivᵉ siècles. Paris, 1867, in-8°.

1705. * Sybel (H. von). Die Entstehung des deutschen Koenigthums. 3ᵉ édit. Francfort, 1884, in-8°.

41. Introduction du christianisme.

1706. * RUINART (T.). Acta primorum martyrum sincera et selecta. Paris, 1689, in-4°; Amsterdam, 1713, in-fol.; — Vérone, 1731, in-fol.; — Augsbourg, 1802-1803, 3 vol. in-8°.

1707. Acta S. Irenaei episcopi. (AA. SS. 28 juin, V, 335-342.)

1708. HILDUINUS. S. Dyonisii Areopagitae vita. (Surius, Vitae Sanct., X, 114. — Mabillon, AA. SS. ord. s. Bened. III, II, 343.)

1709. — S. Martialis vita. (Surius, Vitae SS., VI, 365-374; — AA. SS., 30 juin, V, 535-538.)

1710. * SULPITIUS SEVERUS. Vita sancti Martini Turonensis. (Hier. de Prato, Vérone, 1741-54, 2 vol. in-4°. — Migne, Patrol. lat., XX. — Halm, Vienne, 1866.)

1711. * GREGORII TURONENSIS opera minora. (Voir plus bas la division Mérovingiens.)

1712. PAULINUS, episcopus Nolanus. Vitae s. Martini Turonensis libri VI carmine scripti. (Paulini opera, éd. Daunius, Leipzig, 1686, in-8°.)

1713. FORTUNATUS PICTAVIENSIS. Vitae s. Martini Turonensis libri IV. (Opera Fortunati, éd. Luchi. Rome, 1786, 2 vol.; — Migne, Patr. lat., LXXXVIII. — Mon. Germ. hist., éd. F. Leo. Berlin, 1881, in-4°.)

(Pour les conciles, voir la division Histoire religieuse.)

―――――

1714. BONAVENTURE DE SAINT-AMABLE. Histoire de saint Martial. Clermont, 1675-1686, 3 vol. in-fol.

1715. SAMBLANCATUS (J.). Galliae Palladium sive Dyonisius Areopagita. Toulouse, 1641, in-8°.

1716. SIRMOND (J.). Dissertatio in qua Dyonisii Parisiensis et Dyonisii Areopagitae discrimen ostenditur. Paris, 1641, in-8°.

1717. LAUNOY (J. DE). Opera omnia. Paris, 1731, 10 vol. in-fol.

1718. ARBELLOT (l'abbé). Études sur les origines chrétiennes de la Gaule. 1re partie : Saint Denys de Paris. Paris, 1880, in-8°.

1719. MEISSAS (l'abbé DE). Évangélisation des Gaules. Observation sur un récent mémoire de M. l'abbé Arbellot. Paris et Limoges, 1881, in-8°. — Évangélisation des Gaules. Prédication du christianisme dans le *Pagus Sylvanectensis*. Paris, 1876, in-8°.

1720. FRAISSE (J. DE). L'Origine des églises de France prouvée par la succession de ses évêques, avec la vie de saint Austremoine, premier apôtre et primat des Aquitaines. Paris, 1688, in-8°.

1721. ABADIE (le chanoine). Nouvelle Dissertation touchant le temps auquel la religion chrétienne a été établie dans les Gaules, où l'on fait voir que ç'a été non dans le premier siècle, mais dans le second qu'elle y a été établie et qu'y étant depuis déchue, elle y a été rétablie vers le milieu du troisième siècle. Toulouse, 1703, in-12.

1722. FAILLON (l'abbé). Monuments inédits sur l'apostolat de sainte Marie-Madeleine en Provence et sur les autres apôtres de cette contrée. Paris, 1848, in-8°.

1723. ARBELLOT (l'abbé). Dissertation sur l'apostolat de saint Martial et sur l'antiquité des Églises de France. Paris et Limoges, 1855, in-8°.

1724. ARBELLOT (l'abbé). Documents inédits sur l'apostolat de saint Martial. Paris et Limoges, 1860, in-8°.

1725. RAVENEZ. Origines des églises de Reims, Soissons et Châlons. Reims, 1857, in-8°. — Essai sur les origines religieuses de Bordeaux et sur saint Seurin d'Aquitaine. Bordeaux, 1861, in-8°.

1726. * CHEVALIER (l'abbé C.). Les Origines de l'Église de

Tours d'après l'histoire, avec une étude générale sur l'évangélisation des Gaules. Tours, 1871, in-8°. (*Mém. de la Soc. arch. de Touraine*, t. XXI.)

1727. JÉHAN. Saint Gatien, époque de sa mission dans les Gaules. Tours, 1871, in-8°. (*Mém. de la Soc. arch. de Touraine*, t. XXI.)

1728. BELLET. Dissertation sur la mission de saint Crescent. Lyon, 1880, in-8°.

1729. * HUILLARD-BRÉHOLLES. Les Origines du christianisme en Gaule. Paris, 1866, in-8°.

1730. * CHAMARD (le P. F.). Les Églises du monde romain, notamment celles des Gaules pendant les trois premiers siècles. Paris, 1877, in-8°.

---

42. Droit et Institutions.

1731. ZOLL. Claudii imperatoris oratio pro civitate Gallis danda. Leipzig, 1833, in-8.

1732. BŒCKH. Corpus inscriptionum graecarum. Pars XXXIV. Inscriptiones Galliarum. Berlin, 1823, in-fol.

1733. * Codex Theodosianus. (Godefroy (J.), avec commentaires. Lyon, 1665, 6 tomes en 3 vol. in-fol.; — Leipzig, 1736-45, 6 vol. in-fol. — Hænel, Bonn, 1844, in-4°. Codices Gregorianus, Hermogenianus, Theodosianus).

1734. Corpus legum ab imperatoribus romanis ante Justinianum latarum quæ extra constitutionum codices supersunt. (Hænel, Leipzig, 1857, in-4°.) — Jurisprudentiæ ante justinianæ quæ supersunt. (Huschke, Leipzig, 1879, in-12.)

1735. Gaii et Justiniani institutiones. (Klenze et Bœcking, Berlin, 1829, in-4°.)

1736. Corpus juris civilis. — Codex Justinianeus. (Krueger, Berlin, 1877, in-4°.)

1737. Digesta Justiniani Augusti. (Mommsen, Berlin, 1868, 2 vol. in-8°.) — Institutiones. (Huschke, Leipzig, 1868). — Authenticum. Novellarum constitutionum Justiniani versio vulgata. (Heimbach, Leipzig, 1851, 2 vol. in-8°.) — Juliani Novellarum epitome. (Hænel, Leipzig, 1873, gr. in-4°).

1738. * Lex Romana Wisigothorum. (Hænel, Leipzig, 1848, in-4°).

1739. * Die Westgothische antiqua (Bluhme, Halle, 1847, in-8°.)

1740. Lex Burgundionum. Lex Gondobada. (Du Tillet, Paris, 1573, in-12; — Bluhme, dans Mon. Germ. Hist., Leges, III; — Binding, *Fontes rerum Bernensium*, t. I, Berne, 1880.)

1741. * Lex romana Burgundionum. (Bluhme, dans Mon. Germ. Hist., Leg., III.)

1742. Notitia dignitatum et administrationum omnium tam civilium quam militarium in partibus Orientis et Occidentis. (Boecking, Bonn, 1839-53, 2 vol. in-8°.)

Pour les inscriptions, voyez la division *Épigraphie*.

1743. * SUMNER MAINE (H.). Études sur l'histoire des institutions primitives, trad. fr. par M. Durieu de Leyritz. Paris, 1880, in-8°.

1744. ARBOIS DE JUBAINVILLE (D'). Études sur le droit celtique. Le Senchus Môr. Paris, 1881, in-8°.

1745. CHAMBELLAN. Étude sur l'histoire du droit français. 1re partie. Paris, 1868, in-8°.

1746. FORCADEL (E.) [Forcatulus]. De Gallorum imperio et philosophia libri octo. Paris, 1579, in-4°.

1747. * VALROGER (DE). Les Celtes, la Gaule celtique. Paris, 1879, in-8°.

1748. Burigny (J. Levesque de). Mémoire sur ce que l'on sait du gouvernement politique des Gaules lorsque les Romains en firent la conquête. Paris, 1780, in-4°.

1749. Roth (F.). État civil des Gaules à l'époque de la conquête des Francs. Paris, 1827, in-4°.

1750. Scherrer. Die Gallier und ihre Verfassung. 1865, in-8°.

1751. Bernard (Aug.). La Gaule, gouvernement représentatif. Paris, 1864, in-8°. — Le Temple d'Auguste et la Nationalité gauloise. Lyon, 1864, in-4°.

1752. Barthélemy (A. de). Les Assemblées nationales dans les Gaules avant et après la conquête romaine. Paris, 1868, in-8°. (Extrait de la *Revue des Questions Historiques*.)

1753. Renier (L.). Le Monument de Thorigny. (Mém. de la Soc. des Antiquaires, XXII.)

1754. Tailliar (E.). Notice sur les institutions Gallo-Frankes. Paris, 1835, in-8°. — Étude sur les institutions dans leurs rapports avec les monuments. 2e étude, Domination romaine. Période antérieure à l'avènement de Dioclétien. Paris, 1868, in-8°.

1755. Naudet (J.). Des Changements opérés dans toutes les parties de l'administration de l'empire romain sous les règnes de Dioclétien, de Constantin, etc. Paris, 1817, in-8°.

1756. * Dureau de la Malle. Économie politique des Romains. Paris, 1840, 2 vol. in-8°.

1757. * Baudi di Vesme. Des impositions de la Gaule dans les derniers temps de l'empire romain (trad. Éd. Laboulaye). Paris, 1862, in-8°.

1758. Léotard. Essai sur la condition des barbares établis dans l'empire romain au IVe siècle. Paris, 1873, in-8°.

1759. Martin (Dom). La Religion des Gaulois. Paris, 1727, 2 vol. in-4°.

1760. La Rochemacé (de). Étude sur le culte druidique

et l'établissement des Franks et des Bretons dans les Gaules. Rennes, 1858, in-8°.

1761. HIGGINS (God.). The celtic Druids. Londres, 1829, in-4°.

1762. MAURY (A.). Article « Druidisme » dans l'Encyclopédie moderne de Didot.

1763. * GAIDOZ. Article « Gaulois » dans l'Encyclopédie des sciences religieuses de Lichtenberger.

1764. ARBOIS DE JUBAINVILLE (D'). Le Cycle mythologique irlandais et la mythologie celtique. Paris, 1884, in-8°.

———

1765. * MOMMSEN. Römisches Staatsrecht. Leipzig, 1873, 3 vol. in-8°.

1766. * ORTOLAN. Histoire de la législation romaine. 12e édit. publ. par J. Labbé. Paris, 1883-84, 3 vol. in-8°.

1767. ACCARIAS. Précis de droit romain. Paris, 1869-73, 2 vol. in-8°.

1768. RIVIER. Introduction historique au droit romain. Bruxelles, 1881, in-8°.

1769. IHERING. L'Esprit du droit romain (trad. Meulenaere.) Paris, 1879, 4 vol. in-8°.

1770. HOUDOY (A.). Le Droit municipal. De la condition et de l'administration des villes chez les Romains. Paris, 1876, in-8°.

1771. * LOENING (E.). Geschichte des deutschen Kirchenrechts. T. I : Das Kirchenrecht in Gallien von Constantin bis Chlodovech. Strasbourg, 1878, in-8°.

———

II

LA GAULE DE L'INVASION FRANQUE A L'AVÈNEMENT DES CAPÉTIENS

43. Les Mérovingiens.

1772. * GREGORII TURONENSIS Historia Francorum; ab O. C. ad ann. 591. (Ruinart. Paris, 1699, in-fol.; — Hist. de Fr., II; — Guadet et Taranne (avec trad.), 1836-37; — Arndt et Krusch, dans Mon. Germ. hist., Script. rer. Merovingicarum. P. I, 1884, in-4°; — Migne, LXXI.) = Traductions. (Bordier, 1859, 2 vol. in-12; — Guizot et Jacobs, 1860-61, 2 vol. in-8°. — Giesebrecht (trad. all.). Berlin, 1851, 2 vol. in-8°.) = Opera minora. (Ruinart, 1699.—Bordier (av. trad.) 1859, 4 vol. in-8°.)

1773. VENANTII FORTUNATI Carmina. (Hist. de France, II; — Luchi, V. F. Opera. Rome, 1786, I; — Leo, Mon. Germ. hist., Antiquitates, 1880, in-4°; — Migne, LXXXVIII.)

1774. Le prétendu SULPICIUS SEVERUS. Chronicon (379-570). (Holder Egger, 1875, in-8°; dans le mémoire intitulé: Ueber die Weltkronik des sog. Sév. Sulpitius.)

1775. MARII AVENTICENSIS episcopi Chronicon, 455-581. Appendice 624. (Roncalli Vetust. lat. Chr., II, 399. — Hist. de France, II. — W. Arndt. Leipzig, 1875. — Migne, LXXII.)

1776. * FREDEGARII Chronicon; ab O. C. usque ad ann. II Chlodovei II — 641. (Livre I, Labbe, Bibl. nova mss.; — liv. II, Canisius, Lectiones antiq., II, III; — liv. III, IV, Hist. de France, I; — Migne, LXXI; — Liv. V, Roncalli, Vet. lat. Chron. — Monod. Paris, 1885. — Trad. Guizot et Jacobs, Grégoire de Tours et Frédégaire, 1860-61, 2 vol. in-8°.)

1777. Gesta regum Francorum, ab orig. Franc. ad ann. 720. (Hist. de France, II. — Migne, XCVI.)

1778. * FREDEGARII Continuatores; 650-735 et 736-751. (Hist. de Fr., II; — Migne, LXXI.)

1779. Gesta Dagoberti regis; 621-662. (Hist. de Fr., II, 577. — Trad. Collection Guizot, t. II.)

1780. Acta sanctorum Merovingicae aetatis. (Hist. de France, t. III.)

1781. Vita s. Columbani. (Mabillon, Act. SS. ord. s. Benedicti, II.)

1782. Vita s. Leodegarii. (Hist. de France, II.)

1783. Vita s. Balthildis. (AA. SS., janvier II.)

1784. JORDANIS. De Rebus Geticis, seu de Gothorum sive Getarum origine; 201-550. (Muratori, SS. R. It. I; — Closs, Stuttgart, 1861, in-8°; — Mommsen, dans Mon. Germ. 1884, in-4°. — Trad. Panckoucke, Bibl. latine-française, 838 (texte et trad.); — Nisard, Bibl. latine-française.

1785. ISIDORI HISPALENSIS Chronicon seu historia Gothorum; 176-628. (Labbe, Bibl. nov. mss., I, 61-73; — Hist. de France, I; — Migne, LXXXIV; — Arevalo, dans les Œuvres complètes d'Is., t. VII. Rome, 1805, in-8°.)

1786. PAULUS DIACONUS. Hist. Langobardorum. (Muratori, SS. R. It., II; — Waitz, Mon. Germ. hist., SS. rer. Langobardicarum, 1883, in-4°; — Migne, XCV.)

1787. BEDAE venerabilis Chronicon, seu liber de temporibus seu de sex mundi aetatibus; ab O. C. ad ann. 726. (J. Smith, Cambridge, 1722; — Mon. hist. brit., 1848; — Migne, XCV.) = Historia ecclesiastica gentis Anglorum. Libri V. (ibid., et Giles, Londres, 1847, in-8°.)

1788. GILDAS. Liber querulus de calamitate, excidio et conquestu Britanniae. (Stevenson, English histor. society, Londres, 1838, in-8°; — Mon. hist. brit., 1848; — Migne, LXIX.

1789. AIMOINI, monachi Floriacensis, Historia Francorum seu libri V de gestis Francorum. (Duchesne, Hist. Franc. SS., III; — Hist. de Fr., III.)

1790. Ronico, Gesta Francorum, libri IV. (Duchesne, I; — Hist. de Fr., III.)

1791. Cassiodori Variarum libri XVI. (Garetius, Rouen, 1679. Venise, 1729; — Migne, LXIX.)

1792. S. Remigii epistolae quatuor. (Hist. de Fr., IV.)

1793. Epistolae diversae Merovingicae aetatis. (Hist. de Fr., IV.)

———

1794. Wietersheim (V.). Geschichte der Völkerwanderung. Leipzig, 1859-64, 4 vol. in-8°. — Nouv. édit. Dahn. 1er vol. Leipzig, 1882, in-8°.

1795. Dederich. Der Frankenbund. Hanovre, 1873, in-8°.

1796. Watterich. Die Germanen des Rheins, ihr Kampf mit Rom und der Bundesgedanke. Leipzig, 1872, in-8°.

1797. *Dahn. Die Könige der Germanen. Würtzbourg, 1861-1871, 6 vol. in-8°. — Geschichte der deutschen Urzeit. Gotha, 1883, in-8°.

1798. Arnold. Deutsche Geschichte. Gotha, 1880-1881, 2 vol. in-8°.

1799. Kaufmann. Deutsche Geschichte bis auf Karl dem Grossen. Leipzig, 1880-1881, 2 vol. in-8°.

1800. Manso. Geschichte des Ostgothischen Reiches in Italien. Breslau, 1824, in-8°.

1801. Mannert. Geschichte der Vandalen. Leipzig, 1875, in-8°.

1802. *Binding (C.). Das Burgundisch-Romanische Königreich. Leipzig, 1868, in-8°.

1803. Jahn. Geschichte der Burgundionen. Halle, 1874, 2 vol. in-8°.

———

1804. * VALOIS (A. DE). Rerum Francicarum usque ad Chlotarii secundi mortem libri VIII. Paris, 1646, in-fol.

1805. HAUTESERRE (DADIN DE). Rerum Aquitanicarum libri quinque. Toulouse, 1657, in-fol.

1806. * RICHTER. Annalen des fränkischen Reiches. Halle, 1873, in-8°.

1807. THIERRY (A.). Récits des temps mérovingiens. Paris, 1840, in-8°. — Lettres sur l'histoire de France. Paris, 1827, in-8°.

1808. BORNHAK. Geschichte der Franken unter den Merovingern. Greifswald, 1863, in-8°.

1809. * JUNGHANS. Die Geschichte der fränkischen Könige Childerich und Chlodovech. Gœttingue, 1857, in-8°. — Trad. française par G. Monod. Paris, 1879, in-8°.

1810. HUGUENIN. Histoire du royaume mérovingien d'Austrasie. Paris, 1857, in-8°.

1811. * DIGOT. Histoire du royaume d'Austrasie. Nancy, 1863, 4 vol. in-8°

1812. * FAURIEL. Histoire de la Gaule méridionale sous les conquérants germains. Paris, 1836, 4 vol. in-8°.

1813. LOTH. L'Émigration bretonne en Armorique, du V° au VII° siècle de notre ère. Paris, 1884, in-8°.

1814. ROURE (DU). Histoire de Théodoric le Grand. Paris, 1846, 2 vol. in-8°.

1815. FERNIG. Ennodius und seine Zeit. Passau, 1855, in-8°.

1816. CHARAUX. Saint Avit, évêque de Vienne. Paris, 1876, in-8°.

1817. DRAPEYRON. De Burgundiae historia et ratione politica. Paris, 1869, in-8°. — Essai sur l'origine, le développement et les résultats de la lutte entre la Neustrie et l'Austrasie. Paris, 1867, in-8°. — Le rôle de la Bourgogne sous les Mérovingiens. Paris, 1866, in-8°. — De la substi-

LES MÉROVINGIENS. 149

tution d'un épiscopat germain à l'épiscopat romain en Gaule. Paris, 1875, in-8. — Essai sur le caractère de la lutte de l'Aquitaine et de l'Austrasie. Paris, 1877, in-8°.

1818. *PERROUD. Des Origines du premier duché d'Aquitaine. Paris, 1881, in-8.

1819. PITRA. Histoire de saint Léger. Paris, 1846, in-8°.

1820. *RABANIS. Essai historique et critique sur les Mérovingiens d'Aquitaine et sur la charte d'Alaon. Bordeaux, 1841, in-8°.

1821. GÉRARD. Histoire des Francs d'Austrasie. Bruxelles, 1864, 2 vol. in-8°.

1822. PERTZ. Geschichte der merovingischen Hausmeier. Hanovre, 1819, in-8°.

1823. PÉTIGNY. Études sur l'histoire, les lois et les institutions de l'époque mérovingienne. Paris, 1842-1845, 3 vol. in-8°.

1824. *LONGNON. Géographie de la Gaule au VI° siècle. Paris, 1878, in-8°.

1825. LA BORDERIE. Études historiques bretonnes. Merlin et Gildas. Paris, 1884, in-8°.

1826. MONOD (G.). Études critiques sur les sources de l'histoire mérovingienne. 1re partie. Grégoire de Tours et Marius d'Avenche. Paris, 1872, in-8°.

1827. *LŒBELL. Gregor von Tours u. seine Zeit. 2° édit. avec préface de H. von Sybel. Leipzig, 1869, in-8°.

———

44. Les Carolingiens. — Hugues Capet.

1828. *Fredegarii continuator ultimus; 751-768. (Cf. n° 1778.)

1829. *Annales S. Amandi; 687-740; — 741-770; — 771-791. (Hist. de Fr., II, V. — Monum. Germ. SS., I.)

1830. Annales *Laubacenses;* 687-791; — 796-883 — 887-926. (Monum. Germ. SS., I.)

1831. Annales *Tilienses;* 708-740; — 741-807. (Hist. de Fr., II, V; — Monum. Germ. SS., I.)

1832. *Annales *Petaviani;* 687-740; — 741-770; — 771-804. (Monum. Germ SS., I, III.)

1833. Annales *Maximiniani;* 710-811. (Reiffenberg, Comptes rendus de la commission royale d'histoire. Bruxelles, 1844.)

1834. Annales *Mosellani;* 703-776; — 777-796 (Monum. Germ. SS., XVI.)

1835. *Annales *Laureshamenses;* 703-768; — 768-803. (Hist. de Fr., II, V; Monum. Germ. SS., I, 22.)

1836. Annales *Nazariani;* 708-741; — 742-785; — 786-790. (Monum. Germ. SS., I.)

1837. Annales *Guelferbytani;* 741-790. (Monum. Germ. SS., I.)

1838. Annales *Alamannici* (Sangallenses); 703-789; — 799-800; — 801-859; — 860-876; — 877-881; — 881-926. (Mon. Germ. SS., I.)

1839. Annales *Sangallenses* breves; 708-815. (Monum. Germ. SS., I.)

1840. Annales *Sangallenses* majores; 709-1056. (Hist. de Fr., III, X, XI. — Monum. Germ. SS., I.)

1841. Annales *Juvavenses* majores; 550-975. (Monum. Germ. SS., I, III.)

1842. Annales *Juvavenses* breves; 721-741. (Monum. Germ. SS., III.)

1843. Annales *Juvavenses* minores; 742-814. (Monum. Germ. SS., I, III.)

1844. *Annales *Laurissenses* majores et Annales EINHARDI; 741-788; — 788-813; — 814-829. (Hist. de Fr., V. — Mon. Germ. SS., I. — Œuvres d'Éginhard, édit. Teulet. — Cf. Fragments d'annales. Mon. Germ. SS., XIII.)

1845. Annales *Laurissenses* minores; 680-817. (Mon. Germ. SS., I. Waitz, dans Sitzungsber. der Akad. d. Wiss. zu Berlin, 1882.)

1846. Annales *Xantenses;* 640-874; -- 815-835. (Mon. Germ. SS., II.)

1846 *bis.* Annales *Lindisfarnenses, Cantuarienses* et ALCUINI; 643-787. (Mon. Germ. SS., IV.)

1847. Annales *S. Germani* minores; 642-919. (Mon. Germ. SS., IV.)

1848. Annales *Fuldenses* antiqui; 651-814. (Mon. Germ. SS., III.)

1849. * Chronicon *Moissiacense;* -- 818. (Mon. G. SS., I.)

1850. * Annales *Mettenses;* 687-930. (Mon. Germ. SS., I.)

1851. * EINHARDI Vita Karoli Magni. (Hist. de Fr., V., -- Mon. Germ. SS., II; -- Ideler, Hambourg, 1835, 2 vol. in-8°; -- Jaffé, Monum. Carolina; -- av. trad. Teulet, Œuvres d'Éginhard; -- trad. Guizot, coll. III.)

1852. Poeta Saxo. De gestis Karoli M. (Mon. Germ. SS., I; -- Jaffé, Monumenta Carolina; -- Hist. de Fr., V; -- Migne, XCIX.)

1853. Monachus *Sangallensis.* De gestis Karoli M. (Hist. de Fr., V; -- Mon. Germ. SS., II; -- Jaffé, Mon. Car. -- Migne, XCVIII.)

1854. Genealogiae Carolingicae domus. (Duchesne, Hist. Fr. script., II; -- Monum. Germ. SS., II.)

1855. ANGILBERTI Carmen de Carolo Magno. (Hist. de Fr., V, 388. -- Monum. Germ. SS., II.)

1856. PAULI DIACONI Gesta Mettensium episcoporum. (Hist. de Fr., I. -- Monum. Germ. SS., II.)

1857. * Gesta abbatum *Fontanellensium;* 615-833; -- 834-850; -- Monum. Germ. SS., II.)

1858. * THEGANI Vita Hludovici; 813-837. (Mon. Germ. SS., I; -- Hist. de Fr., VI; Migne, CVI. -- Trad. Guizot, coll., III.

1859. *ASTRONOMI Illudovici imperatoris vita; 778-840. (Hist. de Fr., VI.— Monum. Germ. SS., II.— Trad. Guizot, coll. III.)

1860. ERMOLDUS NIGELLUS. In honorem Illudovici libri IV. — In laudem Pipini elegiae II. (Hist. de Fr., VI; — Mon. Germ. SS., II; — Migne, CV. — Trad. Guizot, coll. IV.)

1861. PASCHASIUS RADBERTUS. Vita Walae; vita Adalhardi. (Mabillon, Act. SS. ord. S. Benedicti, IV, 1.)

1862. * NITHARDI Historiarum libri IV; 814-843.(Hist. de Fr., VI, VII. — Mon. Germ. SS., II. — Migne, CXVI.)

1863. Chronicon *Fontanellense;* 841-859. (Hist. de Fr., VII. — Mon. Germ. SS., I.)

1864. ADONIS Viennensis Chronicon, ab Adamo — 869. (Hist. de Fr., II, V, VI, VII. — Mon. Germ., II. — Migne, CXXIII.)

1865. * Annales *Bertiniani;* 741-835; — 835-861; —861-882.(Hist. de Fr., VI, VII, VIII. — Monum. Germ.SS.,I.— Trad. Cousin, Hist. de l'empire d'Occident. Paris, 1683. — Migne, CXXVI.)

1866. * Annales *Vedastini;* 874-900.(Hist. de Fr., VIII.— Monum. Germ. SS., II. — Debaisnes, Annales de s. Bertin et de s. Vaast. Paris, 1872, édit. de la Soc. hist. fr.)

1867. * REGINONIS, Prumiensis abbatis, Chronicon sive annales; a Chr. nato ad ann 905. (Mon. Germ. SS., I. — Migne, CXXXII.)

1868. Chronicon *Remense* breve; 830-899. (Labbe, Bibl. nova mss., I. — Hist. de Fr., IX.)

1869. * ABBONIS, monachi S. Germani a Pratis, De bellis Parisiacae urbis adversus Normannos libri III. (Duchesne, Hist. Norm. SS. — Hist. de Fr., VIII. — Mon. Germ. SS., II. — Taranne, Paris, 1834, in-8°, avec trad.—Guizot, collection, VI. — Migne, CXXXII.)

1870. Chronicon *Aquitanicum;* 830-1025. (Mon. Germ. SS., II.)

1871. *Annales *Fuldenses;* 680-838; — 838-863; — 863-882; — 882-887; — 882-901. (Hist. de Fr., II, V, VI, VII, VIII. — Mon. Germ. SS., I.)

1872. *FLODOARDI Historiarum ecclesiae Remensis libri IV. (Hist. de Fr., VIII. — Lejeune, Reims, 1854, 2 vol. in-8°, avec trad. fr. — Trad. Guizot, Collection, t. V.) = Annales seu chronicon; 919-966. (Hist. de Fr., VII, VIII. — Mon. Germ. SS., III. — Baudeville, Reims, 1855, avec trad. fr. — Trad. Guizot, collection, t. VI. — Migne, CXXXV.)

1873. *RICHERI monachi S. Remigii Remensis Historiarum libri IV; 884-995. (Mon. Germ. SS., III. — Guadet, 1845, 2 vol. in-8°, avec trad. fr. — Poinsignon, Reims, 1855, avec trad. fr. — Migne, CXXXVIII.)

1874. Annales *Engolismenses,* 815-870; — 886-930; — 940-991. (Labbe, Bibl. nov. mss., I. — Hist. de Fr., VII, VIII. — Mon. Germ. hist. SS., XVI.)

1875. Annales *Engolismenses* alterae; 815-993. (Mon. Germ. hist. SS., IV.)

———————

1876. BONIFACII Epistolae. (Jaffé, Monumenta Moguntina. Bibl. rer. Germanic. III. — Migne, LXXXIX.)

1877. Codex Carolinus. (Jaffé, Monum. Carolina. Bibl. rer. Germ., IV. — Migne, XCVIII.)

1878. ALCUINI Epistolae. (Jaffé, Monum. Alcuiniana. Bibl. rer. Germ., IV. — Migne, CI.)

1879. EINHARDI Epistolae. (Jaffé, Monum. Carol. Bibl. rer. Germ. IV. — Œuvres d'Eg. Teulet, Paris, 1840-1843, 2 vol. in-8°. — Migne, CIV.)

1880. AGOBARDI Liber apologeticus pro filiis Ludowici. (Baluze, Agob. opera. Paris, 1666, in-8°. — Migne, CIV.)

1881. Apologeticon Ebbonis archiep. Remensis. — Narratio clericorum Remensium. (Hist. de Fr., VII.)

1882. Poetæ latini ævi Carolini. (Duemmler, dans les Mon. Germ. hist. Berlin, 1880-1884, 2 vol. in-4°.)

1883. ADREVALDI Miracula S. Benedicti. (Mabillon, AA. SS. O. S. B. Saec. II. — Les Miracles de saint Benoît, p. p. L. de Certain, éd. de la Soc. Hist. Fr. Paris, 1858, in-8°.)

1884. LUPI Ferrariensis Epistolae. (Hist. de Fr., VI, VII. — Migne, CXIX.)

1885. FROTHARII Epistolae. (Hist. de Fr., VI. — Migne, CVI.)

1886. GERBERTI Epistolae. (Olleris, OEuvres de Gerbert. Clermont et Paris, 1867, in-4°.)

1887. CONSTANTIN. Vita Adalberonis ep. Mettensis. (Mon. Germ., IV.)

(Voy. pour toute cette période les t. V à IX des Historiens de France, en particulier les extraits de vies de saints au t. IX.)

1888. DRAPEYRON. Essai sur l'organisation de l'Austrasie et la création de l'Allemagne. Besançon, 1869, in-8°.

1889. WARNKŒNIG et GÉRARD. Histoire des Carolingiens. Bruxelles, 1862, 2 vol. in-8°.

1890. * BONNELL. Die Anfænge des Karolingischen Hauses. Berlin, 1866, in-8°. (Jahrbücher des Fraenkischen Reichs.)

1891. * BREYSIG. Die Zeit Karl Martells. Leipzig, 1869, in-8°. (Même collection.)

1892. * HAHN. Jahrbücher des Frænkischen Reichs; 741-752. Berlin, 1863, in-8°. (Même collection.)

1893. * OELSNER. Jahrbücher des Frænkischen Reichs unter Kœnig Pippin. Leipzig, 1871, in-8°. (Même collection.)

1894. * S. ABEL et SIMSON. Jahrbücher des Frænkischen Reichs unter Karl dem Grossen. Berlin et Leipzig, 1866 et 1883, in-8°. (Même collection.)

1895. GAILLARD. Histoire de Charlemagne. Paris, 1782, 4 vol. in-8°.

1896. Vétault. Histoire de Charlemagne. Paris, 1876, in-8°.

1897. Dorr (Rob.). De Bellis Francorum cum Arabibus gestis usque ad obitum Karoli Magni. Kœnigsberg, 1861, in-8°.

1898. Mercier. La Bataille de Poitiers et les vraies causes du recul de l'invasion arabe. (Revue hist. 1878.)

1899. Kentzler. Karl des Gr. Sachsenzüge. (Forschungenz. d. Gesch. XI, XII.)

1900. Bayet. L'Élection de Léon III. La Révolte des Romains en 799. (Annales de la Fac. des lettres de Lyon, I.)

1901. Martens. Die rœmische Frage unter Pippin u. Karl dem Grossen. Stuttgard, 1881, in-8°. — Neue Erklaerungen... Ibid., 1882, in-8°.

1902. * Simson. Jahrbücher des Frænkischen Reichs unter Ludwig dem Frommen. Leipzig, 1870-1874, 2 vol. in-8°.

1903. * Himly. Wala et Louis le Débonnaire. Paris, 1849, in-8°. — De la Décadence carolingienne. (Bibl. de l'École des Chartes, XIV.) XII.

1904. Gfrœrer. Geschichte der ost- und west Frænkischen Carolinger, 840-918. Fribourg-en-B., 1848, 2 vol. in-8°.

1905. * Duemmler. Jahrbücher des Ostfrænkischen Reiches, 840-918. Berlin, 1862-1865, 2 vol. in-8°.

1906. * Wenck. Das Frænkische Reich nach dem Vertrage von Verdun. Leipzig, 1851, in-8°. — Die Erhebung Arnolfs und der Zerfall des Karolingischen Reiches. Leipzig, 1852, in-8°.

1907. Faugeron. De Fraternitate, seu colloquiis inter filios et nepotes Ludovici Pii. Paris, 1868, in-8°.

1908. Noorden (von). Hinkmar. Bonn, 1863, in-8°.

1909. * Schrœrs. Hinkmar. Sein Leben u. seine Schriften. Fribourg-en-B., 1884, in-8°.

1910. Kalckstein. Robert der Tapfere. Berlin, 1871. — Markgraf Hugo von Neustrien. (Forsch z. d. Gesch. XIV.)

1911. Borgnet. Études sur le règne de Charles le Simple. Bruxelles, 1843, in-4°.

1912. * Depping. Histoire des expéditions maritimes des Normands. Bruxelles, 1844, in-8°.

1913. * Steenstrup. Indledning i Normannertiden. Copenhague, 1876, in-8°; — Trad. fr. Paris, 1881, in-8°. — Vikingetogene mod Vest il det IX^{nde} Aarhundrede. Copenhague, 1878, in-8°. — Danske Kolonier i Flandern og Nederlandene i det X^{nde} Aarhundrede. Copenhague, 1878, in-8°.

1914. Gingins-la-Sarraz. Mémoires pour servir à l'histoire de Provence et de Bourgogne. (Archiv. für Schweizerische Gesch. IX.)

1915. Wittich. Entstehung des Herzogthums Lothringen. Gœttingue, 1862, in-8°.

1916. Drapeyron. Essai sur la séparation de la France et de l'Allemagne aux IX° et X° s. Paris, 1870, in-8°.

1917. * Kalckstein. Geschichte des Franzœsischen Kœnigthums unter den ersten Capetingern, I. Bd. Der Kampf der Robertiner und Karolinger. Leipzig, 1877, in-8°.

1918. Mourin. Les Comtes de Paris. Paris, s. d., in-8°.

1919. Barthélemy (A. de). Les Origines de la Maison de France. (Rev. des Questions historiques, 1873.)

1920. * Waitz. Heinrich I. Berlin, 1863, in-8°. (Jahrbücher d. d. Geschichte.)

1921. * Duemmler. Otto der Grosse. Berlin, 1876, in-8°. (Même collection.)

1922. * Giesebrecht. Otto II. Berlin, 1840, in-8°. (Jahrbücher d. d. Reichs.)

1923. * Wilmans. Otto III. Berlin, 1840, in-8°. (Même coll.)

———

1924. Bæhr. Geschichte der rœmischen Literatur im Carolingischen Zeitalter. Carlsruhe, 1840, in-8°.

1925. *AMPÈRE (S.-S.). Histoire littéraire de la France sous Charlemagne et durant les x° et xi° siècles, 2° édit. Paris, 1868, in-8°.

1926. DAHN. Paulus Diaconus. Leipzig, 1876, in-8°.

1927. MONNIER. Alcuin et Charlemagne, 2° édit. Paris, 1863, in-32.

1928. LORENTZ. Alcuin's Leben. Halle, 1825, in-8°.

1929. MULLINGER (J.-BASS). The Schools of Charles the Great and the restoration of education in the ninth century. Londres, 1877, in-8°.

1930. HAURÉAU. Charlemagne et sa cour, 742-814. Paris, 1868, in-18.

1931. PHILIPPS. Karl der Grosse im Kreise der Gelehrten. (Almanach der Kais. Akad. d. Wissenschaften.) Vienne, 1856.

1932. KUNSTMANN. Hrabanus Magentius Maurus. Mayence, 1841, in-8°.

1933. SAINT-RENÉ TAILLANDIER. Scot Érigène et la philosophie scolastique. Paris, 1843, in-8°.

1934. HUBER. Johannes Scotus Erigena. Munich, 1861, in-8°.

1935. NICOLAS. Études sur les lettres de Servat Loup. Clermont-Ferrand, 1862, in-8°.

1936. MEYER VON KNONAU (G.). Ueber Nithards vier Bücher Geschichte. Leipzig, 1866, in-4°.

1937. VOGEL. Ratherius v. Verona u. das zehnte Jahrhundert. Iéna, 1854, 2 vol. in-8°.

1938. *BOEHMER. Die Regesten des Kaiserreichs unter den Karolingern, 752-918. Francfort, 1833, in-4°. — Neu bearbeitet von E. Mühlbacher. 1°, 2° und 3° Lief. Munich, 1880-1883, in-4°.

45. Droit et Institutions.

1939. Lindenbrogius (F.). Codex legum antiquarum. Francfort, 1613, in-fol.

1940. Canciani. Barbarorum leges antiquae, Venise, 1781-89, 5 vol. in-fol.

1941. Walter (F.). Corpus juris germanici antiqui. Berlin, 1824, 3 vol. in-8°.

1942. Lex Salica. (Mon. Germ., Leges, II. -- Pardessus, Paris, 1843, in-4°. — Merkel (J.). Berlin, 1850, in-8°. — Behrend, Berlin, 1874, in-8°. -- Hessels et Kern, Londres, 1880, in-4°.)

1944. Lex Ribuaria. (Walter, n° 1941. -- Sohm, Mon. Germ. Leges, V.)

1944. Lex Francorum Chamavorum. (Gaupp, Breslau, 1855, in-8°.)

1945. Lex Alamannorum. (Mon. Germ., Leges, III.)

1946. Lex Bajuvariorum. (Mon. Germ., Leges, III.)

1947. Lex Angliorum et Werinorum (Thuringorum). (Merkel, Berlin, 1851, in-8°. -- Richthofen, Mon. Germ., Leges, V.)

1948. Lex Frisionum. (Mon. Germ., Leges, III.)

1949. Lex Saxonum. (Merkel, Berlin, 1853, in-8°. — Mon. Germ., Leges, V.)

1950. Lex Wisigothorum. (Hist. de Fr., IV. — Walter, I.)

1951. Capitularia regum Francorum. (Baluze, Paris, 1677, 2 vol. in-fol.; — 2° édit. (de Chiniac). Paris, 1780, in-fol. — Mon. Germ., Leges, I. — Boretius, Mon. Germ., Leges, sectio II. Hanovre, 1881-1883, t. I, in-4°.)

1952. Rozière (E. de). Recueil général des formules usitées dans l'empire des Francs du v° au x° siècle. Paris, 1859-71, 3 vol. in-8°.

1953. Zeumer. Formulae Merovingicæ et Karolinæ aetalis. (Mon. Germ., Leges, sectio V. 1882, in-4°.)

1954. *Polyptique de l'abbé Irminon, ou Dénombrement des manses, des serfs et des revenus de l'abbaye de Saint-Germain-des-Prés sous le règne de Charlemagne, publié avec des prolégomènes par B. Guérard. Paris, 1844, 2 vol. in-4°.

1955. Hincmar. De Ordine palatii. (Prou, Bibl. École des Hautes Études, Paris, 1885, in-8°.)

————

1956. Valroger (de). Les Barbares et leurs lois. Études sur les monuments du droit primitif de la monarchie française. Paris, 1867, in-8°. (Extrait de la *Revue critique de législation*.)

1957. *Stobbe (O.). Geschichte der deutschen Rechtsquellen. Brunswick, 1860-64, 2 vol. in-8°.

1958. Davoud-Oghlou (G.-A.). Histoire de la législation des anciens Germains. Berlin, 1845, 2 vol. in-8°.

1959. Roth (P. R.). Ueber Entstehung der Lex Bajuvariorum. Munich, 1848, in-8°.

1960. Usinger (R.). Forschungen zur Lex Saxonum. Berlin, 1867, in-8°.

1961. Richthofen (von). Zur Lex Saxonum. Berlin, 1868, in-8°.

1962. Helfferich. Entstehung und Geschichte des Westgothen Rechts. Berlin, 1858, in-8°.

1963. * Waitz (G.). Deutsche Verfassungsgeschichte, T. II, 3° éd. ; t. III et IV, 2° éd. Kiel, 1882-1885, 6 vol. in-8°.

964. Pétigny (.J de). Études sur l'histoire, les lois et les institutions de l'époque mérovingienne. (Voir le n° 1823.)

1965. Lehuérou (J.-M.). Histoire des institutions mérovingiennes et du gouvernement mérovingien. Paris, 1842, in-8°. — Histoire des institutions carolingiennes. Paris, 1843, in-8°.

1966. *FUSTEL DE COULANGES. Histoire des institutions politiques de l'ancienne France. Tome I. 2ᵉ éd. Paris, 1876, in-8°.

1967. *TARDIF (J.). Études sur les institutions politiques et administratives de la France. Période mérovingienne. Tome I. Paris, 1882, in-8°.

1968. *FAHLBECK. La Royauté et le droit francs, 486-614. Lund, 1883, in-8°.

1969. *DELOCHE (M.). La Trustis et l'antrustion royal sous les deux premières races. Paris, 1873, in-8°.

1970. *SOHM (R.). Die fränkische Reichs- und Gerichts-verfassung. Weimar, 1871, in-8°.

1971. SCHŒNE (G.). Die Amtsgewalt der fränkischen Majores domus. Brunswick, 1856, in-8°.

1972. PERNICE (L.-A.-F.). De Comitibus palatii commen-tarius I. Halle, 1863, in-8°.

1973. GEMEINER (A.). Die Verfassung der Centenen und des fränkische Königthums. Munich, 1855, in-8°.

1974. BORETIUS (Al.). Beiträge zur Capitularienkritik. Leipzig, 1874, in-8°.

1975. THÉVENIN. Lex et Capitula; dans les *Mélanges de l'École des Hautes Études*. Paris, 1879, in-8°.

1976. GUÉRARD (B.). Explication du capitulaire de Villis. Paris, 1853, in-8°. (Extrait de la *Bibliothèque de l'École des Chartes*.)

1977. QUITZMANN (A.). Die älteste Rechtsverfassung der Baiwaren. Nuremberg, 1866, in-8°.

1978. GAUPP (E.-Th.). Recht und Verfassung der alten Sachsen. Breslau, 1837, in-8°.

1979. MERKEL (J.). De republica Alamannorum. Berlin, 1849, in-8°.

1980. Sohm (R.). Der Process der Lex Salica. Weimar, 1867, in-8°. — Trad. Thévenin. Paris, 1873, in-8°.

1981. Döllinger (J. von). Das Kaiserthum Karls des Grossen und seiner Nachfolger. Munich, 1864, in-8°.

1982. Barchewitz. Das Kœnigsgericht zur Zeit der Merovingern und Karolingern. Leipzig, 1882, in-8°.

1983. Baldamus. Das Heerwesen unter den spæteren Karolingern. Breslau, 1879, in-8°.

1984. Dobbert (E.). Ueber das Wesen und den Geschäftskreis der Missi dominici. Heidelberg, 1861, in-8°.

1985. * Roth (P.). Geschichte des Beneficialwesens von den ältesten Zeiten bis ins zehnte Jahrhundert. Erlangen, 1850, in-8°. — Feudalität und Unterthanenverband. Weimar, 1863, in-8°.

1986. Faucheron. Les Bénéfices et la vassalité au ixᵉ siècle. Rennes, 1868, in-8°.

1987. Waitz (G.). Ueber den Ursprung der Vassalität. Göttingue, 1856, in-4°. (Cf. Hist. Zeitschrift, XIII : Die Anfænge des Lehnwesens.)

1988. Ehrenberg (V.). Commendation und Huldigung nach frænkischen Recht. Weimar, 1877, in-8°.

1989. Sickel (Th.). Die Mundbriefe, Immunitæten und Privilegien der ersten Karolinger. 3 P. Vienne, 1864-65, in-8°. (Beiträge zur Diplomatik, 3-5.)

1990. * Loening (E.). Geschichte des deutschen Kirchenrechts. T. II : Das Kirchenrecht im Reiche der Merovinger. Strasbourg, 1878, in-8°.

1991. Hauck. Die Bischofswablen unter den Merovingern. Erlangen, 1883, in-8°.

1992. Roth (Fr. von). Von dem Einflusse der Geistlichkeit unter den Merovingern. Nuremberg, 1830, in-4°.

1993. Martens. Die rœmische Frage unter Pippin und Karl dem Grossen. Stuttgart, 1881, in-8°. — Neue Erœrte-

rungen über die rœmische Frage u. P. u. K. d. G. Stuttgart,
1883, in-8°. (Voy. aussi Hist. Jahrbuch, II; Hist. Zeitschrift,
1880; Rev. des Quest. hist. 1881.)

1994. FEUR (J.). Staat und Kirche im fränkischen Reiche
bis auf Karl dem Grossen. Vienne, 1869, in-8°.

1995. *ELLENDORF (J.). Die Karolinger und die Hierarchie
ihrer Zeit. Essen, 1868, 2 vol. in-8°.

1996. RUNDE (J.-F.). Ursprung der Reichsstandschaft
der Bischöfe und Aebte. Gœttingue, 1775, in-4°.

1997. HEFELE (C.-J.). Geschichte der Einführung des
Christenthums im Südwestlichen Deutschland. Tubingue,
1837, in-8°.

1998. FISCHER (O.). Bonifazius der Apostel der Deutschen.
Leipzig, 1881, in-8°.

1999. EBRARD. Bonifacius der Zerstœrer des Columba-
nischen Kirchentums. Güterslohe, 1882, in-8°.

2000. NIEDERMAYER (A.). Das Mönchthum in Bajuwarien
in der Karolingischen Zeit. Landshut, 1859, in-8°.

2001. RÜCKERT (H.). Culturgeschichte des Deutschen
Volks in der Zeit des Uebergangs aus dem Heidenthum
in das Christenthum. Leipzig, 1853-1854, 2 vol. in-8°.

III

LA FRANCE SOUS LES CAPÉTIENS DIRECTS

46. Les trois premiers successeurs
de Hugues Capet. — Les Normands.
La première Croisade.

(Voy. plus haut les nᵒˢ 1872-1875 du § 44)

2002. Annales S. Columbae Senonensis (688-1015). (Mon.
Germ. SS. I; — Quantin et Duru; Bibl. hist. de l'Yonne.)

2003. ODORANNUS. Chronicon ; 675-1032. (Duchesne, H. F., II ; — Hist. de Fr., VIII ; — Quantin et Duru ; — Migne, CXLII.)

2004. Historia Francorum *Senonensis*. (Mon. Germ. SS., IX ; — Quantin et Duru.)

2005. ODO. Vita Burchardi comitis ; — 1012. (Duchesne, H. F., IV ; — Hist. de Fr., X ; — Migne, CXLIII.)

2006. *AIMOINUS. Vita s. Abbonis ; — 1004. (Mabillon, Act. S. ord. S. B. S. VI, 1 ; — Duchesne, H. F., IV ; — Hist. de Fr., X ; — Migne, CXXXVI.)

2007. *HELGALDUS. Vita Roberti regis. (Duchesne, H. F., IV ; — Hist. de Fr., X ; — Migne, CXLII ; — Trad. fr., Coll. Guizot, t. VI.)

2008. *ADEMARUS CABANNENSIS. Chronicon Aquitanicum et Francicum ; ab orig. Fr. — 1029. (Mon. Germ. SS., IV ; — Hist. de Fr., II, V, VIII, X ; — Migne, CXLI.)

2009. RADULPHUS GLABER. Historia ; 987-1044. (Duchesne, H. F., IV. — Hist. de Fr., VIII, X. — Mon. Germ. SS., VII. — Migne, CXLII. — Trad. fr., Coll. Guizot, VI.)

2010. Chronicon *S. Benigni Divionensis* 458-1052 ; (D'Achery, Spicilegium, ed. nov. II. — Mon. Germ. SS., VIII ; — Analecta Divionensia, t. I.)

2011. Historia de Henrico I. (Duchesne, H. F., IV.)

2012. Fragmenta de Henrico rege. (Duchesne, H. F., IV.)

2013. *Miracula *S. Benedicti*. — Lib. II-III (auct. Aimoino) ; l. IV-V (auct. Andrea) ; l. VI (auct. R. Tortario) ; l. VII (auct. Hugone Floriacensi). (Mabillon, AA. SS. IV, 2. l. II-III, VI ; — De Certain, Soc. H. F., complet. Paris, 1858, in-8°.)

2014. *ODO. Gesta consulum Andegavorum ; — 1107. (Marchegay et Mabille, Chr. des comtes d'Anjou, Soc. de l'Hist. de Fr., 1856, in-8° ; — introduction, 1871, in-8°.)

2015. Gesta dominorum *Ambaziensium*; — 1154. (Marchegay et Mabille, Chr. des comtes d'Anjou, Soc. de l'Hist. de Fr., 1856, in-8°.)

2016. Historiae *Andegavensis* fragmentum Fulconi Rechin adscriptum. (Marchegay et Mabille, Chr. des comtes d'Anjou, Soc. de l'Hist. de Fr., 1856, in-8°.)

2017. Hugo Flaviniacensis. Chronicon Virdunense; — 1102. (Labbe, Bibl. mss., I; — Mon. Germ. SS., VIII; — Migne, CLIV.)

2018. Hugo Floriacensis. Chronicon; a Pharamondo — 1108. (Duchesne, H. F., IV; — Hist. de Fr., X, XI, XII; — Mon. Germ. SS., IX. — Attribué à Ives de Chartres : Ivonis opera. Paris, 1647, p. 305. — Migne, CLXIII.)

2019. Hugo Floriacensis. Libellus de modernis Francorum regibus; — 1108; et Historia; — 1108. (Mon. Germ. SS., IX.)

2020. Alpertus S. Symphorani, De diversitate temporum; 1002-1018. (Mon. Germ. SS., IV; — Migne, CIX.)

2021. Historia Francorum *S. Dyonisii;* — 1108. (Mon. Germ. SS., IX.)

2022. *Sigebertus Gemblacensis. Chronicon; 381-1112. (Hist. de Fr., X, XI; — Mon. Germ. SS., VI; — Migne, CLX.)

2023. Fragmenta historiae Francicae a Ludovico Pio ad mortem Philippi I; — 1108. (Duchesne, H. F, IV, V.)

2024. Chronicon breve; 688-1015. (Duchesne, H. F., III.) — 752-1034. (Duchesne, H. F., III; — Hist. de Fr., III.) — 770-1056. (Baluze, Append.. ad Miscell., I, 429.) — 1039-1104. (Martène, Ampl. Coll., IV, 517.)

2025. Fragmenta ex diversis. (Duchesne, F., III, 374; IV, 144, 162; — Hist. de Fr., X, XI.)

2026. Annales *Masciacenses;* 732-1013. (Labbe, Bibl. mss., II; — Hist. de Fr., VIII; — Mon. Germ. SS., III.)

2027. Annales *Virdunenses;* 822-1024. (Mon. Germ. SS., IV.)

2028. Annales *Sangallenses* majores; pars secunda; 919-1056. (Mon. Germ. SS., I.)

2029. Annales *Lemovicenses;* 687-1060. (Labbe, Bibl. mss., II; — Martène, Thes. Anecd., III; — Mon. Germ. SS., II.)

2030. Chronicon *Floriacense;* 615-1060. (Baluze, Miscellanea, I.)

2031. Annales *Floriacenses;* 626-1060. (Duchesne, II. F., III; — Mon. Germ. SS., II; — Hist de Fr., X; — Migne, CXXXIX.)

2032. Annales *S. Germani Parisiensis;* 466-1061. (Mon. Germ. SS., III.)

2033. Chronica *Andegavensia :* S. Mauricii — 1075; S. Florentii Salmuriensis — 1070; — de Aquaria 678-1057; — S. Albini; — S. Maxentii. (Marchegay et Mabille, Chr. des églises d'Anjou, Soc. de l'Hist. de France, 1869, in-8°.)

2034. Chronicon *Aquitanicum;* 830-1025. (Labbe, Bibl. mss., I; — Martène, Thes. Anecd., III; — Hist. de Fr., VII; — Mon. Germ. SS., II.)

2035. Chronicon *Conchensis* monasterii; 817-1040. (Martène, Ampl. Coll., III.)

2036. Chronicon *Tornacense;* 459-1099. (Martène, Thes. nov. An., III.)

2037. Annales *Leodienses;* 58-1031-1121. (Mon. Germ. SS., IV.)

2038. FULBERTUS. Gesta archiepiscoporum Rothomagensium. (Mabillon, Analecta, t. II.)

2039. Miracula S. Wulframni; — 1058. (D'Achery, Spicil., III; — Mabillon, A. S. O. B., III; — AA. SS. 20 mars.)

2040. *Historia episcoporum *Autissiodorensium* ab anonymis scriptoribus diversis scripta temporibus a S. Peregrino; — 1393. (Labbe, Bibl. mss., I; — Migne, CXXXVIII; — Quantin et Duru, Bibl. hist. de l'Yonne, t. I.)

2041. * Gesta episcoporum *Cenomanensium.* (Mabillon, Analecta, ed. nova, p. 319; — Fragments dans Hist. de Fr., X, XI, XII.)

2042. ANSELMUS LEODIENSIS. Gesta pontificum Trajectensium et Leodiensium; 661-1048. (Mon. Germ. SS., VII.)

2043. SIGEBERTUS GEMBLACENSIS. Gesta abbatum Gemblacensium; — 1048. (Mon. Germ. SS., VIII; — Migne, CLX.)

2044. RUDOLFUS. Gesta abbatum Trudonensium; 648-1108. (Mon. Germ. SS., X; — Migne, CLXXIII.)

2045. Gesta episcoporum *Tullensium*; — 1107. (Mon. Germ. SS., VIII; — Migne, CLVII.)

2046. Gesta episcoporum *Cameracensium*; 500-1096. (Mon. Germ. SS., VII; — Migne, CXLIX.) — 1092-1138. (De Smedt, Soc. Hist. de Fr. Paris, 1880, in-8°.)

2047. Gesta *Treverorum*; — 1132. (Mon. Germ. SS., VIII; — Migne, CLIV.)

2048. Gesta episcoporum *Mettensium*; 768-1120. (Mon. Germ. SS., X; — Migne, CLXIII.)

2049. Chronicon monasterii *S. Michaelis Virdunensis*; 722-1031. (Mabillon, Analecta, t. II; — Mon. Germ. SS., IV.)

2050. BERTARIUS MONACHUS. Continuatio historiae episcoporum Virdunensium; 925-1047. (Mon. Germ. SS., IV; — Migne, CXXXII.)

2051. HARIULFUS. Chronicon Centulense; 625-1088. (D'Achery, Spicil., ed. nova, II; — Migne, CLXXIV.)

2052. HARIULFUS. Miracula S. Richarii. (Mabillon, Acta SS. ord. S. Bened., V; — Duchesne, H. F., IV, extraits du IVe livre; — Migne, CXLI.)

2053. Chronicon monasterii *S. Michaelis de Monte*; 421-1056. (Labbe, Bibl. Nov., I; — Hist. de Fr., X, XI, XII.)

2054. Historia monasterii *S. Juliani Turonensis*; 1050-1079. (Martène, Thes. nov. anecd., VI, VII; — Salmon, Recueil des chroniques de Touraine.)

2055. Rythmus satiricus de tempore Rotberti regis, 1031. (Hist. de Fr., X ; — Migne, CLI.)

2056. ADALBERO. Carmen ad Rotbertum regem. (Hist. de Fr. X ; — Migne, CXLI ; — Trad., Coll. Guizot, VI.)

2057. Ordo qualiter Philippus I in regem consecratus est; 1059. (Duchesne, H. F., IV ; — Hist. de Fr., XI ; — Trad., Coll. Guizot, VII.)

2058. Comitia regni habita Corbeiae; 1065. (Hist. de Fr., XI.)

2059. Epitaphia Philippi I. (Duchesne, H. F., IV ; — Hist. de Fr., XIV ; — Migne, CLIX.)

2060. BALDERICUS BURGULIENSIS, + 1131. Carmina. (Duchesne, H. F., IV.) — Opera varia. (Migne, CLXVI.)

2061. *FULBERTUS CARNOTENSIS, + 1028. Epistolae. (Duchesne, H. F., IV ; — Hist. de Fr., X ; — Migne, CXLI.)

2062. ODILO CLUNIACENSIS, + 1049. Epistolae. (Duchesne, H. F., IV ; — Bibliotheca Cluniacensis. Paris, 1614, in-fol. ; — Migne, CXLXII.)

2063. DEODUINI epistolae ad Henricum I. (Hist. de Fr., XI ; — Migne, CXLVI.)

2064. HUGO, Diensis episcopus. Epistolae. (Hist. de Fr., XIV ; — Migne, CLVII.)

2065. NICOLAUS II. Epistolae, 1058-61. (Hist. de Fr, XI ; — Migne, CXLIII.)

2066. STEPHANI X, NICOLAI II et ALEXANDRI II ad Gervasium, Remensem archiepiscopum epistolae. (Hist. de Fr., XV.)

2067. URBANUS II, + 1099. Epistolae. (Hist. de Fr., XIV ; — Migne, CLI.)

2068. *IVO CARNOTENSIS, + 1117. Epistolae. (Pithou, Paris, 1585, in-4° ; — Juretus, 1610, in-8 ; — Duchesne, H. F., IV ; — Hist. de Fr., XV ; — Migne CLXII.)

2069. Epistolae variorum. (Hist. de Fr., X-XV.)

2070. Recueil de pièces historiques sur la reine Anne, épouse de Henri Ier, avec une notice et des remarques du prince Al. Labanoff de Rostoff. — Paris, 1825, in-8°.

2071. Excerpta ex vitis sanctorum. (Hist. de Fr., X, 328.)

2072. Excerpta ex conciliis. (Hist. de Fr., X.)

2073. Regis Hugonis diplomata. (Hist. de Fr., X; — Migne, CXLI.)

2074. Roberti regis diplomata. (Hist. de Fr., X; — Migne, CXLI.)

2075. Henrici I diplomata. (Hist. de Fr., XI; — Migne, CL.)

2076. Philippi I diplomata. (Migne, CLIX; — Tardif, Monuments historiques : cartons des rois.)

———

2077. *Dudo. Historia Normannorum; 860-1002. (Duchesne, SS. H. N.; — Migne, CXLI; — Lair, Soc. des Ant. de Normandie, XXIII.)

2078. *Guillelmus Gemeticensis. De gestis ducum Normannicorum; 851-1137. (Duchesne, SS. H. N; — Hist. de Fr., VIII, X, XII; — Migne, CXLIX; — Trad., Coll. Guizot, XXIX.)

2079. *Guilelmus Pictaviensis. Gesta Guilelmi ducis. (Duchesne, SS. H. N.; — Hist. de Fr. XI; — Migne, CL; — Trad., Coll. Guizot, XXIX.)

2080. *Ordericus Vitalis. Historia ecclesiastica, a Chr. n. — 1142. (Duchesne, SS. H. N.; — Hist. de Fr., IX, X, XI, XII; — Migne, CLXXXVIII; — Le Prévost, Soc. de l'Hist. de Fr., 1838-55, 5 vol. in-8°; — Trad., Coll. Guizot, XXV-XXVII.)

2081. Wace. Le Roman du Rou et des Ducs de Normandie. (Pluquet, Rouen, 1827, 2 vol. in-8°; — Andresen, Heilbronn, 1877-79, 2 vol. in-8°.)

2082. Gaimar. L'Estorie des Engles (1re part., 495-1066. Mon. hist. Brit. I; — 2^e part., 1066-1100. Michel, Chr.

Anglo-Normandes, I, Rouen, 1836, in-8°; — En entier.
Th. Wright, Londres, 1850, in-8°. Caxton Society.)

2083. Chroniques de Normandie; — (Michel, Paris,
1839, in-8°.)

2084. WIDO AMBIANENSIS. Carmen de expeditione Wilhelmi
conquestoris. (SS. rer. Brit. I; — Michel, Chr. Anglo-
Normandes, t. III, Rouen, 1840, in-8°.)

———————

2085. *Itineraria et descriptiones terrae sanctae, lingua
latina saec. IV — XI exarata. (T. Tobler, A. Molinier, et
Ch. Kohler, Soc. de l'Orient latin, t. I, 1877-1880; t. II.
1885, in-8°.) — Itinéraires à Jérusalem et descriptions de la
Terre-Sainte, rédigés en français aux XI°, XII° et XIII° siècles.
(Michelant et Raynaud, Soc. de l'Or. lat., 1882, in-8°.)

2086. *Gesta Francorum et aliorum Hierosolymitano-
rum. (Bongars, I; — Hist. occ. des Crois., III.)

2087. PETRI TUDEBODI Historia de Hierosolymitano iti-
nere ab a. 1095-1099, libri V. (Duchesne, SS., IV; — Migne,
CLV; — Hist. occ. des Crois., III.)

2088. Gesta Francorum expugnantium Jerusalem, auctore anonymo; 1095-1106. (Bongars, I; — Hist. occ. des
Crois., III.)

2089. Anonymi Historiae Hierosolymitanae pars secunda; 1100-1124. (Bongars, I; — Hist. occ. des Crois., III.)

2090. *RAIMUNDI DE AGILES Historia Francorum qui cepe-
runt Hierusalem a. 1095-1099. (Bongars, I; — Migne, CLV;
— Hist. occ. des Crois., III; — Trad. Guizot, Coll., XXI.)

2091. *RADULFI CADOMENSIS Gesta Tancredi, Siciliae regis,
in expeditione Hierosolymitana ab an. 1099-1108. (Martène, Thes. Anecd. III; — Muratori, SS. V; — Migne, CLV;
— Hist. occ. des Crois., III; — Trad. Guizot, Coll. XXIII.)

2092. FULCHERII CARNOTENSIS Gesta peregrinantium Francorum cum armis Hierusalem pergentium; 1095-1127.

(Bongars, I; — Duchesne, SS., IV; — Migne, CLV; — Hist. occ. des Crois., III; — Trad. Coll. Guizot,, XXIV.)

2093. BARTOLFI PEREGRINI (?) de Gestis Francorum qui Hierusalem a. 1095 expugnaverunt ad an. 1116. (Bongars, I; — Hist. occ. des Crois., III.) Abrégé de Foucher de Chartres.

2094. GUALTERII Bella antiochena; 1115-1119. (Bongars, I; — Migne, CLV; — Prutz, Quellenbeitræge zur Geschichte der Kreuzzuege. Dantzig, 1876, in-8.)

2095. ROBERTI MONACHI Historiae Hierosolymitanae usque ad an. 1099 libri VIII. (Bongars, I; — Migne, CLV; — Hist. occ. des Crois., III; — Trad. Coll. Guizot, XXIII.)

2096. BALDRICI ANDEGAVENSIS Historiae Hierosolymitanae libri IV, 1095-1099. (Bongars, I; — Migne, CLXVI; — Hist. occ. des Crois., IV.)

2097. *GUIBERTI DE NOVIGENTO Historia Hierosolymitana quae dicitur Gesta Dei per Francos, libri VIII, 1095-1108. (D'Achery, Guiberti opera, Paris, 1651, in-fol.; — Bongars, I; — Migne, CLXVI; — Hist. occ. des Crois., IV; — Trad. Coll. Guizot, IX.)

2098. *ALBERTI AQUENSIS Chronicon Hierosolymitanum, de bello sacro historia, libri XII, 1095-1121. (Bongars, I;. — Migne, CLXVI; — Hist. occ. des Crois., IV; — Trad. Coll. Guizot, XX, XXI.)

2099. EKKEHARD VON AURA. Hierosolymita. (Hagenmeyer, Tubingue, 1877, in-8.)

2100. CHRONICON HIEROSOLYMITANUM BREVE, 1097-1124. (Baluze, Miscellanea, édit. Mansi, I.)

2101. FULCONIS Historia gestorum et viae sui temporis Hierosolymitanae versibus hexametris, libris III, ab anno 1096. (Duchesne, H. F., IV.)

2102. GILONIS Poema de expeditione crucesignatorum in terram sanctam, seu carmen historicum de via Hierosolym., seu historia gestorum viae nostri temporis Hierosolymitanae libri IV, 1095-1099. (Duchesne, H. F., IV; — Martène, Thes. Anecd., III; — Migne, CLV.)

2103. *ANNAE COMNENAE Alexiadis libri XV. (L. Cousin, Paris, 1655, in-fol. ; — Schopen, Bonn, 1839 ; — Hist. grecs des Crois., I.)

2104. *Historiens grecs des Croisades : Michel Attaliote, Anne Comnène, Nicetas, etc. (Édit. de l'Acad. des Inscrip., t. I, 1875.)

2105. *Historiens orientaux des Croisades : Abou'l-Feda, Ibn-Alatyr, etc. (Éd. de l'Acad. des Inscr. et B.-Lettres, Paris, 1872-1881, 3 vol. in-f°.)

2106. La Chanson d'Antioche, composée par le pèlerin Richard et renouvelée par Graindor de Douai. (P. Paris, Paris, 1848, 2 vol. in-8°.)

2107. La Conquête de Jérusalem faisant suite à la Chanson d'Antioche, composée par le pèlerin Richard et renouvelée par Graindor de Douai. (C. Hippeau, Paris, 1868, in-8).

2108. Un Récit en vers français de la première croisade fondé sur Baudri de Bourgueil. Notice et extraits d'après les mss. d'Oxford et de Spalding. (P. Meyer, Nogent-le-Rotrou, 1876, in-8°. Extrait de la *Romania*.)

2109. Epistolae Godefridi Bullonii et diplomata. (Migne, Append. ampliss. monum. perplur. de bello sacro, Paris, 1854, in-8° ; — Migne, CLV.)

2110. Alexii Comneni Romanorum imperatoris ad Robertum I epistola spuria. (Riant, Gênes, 1879.)

2111. Cartulaire du Saint-Sépulcre. (Éd. Eug. de Rozière, Paris, 1849 ; — Migne, CLV.)

2112. *Inventaire des lettres historiques des Croisades, 1re et 2e parties (768-1100), pub. par P. Riant. (Arch. de l'Or. lat., I, 1881, in-8°.)

2113 *Assises du royaume de Jérusalem. (Beugnot, Paris, 1841-42, 2 vol. in-fol.)

2114. Assises d'Antioche. (Venise, 1876, in-4°. Société Mekhitariste de Saint-Lazare).

2115. Inventaire sommaire des manuscrits relatifs à l'histoire et à la géographie de l'Orient latin, pub. par P. Riant. (Arch. de l'Or. lat., II, 1884, in-8°.)

2116. RIOULT DE NEUVILLE. Robert le Fort, sa famille et son origine. Toulouse, 1874, in-4°.

2117. BARTHÉLEMY (A. DE). Les Origines de la Maison de France (extrait de la *Revue des Questions historiques*). Paris, 1873. — Cf. n°⁵ 1917, 1918, 1919.

2118. *KALCKSTEIN (C. von). Geschichte des französischen Kœnigthums unter den ersten Capetingern. I. Der Kampf der Robertiner und Karolinger. Leipzig, 1877, in-8°.

2119. CAPEFIGUE. Hugues Capet et la troisième race jusqu'à Philippe-Auguste. Paris, 1839, 4 vol. in-8°.

2120 *PFISTER (Ch.) Études sur le règne de Robert le Pieux. Paris, 1885, in-8°. — De Fulberti Carnotensis vita et operibus. Paris, 1885, in-8°.

2121. BRIAL (dom). Préface du tome XIV des *Historiens de France*.

2122. BLUEMCKE. Burgund unter Rudolf III und der Heimfall der burgundischen Krone an Kaiser Konrad II. Greifswald, 1869, in-8°.

2123. LANDSBERGER (J.). Graf Odo I von der Champagne. Berlin, 1878, in-8°.

2124. *HOCK. Gerbert oder Papst Sylvester II und sein Jahrhundert. Wien, 1837, in-8°. -- Trad. fr. par Axinger. Paris, 1842, in-8°.

2125. WERNER. Gerbert von Aurillac. Wien, 1878, in-8°.

2126. DE SALIES. Histoire de Foulques Nerra. Angers, 1874, in-12.

2127. PARDIAC. Histoire de saint Abbon. Paris, 1872, in-8°.

2128. CHEVALLIER (abbé G.). Le vénérable Guillaume, abbé de Saint Benigne. Paris, 1875, in-8°.

2129. *CROZALS (J. DE). Lanfranc, archevêque de Cantorbéry, sa vie, son enseignement, sa politique. Paris, 1877, in-8°.

2130. *THIERRY (A.). Histoire de la conquête de l'Angleterre par les Normands, 3° édit. Paris, 1830, 4 vol. in-8°.

2131. LIQUET. Histoire de la *Normandie* depuis les temps les plus reculés jusqu'à la conquête de l'Angleterre (1066). Rouen, 1835, 2 vol. in-8°.

2132. DEPPING (G.-B.). Histoire de la *Normandie* depuis les temps les plus reculés jusqu'à la conquête de l'Angleterre en 1066. Rouen, 1835, 2 vol. in-8°.

2133. *FREEMAN. History of the Norman Conquest. Londres, 1879, 6 vol. in-8°.

2134. PASQUIER (H.) Baudri, abbé de Bourgueil ; 1046-1130. Paris, 1878.

2135. ABRY. Yves de Chartres. Strasbourg, 1841, in-8°.

2136. DEMIMUID. Jean de Salisbury. Paris, 1873, in-8°.

2137. HIRSCH (S.). Jahrbücher des deutschen Reichs unter Heinrich II. Berlin, 1862-1875, 3 vol. in-8°.

2138. BRESLAU (H.). Jahrbücher des deutschen Reichs unter Konrad II. Leipzig, 1879-1885, 2 vol. in-8°.

2139. STEINDORFF (E.). Jahrbücher des deutschen Reichs unter Heinrich III. Berlin, 1874-1881, 2 vol. in-8°.

2140. FLOTO (H.). Kaiser Heinrich der Vierte und sein Zeitalter. Stuttgart, 1855-1856, 2 vol. in-8°.

———

2141. DELARC. Un Pape alsacien. Léon IX. Paris, 1876, in-8°.

2142. VILLEMAIN. Histoire de Grégoire VII. Paris, 1873, 2 vol. in-8°.

2143. Voigt. Hildebrand als Papst Gregor VII, 2° éd. Weimar, 1846, 2 vol. in-8°.

2144. Gfrœrer. Papst Gregor II. u. sein Zeitalter. Schaffouse, 1859-61, 7 vol. in-8°.

2145. * Wilken. Geschichte der Kreuzzuege. Leipzig, 1807-1832, 7 vol. in-8°.

2146. Kugler (B.). Geschichte der Kreuzzuege. Berlin, 1880, in-8°. — Culturgeschichte der Kreuzzuege. Berlin, 1883, in-8°. — Albert von Aachen. Berlin, 1885, in-8°.

2147. Michaud. Histoire des croisades, augmentée d'un appendice par Huillard-Bréholles, 7e édit. Paris, 1849, 4 vol. in-8°.

2148. Roehricht (R.). Beiträge zur Geschichte der Kreuzzuege, 2ter Band. Berlin, 1876, in-8°.

2149. Riant (P.). Expéditions et pèlerinages des Scandinaves en Terre-Sainte au temps des croisades. Paris, 1865-69, 1 vol. in-8° et tables.

2150. * Sybel. Geschichte des ersten Kreuzzuges, 2e édit. Berlin, 1881, in-8°.

2151. Peyré. Histoire de la première croisade. Paris, 1859, 2 vol. in-8°.

2152. * Hagenmeyer (H.). Peter der Eremite. Ein kritischer Beitrag zur Geschichte des ersten Kreuzzuges. Leipzig, 1879, in-8°.

2153. Frobœse. Gottfrid von Bouillon. Berlin, 1878, in-8°.

2154. Barbe (E.). Nouveaux Éclaircissements sur la question du lieu de naissance de Godefroy de Bouillon. Boulogne-sur-Mer, 1858, in-8°.

2155. Monnier (Fr.). Godefroi de Bouillon et les Assises de Jérusalem, avec des documents inédits. Paris, 1874, in-8°.

2156. Winterfeld. Geschichte des ritterl. Ordens S. Johannes. Berlin, 1859, in-8°.

2157. WILCKE. Geschichte des Tempelordens. Leipzig, 1826-1835, 3 vol. in-8°.

2158. SCHMERBAUCH. Tancred, Fürst von Galilæa. Erfurt, 1839, in-8°.

2159. * DU CANGE. Les Familles d'outre-mer; publiées par E.-G. Rey. Paris, 1869, in-4°. (Coll. des doc. inédits.)

2160. REY(E.). Recherches géographiques et historiques sur la domination des Latins en Orient. Paris, 1877, in-8°.

2161. * REY (E.). Les Colonies franques de Syrie aux XII° et XIII° siècles. Paris, 1884, in-8°.

2162. * SCHLUMBERGER. Numismatique de l'Orient latin. Paris, 1878, in-4°.

2163. THUROT. Études critiques sur les historiens de la première croisade. (Revue hist., I, 67, 272; II, 104.)

2164. PIGEONNEAU. Le Cycle de la croisade et de la famille de Bouillon. Paris, 1877, in-8°.

-----

47. Louis VI et Louis VII. Deuxième Croisade.

SOURCES

2165. * SUGERI Vita Ludovici VI Grossi sive Crassi regis, Philippi I filii. (Duchesne, H. F., IV; — Hist. de Fr., XII; — Mabillon, Suppl. Analect., I; — Migne, CLXXXVI; — Lecoy de La Marche, Soc. H. F. Paris, 1867, in-8°; — Trad. Coll. Guizot, t. VIII.)

2166. SUGERI Liber de rebus sua administratione gestis. (Duchesne, H. F., IV; — Félibien, Probationes historiae San Dionysianae. Paris, 1676, in-fol. — Migne, CLXXXVI; — Hist. de Fr., XII; — Lecoy de La Marche, Soc. H. F. Paris, 1867, in-8°.)

2167. Vita Sugerii abbatis S. Dionysii, auctore Willelmo, Sugerii contubernali. (Duchesne. Paris, 1648, in-8°; — Félibien, Probationes historiae San Dionysianae. Paris, 1706, in-fol.; — Migne, CLXXXVI; — Hist. de Fr. XII; —

Lecoy de La Marche (Soc. H. Fr.). Paris, 1867, in-8°; — Trad. Coll. Guizot, XIII.)

2168. Fragmenta veterum scriptorum de rebus Ludovici VI. (Duchesne, H. F., IV; — Hist. de Fr., XII.)

2169. *SUGERI Fragmentum de Ludovico VII (Lair, Bibl. de l'École des Chartes, XXXIV.)

2170. *Historia Ludovici VII regis, filii Ludovici Grossi (1137-1165). (Duchesne, H. F., IV; — Hist. de Fr., XII.)

2171. Gesta Ludovici VII, filii Ludovici Grossi. (Pithou Script. coet., XI; — Duchesne, H. F., IV; — Trad. Coll. Guizot, VIII.)

2172. Fragmenta veterum scriptorum de rebus Ludovici VII. (Duchesne, H. F., IV; — Hist. de Fr., XII.)

2173. Vita et miracula S. Bernardi. (S. Bernardi opp. ch. Mabillon, Paris, 1690, II; AA. SS. 28 août. — Trad. Coll. Guizot, X).

2174. *GUIBERTUS DE NOVIGENTO. De vita sua. (Guiberti opera, éd. d'Achery. Paris, 1651, in-fol.; — Hist. de Fr., XII, frag.; —Migne, CLVI; — Trad. Coll. Guizot, IX, X.)

2175. *WALTERUS. Vita Caroli Boni comitis Flandriae; — 1127. (Mon. Germ. SS., XII; — Hist. de Fr., XIII, fragm.; — Trad. Guizot, Coll., VIII.)

2176. GALBERTUS BRUGENSIS. Passio Karoli comitis Flandriae. (Mon. Germ. SS., XII; — Hist. de Fr., XIII, fragm.)

2177. CLARII, monachi, Chronicon S. Petri vivi Senonensis; 420-1184. (D'Achery, Spicil., II; — Hist. de Fr., VI, VII, IX, X, XI, XII, XVIII; — Bibl. hist. de l'Yonne, II.)

2178. RICHARDUS CLUNIACENSIS seu Pictaviensis, Chronicon ab O. C. — 1162. (Martène et Durand, Ampl. Coll., V, 1159; —Muratori, Antiq. Ital. IV, 1075; — Hist. de Fr., VII, IX, X, XI, XII.)

2179. GAUFREDI VOSIENSIS, Chronicon a Roberto Pio rege usque ad an. 1184, seu chronicon Lemovicense. (Labbe, Bibl. mss., II; — Hist. de Fr., X, XI, XII, XVIII.)

2180. Chronicon *Turonense* — 1110. (Hist. de Fr., XII.)

2181. Chronicon *S. Stephani Antissiodorensis* breve; 1005-1171-1190. (Labbe, Bibl. mss., I; — Hist. de Fr., X, XII.)

2182. Chronicon *Antissiodorense* breve; 1022-1188 (Martène, Thes. Anecd., III; — Hist. de Fr., XI.)

2183. Annales *Leodienses*. Continuation; 1055-1121. (Labbe, Bibl. mss., I; — Mon. Germ. SS., IV; — Hist. de Fr., XIII, XVIII.)

2184. Chronicon *Leodiense* breve; 519-1192. (Martène, Thes. Anecd., III; — Mon. Germ. SS., XVI sous le titre Notae sive annales Aureaevallenses; — Hist. de Fr., XI, XIII.)

2184 *bis*. Gesta abbatum Lobiensium; 972-1156 (Mon. Germ. SS. XXII.)

———————

2185. Chronicon *Malleacense* sive S. *Maxentii*; 844-1140. (Labbe, Bibl. mss., II; — Hist. de Fr., VII, IX, X, XI, XII. — Chroniques des églises d'Anjou, éd. Marchegay et Mabille. Soc. Hist. de Fr.)

2186. Historia Francorum, auctore anonymo qui mediante saeculo XII vixit; — 1152. (Hist. de Fr., XII. Fragments).

2187. Chronicon *Morigniacensis* Monasterii, ord. S. Benedicti, auctore Theulfo et aliis monachis, libri III; 1108-1147. (Duchesne, H. F., IV.)

2188. Chronicon *Cluniacense*; 1153-1157. (Marrier, Bibliotheca Cluniacensis; — Hist. de Fr., XII, XIV, XVIII, Extraits.)

2189. Chronicon *Cluniacense*; 1109-1199. (Martène, Thes. Anecd., III.)

2190. Chronicon auctoris anonymi; 1096-1172. (Dans Catel, Histoire des comtes de Toulouse, 1623, in-fol.)

2191. Annales *S. Vincentii Mettensis*; 1-1157-1281. (Labbe, Bibl. mss. I; — Hist. de Fr., XIII, XVIII; — Mon. Germ., SS., III.)

2192. *ORDERICI VITALIS* Historiae ecclesiasticae libri XII (—1142).

2193. * ROBERTI DE MONTE Sigeberti Gemblacensis continuatio sive chronica; 1100-1186. (Duchesne, S. R. N. sous le titre de Chr. Normanniae 1138-69; — Hist. de Fr., X, XI, XIII, XVIII; — Mon. Germ. SS., VI; — Migne, CCII; — Delisle (Soc. H. N.). Œuvres de R. du M. Rouen, 1872-73, 2 vol. in-8°.) — Historia Henrici I, 1135-1150. (D'Achery dans Guiberti opp. Paris, 1651; — Migne, CCII; — Delisle, ibid.)

2194. STEPHANI CADOMENSIS. Draco Normannicus (Omont, Rouen, 1883, in-8°. Soc. Hist. Norm.)

2195. Gesta Stephani regis Anglorum et ducis Normannorum 1135-1154. (Duchesne, SS. R. N.; — Sewell. Londres, 1846, gr. in-8°. English hist. society.)

2196. JOHANNIS TURONENSIS Historia Goffredi Plantagenistae, comitis Andegavorum et ducis Normannorum, lib. II. (Bochellius, Paris, 1612; — Marchegay, Chroniques des comtes d'Anjou. Soc. H. F., Paris, 1856, in-8°; — Hist. de Fr., XII. Fragments.)

2197. * Gesta consulum Andegavensium a Caroli Calvi temporibus ad Henricum II, Anglorum regem; — 1137; auctoribus Odone, Thoma Pactio, et Johanne Turonensi. (D'Achery, Spicil., X; ed. nov., III; — Marchegay, Chroniques des comtes d'Anjou. Soc. H. F., Paris, 1856, in-8°; — Hist. de Fr., VII, IX, X, XI, XII.)

2198. Gesta Ambaziensium dominorum; — 1170. (Marchegay, Chr. des comtes d'Anjou. Soc. H. F., Paris, 1856, in-8°.)

2199. GUILLELMI MALMESBERIENSIS Historiae novellae lib. II. (Savile, Rer. Angl. SS; — Hardy. Engl. histor. Society. Londres, 1840, 2 vol. in-8°; — Mon. Germ., SS., X; — Leland, Collectanea, I; — Migne, CLXXIX.)

2200. HENRICI HUNTINDONIENSIS Historiae Anglorum libri VIII sive X; 60-1154. (Savile, SS. rer. Angl. Londres,

1596; Francfort, 1601; — Monum. hist. Britann., I; — Hist. de Fr., XI, XIII. Fragments; — Migne, CXCV.)

— — —

2201. *ODONIS DE DIOGILO. De profectione Ludovici VII, regis Francorum, in Orientem, libri VII; 1147-1149. (D'A- chery, Spicil., III; — Hist. de Fr., XII; — Migne, CXCV; — Trad. Coll. Guizot., XXIV.)

2202. *GUILLAUME DE TYR. Belli sacri historia libri XXIII; 1100-1184. (Pantaleon, Bâle, 1564, in-fol.; — Bongars, I; — Hist. des Crois., I; — Trad. Coll. Guizot, XVI-XVIII.)

2203. *L'Estoire de Eracles, empereur, et la conqueste de la terre d'Outremer. (Hist. des Crois., I. — P. Paris, Paris, 1879-1880, 2 vol. in-8°.)

2204. CINNAMI Epitome rerum ab Johanne et Alesio Comnenis gestarum (Ἐπιτομὴ τῶν κατορθωμάτων...); 1118-1176. (Du Cange, Paris, 1670, in-fol. — Meineke, Bonn, 1836, in-8°.)

2205. NICETAS. Byzantina historia annorum; 1118-1206. (Bekker, Bonn, 1835, in-8°.)

— — —

2206. Epistolae Ludovici VI scriptae a. 1112-1134. (Hist. de Fr., XV.)

2207. *Epistolae Sugerii. (Duchesne, H. F., IV; — Mar- tène, Thes. Anecd., I; — Mabillon, Anal., I; — Hist. de Fr., XV; — Lecoy de la Marche. Soc. H. F. Paris, 1867, in-8°.)

2208. Epistolae Lamberti, Atrebatensis episcopi, CXLIV et aliorum ad ipsum; 1093-1115. (Baluze, Miscellanea, V; — Hist. de Fr., XV.)

2209. Epistolae Ivonis, Carnotensis episcopi. (Pithou, Paris, 1585; — Duchesne, H. F.; IV; — Hist. de Fr. XV; — Migne, CLXVI.)

2210. Epistolae regum, principum ac praelatorum ad regem Ludovicum VII viginti septem, una ad Alexandrum III, scriptae. (Bongars, I.)

2211. Epistolae historicae ex cod. vet. biblioth. S. Victoris Parisiensis sub Ludovico VII conscriptae. (Duchesne, II. F., IV.)

2212. Epistolae Ludovici VII et variorum ad eum. (Duchesne, II. F., IV; -- Hist. de Fr., XVI.)

2213. Epistolae Henrici, archiepiscopi Remensis, fratris Ludovici VII. (Ed. Martène, Thes. Anecd., I; -- Hist. de Fr., XVI; -- Migne, CXCVI.)

2214. Epistolae Hugonis de Campo Florido, episcopi Suessionensis et Franciae cancellarii, ex annis 1156-1175. (Duchesne, II. F., IV, 557; -- Hist. de Fr., XVI; -- Migne, CXCVI.)

2215. Epistolae Traimundi, monachi Clarevallensis, historicae, quas nomine Ludovici VII, Petri et Henrici, abba-. tum Clarevallensium, scripsit. (Duchesne, II. F., IV.)

2216. Epistolae Henri II, Angliae regis, LXXVII, scriptae int. ann. 1156-1178. (Hist. de Fr., XVI.)

2217. Epistolae Petri, presbyteri cardinalis S. Chrysogoni, antea episcopi Meldensis, quas scripsit a. 1175-1178. (Duchesne, IV; Hist. de Fr., XVI.)

2218. Epistolae Rotrodi, archiepiscopi Rothomagensis; 1165-1183. (Hist. de Fr., XVI.)

2219. Epistolae Johannis Sarisberiensis, episcopi Carnotensis; 1155-1180. (Maxima biblioth. patrum, Lyon, 1677, t. XXIII; -- Martène, Thes. Anecd., I; -- Duchesne, II. F. IV; -- Hist. de Fr., XVI; -- Migne, CLXIX.)

2220. Epistolae Petri Cellensis, abb. ord. S. Benedicti in Suburbio Trecensi; -- 1187. (Sirmond, Paris, 1613; -- Duchesne, II. F., IV; -- Hist. de Fr., XVI.)

2221. Epistolae Arnulfi, Lexoviensis episcopi, ad Henricum II, regem Angliae. S. Thomam, archiep. Cantabrigensem, et alios. (Giles, Oxford, 1844, in-8°. — Duchesne, H. F., IV; — Hist. de Fr., XVI; — Migne, CCI.)

————

2222. Lebeuf (abbé). Éclaircissements sur la chronologie des règnes de Louis le Gros et de Louis le Jeune. (Hist. Acad. Insc., XXVII, 1761.

2223. Gervaise (Dom Fr.). Histoire de Suger, abbé de Saint-Denis, ministre d'État et régent du royaume sous le règne de Louis le Jeune. Paris, 1721, 2 vol. in-12.

2224. *Huguenin. Étude sur l'abbé Suger. Paris, 1855, in-8°.

2225. *Luchaire. Études sur l'administration de Louis VII. Paris, 1885, in-4. — Remarques sur les grands officiers de la couronne qui ont souscrit les diplômes de Louis VI et de Louis VII. (Ann. de la Faculté de Bordeaux, 1881.)

2226. Brial (Dom). Recherches historiques et diplomatiques sur la véritable époque de l'association de Louis le Gros au trône. (Mém. de l'Ac. des Inscr. IV, 1818.) — Examen critique des historiens qui ont parlé du différend survenu, l'an 1141, entre le roi Louis le Jeune et le pape Innocent II (Ibid. VI. 1822.)

2227. Larrey (I. de). L'Héritière de Guyenne, ou l'histoire d'Éléonore, fille de Guillaume, dernier duc de Guyenne, femme de Louis VII, roy de France, et ensuite de Henry II, roy d'Angleterre, divisée en trois parties. Rotterdam, 1691, in-8°. — Nouv. édit. avec supplément et notes par J. Cussac. Londres et Paris, 1788, in-8°.

2228. Kretschwar. Eleonore, Kœnigin von Frankreich. Chemnitz, 1791-92, 2 vol. in-8".

2229. Tamizey de Larroque. Observations sur l'histoire d'Éléonore de Guyenne. Paris, 1864, in-8°.

2230. *Kugler. Studien zur Geschichte der zweiten Kreuzzuges. Stuttgart, 1866, in-8°.

2231. *ELLENDORF (J.). Der heilige Bernard von Clairvaux und die Hierarchie seiner Zeit. Essen, 1837, in-8°.

2232. RATISBONNE. Histoire de saint Bernard et de son siècle, 6° éd. Paris, 1864, 2 vol. gr. in-8°.

2233. NEANDER. Der heilige Bernhard und sein Jahrhundert. 3° éd. Gotha, 1868, gr. in-8°.

2234. VAUCANDARD. Saint Bernard et la seconde Croisade. Rev. des Quest. Hist., 1885.

2235. CLÉMENCET (C.). Histoire littéraire de saint Bernard et de Pierre le Vénérable. Paris, 1773, in-4°.

2336. WILKENS (C.-A.). Petrus Venerabilis, Abt von Cluny. Leipzig, 1857, in-8°.

2237. *DEMIMUID (abbé). Pierre le Vénérable ou la vie et l'influence monastiques au xii° siècle. Paris, 1876, in-8°.

2238. MICHAUD (EUG.), Guillaume de Champeaux et les écoles de Paris au xii° siècle. Paris, 1867, in-8°.

2239. WILKENS (C.-A.). Peter Abaelard; eine Studie in der Kirchengeschichte des Mittelalters. Bremen, 1855 in-8°.

2240. *RÉMUSAT (DE). Abélard. Paris, 1845, 2 vol. in-8°.

———

2241. RICHARD (abbé E.). Étude historique sur le schisme d'Anaclet en Aquitaine de 1130-1136. Poitiers, 1859, in-8°.

2242. BERNHARD. Jahrbücher des deutschen Reiches unter Lothar von Supplinburg. Leipzig, 1879, in-8°.

2243. BERNHARDI. Jahrbücher des deutschen Reiches unter Conrad III. Leipsig, 1883-85, in-8°.

2244. PRUTZ. Kaiser Friedrich I. Danzig, 1871-1873, 3 vol. in-8°.

2245. CLAVEL. Arnaud de Brescia et les Romains du xii° siècle. Paris, 1868.

2216. GUIBAL. Arnaud de Brescia et les Hohenstaufen. Paris, 1868, in-8°.

2217. LYTTLETON (G.). History of the life of king Henry II. Londres, 1777, 6 vol. in-8°.

2218. BERINGTON (J.). History of the reign of Henry II and of Richard and John, his sons. Birmingham, 1790, in-4°.

2219. VERTOT (abbé). Histoire des chevaliers hospitaliers de Saint-Jean de Jérusalem. Paris, 1726, 4 vol. in-4°. — Lyon, 1829, 5 vol. in-12.

---

48. Établissement des Normands en Sicile et dans le Sud de l'Italie.

2250. GRAEVIUS et BURMANNUS. Thesaurus antiquitatum et historiarum Siciliae, Sardiniae, etc. Leyde, 1723-25, 15 vol. in-fol.

2251. CARUSIUS. Bibliotheca historia regni Siciliae. Palerme, 1720, 2 vol. in-fol.

2252. DEL RE. Cronisti e scrittori sincroni napolitani Normanni. Naples, 1845, in-4°.

2253. PEREGRINI. Historia principum Langobardorum. Éd. Pratilli, Naples, 1749, 5 vol. in-4°.

2254. Annales *Barenses*. (Muratori, Ant., I; — Mon. Germ. SS., V.)

2255. LUPUS BARENSIS protospatha. Rerum in regno Neapolitano gestarum breve chronicon; 855-1102. (Muratori, Rer. It. SS., V; — Carusius, Bibl. Hist. Sic. I., — Migne, CLV. — Mon. Germ. SS., V.)

2256. ANONYMUS BARENSIS; 855-1145. (Muratori, Rer. It. SS., V.)

2257. ANNALES BENEVENTANI; 718-1130. (Muratori, Ant., I; — Mon. Germ. SS., III.)

2258. *AIMÉ, moine du Mont Cassin. L'Ystoire de li Normant. (Champollion-Figeac S. II. F. Paris, 1835, in-8°.)

2259. *GUILLELMUS APULIENSIS. Poema de rebus Normannorum in Sicilia, Apulia et Calabria gestis usque ad mortem Roberti Guiscardi ducis a. 1085. (Leibnitz, SS. rer. Brunsw., I; — Muratori, Rer. It. SS., V; — Carusius, Bibl. hist. reg. Sic., I; — Mon. Germ. SS., IX; — Migne, CXLIX.)

2260. LEO MARSICANUS. Chronica monasterii Casinensis; 569-1094. (Muratori, Rer. It. SS., IV; — Migne, CLXIII; — Mon. Germ. SS., VII.)

2261. PETRUS DIACONUS continuat. du précédent; — 1139. (Muratori, Rer. It. SS., IV; — Mon. Germ. SS., VII.)

2262. ALEXANDRI TELESINI Libri IV de rebus gestis Rogerii, Siciliae regis; 1127-1135. (Muratori, Rer. It. SS., V; — Schott, Hispania illustr., III; — Carusius, Bibl. hist. Sicil., I; — Burmann, Thes. ant. Siciliae, V; — Del Re, Cronisti e scrittori sincroni, I.)

2263. Anonymi monachi Casinensis breve chronicon rerum in regno neapolitano gestarum ab a. 1000-1212. (Muratori, Rer. It., SS. V; — Pratilli, Hist. princip. Longob., V; — De Re, Cronisti e scrittori sincr. — Hist. de Fr., XV.)

2264. *GAUFREDI MALATERRAE. Historia Sicula ab a. 1099 ad a. 1265, seu de Roberti Guiscardi et Rogerii, Calabriae ducum, rebus gestis libri IV. (Surita, Saragosse. 1578, in-fol; — Schott, Hisp. ill., III; — Carusius, Bibl., hist. reg. Sicil., I; — Burmann, Thes. ant. Sicil. V.; — Muratori, Rer. It. SS., V; — Hist. de Fr., XI.)

2265. FALCONIS BENEVENTANI Chronica; 1102-1140. (Muratori, Rer. It. SS. V; — Del Re, Cronisti e scritt. sincr.; — Hist. de Fr., XV, fragm.)

2266. *FALCANDI (Hugonis) Historia de rebus gestis in Siciliae regis ab a. 1146-1169. (Carusius, Bibl. hist. reg. Sic.-

I; — Muratori, Rer. It. SS., VII; — Del Re, Cronisti e scrittori sincroni.)

2267. JOHANNES SCYLITZES. Ἐπιτομὴ ἱστοριῶν; 811-1076. (Avec Cedrenus qui l'a copié. Fabrotti, Paris, 1647, in-fol.)

2268. *ANNA COMNENSE. Ἀλεξιάς. Cf. n° 2103.

2269. PETRI DE EBULO Carmen de motibus siculis, et rebus inter Henricum VI Romanorum imperatorem et Tancredum, S. XII gestis (Del Re, Cronisti e scritt. sincr.)

———

2270. THEURY (J.) Bibliographie italico-normande. Paris, Rouen et Dieppe, 1864, in-8°.

2271. CAMERA (M.) Annali delle due Sicilie, t. I. Naples, 1842, in-8°.

2272. G. DI MEO. Annali critico-diplomatico del regno di Napoli della mezzana età. Naples, 1790-1810, 11 vol. in-4°.

2273. *AMARI (N.) Storia dei Musulmani di Sicilia 3° éd. Florence, 1885, 8 vol. in-12.

2274. GAUTTIER D'ARC. Histoire des conquêtes des Normands en Italie, en Sicile et en Grèce, avec Atlas. Première époque, 1016-1085. Paris, 1830, in-8° et in-4°.

2275. *DELARC. Les Normands en Italie. Paris, 1883, in-8°.

2276. *HUILLARD-BRÉHOLLES. Recherches sur les monuments de l'histoire des Normands et de la maison de Souabe dans l'Italie Méridionale. Paris, 1844, in-fol.

2277. VITO LA MANTIA. Storia della legislazione civile e criminale della Sicilia, t. I. Palerme, 1866, in-8°.

2278. CAPASSO (A.) Sul catalogo dei feudatarii delle provincie napolitane sotto i Normanni. Naples, 1870, pet. inf.

2279. PATERNIO (F.) Sicani seu Siculi reges. Naples, 1792, in-4°.

2280. HORMAYR (J. von). Robert Guiscard Herzog von Apulien u. Calabrien. Vienne, 1813, in-8°, dans l'*Archiv.* de Hormayr.

2281. Schwartz. Die Feldzuege Robert Guiscard gegen das Byzantinische Reich. Fulda, 1854, in-4°.

2282. Tafel. Komnenen und Normannen. Stuttgart, 1870, in-8°.

2283. La Lumia. Studi di Storia Siciliana. Palerme, 1870, 2 vol. in-12°.

2284. Testa. De vita et rebus gestis Guilelmi II Siciliae Regis, L. IV. Monréal, 1769, pet. inf.

2285. Toeche. De Henrico Romanorum imperatori Normannorum regnum sibi vindicanti. Berlin, 1860, in-8°.

2286. *Engel (A.) Recherches sur la numismatique et la sigillographie des Normands de Sicile et d'Italie. Paris, 1882, in-4°.

2287. Hirsch. De Italiae inferioris Annalibus saec. X et XI. Berlin, 1864, in-8°.

----

49. Philippe-Auguste et Louis VIII.

SOURCES

2288. *Rigordi Vita Philippi Augusti 1179-1208; (Duchesne, H. F., V; — Hist. de Fr., XVII; — Delaborde, Soc. H. F. Paris, 1882, in-8. — Trad. Coll. Guizot, XI.)

2289. *Guilelmi Britonis Gesta Philippi Augusti, 376-1223. (Duchesne, H. F., V.; — Hist. de Fr., XVII; — Delaborde, Soc. Hist. de France. Paris, 1882, in-8. — Trad. Coll. Guizot, XI.)

2290. *Guilelmi Britonis Philippidos libri XII seu Gesta Philippi Augusti; 1179-1223. (Duchesne, H. F., V; — Hist. de Fr., XII, XVII; fragm. — Barth : Speculum boni, pii et fortunati principis. Leipsick, 1657, in-8°; — Delaborde, Soc. H. F. Paris, 1785, in-8°; — Trad. Coll. Guizot, XII.)

2291. *Roberti Altissiodorensis canonici S. Mariani Chronologia ab O. C. — 1211-1228. (Camuzat, Troyes, 1608, in-4; — Hist. de Fr., X, XI, XII, XVIII; Mon. — Germ. SS., XXVII.)

2292. De pugna Bovinensi : relatio Marchianensis cum catalogo captivorum. (Mon. Germ. SS., XXVII.)

2293. Lamberti Parvi Chronicon; 988-1194. (Martène, Ampl. Coll. V; — Hist. de Fr., XI, XIII; — Mon. Germ. SS., XVI.)

2294. Chronicon S. Albini Andegavensis; 929-1200. (Labbe, Bibl. mss., I; — Mon. Germ.. sous le titre Annales, SS., III. — Hist. de Fr., X, XI, XII, XVIII.)

2295. *Helinandi Chronicon; O. C. — 1204. (Tissier, Bibliotheca Cisterciensis, VII.)

2296. Sicardi Cremonensis Chronicon; O. C. — 1213. (Muratori, Rer. It. SS., VII. — Hist. de Fr.; XIX; — Migne, CCXIII.)

2297. Chronicon Fiscanensis monasterii; a Chr. n. — 1220. (Labbe, Bibl. mss. I; — Hist. de Fr., XI, XII, XVIII.)

2298. Chronicon Elnonense S. Amandi; 512-1224. (Martène, Thes. Anecd., III; — Smet, Corpus, II; — Mon. Germ., sous le titre : Annal. Elnonenses majores, SS., V; — Hist. de Fr., X, XI, XIII, XVIII.)

2299. Chronicon Turonense anonymi; 249-1227. (Martène, Ampl. Coll. V; — Hist. de Fr., X, XI, XII, XVIII).

2300. Gisleberti Chronicon Hanoniense; 1070-1195. (Mon. Germ. SS., XXII.)

2301. Lambertus Ardensis Historia comitum Ghisnensium et Ardensium ab a; 800-1403. (Fragments dans Duchesne, Hist. comitum Ghisnensium. Paris, 1631, in-fol.; — Hist. de Fr., XI, XIII, XVIII; — Mon. Germ. SS., XXIV. — Complet, marquis de Godefroy-Ménilglaise. Paris, 1855, in-8°.)

2302. Genealogia comitum Flandriae. (Martène, Thes. Anecd., III; — Hist. de Fr., XIII, XVIII.)

2303. Genealogia regum Danorum e quibus originem traxit Ingeburgis, Francorum regina — 1236. (Langebeck, SS. rer. Danicarum, II; — Hist. de Fr., XIX.)

2304. Nomina Frisionum qui in bello Bovinensi capti a. 1214 traditi sunt prepositis parisiensibus per manus magistri Guarini. (Duchesne, H. F., V.)

———

2305. *Gesta Ludovici VIII. (Duchesne, H. F., V. — Hist. de Fr., XVII; — Trad. Coll. Guizot, VI.)

2306. Fragmentum continens Gesta Ludovici VIII, auctore incerto. (Pithou, SS. hist. Fr., XI; — Duchesne, H. F., V.)

2307. *NICOLAI DE BRAIA Gesta Ludovici VIII, heroico carmine; 1223-1226. (Duchesne, H. F., V; — Hist. de Fr. XVII.)

2308. ÆGIDII PARISIENSIS Carolinus sive de gestis Caroli Magni carmen hexametrum ad informationem Ludovici VIII, libri V. (Duchesne, H. F., V, frag.; — Hist. de Fr. XVII.)

2309. Fragmentum historiae brevis comitum Andegavensium (Chroniques d'Anjou. Marchegay et Mabille, Soc. H. F., Paris, 1856, in-8°).

———

2310. Chronica del rey en Jayme feyta e scritta per aquell. (Valencia, 1557, in-fol.; — Barcelona, 1871, in-12.)

2311. GERVASII, MONACHI DOROBERNENSIS Chronica de tempore regum Angliae Stephani, Henrici II et Ricardi I; 1122-1199. (Twysden, Hist., Angl. SS.; — Selden, Corp. hist. Angl.; — Hist. de Fr., XIII, XVII; — Stubbs, Rer. Brit. SS., n° 73, 1879.)

2312. *Benedicti abbatis Petroburgensis (Fitz-Neal) De Vita et gestis Henrici II et Ricardi I, Angliae regum. (Hearne, Oxford, 1735, 2 vol. in-8° ; -- Hist. de Fr., XIII, XVII. — Stubbs, Rer. Brit. SS., n° 49, 2 vol., 1867.)

2313. Ricuardus Divisiensis. Chronicon de rebus gestis Ricardi primi, regis Angliae. (Stevenson, Londres, 1838, in-8°. English historical Society.)

2314. Radulphi de Diceto Abbreviationes chronicorum et imagines historiarum 589-1198; 1148-1200. (Twysden, Hist. Angl. SS.; — Selden, Corp. hist. Angl.; — Hist. de Fr., XIII, XVII; -- Stubbs, Rer. Brit. SS., n° 76, 1876.)

2315. *Radulphi Coggeshalae Chronicon Anglicanum 1066-1200; (Martène, A. C., XI; — Hist. de Fr., XIII, XVIII; — Rer. Brit. SS., n° 66, 1875.)

2316. *Radulphi Coggeshalae Libellus de motibus Anglicanis sub Johanne rege 1213-1216; (Martène, Ampl. Coll., V; — Jean Duncin, Nimègue, 1852.)

2317. Roger de Wendover. (Coxe, Londres, 1841-44, 5 vol. in-8°. English hist. Soc.)

2318. *Rogeri de Hoveden Annalium Anglicanorum libri II 731-1201; (Savile, Rer. Angl. SS., Londres, 1596; Francfort, 1601; — Hist. de Fr., XI, XIII, XVII, XVIII; — Stubbs, Rer. Brit. SS., n° 51, 4 vol. 1871.)

2319. *Itinerarium Ricardi regis. (Stubbs, Rer. Brit. SS., n° 38, 1864.)

2320. *Radulphi Coggeshalae Chronicon Terrae Sanctae seu Libellus de expugnatione Terrae Sanctae per Saladinum, 1187-1191; (Martène, Ampl. Coll., V; — Jean Duncin, Nimègue, 1852.)

2321. Tagenonis Descriptio expeditionis asiaticae Friderici I imperatoris contra Turcas 1189-1190; (Freher, SS. rer. Germ., I; — Mon. Germ, SS., XVII; — Riezler, Forsch., X. — Pannenborg, ibid, XIII.)

2322. HISTORIA BREVIS occupationis et amissionis Terrae Sanctae; 1095-1197. (Eccard, Corp. hist. med. aevi, II.)

———

2323. *VILLEHARDOUIN (GEOFFROY DE). Histoire de l'empire de Constantinople sous les empereurs français; 1198-1204. (Du Cange, Paris, 1657, in-fol.; — Hist. de Fr., XVIII; — Petitot, Coll., I; — Michaud et Poujoulat, Coll., I; — Buchon, Coll. I; — P. Paris, Soc. H. F. Paris, 1838, in-8°; — *De Wailly, Paris, 1872, in-8°.)

2324. ROBERT DE CLARY. Li Estoires de chiaux qui conquisent Constantinople. (P. Riant. Paris, 1869, in-4°. — Hopf, Chroniques Gréco-Romanes, Berlin 1873, in-8°.)

2325. *GUNTHERI PARISIENSIS, scholastici, monachi et prioris Parisiensis, de Expugnatione urbis Constantinopolitanae. (Canisius, Lect. Antiq., V; — Migne, CCXII; — P. Riant, Genève, 1875, in-8°.

2326. Exuviae sacrae Constantinopolitanae, (Riant, Genève, 1877, 2 vol. in-8°.)

2327. Chronique de la conquête de Constantinople et de l'établissement des Français en Morée, écrite en vers par un anonyme dans les premières années du XIV° siècle. (Buchon, Coll., IV. Texte et trad.)

2328. *Chronique d'Ernoul et de Bernard le Trésorier 1101-1229; (Mas-Latrie, Soc. H. F. Paris, 1871, in-8°.)

2329. BERNARDUS THESAURARIUS. Liber de acquisitione Terrae Sanctae; 1095-1230. (Martène, Ampl. Coll., V; — Muratori, Rer. It. SS., VII; — Hist. Crois., t. I; — Trad. Coll. Guizot, XIX.)

2330. *NICETAS. Byzantina historia annorun; 1118-1206. (Wolf, Paris, 1647, in-8°; — Bekker, Bonn 1833, in-8°; — Trad. Cousin, Paris, 1685, in-8°.)

2331. GEORGENS ET RÖHRICHT. Arabische Quellenbeiträge zur Geschichte der Kreuzzüge. I : Zur Geschichte Salâhaddîn's. Berlin, 1 vol. in-8°.

2332. *OLIVERII COLONIENSIS scholastici, Historia regum Terrae Sanctae; 1096-1213. (Eccard, Corp. hist., II.)

2333. *JACOBI DE VITRIACO Historia Orientalis lib. III; 622-1218. (Fr. Moschus, Douai, 1597, in-8°, l. I et II; — Bongars, I. I et III; — Trad. Coll. Guizot, XXII.)

2334. *Quinti belli Sacri Scriptores minores. (R. Rœhricht, Genève, 1879, in-8°. Soc. de l'Or. latin.)

2335. Testimonia minora de quinto bello sancto e chronicis occidentalibus. (R. Rœhricht, Genève, 1882, in-8°. Soc. de l'Or. lat.)

2336. *PETRI SARNENSIS SIVE VALLIS SARNAII Historia de factis et triumphis Simonis, comitis de Monteforti, sive historia Albigensium et belli sacri in eos suscepti a. 1209. (Duchesne, H. F., V; — Hist. de Fr., XIX; — Migne, CCXIII.)

2337. *Chanson de la Croisade contre les Albigeois. (Fauriel, Documents inédits. Paris, 1837, in-4°; — Meyer Soc. H. F, texte et traduct., Paris, 1875-77, 2 vol. in-8°.)

2338. *Histoire de la Croisade des Albigeois. (Catel, Hist. des comtes de Toulouse; — D. Vaissete, Hist. de Lang., III; — nouv. éd., VIII. Toulouse, 1863, in-8°; — Trad. Coll. Guizot, XV.)

2339. *GUILLELMI DE PODIO LAURENTII Historia Albigensium. (Catel, Hist. des comtes de Toulouse. Toulouse, 1623, in-fol.; — Duchesne, H. F., V; — Hist. de Fr., XIX, XX; — Trad. Coll. Guizot, XV; — Lagarde, Béziers, 1864, in-12.)

2340. Elogium Philippi Augusti. (Mabillon, Vet. An., II.)

2341. Testamenta Philippi Augusti et Ludovici VIII. (Duchesne, H. F., V.)

2342. Epitaphia Philippi Augusti et reginae Ingeburdis. (Duchesne, H. F., V; — Hist. de Fr., XVII, XIX.)

2343. Epistola Ingeburgis, conjugis Philippi II, ad Coelestinum III papam 1196; (Baluze, Miscell., I.)

2344. Epistolae S. Guillelmi, abbatis. S. Thomae de

Paracleto in Dania, scriptae a. 1193-1225, libri II. (Lange-beck, SS. rer. Danic., VI. -- Hist. de Fr., XIX.)

2345. Innocentii III papae epistolae, lib. XIX. (L. I, II, V, X --XVI : Baluze, Paris, 1682, 2 vol. ; — L. III, V, IX : Bréquigny, Diplomata, Paris, 1791, II ; — Duchesne, H.F., V. Ab an. 1198-1216 ; — Hist. de Fr., XIX ; — Migne, CCXXIV, CCXXVII.)

2346. Epistolae Gervasii, abbatis et episcopi Seezensis ⊹ 1228. (Hugo, Sacrae antiquitatis monumenta. Estival, 1725, 2 vol. pet. in-fol.)

2347. Epistolae Honorii III 248 de rebus Francicis, 1216-1222. (Hist. de Fr., XIX.)

2348. *Epistolae Petri Blesensis ⊹ post 1198 (P. de Gus-sanville, Petri Blesensis opera omnia. Paris, 1667 in-fol. — Bibl. Patrum. Lyon XXIV.)

2349. *Epistolae Stephani Tornacensis episcopi ab a. 1159-1196; (Migne, CCXI.)

2350. *Epistola Balduini, imperatoris Constantinopoli-tani, de expugnatione Constantinopolis urbis, an. 1204. (Duchesne, H.F., V; -- Hist. de Fr., XVIII.)

2351. *Epistola Hugonis, comitis S. Pauli, ad Henricum, ducem Brabantiae, de Constantinopolitanae urbis expu-gnatione per Latinos facta 1204; (Duchesne, H. F., V; — Freher, SS. rer. Germ., I; — Martène, Th. A., I; — Hist. de Fr. XVIII.)

2352. *Epistola Hugonis, com. S. Pauli, ad Coloniensem archiepiscopum de Constantinopolis expugnatione, an. 1204. (Duchesne, H. F., V.)

2353. Epistola Oliverii scholastici ad Engelbertum, archiepiscopum Coloniensem de obsidione Damiatae et iis quae vidit in oriente an. 1218-19. (Bongars, I.)

2354. Epistola Jacobi de Vitriaco ad religiosos..... in Lotharingia existentes de captione Damiatae. (Bongars, I.)

2355. Epistola Jacobi de Vitriaco ad Honorium III de

calamitatibus Terrae Sanctae an. 1219. (D'Achery, Spic., VIII; ed. nov., III.)

2356. *DELISLE. Catalogue des actes de Philippe-Auguste. Paris, 1856 1 vol. in-8°.

2357. MOLINIER (Aug.). Catalogue des actes de Simon et d'Amauri de Monfort. Paris, 1874, in-8°.

———

G 2358. CAPEFIGUE. Histoire de Philippe-Auguste. Paris, 1829, 4 vol. in-8°; 1841, 2 vol. in-12.

2359. LAPORTE DU THEIL. Mémoire concernant les relations qui existaient au xiie siècle entre le Danemark et la France, pour servir d'introduction à une histoire détaillée du mariage de Philippe-Auguste avec Ingelburge, et leur divorce. Paris, an X, in-4°.

2360. POIGNANT. Histoire de la conquête de la Normandie par Philippe-Auguste en 1204. Paris, 1855, in-8°.

2361. *BÉMONT. De Johanne cognomine Sine terra, Angliae rege, Lutetiae Parisiorum anno 1202 condemnato. Paris, 1884, in-8°. (En français, Revue Hist. 1886).

2362. LECOINTRE-DUPONT. Jean sans Terre ou essai historique sur les dernières années de la domination des Plantagenêts dans l'ouest de la France. (Mém. de la Soc. des Antiq. de l'Ouest. XII. 1846.)

2363. LEBON. Mémoire sur la bataille de Bouvines en 1214. Paris, 1835, in-8°.

2364. LYTTLETON. History of Henry the second; 5e éd. Londres, 1777, 6 vol. in-8°.

2365. BERINGTON. The history of the reign of Henry the second, and of Richard and John; 2e éd. Bâle, 1753, 3 vol. in-8°.

2366. PRYNNE (W.). The History of king John, king Henry III and the most illustrious king Edward I. London, 1660, in-fol.

2367. *SCHMIDT. Histoire et doctrine de la secte des Cathares ou Albigeois. Paris, 1849, 2 vol. in-8°.

2368. PEYRAT. Histoire des Albigeois. Paris, 1869-72, 3 vol. in-8°.

2369. DOUAIS (Abbé). Les Albigeois, leurs origines, action de l'Église au XIIᵉ siècle. Paris, 1879, in-8°.

2370. *MOLINIER (C.). L'Inquisition dans le midi de la France. Étude sur les sources de son histoire. Paris, 1881, in-8°.

2371. *HURTER (F.). Geschichte Pabst Innocenz III und seiner Zeitgenossen. Tubingen, 1833, 2 vol. in-8°; 1841-43, 4 vol. in-8°. — Trad. par de Saint-Chéron et Haider. Paris, 1843, 3 vol. in-8°.

2372. *DELISLE (L.). Mémoire sur les actes d'Innocent III suivi de l'itinéraire de ce pape. Paris, 1857, in-8°.

2373. PRUTZ (H.). Kaiser Friedrich I. Dantzig, 1871-1874, 3 vol. in-8°.

2374. SCHEFFER BOICHORST. Deutschland und Philipp-August. (Forschungen zur deutschen Geschichte, VIII).

2375. TESSIER. Quatrième croisade. La diversion sur Zara et Constantinople. Paris, 1885, in-8°.

2376. RÖHRICHT. Beiträge zur Geschichte der Kreuzzüge. Berlin, 1874-77, 2 vol. in-8°.

2377. KLIMKE. Die Quellen zur Geschichte des IVᵗᵉⁿ Kreuzzuges. Breslau, 1875, in-8°.

2378. *RIANT (P.). Innocent III, Philippe de Souabe et Boniface de Montferrat. Paris, 1875, in-8°. (Ext. de la Rev. des quest. hist.)

2379. *HANOTAUX (G.). Les Vénitiens ont-ils trahi la chrétienté en 1202 (Revue Hist., IV, 1877, 74.)

2380. STREIT (L.). Venedig und die Wendung des Kreuzzuges gegen Konstantinopel, 1877, in-4°.

2381. *RIANT (P.). Le changement de direction de la

quatrième croisade d'après quelques travaux récents. Paris, 1878, in-8°. (Ext. de la Rev. des quest. hist., janv. 1878.)

2382. *Buchon (J.-A.-C.). Recherches et matériaux pour servir à une histoire de la domination française aux xiii°, xiv° et xv° siècles dans les provinces démembrées de l'Empire grec à la suite de la iv° croisade. Paris, 1840, in-8°.

---

50. Louis IX et Philippe III.

SOURCES

2383. *Joinville. Histoire de saint Louis. (Cl. Ménard. Paris, 1617. — Du Cange. Paris, 1668. — Mellot, Sallier et Capperonnier. Paris, 1761. — Gervais. Paris, 1822. — Petitot, Coll. III, IV. — Michaud et Poujoulat, Nouv. Coll. I. — Buchon. Paris, 1838. — Hist. de Fr., XX. — P. Paris. Paris, 1858, in-8°. — N. de Wailly. Paris, 1872, in-8°.)

2384. Galfridus de Bello loco. Vita S. Ludovici IX. (Duchesne, H. F., V. — Surius, Vit. SS. 25 aug. — AA. SS. Aug. V. — Hist. de Fr., XX.)

2385. Guillelmus Carnotensis. De vita et actibus Ludovici IX. (Duchesne, H. F. V. — AA. SS. Aug. V. — Hist. de Fr., XX.)

2386. Gesta S. Ludovici, auctore monacho S. Dyonisii. (Duchesne, H. F., V. — Hist. de Fr., XX. — AA. SS. Aug., V. Extraits.)

2387. Vita S. Ludovici IX, auct. reginae Margaritae confessario. (Hist. de Fr., XX.)

2388. *Guillelmus de Nangiaco. Gesta Ludovici IX 1226-1270. (Pithou, SS. XI. — Duchesne, H. F., V. — Hist. de Fr., XX.)

2389. *Guillelmus de Nangiaco. Chronicon; ab O. C. —

1300. (D'Achery, Spic., XI.; éd. nov., III. — Hist. de Fr., XX. — Géraud. Soc. H. F. Paris, 1843, 2 vol. in-8°, — Trad. Guizot, Coll., XIII.)

2390. *PRIMAT. Chronique, traduite par Jean du Vignay. (Meyer, Hist. de Fr., XXIII.)

2391. *GUILLAUME GUIART. Branche de royaulx lignages. (Buchon, Paris, 1820, 2 vol. in-8°; — Buchon, Coll., VII-VIII; — Hist. de Fr. XXII.)

2392. GUIART. Vie de saint Louis. (Du Cange, dans l'éd. de Joinville).

2393. Récits d'un ménestrel de Reims au XIIIᵉ siècle. (Wailly. Soc. H. F. Paris, 1876, in-8°.)

2394. CARDONNE. Extraits des manuscrits arabes dans lesquels il est parlé des évènements historiques relatifs au règne de Saint-Louis. (Petitot, Coll. de Mémoires, III.)

2395. VINCENTIUS BELLOVACENSIS. Speculum historiale, libri XXXI; — 1244 (Mentellin, Strasbourg, 1473, 2 vol. in-fol; — Venise, 1494, in-fol.; — Douai, 1624, in-fol. — Mon. Germ. SS. XXIV, fragm.)

2396. ADAMUS CLAROMONTENSIS. Flores historiarum ex Vincentio Bell. cum cont. ad. an. 1270 (Hist. de Fr., XXI, fragm. — Mon. Germ. SS. XXVII, fragm.)

2397. *ALBERTUS monachus Triumfontium Chronicon a Chr. n. — 1241 (Leibnitz, Accessiones historicae, t. I, et à part, Hanovre, 1698, in-4°. — Hist. de Fr., XVIII, XXI; — Mon. Germ. SS., XXIV.)

2398. JOHANNES DE COLUMNA. Ex Mari historiarum fragmentum (Hist. de Fr., XXIII.)

2399. GIRARDUS DE ARVERNIA et continuatio; — 1288 (Hist. de Fr., XXI, fragm.; — Mon. Germ., XXVII, fragm.)

2400. AYMERICUS DE PEYRACO. + v. 1400. Chronicon a Chr. n. — 1251. (Hist. de Fr., XXIII, fragm.)

2401. Chronicon sive Annales *Normanniae*, 1169-1272;

(Duchesne, H. N.; — Hist. de Fr., XXIII, fragm. — Mon. Germ. SS., XXVII.)

2402. Annales *Rotomagenses* continuati; — 1282 (Hist. de Fr. XXIII; — Mon. Germ. SS., XXVII.)

2403. RICHERIUS, mon. Senonensis. Chronicon monasterii Senonensis in Vosago — 1264 (D'Achery, Spicil. III; ed nova II; — Grandidier, Hist. d'Alsace, II; — Bœhmer, Fontes, III, 1132-1162; — Hist. de Fr., XVIII, 1198-1225; — Mon. Germ. SS., XXV; — Trad. fr. du XVIᵉ siècle, par J. Cayon. Nancy, 1842, in-4°.)

2404. AEGIDIUS AUREÆVALLENSIS. Gesta episcoporum Leodiensium — 1251 (Chapeaville, Auctores de gestis pontif. Leodiensium, II; — Mon. Germ. XXVI.)

2405. LAURENTIUS DE LEODIO. Gesta episc. Virdunensium et abb. S. Vitoni-Continuatio — 1250 (Mon. Germ. SS., X; — Hist. de Fr. XVIII, fragm; — Migne, CCIV.)

2406. REINERIUS, monachus S. Jacobi Leodiensis. Continuatio chronici Lamberti Parvi; 1066-1230. (Martène, A. C., V. — Hist. de Fr., XVIII. — Mon. Germ. SS., XVI. — Bœhmer (à partir de 1198), Fontes, II.)

2407. Chronicon S. Nicasii *Remensis*, epitome ab a. 350 ad a. 1248. (Marlot, Hist. de l'église de Reims.)

2408. Chronicon *Andegavense* quod a quibusdam Vindocinense dicitur; 678-1251. (Labbe, Bibl. mss., I. — Hist. de Fr., XVIII. — Chron. des Églises d'Anjou.)

2409. GIRARDUS DE FRACHETO. Chronicon usque ad a. 1266 aut 1268. (Hist. de Fr., XXI. — Mon. Germ. SS., XXVII, fragm.)

2410. *GUILLELMUS DE NANGIACO. Gesta Philippi III. (Pithou, SS. XI. — Duchesne, H. F., V. — Hist. de Fr., XX.)

2411. Chronicon Clarismarici monasterii breve; 1098-1286. (Martène, Th. A., III. — Hist. de Fr., XIII, XVIII.)

2412. Chronicon S. Dyonisii in Francia breve; 808-1292.

(D'Achery, Spic, II. — Félibien, Probat. hist. S. Dyonisii. — Hist. de Fr., X., XI, XII, XVII.)

2413. Chronicon Bertinianum; 590-1294. (Martène, Th. A. III. — Ampl. Coll., VI. — Hist. de Fr., VII, IX, X, XI, XIII, XVIII.)

2414. *Chronicon S. Medardi abbatiae Suessionensis; 497-1296. (D'Achery, Spic. II. — Hist. de Fr., III, IX, X, XI, XII, XVIII. — Mon. Germ. SS. XXVII, fragm.)

2415. Chronicon *Colmariense;* 1218-1303. (Urstisius, Germ. hist. illust., III. — Böhmer, Fontes, II. — Gérard et Liblin, Les annales et la chronique des Dominicains de Colmar. Colmar, 1854, in-8°. — Mon. Germ. SS., XVII.)

2416. *Chronique de S. Magloire ou chronique de France en vers; 1214-1296. (Lebeuf, Dissert. s. l'hist. de Paris, II. — Barbazan et Méon, Fabliaux, II. — Coll. Buchon, VII. — Hist. de Fr. XXII.)

2417. *MATHAEUS PARISIENSIS. Historia major Angliae seu chronicon (1066-1259); continuatum a Will. Rishangeri usque ad ann. 1273. (Parker. Londres, 1571, in-fol. — Wats. Londres, 1640, in-fol.; Paris, 1644, in-fol.; Londres, 1684, in-fol. — Richard Luard. Londres, 1872-1880, 5 vol. in-8°. SS. rer. Brit. n° 57. — Hist. de Fr., XVII. — Trad. Huillard-Bréholles. Paris, 1840-41, 9 vol. in-8°.)

2418. MATTHAEUS WESTMONASTERIENSIS. Flores historiarum; — 1307. (Parker, Londres, 1570, in-fol. — Francfort, 1601, in-fol.)

2419. *PHILIPPE MOUSKES. Chronique rimée. (Hist. de Fr., XXII. — De Reiffenberg. Bruxelles, 1836-38, 2 vol. in-4°; Suppl. 1845, in-4°. — Buchon, Coll., III; — Hist. de Fr., XXII; — Mon. Germ. SS. XXVII, fragm.)

2420. SALIMBENE frater. Chronica. (Parme. Monum. Parmensia. Parme, 1857, in-4°.) — Collation du ms. original par Clédat, dans l'Annuaire de la Faculté de Lyon, 1885.

2421. Chronicon *Barcinonense* ab anno 1136-1310. (Petrus de Marca, Marca Hispanica. Paris 1668, in-fol.)

2422. MUNTANER (EN RAMON). Cronica dels fets é hazanayes del inclyt rey don Jaume I, rey d'Arago. (K. Lanz, Chronik des edlen en Ramon Muntaner. Bibl. des liter. Vereins. Stuttgart, 1844, in-8°. — Trad. Buchon, Coll., V, VI, A la suite se trouve la chronique de Bernard Desclot.)

2422 *bis*. Chronica o commentary del rey en Jacme; — 1275. (Valence, 1557, in-fol.)

2422 *ter*. Comptes et pièces relatifs à la guerre d'Aragon. (Hist. de France, XXII). Cf. les nᵒˢ 415-417 et 618.

2423. *GUILLAUME ANELIER. Histoire de la guerre de Navarre en 1276 et 1277. (Fr. Michel, Coll. des Doc. inédits. Paris, 1856, in-4°.)

2424. *NICOLAUS DE JAMSILLA. Historia de rebus gestis Friderici II imperatoris ejusque filiorum Conradi et Manfredi, (1210-1268). Supplementum de rebus gestis Manfredi, Caroli Andegavensis et Conradini regum. (Carusius, Bibl. hist. Sic., II. — Muratori, SS. rer. It. VIII. — Del Re, Cronisti e scrittori sincroni, II.)

2425. *MALASPINA. Rerum Sicularum libri VI; 1250-85. (Carusius, Bibl. hist. Sic., II. — Muratori, SS. rer. It., VIII. — Del Re, Cronisti e scrittori sincroni, II.)

2426. Epistola Conradi dominicani, prioris conventus S. Catharinae in civitate Panormitana, ad Angelum episcopum Cathanensem, seu brevis chronica ab a. 1027-1283. (Carusius, Bibl. hist. Sic., I. — Muratori, SS. rer. It., I.)

2427. SPINELLI. Ephemerides Neapolitanae ab a. 1247-1268. (Muratori, SS. rer. It., VII. — Ant. de Summonte, Histor. Neapolitana, Naples, 1601, in-4°, II.)

2428. *ANDREAS UNGARUS. Descriptio victoriae a Carolo Provinciae comite reportatae. (Mon. Germ. SS., XXVII.)

2129. *GIUDICE (Giov. del). Codice diplomatico di Carlo I e II d'Angio. Naples, 1863-69, 2 vol. gr. in-4°.

2130. ADAM DE LA HALLE. C'est du roi de Sezile (Charles d'Anjou.) (Buchon, Coll. VII.)

2131. Histoire de la conspiration de Jean Prochyta. (Buchon, Coll., VI.)

2132. MARINO SANUDO senior. Storia di Carlo d'Angio e della guerra del Vespro Siciliano; brani della storia inedita del regno di Romania, scritta tra il 1328 ed il 1333. (Carlo Hopf. Naples, 1872, in-8°.)

2133. ANNALES *Cavenses* 569-1315-1318. (Muratori, SS. rer. It. VII. — Mon. Germ., SS., III.)

2134. *BERGER (E). Les Registres d'Innocent IV. (Bibl. des Écoles de Rome et d'Athènes. Paris, 1881 et suiv. in-4°; en cours de publication.)

2135. JAL. Documents relatifs aux croisades de Saint Louis, publiés dans les t. I et II des mélanges historiques de la collection des documents inédits relatifs à l'Histoire de France. (Paris, 1841-1843.)

2136. Documents relatifs à la canonisation de saint Louis. (Duchesne, H. F., V; — Hist. de Fr., XX.)

2137. Epistola Blanchae reginae ad comitissam Campaniae de bello inter Christianos. (Duchesne, H. F., V.)

2138. Epistola Ludovici IX de captione et liberatione sua ad subditos suos in regno Franciae constitutos, data Accone a. 1250. (Bongars, I. — Duchesne, H. F., V.)

2139. Epistolae Innocentii IV papae; 1243-54. (Höfler. Stuttgart, 1847, in-8°. — Baluze (119 epist.). Miscell., VII. — Duchesne, H. F., V.)

2140. Epistolae Balduini, imperatoris S. Ludovicum et ad Constantinop., ad Blancham reginam. (Duchesne, SS., V.)

2141. CARINI (I.). Gli Archivi e le bibliotheche di Spagna

in rapporto alla storia d'Italia in generale e di Sicilia in particolare. Relazione, documenti, etc. (Palermo, 1884, in-8°.)

———

2142. *LE NAIN DE TILLEMONT. Vie de saint Louis, publiée d'après le manuscrit de la bibliothèque nationale par J. de Gaulle. Paris, 1847-51, 6 vol. in-8°. (Soc. Hist. Fr.)

2143. *FAURÉ (F.). Histoire de saint Louis. Paris, 1865, 2 vol. in-8°.

2144. *WALLON. Saint Louis et son temps. Paris, 1875, 2 vol. in-8°.

2145. LEDAIN. Histoire d'Alphonse, frère de saint Louis, et du comité de Poitiers sous son administration. Poitiers, 1869, in-8°.

2146. *BOUTARIC. Saint Louis et Alfonse de Poiters. Paris, 1870, in-8°.

2147. BOUTARIC. Marguerite de Provence, femme de saint Louis; son caractère, son rôle politique. Paris, 1868, in-8°. (Ext. de la Revue des Quest. hist.)

2148. *VALOIS. Guillaume d'Auvergne, évêque de Paris, 1228-1249. Paris, 1880, in-8°.

2149. DELBARRE. Essai vers la vie de Thibault IV, comte de Champagne et de Brie, roi de Navarre. Laon, 1850, in-8°.

2150. LECOY DE LA MARCHE. Saint Louis, sa famille et sa cour, d'après les anecdotes contemporaines (Revue des Questions historiques, 1877.)

2151. JAL (A.). Mémoire sur quelques documents génois relatifs aux deux croisades de saint Louis (Annuaire maritime et colonial, mai 1842). Paris, 1842, in-8°.

2152. TOURTOULON (baron DE). Histoire de don Jacme d'Aragon. Paris, 187 , in-8°.

2153. DIDOT (Ambroise-Firmin). Études sur la vie et les

travaux de Jean, sire de Joinville. Paris, 1870, 2 parties in-8°.

2454. Simonnet. Essai sur l'histoire et la généalogie des sires de Joinville (1008-1386). Langres, 1876, in-8°.

2455. S. de Sacy. Mémoire sur le traité fait entre Philippe le Hardi et le roi de Tunis en 1270 (Mém. de l'Ac. des Inscr. IX.)

2456. -- Mémoire sur une correspondance de l'Empereur du Maroc Yakoub avec Philippe le Hardi (ibid).

2457. Molinier (A.). La Commune de Toulouse et Philippe III (dans le t. IX de la nouvelle édition de De Vaissete. Les t. VI à X de cette nouvelle édition sont très importants pour l'histoire du xiii° siècle.)

2458. Saint-Priest (A. de). Histoire de la conquête de Naples par Charles d'Anjou, frère de saint Louis. Paris, 1847-49, 4 vol. in-8°.

2459. Amari. La guerra del Vespro Siciliano; 9° éd. Milano, 1886, 3 vol. in-8°.

2460. Ricordi e documenti del Vespro Siciliano. Palerme, 1882, in-8°.

2461. Minieri-Riccio. Genealogia di Carlo I d'Angio, prima generazione. Naples, 1857, in-8°. -- Itinerario di Carlo I d'Angio. Naples, 1872, in-4°. — Il regno di Carlo I d'Angio negli anni 1271 et 1272. Naples, 1875, in-8°. — Il regno di Carlo I d'Angio dal 2 gennaio 1275 al 5 gennaio 1285. Florence, 1875-1881, 11 vol. in-8°. — Della dominazione Angioina nel reame di Sicilia; studii storici estratti dai registri della cancellaria Angioina di Napoli. Naples, 1876, in-8°. — Nuovi studii riguardanti la dominazione Angioina nel regno di Napoli. Naples, 1876, in-8°. — Memoria della guerra di Sicilia negli anni 1282, 1283, 1284. Naples, 1876, in-8°. — Genealogia di Carlo II d'Angio, re di Napoli. (Archivio storico per le provincie Napoletane VI et VII, 1881-1882.)

*2462. Durrieu. Les archives Angevines à Naples. Paris, 1886, in-8.

*2463. Bémont (Ch.) Simon de Monfort, comte de Leices-ter. Paris, 1884, in-8.

---

51. Philippe-le-Bel et ses fils.

SOURCES

2464. *Chronique rimée de Saint-Magloire; 1214-1296; cont. 1304. (Lebeuf, Diss. sur l'hist. de Paris, II; — Barbazan et Méon, Fabliaux, II; — Buchon, Coll., VII. — Hist. de Fr. XXII; — Mon. Germ. SS., XXVII, fragm.)

2465. *Continuator prior Guillelmi de Nangiaco. 1300-1340. (D'Achery, Spic. VI; ed. nov. III; — Hist. de Fr., XX; — Géraud Soc. Hist. de Fr., Paris, 1843, 2ᵉ vol. — Mon. Germ. SS., XXVII, fragm.)

2466. Guillelmus Major (Le Maire), episc. Andegavensis; + 1314. Gesta episcopatus sui ab obitu predecessoris ejus Nic. Gelland. (C. Port. Coll. de doc. inéd., 1874.)

2467. Annales *Gandenses;* 1296-1310. (De Smet, Rec. des chr. de Flandre, I; — Mon. Germ. SS. XVI.)

2468. Chronique rimée relative à divers événements de l'hist. de France arrivés pendant le XIIIᵉ et le XIVᵉ siècles. (Pottier, Revue rétrospective normande, nᵒ 2.)

2469. Girardus de Fracheto. Chronicon cum anonyma continuatione usq. ad a. 1328. (Hist. de Fr., XXI. — Mon. Germ. SS., XXVII, fragm.)

2470. Chronique anonyme — 1286. (Hist. de Fr., XXI.)

2471. Chronique anonyme — 1328. (Hist. de Fr., XXI).

2472. *Guillelmus Scotus, mon. S. Dionysii. Chronicon. pars ultima 1286-1328. (Hist. de Fr., XXI.)

2473. *Guillaume Guiart. Branche de royaulx lignages.

(Buchon. Paris, 1828, 2 vol. in-8°; — Buchon, Coll., VII, VIII; — Hist. de Fr., XXII.)

2474. *GEOFFROY DE PARIS. Chronique métrique de Philippe le Bel; 1300-1316; suivie de la taille de Paris en 1313. (Buchon, 1827, in-8°; — Coll., IX. — Hist. de Fr., XXII.)

2475. JOANNES DE S. VICTORE. Memoriale historiarum; 1289-1322. (Hist. de Fr., XXI. — Continuatio; 1322-1328; (ibid).

2476. *BERNARDUS GUIDONIS. Flores chronicorum. (Muratori, SS. rer. It., III; — Hist. de Fr., XXI, fragm.) — Vita Clementis V. et Johannis XXII. (Baluze, Vitae pap. Avenionensium I; — Muratori, SS. rer. It. III, 2.)

2477. Chronicon *Rotomagense*, continuatio; — 1328, (Hist. de Fr., XXIII.)

2478. *Chronicon S. Martini *Turonense;* — 1225; continuatum; — 1337. (Hist. de Fr., XXVIII. — Mon. Germ. SS., XXVII. fragm.)

2479. GAUFRIDUS DE COLLONE (Geoffroi de Courlon). Chronicum; — 1294 (Jullict, Sens, 1876, in-8°; — Hist. de Fr., XXII, fragm.,— Mon. Germ., SS., XXVII, fragm.)

2480. Majus Chronicon *Lemovicense* a Petro Coral et aliis conscriptum; 1218-1315. (Hist. de Fr. XXI.)

2481. JOHANNES LONGUS DE YPRA. Chronica monasterii S. Bertini; — 1294 (Mon. Germ. SS., XXV).

2482. Genealogiae ducum *Brabantiae* (Mon. Germ. SS., XXV).

2483. * BALDUINUS AVENNENSIS. Chronicon Hanoniense; — 1287 (D'Achery, Spicil., VII; ed. nova, III; — Leroy, Anvers, 1691, in-fol.). — Remaniement en français. (Hist. de Fr., XXI, fragm; — Mon. Germ. SS, XXV; — Serrure et Voisin, Bruxelles, 1838, in-8°.)

2484. JEAN DESNOUELLES. Chronique, 1285-1328. (Hist. de Fr., XXI, fragm.)

2185. BALDUINUS NINOVENSIS. Chronicon a Chr. n. — 1294. (De Smet, Corpus Chr. Flandriae, II; — Mon. Germ., SS. XXV.)

2186. GILLEBERTUS DE OUTRE. Versus de guerra habita inter Philippum regem Francorum et Guidonem comitem Flandriae (Mon. Germ. SS., XXV.)

2187. Chroniques de *Flandre*, de Charlemagne à 1346 (D. Sauvage, Lyon, 1561-63, in-fol. — Hist. de Fr., XXII, 1241-1328. Kervyn de Lettenhove. Bruxelles, 1880-81, 2 vol, in-4.)

2188. * JEAN DES PREIS, dit D'OUTREMEUSE. Ly Myreur des histors. (Borgnet, Bruxelles, 1864-67, 5 vol. in-4°. Chroniques belges inédites.)

2189. Acta inter Bonifacium VIII, Benedictum XI, Clementem V et Philippum Pulchrum. (Troyes. 1613, in-12; — Pithou. Paris, 1614, in-8°.)

2190. PROU. Les Registres d'Honorius IV; 1285-1287, (Bibl. des Écoles de Rome et d'Athènes. Paris, 1886 et ss., in-4°; en cours de publ.). — LANGLOIS. Les Registres de Nicolas IV; 1288-1292. (Ibid., 1886 et ss., in-4°; en cours de publ.). — DIGARD, FAUCON et THOMAS. Les Registres de Boniface VIII; 1295-1303 (Ibid., 1885 et ss., in-4°, en cours de publ.). — GRANDJEAN. Le Registre de Benoît XI; 1303-1304. (Ibid., 1884-86, in-4°.)

2191. * Fasciculus actorum pertinentium ad controversiam inter Bonifacium VIII et Philippum IV. (Leibnitz, Mantissa cod. juris gent. dipl. Hanovre, 1693, in-fol).

2192. * Procès des Templiers. (Michelet. Paris, 1841, 2 vol. in-4°. Coll. des Doc. inédits.)

2193. LANDULFUS DE COLUMNA. Elogia Philippi Pulchri ejusque filiorum Ludovici Hutini et Philippi Longi. (Labbe, Bibl. mss., I).

2194. GÉRAUD. Paris sous Philippe le Bel. Paris, 1837, in-4°. (Coll. des Doc. inédits).

2195. * BOUTARIC (E.). Notices et extraits de documents

relatifs à l'histoire de France sous Philippe-le-Bel. (Notices et extraits des manuscr. de la Bibl. Nat. XX, 2. Paris, 1862, in-4°.)

2496. Servois. Documents inédits sur l'avénement de Philippe-le-Long. (Ann. Bull. de la Soc. d'hist. de Fr., 1864.)

2497. *Boutaric (E.). La France sous Philippe le Bel. Paris, 1861, in-8°.

2498. Funck Brentano (F.). La mort de Philippe-le-Bel. Paris, 1884, in-8°.

*2499. Dupuy (P.). Histoire du différend d'entre le pape Boniface VIII et Philippe le Bel, roi de France, et le procès fait à Bernard, évêque de Pamiers, l'an 1295. Paris, 1655, in-fol.

2500. *Tosti (Luigi.). Storia di Bonifazio VIII e di suoi tempi. Mont Cassin, 1846, 2 vol. in-8°; — trad. fr. par Marie Duclos. Paris, 1854, 2 vol. in-8°.

2501. Kervyn de Lettenhove. Recherches sur la part que l'ordre de Citeaux et le comte de Flandre prirent à la lutte de Boniface VIII et de Philippe le Bel. Bruxelles, 1853, in-8°.

2502. Renan. Étude sur Clément V. (Hist. litt. de la France, XXVIII (1881), 272-314.) — Un ministre de Philippe-le-Bel, Guillaume de Nogaret. (Revue des Deux Mondes, 1872. — Hist. litt. XXVII.)

2503. Boutaric (E.). Clément V, Philippe le Bel et les Templiers. Paris, 1872, in-8°. (Extr. de la Rev. des Quest. hist.)

2504. *Rabanis. Clément V et Philippe le Bel. Lettre à M. Daremberg sur l'entrevue de Philippe le Bel et de Bertrand de Got, à Saint-Jean-d'Angeli. Paris, 1858, in-8°.

2505. *Dupuy (P.). Histoire de l'ordre militaire des Templiers, depuis son établissement jusqu'à sa suppression.

Bruxelles, 1751, in-4°. — Histoire de la condamnation des Templiers, celle du schisme des papes tenant le siège en Avignon, et quelques procès criminels. Paris, 1654, in-8°. — Nouv. édit. (avec l'Histoire des Templiers par *Gurtler*), Bruxelles, 1713, 2 vol. in-8°.

2506. HAMMER PURGSTALL. Die Schule der Templer. Vienne, 1855, in-8°.

2507. LOISELEUR (J.). La Doctrine secrète des Templiers. Étude suivie du texte inédit de l'enquête contre les Templiers de Toscane... Paris, 1872, in-8°.

2508. SAULCY (F. DE). Philippe le Bel a-t-il mérité le surnom de faux monnayeur? (Bibl. de l'Écol. des Ch. t. XXXVII, 1876, p. 145-182.

2509. *CLÉMENT (P.). Enguerrand de Marigny. Paris, 1859, in-12.

2510. LOT (H.). Essai d'intervention de Charles le Bel en faveur des chrétiens d'Orient tenté avec le concours du pape Jean XXII (Bibl. de l'Écol. des Chartes, t. XXXVI, 1875, pp. 588-601.

2511. *BONNASSIEUX (Ph.). De la Réunion de Lyon à la France. Paris, 1876, in-8°.

2512. *BERGENGRUEN (A.). Die politischen Beziehungen Deutschlands zu Frankreich während der Regierung Adolfs von Nassau. Strasbourg, 1884, in-8°.

2513. BROSIEN (H.). Der Streit um Reichsflandern in der zweiten Hælfte des XIIIten Jahrhunderts. Berlin, 1884, in4°.

2514. VARENBERGH (E.). La Flandre et l'Empire d'Allemagne. (Annales de l'Académie d'archéologie de Belgique.) Bruxelles, 1873, in-8°.

2515. *G. HUEFFER. Das Verhæltniss des Kœnigreichs Burgund zu Kaiser und Reich. Paderborn. 1873, in-8°. — Die Stadt Lyon und die Westhælfte des Erzbisthums in ihren politischen Beziehungen zum deutschem Reich und zur franzœsischen Krone. Munich, 1878, in-8°.

2516. *R. STERNFELD, Das Verhæltniss des Arelats zu Kaiser und Reich vom Tode Friedrich I bis zum Interregnum. Berlin, 1881, in-8°.

52. Droit et institutions.

Les principales sources pour l'Histoire du Droit et des Institutions sous les Capétiens directs se trouvent déjà indiquées dans notre catalogue aux § 17, 18, 20, 21. Ce sont en particulier : pour les actes du pouvoir royal, les ordonnances (n° 640), la table chronologique des diplômes de Bréquigny (418), les diplômes des trois premiers Capétiens dans le Recueil des Historiens de France (380), les monuments historiques de Tardif (468), les Layettes du Trésor des Chartes (464), le catalogue des actes de Philippe-Auguste (2356); pour les institutions du royaume de Jérusalem, les Assises (633) auxquelles il faut joindre les Assises d'Antioche (Venise, 1876, in-4°); pour le droit civil, les Olim (613), les Actes de Parlement (644), le Style de Parlement (654, cf. 649), les Établissements de saint Louis (650), le Livre de justice et de plet (651), le Conseil de Pierre des Fontaines (652), les Coutumes de Normandie (702), de Beauvaisis (683), d'Artois (679); pour le droit ecclésiastique, les actes des Conciles (428-433); pour les institutions municipales et provinciales, les Recueils inscrits aux n°s 469-581.

On trouvera deux excellentes bibliographies des cartulaires et des collections manuscrites ou imprimées de diplômes et chartes dans la préface du catalogue des Actes de Philippe-Auguste et en tête du livre de M. Flach inscrit ci-dessous.

A ces sources on peut ajouter les suivantes :

2517. — *Libri feudorum (dans le Corpus juris civilis, édit. D. Godefroy, Lyon, 1583, in-4°, Paris, 1628, 2 vol. in-fol.).

2518. — *Corpus juris canonici, (Correctores romani.

Rome, 1582, 5 vol. in-fol. — Friedberg. Leipzig, 1879-1880, 2 vol. in-fol.).

2519. *L. Delisle. Cartulaire normand de Philippe-Auguste, Louis VIII, Louis IX et Philippe le Hardi. (Caen, 1852, in-4°. Mém. des Antiq. de Normandie, XVI.)

2520. Abbonis Canones (Hist. de Fr., X ; — Migne, CXXXIX.)

2521. Ivonis Carnotensis Decretum et Panormia. (Migne, CLXI.)

2522. *Giry. Recueil de documents pour servir à l'histoire des relations de la Royauté avec les villes au XIIᵉ et au XIIIᵉ s. (Paris, 1885, in-8°.)

2523. Polyptique du diocèse de Rouen. (Hist. de Fr., XXIII.)

2524. *Odonis Rigaudi Registrum visitationum archiepiscopi Rothomagensis. (Bonnin. Rouen, 1847, in-4°. — Hist. de Fr., XXI, fragm.)

2525. Acta visitationis provinciarum Burdegalensis et Bituricensis a Simone archiepiscopo Bituricensi, 1284-1291. (Baluze, Miscellanea, IV, 205-396.)

2526. Comptes de saint Louis. (Hist. de Fr., XXI.)

2527. Comptes de Philippe III et de Philippe IV, et divers. (Hist. de Fr., XXII.)

2528. Scripta de feodis ad regem spectantibus et de militibus ad exercitum vocandis, e Philippi registris excepta. — Servitia Normanniae. — Convocations et subsides pour l'ost de Flandres de 1302-1304. — Listes des convocations sous Philippe le Long. (Hist. de Fr., XXIII.)

2529. Hominum ad exercitum Fuxensem vocatorum Indices tres (dans André de la Roque, Traité du ban et de l'arrière-ban, Paris, 1676, in-12 ; — Hist. de Fr., XXIII.)

2530. Le Grand Terrier du fief d'Aunis, texte français de 1246. (Bardonnet, Poitiers, 1875, in-8°.)

2531. Documents historiques concernant - principalement la Marche et le Limousin. (A. Leroux, E. Molinier et A. Thomas. Limoges, 1883-1885, 2 vol. in-8°.)

2532. TAILLIAR. Recueil d'actes du XII° et du XIII° s. en langue romane du N. de la France. (Douai, 1849, in-8°.)

2533. WAUTERS. De l'origine et des premiers développements des libertés communales en Belgique et dans le Nord de la France. Documents. Preuves. (Bruxelles, 1869, in-8°.)

2534. *ÉTIENNE BOILEAU. Le Livre des métiers. (Depping, 1837, in-8°; — Lespinasse et Bonnardot, Paris, 1880, in-4°.)

2535. Les Coutumes et péages de Sens, texte franç. du XIII° s.(Lecoy de la Marche. Bibl. de l'Éc. des Chartes, XXVII.)

2536. Le livre des constitucions demenées el Chastelet de Paris. (Mortet. Soc. Hist. Paris, Mémoires, X.)

2537. Judicia facta in scaccariis Normanniae. (Delisle, dans Mém. de l'Acad. des Inscript., 1864.)

2538. Livre des enquêtes de Nicolas de Chartres; 1269-1298. (Delisle, dans Notices et extraits des mss. de la Bibl. nat., t. XXIII, 2° p.)

2539. MICHEL (Fr.). Rôles Gascons; 1242-1254. (Paris, 1885, in-4°. Coll. des Doc. inédits.)

———

Les ouvrages généraux qui peuvent être consultés pour la même période se trouvent mentionnés aux §§ 29-37 de la bibliographie méthodique.

2540. *LUCHAIRE. Histoire des institutions monarchiques de la France sous les premiers Capétiens; 987-1180. Paris, 1883, 2 vol. in-8°.

2541. CAPEFIGUE. Histoire, constitution et administration de la France, depuis la mort de Philippe-Auguste. Paris, 1831-1833, 4 vol. in-8°.

2542. * Molinier (A.). Étude sur l'administration féodale dans le Languedoc; 950-1250. (Hist. de Languedoc, nouv. éd., t. VII.)

2543. Beugnot (A.). Essai sur les institutions de saint Louis. Paris, 1821, in-8°.

2544. Mignet. De la féodalité, des institutions de saint Louis et de l'influence de la législation de ce prince. Paris, 1822, in-8°.

2545. * Molinier (A.). Étude sur l'administration de saint Louis et d'Alfonse de Poitiers dans le Languedoc, suivie des actes des enquêteurs de ces deux princes. Toulouse, 1880, in-4°. (Hist. de Languedoc, nouv. éd., t. VII.)

2546. * Viollet (P.). Les Sources des établissements de saint Louis. Paris, 1877, in-8°.

2547. Pardessus. Mémoire sur l'organisation de la justice en France, depuis le commencement de la IIIe race jusqu'à la fin du règne de Louis XII. (Ord. des rois de Fr., XXI, préf.)

2548. Blancard. Essai sur les monnaies de Charles Ier, comte de Provence. Marseille, 1879, in-8°.

2549. * Wailly (N. de). Recherches sur le système monétaire du temps de saint Louis. (Mém. Acad. Inscr., 1857, XXI, II, p. 114.)

2550. Wailly (N. de). Mémoire sur les enseignements de saint Louis à son fils. (Anal. dans les Compt. rendus de l'Acad. des Inscr., 1872, p. 218-227.)

2551. Viollet (P.). Note sur le véritable texte des instructions de saint Louis à sa fille Isabelle et à son fils Philippe le Hardi. (Bibl. de l'École des Chartes, 1869, pp. 129-148.) — Les Enseignements de saint Louis à son fils; réponse à M. N. de Wailly et observations pour servir à l'histoire critique des Grandes Chroniques de France et du texte de Joinville. (Bibl. de l'École des Chartes, 1874, pp. 5-56.)

2552. Pastoret (de). Des revenus publics en France,

depuis le commencement de la III⁰ race jusqu'au règne de Louis XI. (Ord. des rois de Fr., XV, XVI, XVII, préf.)

2553. PASTORET (DE). Des contributions et redevances payées aux seigneurs; des redevances ecclésiastiques. (Ibid., XVIII, préf.)

2554. CALLERY (A.). Histoire du pouvoir royal d'imposer, depuis la féodalité jusqu'au règne de Charles V. (Bruxelles, 1882, broch. in-8°.)

2555. FLAMMERMONT. De concessu legis et auxilii tertio decimo saeculo. Paris, 1883, in-8°.

2556. THOMASSY. Saint Louis et le gallicanisme; de la pragmatique sanction attribuée à saint Louis. 2⁰ édit., Paris, 1866, in-8°.

2557. GÉRIN. Les deux pragmatiques sanctions attribuées à saint Louis. 2⁰ édit., Paris, 1869, in-8°.

2558. VIOLLET (P.). Examen critique d'un ouvrage de M. Gérin sur la pragmatique sanction de saint Louis; dans Bibl. de l'École des Chartes, 1870, pp. 162-193.

2559. SAVOUS (ED.). La France de saint Louis, d'après la poésie nationale. Paris, 1866, in-8°.

2560. FRANKEN. Das Französische Pfandrecht im Mittelalter. (Berlin, Wiedmann, 1879, 2 vol. in-8°.)

2561. TARDIF (Ad.). La Procédure civile et criminelle aux XIII⁰ et XIV⁰ siècles. Paris, 1885, in-8°.

2562. PARDESSUS. De la juridiction féodale. (Bibl. de l'École des Chartes, 1817-1818.)

2563. BONNASSIEUX. Les Souffrances féodales au moyen âge. (Bibl. de l'École des Chartes, 1876.)

2564. LEFÈVRE. Les Baillis de la Brie au XIII⁰ siècle. (Bibl. de l'École des Chartes, 1859-1860.)

2565. SEMICHON. La Paix et la Trêve de Dieu, 2⁰ éd. Paris, 1869, 2 vol. in-12.

2566. *KLUCKHOHN. Geschichte des Gottesfrieden. Leipzig, 1857, in-8°.

2567. WILDA. Das Gildenwesen im Mittelalter. Halle, 1831, in-8°.

2568. WAUTERS. Les Gildes communales au xi° siècle. Bruxelles, 1876, in-8°. (Bull. de l'Acad. royale de Belgique.)

2569. QUANTIN. Recherches sur le tiers état au moyen âge. Auxerre, 1851, in-8°. (Bull. Soc. hist. de l'Yonne.)

2570. QUANTIN. Histoire de la commune de Sens. (Bull. de la Soc. hist. de l'Yonne, t. XI.)

2571. *PROU. Les Coutumes de Lorris et leur propagation aux xii° et xiii° siècles. Paris, 1884, in-8°.

2572. *GIRY. Les Établissements de Rouen. Paris, 1883-1885, 2 vol. in-8°.

2573. *BONVALOT. Le Tiers État d'après la charte de Beaumont et ses filiales. Paris, 1884, in-8°.

2574. BEAUREPAIRE. De la vicomté de l'eau de Rouen et de ses coutumes au xiii° et au xiv° siècle. Évreux, 1856, in-8°.

2575. CLOS. Étude sur la municipalité de Toulouse et l'établissement de son consulat. (Ac. des Sc. de Toulouse, 1873-1874.)

2576. MATTON. La Commune du Laonnois. (Bull. de la Soc. acad. de Laon, t. XI.)

2577. MELLEVILLE. Histoire de la commune du Laonnois. Laon, 1853, in-8°.

2578. GALLOT. L'Affranchissement de la ville d'Auxerre au xii° siècle. (Bull. de la Soc. hist. de l'Yonne, t. X.)

2579. BIMBENET. Étude sur la charte de 1137, accordée par Louis VII aux bourgeois d'Orléans. (Mém. de la Soc. d'agric. d'Orléans, t. XVI.)

2580. JUBAINVILLE (D'ARBOIS DE). Les Abbayes cisterciennes et en part. Clairvaux aux xii° et xiii° s. Paris, 1858, in-8°.

2581. *DENIFLE (Le P.). Die Universitæten des Mittelalters bis 1400. Berlin, 1885, in-8°. — Documents relatifs à la fondation de l'Université de Paris. Paris, 1884, in 8°. (Cf. n°° 1373-1394.)

2582. BERNARD (L'abbé E.). Les Dominicains dans l'Université de Paris. Paris, 1883, in-8°.

2583. DOUAIS. Essai sur l'organisation des études dans l'ordre des Frères Prêcheurs, 1216-1346. Paris, 1884, in-8°.

2584. HUGONIN (L'abbé). Essai sur la fondation de l'école de Saint-Victor de Paris. Saint-Cloud, 1854, in-8°.

2585. HAHN (U.). Geschichte der Ketzer im Mittelalter, gesonders im XI°ⁿ, XII°ⁿ und XIII°ⁿ. Jahrhundert, Stuttgart, 1845, in-8°.

2586. *MOLINIER (CH.). L'Inquisition dans le Midi de la France. Paris, 1882, in-8°.

2587. LECOY DE LA MARCHE. La Chaire française au moyen âge, spécialement au XIII° siècle, d'après les manuscrits contemporains. Paris, 1868 ; 2° éd., 1886, in-8°.

2588. *LAMPRECHT. Beiträge zur Geschichte des Französischen Wirthschaftslebens im elften Jahrhundert. 1861, in-8°.

2589. *FAGNIEZ. Études sur l'industrie et la classe industrielle à Paris, aux XIII° et XIV° siècles. Paris, 1878, in-8°.

2590. *BOURQUELOT. Les Foires de Champagne. Paris, 1865, in-4°.

2591. RIVIÈRE (A.). Histoire des biens communaux en France, depuis leur origine jusqu'à la fin du XII° siècle. Paris, 1856, in-8°.

2592. LEBER. Essai sur l'appréciation de la fortune privée au moyen âge. (Cf. n° 1433.)

2593. GÉRAUD. Les Routiers au XII° siècle. (Bibl. de l'Éc. des Chartes, 1841-1842.)

2594. *DELPECH. La Tactique militaire au XIII° siècle. Paris, 1886, 2 vol. in-4°. (Cf. n°° 1322, 1327.)

2595. *KŒHLER. Geschichte des Kriegswesens in der Ritterzeit. Bd. I. Leipzig, 1886, in-8°.

IV

LA GUERRE DE CENT ANS
ET LA RUINE DE LA FÉODALITÉ

53. Philippe VI, Jean II, Charles V.

2596. *JEAN DE VENETTE. Continuatio posterior Guillelmi de Nangiaco; 1340-1368. (D'Achery, Spic., XI; — Ed. nov., III; — Géraud. Soc. H. F. Paris, 1843, 2 vol. in-8°.)

2597. *Chroniques de Saint-Denys. (P. Paris. Paris, 1836-38, 6 vol. in-8°; — Hist. de Fr., III, V, VI, VII, VIII, X-XII, XVII, XX, XXI.)

2598. *JEAN LE BEL. Chronique. (Polain. Liège, 1850, in-8°; et Bruxelles, 1863, in-4°, Coll. des Chr. belges.)

2599. *FROISSART. Chroniques. (Vérard. Paris, s. d.; — Buchon. Paris, 1835-36, 3 vol. gd. in-8°; — Kervyn de Lettenhove. Bruxelles, 20 vol. in-8°; — Luce. Soc. H. de Fr., 1869 et ss., in-8°, en cours de publ.)

2600. Chronique normande du XIVe siècle; 1298-1370. (A. et E. Molinier. Soc. H. F. Paris, 1882, in-8°.)

2601. *Chronique des quatre premiers Valois; 1327-1393. (Luce. Soc. H. F. Paris, 1862, in-8°.)

2602. *HELLOT. Chronique parisienne de 1316-1339. (Mém. Soc. H. Paris, XI, 1884.)

2603. *Chroniques de Flandre (Recueil des). (De Smet. Bruxelles, 1837-65, 4 vol. in-4°.)

2604. *Récits d'un bourgeois de Valenciennes. (Kervyn de Lettenhove. Bruxelles, 1879, 2 vol. in-4°.)

2605. *CUVELIER. Chronique de Du Guesclin. (Charrière. Coll. des Doc. inédits. Paris, 1839, 2 vol. in-4°.)

2606. *Chronique du petit Thalamus de Montpellier. (Montpellier, Soc. arch. de Montp., 1836, in-4°.)

2607. * MIGUEL DEL VERMS. Chronique des comtes de Foix. (Buchon. Choix de Chroniques, IV.)

2608. ROBERT DE AVESBURY. De mirabilibus gestis Edwardi III, regis Anglie. (Hearne. Oxford, 1720, in-4°.)

2609. VILLANI (GIOVANNI et MATTEO). Istorie Fiorentine. (Muratori, SS. rer. It., XIII.)

2610. AYALA. Cronica del rey D. Pedro. (Madrid, 1779. Acad. de Madrid, in-4°.)

2611. * Vitae paparum Avenionensium. (Baluze. Paris, 1693, 2 vol. in-4°.)

2612. LA PERENNE (Guillaume de). Histoire des guerres d'Italie par les Bretons sous le pontificat de Grégoire XI, écrite en vers français. (Martène, Ampl. Coll., III.)

2613. Chronique de Morée aux xiii° et xiv° siècles. (Morel-Fatio. Soc. de l'Orient lat. Genève, 1885, in-8°.)

2614. Poème sur la bataille de Crécy. (Buchon, Coll., XIV.)

2615. Combat de trente Bretons contre trente Anglais, en 1350. (Crapelet. Paris, 1827, in-8°; — Buchon, Coll., XIV.)

2616. * CHRISTINE DE PISAN. Le Livre des faicts et bonnes mœurs du roi Charles V. (Petitot, Coll., V-VI; — Michaud et Poujoulat, Nouv. Coll., II; — Buchon, Coll., IV.)

2617. PETRUS BAIOCENSIS. Chronicon sui temporis; 1350-1392. (Thaddaeus de Argentina. Bâle, 1512, in-8°.)

2618. SIMON LINGONENSIS. Acta legationum quas pro summis pontificibus et regibus Franciae plures egit. (Martène et Durand, Thes. Anecd., IV.)

2619. AUMALE (duc d'). Notes et documents relatifs à Jean, roi de France, et à sa captivité en Angleterre. Londres, 1856, in-4°. (Extr. des *Miscellanies of the philobiblon Society*, 1855, t. II, sect. 6.)

2620. *Delisle (L.). Mandements et actes divers de Charles V. Paris, 1873, in-4°. (Coll. des Documents inédits.) — Testament de Blanche de Navarre, femme de Philippe VI. (Mém. de la Soc. de l'Hist. de Paris, t. XII.)

2621. Lévêque (P.-Ch.). La France sous les cinq premiers Valois. Paris, 1787, 4 vol. in-12.

2622. Guibal (G.). Histoire du sentiment national en France pendant la guerre de Cent Ans. Paris, 1875, in-8°.

2623. Monmerqué (de). Doutes historiques sur le sort du petit roi Jean Ier. Paris, 1844, in-4°. — Dissertation historique sur Jean Ier, roi de France et de Navarre. Paris, 1844, in-8°.

2624. Choisy (l'abbé de). Histoire de Philippe de Valois et du roi Jean. Paris, 1750, in-12.

2625. Gaillard (G.-H.). Histoire de la querelle de Philippe de Valois et d'Édouard III, roi d'Angleterre. Paris, 1774, 4 vol. in-12.

2626. Lancelot. Mémoire pour servir à l'histoire de Robert d'Artois. (Mém. Acad. des Inscr., VIII, 669; X, 571.)

2627. Kervyn de Lettenhove. Le Procès de Robert d'Artois. (Bulletins de l'Acad. roy. de Belgique, 2me série, t. X, n° 12, et t. XI, n° 1.)

2628. Bertrandy. Étude sur les chroniques de Froissart. Guerre de Guienne (1345-1346). Bordeaux, 1870, in-8°.

2629. Lebeau. Dissertation sur le dévouement d'Eustache de Saint-Pierre et de ses compagnons. Calais, 1839, in-8°. (Mémoires de la Société d'agriculture de Calais.)

2630. Hubert (J.). Le Siège de Reims par les Anglais en 1359. Sedan, 1846, in-8°.

2631. Chauvelays (J. de la). Guerres des Français et des Anglais, du XIe au XVe siècle. Paris, 1875, 2 vol. in-8°.

2632. JOUBERT. Les Invasions anglaises en Anjou au xive et au xve siècle. Angers, 1872, in-12.

2633. HOWARD (ROBERT). History of the reigns of Edward III and Richard II. Londres, 1690, in-8°.

2634. BREE (JOHN). Sketch of the kingdom of England during the 14th century, with a particular account of the campaign of Edward III in 1345 and 1346. Londres, 1791, in-4°.

2635. KERVYN DE LETTENHOVE (J.). Froissart, Edouard III et le comte de Salisbury. Bruxelles, 1854, in-8°. (Extr. des Bull. de l'Acad. roy. de Belg.)

2636. *LONGMAN (W.). The history of the life and times of Edward the third. Londres, 1869, 2 vol. in-8°.

2637. *KERVYN DE LETTENHOVE. Histoire de la Flandre. Bruxelles, 1847-1850, 6 vol. in-8°; Bruges, 1853-1854, 4 vol. in-8°.

2638. *CHRISTOPHE (l'abbé). Histoire de la papauté au xive siècle. Paris, 1853, 3 vol. in-8°.

2639. BERTRANDY. Recherches historiques sur l'origine, l'élection et le couronnement du pape Jean XXII. Paris, 1854, in-8°.

2640. *GUIFFREY. Histoire de la réunion du Dauphiné à la France. Paris, 1868, in-8°.

2641. *SECOUSSE. Mémoires pour servir à l'histoire de Charles le Mauvais. Paris, 1755, in-4°. — Preuves de l'histoire de Charles le Mauvais. Paris, 1758, in-4°. — Mémoire sur les troubles qui suivirent la bataille de Poitiers. (Mém. de l'Acad. des Inscript., XVI, 1731, in-4°, p. 194.)

2642. NAUDET. Conjuration d'Étienne Marcel contre l'autorité royale, ou histoire des États généraux de la France de 1355 à 1358. Paris, 1815, in-8°.

2643. *PERRENS. La Démocratie au xive siècle. Paris, in-8°. — Étienne Marcel, prévôt des marchands (1354-1358). Paris, 1875, in-4°.

2644. *Luce (S.). Histoire de la Jacquerie. Paris, 1859, in-8°.

2645. Flammermont. La Jacquerie en Beauvaisis. (Revue Historique, t. IX, 1879, p. 123.)

2646. Bonnemère (E.). Histoire de la Jacquerie. Paris, 1873, in-8°.

2647. Dessalles (L.). Rançon du roi Jean. Compte de l'aide imposée pour la délivrance de ce prince, levée sur les prévôté, vicomté et diocèse de Paris par les mains de Jean le Mire, pendant une année commençant le 17 août 1369, et finissant le même jour 1370. Paris, 1850, in-8°.

2648. Choisy (l'abbé de). Histoire de Charles V, roi de France. Paris, 1695, in-4°.

2649. Menestrier (C.-F.). Cour du roi Charles V, surnommé le Sage, et celle de la reine Jeanne de Bourbon, son épouse. Paris, 1683, in-fol.

2650. Sallier (l'abbé). Mémoire sur les ducs d'Orléans descendus de Charles V. (Mém. Acad. Inscript., XV, 1740, p. 793.)

2651. Brissaud. Les Anglais en Guyenne. Paris, 1875, in-8°.

2652. Secousse. Mémoire dans lequel on prouve que Charles V étoit souverain de Guienne... en 1369. (Mém. Acad. Inscrip., XVII, 1751, p. 316.)

2653. Hay du Chastelet. Histoire de Bertrand du Guesclin, connestable de France. Paris, 1666, in-fol.

2654. *Luce (S.). Histoire de Bertrand du Guesclin. 1re partie : La Jeunesse de Bertrand. Paris, 1876, in-8°.

2655. Smyterre (de). Essai historique sur Yolande de Flandre; 1326-1395. Lille, 1877, in-8°.

2656. Mérimée. Histoire de don Pèdre Ier, roi de Castille. Paris, 1865, in-8°.

2657. *Cuerest. L'Archiprêtre, épisode de la guerre de Cent ans au XIVe siècle. Paris, 1879, in-8°.

2658. *TERRIER DE LORAY. Jean de Vienne, amiral de France (1341-1396). Paris, 1878, in-8°.

2659. * MOLINIER (E.). Arnoul d'Audrehem, maréchal de France. (Acad. des Inscr., Mémoires des savants étrangers, II, 6.) Paris, 1883, in-4°.

2660. *LEROUX (A.). Recherches critiques sur les relations politiques de la France avec l'Allemagne, de 1292 à 1378. Paris, 1882, in-8°.

2661. *WINCKELMANN (O.). Die Beziehungen Kaiser Karls IV zum Kœnigreich Arelat. Strasbourg, 1882, in-4°.

2662. DELAVILLE LE ROULX. La France en Orient au XIVᵉ siècle. Paris, 1886, in-8°.

2663. BOIVIN. Vie de Christine de Pisan et de Thomas de Pisan. (Mém. Acad. Inscr., II, 1736, p. 701.)

2664. THOMASSY (R.). Essai sur les écrits politiques de Christine de Pisan, suivi d'une notice littéraire et de pièces inédites. Paris, 1838, in-8°.

---

54. Charles VI, Charles VII, Louis XI.

Consulter pour cette période les documents contenus dans le Corpus chronicorum Flandriae (De Smet. Bruxelles, 1837-1845, 4 vol. in-4°); les Chroniques relatives à l'histoire de la Belgique sous les ducs de Bourgogne (Kervyn de Lettenhove. Bruxelles, 1870-77, 4 vol. in 4°) et les Chroniques de Brabant d'E. de Dynter (De Ram. Bruxelles, 1854-57, 3 vol. in-4°.)

2665. Chroniques martiniennes. (Paris, 1503, in-fol.)

2666. *Chronique du religieux de Saint-Denys; 1380-1422. (Le Laboureur. Paris, 1663, 2 vol. in-fol.; — Bellaguet. Coll. des Doc. inédits. Paris, 1839-52, 6 vol. in-4°, texte et trad.)

2667. *Juvénal des Ursins. Histoire de Charles VI. (Théod. Godefroy. Paris, 1614, in-4°; — Denys Godefroy. Paris, 1653, in-fol.; — Michaud et Poujoulat, Nouv. Coll., II; — Buchon, Choix de chron., IV.)

2668. Jean Cabaret d'Orville. Chronique du bon duc Loys II de Bourbon; 1337-1410. (Chazaud. Soc. H. F. Paris, 1876, in-8°.)

2669. *Le Fèvre de Saint-Rémy (Jean). Mémoires. (Morand. Soc. H. F. Paris, 1876-81, 2 vol. in-8°.)

2670. *Pierre de Fénin. Mémoires. (Théod. Godefroy, App. à Juv. des Ursins. Paris, 1614, in-4°; — Denys Godefroy, Paris, 1653, in-fol.; — Petitot, Coll., VII; — Mlle Dupont, Soc. H. F., Paris, 1837, in-8°; — Michaud et Poujoulat, Nouv. Coll., II.)

2671. *Journal d'un bourgeois de Paris; 1405-1449. (Labbe, Abrégé de l'alliance chronologique. Paris, 1664, in-4° (Extrait); — App. à Juv. des Ursins, éd. de 1614 et 1653; — de la Barre, Paris, 1729, in-4°; — Michaud et Poujoulat, Nouv. Coll., II; — Buchon, Coll., LX; — Tuetey. Paris, 1881, in-8°. Soc. de l'hist. de Paris.)

2672. Boucicaut. Mémoires ou livre des faits du maréchal de Boucicaut. (Petitot, Coll. VI, VII; — Michaud et Poujoulat, Nouv. Coll., II; — Buchon, Choix de chr., III; — Panth. Littér. Paris, 1853, gd. in-8°.)

2673. Pierre Cochon. Chronique normande. (De Beaurepaire. Soc. de l'Hist. de Norm. Rouen, 1870, in-8°.)

2674. Chronique du Mont Saint-Michel. (S. Luce. Soc. des Anc. Textes. Paris, 1879, 2 vol. in-8°.)

2675. Abrégé de l'histoire chronologique des roys Charles VI, Charles VII, depuis l'an 1400 jusqu'en 1467, par un auteur contemporain. (Godefroy, Hist. de Charles VI. Paris, 1653, in-fol.; — Hist. de Charles VII. Paris, 1661, in-fol.)

2676. Salmon. Mémoires présentés à Charles VI. (Buchon, Coll., XXV, 2e Suppl.)

2677. FABER (J.). Expositio rerum in Gallia tum gestarum; 1379-1399. (Du Boulay. Hist. Univ. Paris., IV.)

2678. MARTIN DE COTIGNIES. Sur les factions qui troublèrent le règne de Charles VI. (Extraits de cette chronique rimée, publiés par Ameilhon dans le t. V des Notices et extraits des manuscrits.)

2679. EUSTACHE DESCHAMPS. Poésies morales et historiques. (Crapelet. Paris, 1832, 2 vol. in-8°.) — Poésies inédites. (Tarbé, Paris, 1849, 2 vol. in-8°.) — Œuvres complètes. (Queux de Saint-Hilaire. Paris, 1878 et ss. Soc. des Anc. Textes. En cours de publ.)

2680. Chronique anonyme (extraits d'une), 1400-1422. (Douët d'Arcq, dans l'éd. de Monstrelet, Soc. H. F., tome VI.)

—————

2681. *MONSTRELET (ENGUERRAND DE). Chroniques. (Vérard. Paris, s. d. (v. 1496). 3 tomes en 2 vol. in-fol. — (Buchon, Choix de chron., V; — Coll., XXVI-XXVII; — Panthéon litt., III; — Douët d'Arcq. Paris, 1857-61, 6 vol. in-8°. Soc. H. F.)

2682. *BASIN (THOMAS). Histoire de Charles VII et de Louis XI. (J. Quicherat, Paris, 1854-59, 4 vol. in-8°. Soc. H. F.)

2683. *BERRY (GILLES LE BOUVIER). Les Cronicques du feu roi Charles septiesme de ce nom. (Paris, 1528, in-fol; — André Duchesne. Paris, 1617, in-4°; — Denys Godefroy, Hist. de Charles VII. Paris, 1661. in-fol. Extrait.)

2684. Cronicques de Normendie. (Hellot. Rouen, 1881, in-8°.)

2685. Chronique de la Pucelle ou chronique de Cousinot. (D. Godefroy, Hist. de Charles VII. Paris, 1661, in-fol.; — Buchon, Coll., XXXIV; — Panthéon litt., 1838; — Michaud et Poujoulat, Nouv. Coll., III; — Petitot, Coll., VIII; — J. Quicherat, Procès de Jeanne d'Arc, IV; — Vallet de

Viriville, 1859, in-8°. Cette éd. contient aussi la Geste des nobles de Guillaume Cousinot. 1380-1429.)

2686. *CHARTIER (JEAN). Histoire de Charles VII. (Denys Godefroy, Hist. de Charles VII. Paris, 1661, in-fol. ; — Vallet de Viriville. Paris, 1858-59, 3 vol. in-16. Bibl. Elzév.)

2687. Mémoires de Jeanne d'Arc ou mémoires de la Pucelle d'Orléans. (Petitot, Coll., VIII. — Michaud et Poujoulat, Nouv. Coll., III; — Buchon, Coll., XXXIV. Ce dernier volume de la Coll. Buchon est consacré aux écrits relatifs à Jeanne d'Arc.)

2688. Mémoires de Florent, sire d'Illiers, capitaine au service de Charles VII. (Petitot, VIII. — Michaud et Poujoulat, Nouv. Coll., III.)

2689. *ESCOUCHY (MATHIEU D'). Histoire d'une partie du règne de Charles VII; 1444-1461. (Denys Godefroy, Hist. de Charles VII. Paris, 1661, in-fol. ; — Buchon, Coll., XXXV-XXXVI; — De Beaucourt. Soc. H. F. Paris, 1863-64, 3 vol. in-8°.)

2690. BONAMY. Mémoires sur Jacques Cœur et actes de son procès. (Mém. Acad. des Inscr., XX, p. 109, etc.; — Buchon, Choix de chroniques, VIII.)

2691. TAVERNE (A. DE LA). Journal de la paix d'Arras, 1435. (Collart, Paris, 1651, in-12.)

2692. JEAN DU PORT, sieur DES ROSIERS. La Vie de très illustre et vertueux prince Jean, comte d'Angoulesme, aïeul de François Ier, roi de France. (Angoulesme, 1602, in-4°; — Eus. Castaigne, Angoulême, 1852, in-8°.)

2693. G. GRUEL. Histoire d'Artus III, duc de Bretagne et connestable de France. (Paris, 1622, in-4°; — Petitot, Coll., VIII; — Michaud et Poujoulat, Nouv. Coll., III.)

2694. *DU CLERCQ (JACQUES). Mémoires. (De Reiffenberg, Bruxelles, 1823, 4 vol. in-8°; — Petitot, Coll., XI; — Michaud et Poujoulat, Nouv. Coll., III; — Buchon, Coll., XXXVII-XXXIX; Choix de chr., VIII.)

2695. *COMMINES (PHILIPPE DE). Mémoires. (Paris, 1524, in-fol.; — Denys Godefroy. Paris, 1649, in-fol.; — Lenglet du Fresnoy. Londres et Paris, 1747, 4 vol. in-4°; — Mlle Dupont, Soc. H. F., Paris, 1840-47, 3 vol. in-8°; — Buchon, Choix de chr., VII; — Petitot, XII-XIII; — Michaud et Poujoulat, Nouv. Coll., IV; — Chantelauze, Paris, 1881, gr. in-8°.)

2696. *COMMINES (PH. DE) Lettres et négociations. (Kervyn de Lettenhove. Bruxelles, 1867-68, 2 vol. in-8°.)

2697. * JEAN DE TROYES. Les Chroniques du très chrétien et très victorieux Loys de Valois, feu roy de France; 1460-1483. (Chronique scandaleuse). — (Paris, 1558, in-8°; — Petitot, Coll., XIII-XIV; — Michaud et Poujoulat, Nouv. Coll., IV; — Buchon, Panthéon littéraire, Paris, 1838, in-8°.)

2698. MAUPOINT (G.). Journal. (Fagniez. Soc. de l'Hist. de Paris. Paris, 1877, in-8°.)

2699. * LA MARCHE (OLIVIER DE). Mémoires; 1435-92. (Petitot, Coll., IX-X; — Michaud et Poujoulat, Nouv. Coll., III; — Buchon, Choix de chr., VII; — Beaune et d'Arbaumont, Soc. H. F. Paris, 1883-84, 3 vol. parus. En cours de publ.)

2700. * CHASTELAIN (GEORGES). Chronique des ducs de Bourgogne. (Buchon, Coll., XLII-XLIII; — Panthéon litt.; — Kervyn de Lettenhove. Bruxelles, 1863-65, 8 vol. in-8°.)

2701. * MOLINET (JEAN). Chroniques; 1476-1506. (Buchon. Paris, 1827-28, 4 vol. in-8°; — Coll., XLIV-XLVI.)

2702. ADRIANUS DE VETERIBUSCO. Chronicon Leodiense sive opus rerum Leodiensium; 1429-1483. (Martène, Ampl. Coll., IV.)

———

2703. * JEAN DE WAVRIN, seigneur de Forestel. Anchiennes cronicques d'Angleterre. (Mlle Dupont. Soc. H. F. Paris, 1858-59, 3 vol. in-8° (1325-1469); — Hardy. Londres, 1864-1879, 3 vol. in-8°. SS. rer. Brit. n°s 39, 40, 79.)

2704. Historia vitae et regni Richardi II a monacho

quodam de Evesham consignata. (Hearne, Oxford, 1729, in-8°.)

2705. JEAN LE BEAU, chan. de Saint-Lambert à Liège. Chronique de Richard II; 1377-99. (Buchon, Coll., XXV.)

2706. FACIUS. De origine belli inter Gallos et Britannos anno 1415. (Camusat, Add. ad Bibliothecam Ciaconii. Paris, 1731, in-fol.)

2707. PAGE (John). The siege of Rouen (Gairdner. The historial collection of a citizen of London in the xvth century. Camden society, 1877, in-8°.)

2708. Siege of Harflet et batayl of Azencourt by king Henry V. (Buchon, Coll., XXXIII.)

2709. Histoire et discours du siège qui fut mis devant la ville d'Orléans par les Anglais en 1428. (Orléans et Paris, 1576, in-8°; — Paris, 1722, in-8°.)

2710. *Narratives of the expulsion of the English from Normandy. 1449-1450. — Blondellus, De reductione Normanniae. — Berry, Le recouvrement de Normandie. — Conférences des ambassadeurs de France et d'Angleterre. (Stevenson, Londres, 1863, in-8°. SS. rer. Brit. n° 32.)

2711. HUMBERTUS DE MONTMORET. Bellorum britannicorum a Carolo VII in Henricum, Anglorum regem... gestorum... prima pars, versibus expressa. (Paris, 1512, in-4°.)

2712. *Chroniques relatives à l'histoire de Belgique sous les ducs de Bourgogne, t. II et III. (Kervyn de Lettenhove. Coll. de Chr. Belges.)

2713. *MARTIAL D'AUVERGNE. Les Vigiles de la mort du roi Charles VII... contenant la chronique et les faits advenus durant la vie dudit roy, en vers. (Pierre le Caron, Paris, 1492, in-fol.; — Coustelier. Paris, 1724, 2 vol. in-8°.)

2714. HENRI BAUDE. Éloge de Charles VII (Vallet de Viriville. Hist. de Charles VII, par J. Chartier, t. III; et à part, Paris, 1855, in-8°). — Poésies (J. Quicherat. Paris, 1856, in-12.)

2715. Poème sur la bataille de Liège en 1468. (Buchon, Coll., XLIII.)

2716. Discours du siège de Beauvais par Charles, duc de Bourgogne, en 1472. (P. Louvet. Beauvais, 1622, in-8°.)

2717. DIEBOLD SCHILLING. Beschreibung der Burgundischen Kriegen. (Berne, 1743, in-8°; — Lucerne, 1862, gr. in-8°.)

2718. JEAN DE HAYNIN et DE LOUVEGNIES. Mémoires; 1465-1477. (Mons, 1842, in-8°.)

2719. GÉRARD ROBERT, religieux de Saint-Vaast d'Arras. Journal. (Arras, 1852, petit in-8°.)

2720. PIERRE DE BLARRU. Opus de bello Nanceiano a. 1476. (Nicolaus de Porta. Nancy, 1518, in-fol.; — Trad. Calmet, Hist. de Lorraine.)

2721. SAINT-GELAIS (Octavien de). Le Vergier d'honneur. (Paris, 1526, in-4°.)

———————

2722. DOUËT D'ARCQ. Choix de pièces inédites relatives au règne de Charles VI. (Paris, 1863-1864, 2 vol. in-8°. Soc. H. F.) — Comptes de l'hôtel des rois de France aux XIVᵉ et XVᵉ siècles. (Paris, 1865, in-8°. Soc. H. F.)

2723. BESSE. Recueil de diverses pièces servant à l'histoire de Charles VI. (Paris, 1660, in-4°.)

2724. *QUICHERAT (J.). Procès de condamnation et de réhabilitation de Jeanne d'Arc. (Paris, 1841-49, 5 vol. in-8°. Soc. H. F.)

2725. O'REILLY. Les deux procès de condamnation, les enquêtes et la sentence de réhabilitation de Jeanne d'Arc. (Paris, 1868, 2 vol. in-8°. Trad. fr. des pièces publ. par Quicherat.)

2726. *LUCE. Chronique du Mont-Saint-Michel; 1343-1468. (Paris, 1879, 2 vol. in-8°. Soc. des anc. textes.)

2727. *Longnon. Paris pendant la domination anglaise ; 1420-1436. (Paris, 1878, in-8°. Soc. H. de Paris.)

2728. *Cabinet de Louis XI; lettres... recueillies par Tristan l'Hermite de Soliers. (Paris, 1661, in-12.)

2729. Recueil de pièces pour servir de suite à l'histoire de Louis XI par M. Duclos. (La Haye, 1746, in-8°.)

2730. Louandre. Lettres et bulletins des armées de Louis XI adressées aux officiers municipaux d'Abbeville. (Abbeville, 1837, in-8°.)

2731. *Lettres de Louis XI, t. I et II (J. Vaesen et Ét. Charavay, Soc. H. F. Paris, 1883 et 1885, in-8°. En cours de publ.).

————

2732. Memorials of Henry the fifth. (Ch. Cole. Londres, 1858, in-8°. SS. rer. Brit., n° 11.)

2733. Letters and papers illustrative of the wars of the English in France during the reign of Henry the sixth. (Stevenson. Londres, 1861-1864, 2 vol. in-8°. SS. rer. Brit., n° 22.)

2734. Memorials of the reign of Henry the sixth. Correspondance of Th. Bekynton. (Williams. Londres, 1872, 2 vol. in-8°. SS. rer. Brit., n° 56.)

2735. Proceedings and ordinances of the Privy Council of England. Richard II — Henri VIII. (N. Harris Nicolas. Londres, 1834-37, 7 vol. in-8°.)

2736. J. Delpit. Collection générale des documents français qui se trouvent en Angleterre, t. I. (Paris, Dumoulin, 1847, in-4°.)

2737. Canat. Documents inédits pour servir à l'histoire de Bourgogne. (Chalon-sur-Saône, 1863, 2 vol. in-8°.)

2738. Lettres de Charles, duc de Bourgogne, à messire

Claude de Neufchastel, gouverneur de Luxembourg. (Mémoires pour servir à l'hist. de France et de Bourgogne. Paris, 1729, in-4°.)

2739. *GINGINS (DE). Dépêches des ambassadeurs milanais sur les campagnes de Charles le Hardi de 1474 à 1477. (Genève-Paris, 1858, 2 vol. in-8°.)

2740. CHMEL. Monumenta Habsburgica. Actenstücke u. Briefe z. Geschichte des Hauses Habsburg im Zeitalter Maximilians I. (Vienne, 1854-58, 3 vol. in-8°.)

2741. CHAMPOLLION-FIGEAC. Documents historiques inédits, t. II et III (Doc. inéd. rel. à l'hist. de France. Paris, 1843-1845, in-8°).

2742. LE ROUX DE LINCY. Chants historiques et populaires du temps de Charles VII et de Louis XI. (Paris, 1857, in-8°.)

———————

2743. CHOISY (l'abbé DE). Histoire de Charles VI. Paris, 1695, in-4°.

2744. LUSSAN (MARGUERITE DE) [BAUDOT DE JUILLY]. Histoire de Charles VI. Paris, 1749-1753, 9 vol. in-12.

2745. DUVAL-PINEU. Histoire de France sous le règne de Charles VI. Paris. 1842, 2 vol. in-8°.

2746. VALLET DE VIRIVILLE. Isabeau de Bavière; étude historique. Paris, 1859, in-8°. — Odette ou Odinette de Champdivers était-elle fille d'un marchand de chevaux? Notes historiques sur ce personnage. (Bibl. de l'École des Chartes, 1859, p. 171.)

2747. *WALLON. Richard II, épisode de la rivalité de la France et de l'Angleterre. Paris, 1864, 2 vol. in-8°.

2748. HARRIS (N.). History of the battle of Azincourt and of the expedition of Henry the fifth into France. Londres, 1831, in-8°.

2749. Bonamy. Mémoire sur le lieu, les circonstances et les suites de l'assassinat de Louis, duc d'Orléans, frère du roi Charles VI. (Mém. Acad. Inscrip., XXI, 1754, 515.)

2750. Beaucourt (de). Le Meurtre de Montereau. Paris, 1868, broch. in-8°.

2751. Kervyn de Lettenhove. Jean sans Peur et l'apologie du tyrannicide. (Bull. acad. de Bruxelles, 1861, et Bull. commiss. hist., 1866-1873.)

2752. Flourac. Jean Ier, comte de Foix, vicomte souverain de Béarn, lieutenant du roi en Languedoc (1412-1436). Paris, 1884, in-8°.

2753. Huillard-Bréholles. La rançon du duc de Bourbon, Jean Ier. Paris, 1869, in-4°.

2754. Bonnechose (E. de). Les Réformateurs avant la Réforme : xve siècle, Gerson, Jean Huss et le concile de Constance. Paris, 1853, 2 vol. in-8°.

2755. L'Écuy. Essai sur la vie de Jean Gerson, chancelier de l'Église et de l'Université de Paris. Paris, 1832, 2 vol. in-8°.

2756. *Schwab (J.-B.). Johannes Gerson, professor der Theologie und Kanzler der Universitæt Paris. Wurtzbourg, 1858, in-8°.

2757. Muentz (A.). Nicolas de Clamenges, sa vie et ses écrits. Strasbourg, 1846, in-8°.

2758. Tschackert. Peter von Ailly. Gotha, 1877, in-8.

––––––––––

2759. Vallet de Viriville. Histoire de Charles VII et de son époque. Paris, 1862-1863, 3 vol. in-8°.

2760. *Beaucourt (G. Du Fresne de). Histoire de Charles VII, t. I-III. Paris, 1880-1885. (En cours de publ.)

2761. Vallet de Viriville. Recherches sur Agnès Sorel

Bibl. de l'Éc. des Chartes, 1850. — Agnès Sorel, Étude morale et politique sur le xv⁰ siècle. Revue de Paris, 1855.

2762. *COSNEAU. Le connétable de Richemont. Paris, 1886, in-8°.

2763. *QUICHERAT (J.). Aperçus nouveaux sur l'histoire de Jeanne d'Arc. Paris, 1850, in-8°.

2764. *WALLON. Jeanne d'Arc. 3⁰ éd. Paris, 1875, 2 vol. in-12.

2765. JOLLOIS. Histoire du siège d'Orléans. Paris, 1833, in-4°.

2766. *LUCE. Jeanne d'Arc à Domrémy. Paris, 1886, in-8°.

2767. BEAUREPAIRE (ROBILLARD DE). Recherches sur le procès de condamnation de Jeanne d'Arc. Rouen, 1869, in-8°.

2768. QUICHERAT. Supplément aux témoignages contemporains sur Jeanne d'Arc. (Rev. hist., 1882.)

2769. LONGNON. Les limites de la France à l'époque de Jeanne d'Arc. (Rev. des quest. hist., t. XVIII.)

2770. *QUICHERAT (J.). Rodrigue de Villandrando. Paris, 1879, in-8°.

2771. BOSSARD (L'abbé) et R. DE MAULDE. Gilles de Rais, maréchal de France, dit Barbe-Bleue; 1404-1440. Paris, 1886, in-8°.

2772. *NEUVILLE (D.). Le Parlement royal à Poitiers (1418-1439). (Revue hist., t. VI, 1, 272.)

2773. *TUETEY. Les écorcheurs sous Charles VII. Montbéliard, 1874, 2 vol. in-8°.

2774. CHAUVELAYS (DE LA). Étude sur les armées des ducs de Bourgogne. Paris, 1881, in-8°.

2775. GODEFROY (Th.). Histoire de messire Jean Boucicaut; 1368-1408. Paris, '620, in-4°.

2776. BONAMY. Mémoires sur Jacques Cœur (avec les actes de son procès). Mém. de l'Ac. des Inscrip., t. XXX. — Buchon, Coll., t. XL.

2777. TROUVÉ (baron). Jacques Cœur, commerçant, maître des monnaies, argentier du roi Charles VII et négociateur. Paris, 1840, in-8°.

2778. *CLÉMENT (Pierre). Jacques Cœur et Charles VII. 2e éd. Paris, 1863, 2 vol. in-8°; nouv. éd. 1865, in-8°.

2779. JORET-DESCLOZIÈRES (G.). Procès de Jacques Cœur, argentier du roi Charles VII (1451). Paris, 1867, in-8°.

2780. VALLET DE VIRIVILLE. Essais critiques sur les historiens originaux du règne de Charles VII. Paris, 1857, in-8°. (Bibl. de l'École des Chartes, 1857.) — Recherches sur Robert Blondel, poète et historien contemporain de Charles VII. (Notices et extr. des mss., XVII, 2e partie, p. 406.)

2781. GASTÉ (A.). Étude sur Olivier Basselin et les compagnons du Vau-de-Vire, leur rôle pendant les guerres anglaises et leurs chansons. Caen, 1866, in-18.

2782. PÉCUENARD (L'abbé). Jean Juvénal des Ursins. Sa vie et ses œuvres. Paris, 1876, in-8°.

2783. SARRADIN. Étude sur Eustache Deschamps. Paris, 1879, in-8°.

2784. DELAUNAY (D.). Étude sur Alain Chartier. Paris, 1876, in-8°.

———

2785. MATHIEU (Pierre). Histoire de Louis XI, roi de France. Paris, 1610, in-fol.

2786. DUCLOS. Histoire de Louis XI, 3e édit. La Haye, 1750, 3 vol. in-12.

2787. *LEGEAY (U.). Histoire de Louis XI. Paris, 1874, 2 vol. in-8°.

2788. *LEGRAND. Histoire de Louis XI, suivie de preuves (en manuscrit à la Bibliothèque nationale).

2789. REIFFENBERG (baron DE). Mémoire sur le séjour que

Louis, dauphin de Viennois, depuis roi sous le nom de Louis XI, fit aux Pays-Bas, de l'an 1456 à l'an 1461. Bruxelles, 1829, in-4°.

2790. Chazaud. Une campagne de Louis XI. La ligue du bien public en Bourbonnais. Moulins, 1872, in-8°.

2791. Paris (A.-J.). Louis XI et la ville d'Arras (1477-1483). Étude historique. Arras, 1868, in-8°.

2792. Desjardins (Abel). Louis XI, sa politique extérieure, ses rapports avec l'Italie. Paris, 1874, in-4°.

2793. *Barante (de). Histoire des ducs de Bourgogne. Paris, 1824-26, 12 vol. in-8°; éd. Reiffenberg. Bruxelles, 1835-36, 10 vol. in-8; Gachard, Bruxelles, 1838, 2 vol. in-8° et 1 vol. de planches.

2794. *Brougham (Lord). History of England and France under the House of Lancaster. Londres, 1855, in-8°.

2795. Reiffenberg. Histoire de la Toison d'or. Bruxelles, 1830, in-8°.

2796. *Foster Kirk (J.). History of Charles the Bold, duke of Burgundy. Londres, 1864-68, 3 vol. in-8°. — Trad. fr. par Flor O'Squarr. Paris, 1866, 3 vol. in-8°.

2797. Rodt (Em. Von). Die Feldzüge Carl's des Kühnen, Herzogs von Burgund, und seiner Erben. Schaffhouse, 1843-1844, 2 vol. in-8°.

2798. Bussière (baron de). Histoire de la ligue formée contre Charles le Téméraire. Paris, 1845, in-8°.

2799. Henrard (P.). Les campagnes de Charles le Téméraire contre les Liégeois (1465-1468). (Ann. Acad. Arch. Belgique, 1867, pp. 581-678.)

2800. Huguenin. Histoire de la guerre de Lorraine et du siège de Nancy. Metz, 1837, in-8°.

2801. Vaucher. Causes et préliminaires de la guerre de Bourgogne. (Rev. Hist., t. III.)

2802. Dendliker. Ursachen und Vorspiele der Burgunderkriege. Zurich, 1876, in-8°.

2803. Mandrot (B. de). Relations de Charles VII et de Louis XI, rois de France, avec les cantons suisses (1444-1461, 1461-1483). Paris, 1881, in-8°.

2804. Huillard-Bréholles. Louis XI protecteur de la confédération italienne. (Revue des Soc. savantes, 1861, p. 314.)

2805. *Lecoy de la Marche. Le roi René. Paris, 1875, 2 vol. in-8°.

2806. Hookham (M.-A.). Life and times of Margaret of Anjou, queen of England and France (1444-1482) and of her father René the Good, with memoirs of the house of Anjou. Londres, 1872, 2 vol. in-8°.

2807. Fierville (Ch.). Le cardinal Jean Jouffroy et son temps (1412-1473). Paris, 1873, in-8°.

2808. *Mandrot (B. de). Ymbert de Batarnay, conseiller des rois Louis XI, Charles VIII et Louis XII. Paris, 1886, gr. in-8°.

2809. Garnier (Éd.). Louis de Bourbon, évêque-prince de Liège, 1455-1482. Paris, 1860, in-8°.

2810. Arnold (W.). Die ethisch-politischen Grundanschauungen des Philipps von Comynes. Dresde, 1873, in-8°.

2811. Quicherat (J.). Henri Baude, poète ignoré du temps de Louis XI et de Charles VIII. (Bibl. de l'École des Ch., X, 93.)

Consulter pour cette période les t. IX et X de la nouvelle édition de l'*Histoire du Languedoc* de D. Vaissete; le t. IX contient le texte, le t. X les notes, la chronique de Guillaume Bardin et les documents diplomatiques.

55. Droit, institutions et mœurs.

Pour l'étude du droit, des institutions et des mœurs pendant la période qui s'étend de Philippe VI à Charles VIII, il faut consulter les ouvrages cités dans les paragraphes précédents, beaucoup de ceux que nous avons indiqués au § 52, et les documents ou les ouvrages de seconde main d'un caractère plus ou moins général qui se trouvent mentionnés dans notre catalogue méthodique. C'est ainsi que l'on trouvera des actes nombreux parmi les preuves de nos grandes histoires provinciales, de D. Plancher, de D. Morice, de D. Vaissete, etc. — Le recueil des Ordonnances est toujours notre source capitale (n° 640).

Les coutumes, dont un certain nombre ont été rédigées au xiv° siècle et au xv°, se trouvent réunies dans le Coutumier général (n° 673). Le Style du parlement, le Grand Coutumier de France, la Somme rurale de Bouteiller, ont été indiqués aux n°° 651, 655, 661; les recueils relatifs aux droits et libertés de l'Église gallicane aux n°° 639-661; le recueil des États sous Charles VI au n° 668. De même on trouvera au § 30 la plupart des ouvrages à consulter pour l'histoire des institutions politiques, administratives et financières. — Pour l'histoire des mœurs, les ouvrages indiqués aux § 35, 36, 37, donneront d'utiles indications; mais nous ne pouvons dresser un catalogue des œuvres littéraires du xiv° et du xv° siècle qui seraient à consulter pour l'étude de la société sous les Valois directs. Nous ajouterons néanmoins à ces renvois aux recueils et ouvrages généraux quelques indications nouvelles et spéciales aux xiv° et xv° siècles.

2812. CHAMPOLLION-FIGEAC. Lettres des rois et reines et autres personnages des cours de France et d'Angleterre, tirées des archives de Londres, par Bréquigny. (Doc. inéd. relatifs à l'Hist. de France. Paris, 1839-47, 2 vol. in-4°.)

2813. Le livre des droiz et commandement d'office de justice. (Beautemps-Beaupré. Paris, 1865, 2 vol. in-8°.)

2814. MASUER (J.). Practica forensis. (Texte latin. Paris, 1510-1523, etc., in-fol. — Texte franç., 1587, etc., in-fol.)

2815. *TUETEY. Testaments enregistrés au Parlement de Paris sous le règne de Charles VI. (Doc. inéd. relatifs à l'Hist. de France. Mélanges. Paris, 1880, in-4°.)

2816. *DOUET D'ARCQ. Comptes de l'argenterie des rois de France. (Soc. H. F. Paris, 1851, in-8°.) — Nouveau recueil des comptes de l'argenterie des rois de France. (Ibid., 1874, in-8°.)

2817. VALLET DE VIRIVILLE. Comptes royaux de la période de Charles VI. (Cabinet historique, t. III et IV.)

2818. Les demandes faites par le roi Charles VI touchant son état et le gouvernement de sa personne, avec les réponses de Pierre Salmon. (Crapelet. Paris, 1833, gr. in-8°.)

2819. *NICOLAS ORESME. Traité des monnaies. (Wolowski, Paris, 1851.)

2820. SAULCY (DE). Documents monétaires. (Doc. inéd. relatifs à l'Hist. de France. Paris, 1879, in-4°.)

2821. Collection de documents inédits relatifs à la ville de Troyes et à la Champagne méridionale, t. I. (Troyes, 1878, in-8°.)

2822. *LÉCHAUDÉ D'ANISY. Archives départementales du Calvados. (Caen, 1834, 2 vol. in-8°, avec atlas.) — Grands rôles des échiquiers de Normandie. (Mém. de la Soc. des antiq. de Normandie, t. XV. Rouen, 1845, in-4°.) — Rôles normands de la Tour de Londres sous Henri V (1417-1422). (Ibid., t. XVI.)

2823. DELAVILLE LE ROULX. Registres des comptes municipaux de la ville de Tours. T. I et II; 1358-1380. (Paris-Tours, 1878-1881, in-8°.)

2824. *HARDT (H. VON DER). Magnum concilium Constantiense. (Francfort et Leipzig, 1700-1702, 6 vol. in-fol.) — Index par Bohnstedt. (Berlin, 1742, in-fol.)

2825. *Monumenta conciliorum generalium saeculi decimi quinti, t. I et II. (Vienne, 1857-74, 2 vol. in-8°.)

2826. RICHENTHAL (U. VON). Chronik des Constanzer Conzils. (Buck. Tubingue, 1882, in-8°.)

2827. TARDIF (Ad. et J.). Privilèges accordés à la France par le Saint-Siège. (Doc. inéd. relatifs à l'Hist. de France. Paris, 1855, in-4°.)

2828. *GERSON. Opera (Dupin. Anvers, 1706, 5 vol. in-fol.)

2829. *AILLY (P. D'). Libellus de emendatione ecclesiae. (Paris, 1631, in-8°.)

2830. *CLÉMANGIS (N. DE). Opera. (Lydius. Leyde, 1613, in-4°.)

2831. RÉLY (Jean DE). Les remontrances faites au roy Louis XI sur les privilèges de l'Église gallicane. Paris, 1561, in-8°.

2832. *Songe du Vergier. (Paris, 1491, 1501, etc., in-fol.)

2833. BUEIL. (Jean DE). Le livre de Jouvencel. (A. Vérard. Paris, 1493, 1520, 1529, in-4°; — Favre et Lecestre. T. I. Paris, 1887, in-8°. Soc. Hist. Fr.)

2834. LECOY DE LA MARCHE. Extraits des comptes et mémoriaux du roi René. (Paris, 1873, in-8°.)

2835. HUCHER. Iconographie du roi René. Le Mans, 1879, in-8°.

2836. QUATREBARBES (DE). Œuvres du roi René. Paris, 1846-1844, 4 vol. in-8°.)

2837. Le Rozier des guerres. (Paris, 1521, etc., in-4°.)

2838. *VUITRY. Études sur le régime financier de la France, t. I et II (1285-1380). Nouvelle série. Paris, 1863, 2 vol. in-8°.

2839. *VALOIS (Noël). Inventaire des arrêts du conseil

d'État, t. I. (L'Introduction est consacrée à l'histoire des Conseils du Roi jusqu'à Henri IV.) Paris, 1886, in-4°.

2840. *Dansin. Histoire du gouvernement de la France sous le règne de Charles VII. Paris, 1858, in-8°.

2841. Vallet de Viriville. Mémoire sur les institutions de Charles VII. (Bibl. de l'École des Chartes, XXXIII, 1872, p. 5.)

2842. Bréquigny (de). Discours sur la législation de Charles VII depuis 1422 jusqu'en 1447. (Ord. des rois de France, t. XIII, préface.)

2843. Bréquigny (de). Événements relatifs à la législation de Charles VII, depuis 1448 jusqu'en 1461. (Ord. des rois de France, t. XIV, préface.)

2844. *Thomas (A.). Les États généraux sous Charles VII. Paris, 1878, in-8°. (Extrait du Cabinet historique.)

2845. *Thomas (A.). Les États provinciaux de la France centrale sous Charles VII. Paris, 1879, 2 vol. in-8°.

2846. *Aubert. Le Parlement de Paris de Philippe-le-Bel à Charles VII. Paris, 1887, in-8°.

2847. Dufourmantelle. La marine militaire au début de la guerre de Cent ans. Paris, 1878, in-8°.

2848. Leroux de Lincy. Hugues Aubryot. (Bibl. de l'École des Chartes, 1867.)

2849. De Fréville. Les grandes compagnies au xive siècle. (Bibl. de l'École des Chartes, 1842.)

2850. Beaurepaire (Robillard de). Les États de Normandie sous la domination anglaise. Rouen, 1859, in-8°.

2851. *Frédéricq (P.). Essai sur le rôle politique et social des ducs de Bourgogne dans les Pays-Bas. Gand, 1875, in-8°.

2852. *Laborde (Comte de). Les Ducs de Bourgogne; étude sur les lettres, arts, etc., pendant le xve siècle. Paris, 1849-52, 2 vol. in-8°.

2853. BEAUFILS. Étude sur la vie et les poésies de Charles d'Orléans. Paris, 1861, in-8°.

2854. CHAMPOLLION-FIGEAC (Aimé). Notice historique et littéraire sur Charles d'Orléans. Paris, 1842, in-8°.

2855. CHAMPOLLION-FIGEAC (Aimé). Louis et Charles, ducs d'Orléans, leur influence sur les arts, la littérature et l'esprit de leur siècle. Paris, 1844, 2 volumes in-8°.

2856. DUPUY (P.). Histoire du schisme qui a été dans l'Église depuis 1378 jusqu'en 1420. Paris, 1654, in-4°.

2857. *LENFANT. Histoire du Concile de Constance. Amsterdam, 1714, 2 vol. in-4°. — Histoire de la guerre des Hussites et du Concile de Bâle. Amsterdam, 1731, in-4°. — Supplément par J. de Beausobre. Lausanne, 1745, in-4°.

2858. TOSTI. Storia del Concilio di Constanza. Naples, 1868, in-8°.

2859. *WESSENBERG. Die grossen Kirchenversammlungen des XVten und XVIten Jahrh. Constance, 1840, 4 vol. in-8°.

V

GUERRES D'ITALIE. RENAISSANCE ET RÉFORME.
GUERRES DE RELIGION.
LUTTE CONTRE LA MAISON D'AUTRICHE.
1483-1648.

56. Charles VIII et Louis XII.

Voyez les sources pour le règne de Louis XI, nᵒˢ 2694, 2695, 2696, 2699, 2701 et toutes les sources réunies par Denis II Godefroy dans son Histoire de Charles VIII. Paris, 1684, in-fol. et par Théod. Godefroy dans ses Histoires de Charles VIII et de Louis XII, Paris, 1615, 1620, 1622, in-4°.

2860. *FLEURANGES (Robert DE LA MARCK, sire DE), maréchal de France. Mémoires; 1490-1537. (Buchon, Michaud et Poujoulat, V. — Petitot, XVI.)

2861. *JALIGNY (Guillaume DE). Histoire de plusieurs choses mémorables advenues du règne de Charles VIII. (Godefroy, Hist. de Charles VIII. Paris, 1684, in-fol.) Cf. Mémoire touchant Charles VIII (Cimber et Danjou, I).

2862. *Correspondance de Charles VIII et de ses conseillers avec Louis II de La Trémouille pendant la guerre de Bretagne. (Duc de la Trémouille. Paris, 1875, in-8°.)

2863. *PILORGERIE (G. DE LA). Campagne et bulletins de la grande armée d'Italie commandée par Charles VIII; 1494-1495. (Nantes et Paris, 1866, in-12.)

2864. *MASSELIN. Journal des États de 1484. (Bernier, Coll. des doc. inédits. Paris, 1835, in-4°.)

2865. *Procès-verbaux du Conseil de régence de Charles VIII. (Bernier. Coll. des doc. inédits. Paris, 1836, in-4°.)

2866. DESREY (P.). Les grandes chroniques de Charles VIII. (A la suite de Monstrelet. Paris, s. d., 3 vol. in-fol.; — 1517, 2 vol. in-fol.)

2867. *AUTHON (J. D'). Chroniques; 1498-1515. (P. Lacroix. Paris, 1831-1835, 4 vol. in-8°.)

2868. SAINT-GELAIS (Jean DE), seigneur de Montlieu. Histoire de Louis XII. (Dans les rec. de Th. et D. Godefroy.)

2869. GILLES (Nicole). Les Annales et Chroniques de France, de l'origine des François et de leur venue ès Gaules jusqu'au roi Charles VIII. (Paris, 1492, in-4°; 1498, in-fol.; — Caen, 1510, in-4°; — Paris, 1520, 2 tomes en 1 vol. in-fol.; — Paris, 1551, 2 tomes en 1 vol. in-fol.)

2870. *Histoire du chevalier Bayart, composée par le Loyal Serviteur. (Michaud et Poujoulat, IV. — Petitot, XV-XVI. — Roman. Soc. Hist. Fr. Paris, 1878, in-8°.)

2871. CHAMPIER (Symphorien). Les gestes du preux chevalier Bayart. (Cimber et Danjou, Arch. curieuses, II.)

2872. VILLENEUVE (Guillaume DE). Mémoires; 1494-1497. (Petitot, XIV. — Michaud et Poujoulat, IV.)

2873. Histoire latine anonyme de Louis XII. (Th. Godefroy, Hist. de Louis XII.)

2874. VIGNE (A. DE LA). Le Vergier d'honneur de l'entreprise et voyage de Naples. (Paris, s. d., in-fol.; — Cimber et Danjou, Arch. cur., I.)

2875. DESREY. Relation du voyage du roy Charles VIII, pour la conquête de Naples. (D. Godefroy, Hist. de Charles VIII. — Cimber et Danjou, Arch. cur., I.)

2876. La mer des chroniques et Mirouer hystorial de France (traduction et continuation de Robert Gaguin; Compendium super gestis Francorum; a Pharamundo — 1491. Paris, 1518, in-fol.)

2877. *SANUDO (Marino). Chronicon Venetum; 1494-1500 (en italien, Muratori, SS. rer. Ital., XXIV). — Diarii, t. I-XIII. Venise, 1879-1886. (En cours de publ.)

2878. BENEDICTUS (Alexander). Diaria de bello Carolino; 1494. (Venise, 1496, in-4°; — dans Eccard, Corpus hist. II.)

2879. FLORUS (Georgius). De bello italico et rebus Gallorum praeclare gestis, libri VI. (Paris, 1613, in-8°, et Burmanus, Thes. Ant. it., IX.)

2880. MACCHIAVELLI. Istorie Fiorentine; 1215-1492. (Florence, 1851, in-8°. — Trad. Fr. Périer. Paris, 1842, in-12; 1857, in-8°.) — Legazioni e commissarie. (T. III des Opere complete. Passerini et Milanesi. Florence, 1875, in-12.)

2881. GUICCIARDINI. Storia d'Italia. (Fribourg en Brisgau (lisez: Florence), 1775-1776, 4 vol. in-4°; — C. Botta. Paris, 1832, 6 vol. in-8°. — Trad. Fr. Favre et Georgeon. Paris, 1738, 3 vol. in-4°.) — Opere inedite. Vol. I. Discorsi politici. (Canestrini. Florence, 1857, in-8°.)

2882. ORICELLARIUS (Bernardus). De bello italico Caroli VIII commentarius. (Londres, 1724, in-4°.)

2883. ARCOATE (Joh.-F. et Hieron. DE). Memorabilia in adventu Caroli VIII in Italia. (Rome, 1511, in-4°.)

2884. ANDRELINUS (P. Faustus). De Neapolitana Fornoviensi que victoria ad Carolum VIII, libri II. (Paris, 1496, in-4°.)

2885. BUONACCORSI. Diario de' successi... seguiti in Italia (1498-1512), con la vita del magnifico Lorenzo de' Medici scritta da VALORI. (Florence, 1568, in-4°).

2886. BERTRANDI. Tractatus de bello inter Julium II et Ludovicum XII (Gesta Tolosanorum, Toulouse, 1515, in-fol., f. 73.)

2887. BEMBUS (Petrus). Historiae Venetae libri XII; 1486-1513. (Venise, 1551, in-folio.; — Paris, 1551, in-fol.)

2888. SENAREGA (Bartolomeus). De rebus Genuensibus (Muratori, SS. rer. I, t. XXIV.)

2889. COCCINIUS. De Rebus gestis in Italia; 1511-1512. (S. l. n. d., 1512, in-fol.; — Bâle, 1511, in-fol.; — Freher, Script. rer. Germanic., ed. Struve, II, 167.)

2890. *ARLUNUS MEDIOLANENSIS. De Bello veneto libri VI. (Graevius, Thesaurus antiquitatum et historiarum Italiae. Leyde, 1704, in-fol., t. V.)

2891. *MOCENICUS. Libri VI belli Cameracensis; 1503-1508. (Venise, 1525, in-8°, in-4°. — Graevius, Thes. ant. Italiae, V.)

2892. *SEYSSEL (Cl. DE). La Victoire de Louis XII contre les Vénitiens; 1508. (Paris, 1510, in-4°; — Godefroy, Hist. de Louis XII, II). — Les Louanges du bon roy Louis XII; 1508. (Paris, 1558, in-4°, et in-8°; — rev. par D. Sauvage, Paris, 1587, in-8°; — dans Godefroy, Hist. de Louis XII, I.)

2893. [DE VARANIS]. Carmen de expugnatione Genuensi. (Paris, 1507, in-4°.)

2894. PULGAR (Hernando DA). Cronica de los reyes Fernando y doña Isabel. (Valladolid, 1565, in-fol.)

2895. MACQUEREAU (R.). Chronique de la maison de Bourgoigne; 1500-1527. (Louvain, 1765, in-4°.)

2896. *BOUCHET (J.). Annales d'Acquitaine. (Poitiers, 1524, in-fol. — 9° édit. Mounin. Poitiers, 1644, in-fol.). — Histoire de Louis, seigneur de la Trémoille. (D. Godefroy, Hist. de Charles VIII. — Petitot, XIV. — Michaud et Poujoulat, IV. — Buchon, VII. — Panthéon litt., 1842.)

2897. VIGNEULLES (Philippe DE), bourgeois de Metz. Journal; 1471-1522 (Michelant, Stuttgart, 1852, in-8°.)

2898. CURPES (Ch. DE). Les Triomphes de France, trad. en vers françois par J. d'Ivry. (Paris, 1508, in-4°.)

2899. *Lettres du roi Louis XII et du cardinal Georges d'Amboise; 1501-1514. (J. Godefroy, Bruxelles, 1712, 4 vol. in-8°.)

2900. INDEFESSURA. Diarium urbis Romae; — 1494. (Muratori, SS. rer. It. III.)

2901. BURCHARDUS. Diarium; 1483-1506. (Thuasne. Paris, 1883-1885, 3 vol. in-8°.)

2902. GAGUIN (R.). Epistolae. (Paris, 1498, in-4°; 1521, in-4°.)

2903. *ANGHIERA (Pietro Martire) (d'). Opus epistolarum. (Milan, 1530, in-fol.; — Amsterdam, 1674, in-fol.)

2904. *MAULDE (R. DE). Procédures du règne de Louis XII. (Coll. des doc. inédits. Paris, 1886, in-4°). — Cf. n° 634, Relazioni degli ambasciatori Veneti.

2905. Documents sur les règnes de Charles VIII, Louis XII et François I. (Michaud et Poujoulat, t. V.)

2906. SEGESSER. Amtliche Sammlung der ælteren Eidgenossischen Abschiede, t. III, Abth. 2, j. 1500-1520. (Lucerne, 1869, in-4°.)

2907. HERGENRŒTHER. Leonis X Register. (Fribourg, 1884 et ss., gr. in-4°. En cours de publication.)

2908. Giustiniani (Ant.). Dispacci dal 1502 al 1505. (Villari. Florence, 1876, 3 vol. in-12.)

2909. *Desjardins (Abel). Négociations diplomatiques de la France avec la Toscane, t. I. Paris, 1859, in-4°. Coll. des doc. inédits.)

2910. *Cherrier (C. de). Histoire de Charles VIII. Paris, 1868, 2 vol. in-8°.

2911. *Pelicier (P.). Essai sur le gouvernement de la dame de Beaujeu. Paris, 1883, in-8°.

2912. Lancelot. Éclaircissements sur les premières années de Charles VIII. (Mém. Acad. Insc., 1733, VIII, 709.)

2913. Viollet (P.). États généraux de 1484. (Bibl. de l'École des Chartes, 1866.)

2914. Beaurepaire (G. de). Entrée et séjour du roi Charles VIII à Rouen en 1485. Caen, 1851, in-8°.

2915. La Borderie (A. de). Louis de la Tremoille et la guerre de Bretagne en 1488. Paris, 1877, in-4°. — Complot breton de 1492 (Archives de Bretagne, t. II. Nantes, 1884, in-4.)

2916. *Dupuy. Histoire de la réunion de la Bretagne a la France. Paris, 1881, 2 vol. in-8°.

2917. *Ranke (L. von). Geschichte der romanischen und germanischen Völker von 1494-1515; t. I (— 1514), Leipzig et Berlin, 1824, in-8°.

2918. Pyne. England and France in the fifteenth century. London, 1869, in-8°.

2919. *Buser. Die Beziehungen der Medicæer zu Frankreich. Gotha, 1879, in-8°.

2920. Foncemagne (de). Éclaircissements historiques sur quelques circonstances du voyage de Charles VIII en Italie et particulièrement sur la cession que lui fit André Paléologue du droit qu'il avoit à l'empire de Constantinople. (Mém Acad Insc., 1751, XVII, p. 539.)

2921. CHOTARD. Charles VIII et l'expédition d'Italie, d'après les lettres du roi et de son secrétaire Robertet. Paris, 1865, in-8.

2922. CARUTTI. Storia della diplomazia della corte di Savoia; t. I, 1494-1601. Rome, Turin, Florence, 1875, in-8°.

2923. LABEYRIE. Étude sur le cardinal Pierre de Foix. (1449-1490). Paris, 1875, in-8°.

2924. TISSERAND (Abbé). Chronique de Provence. Études hist. sur quelques personnages célèbres du Midi sous Charles VIII, Louis XII et François Ier. Cannes, 1872, in-8°.

2925. BOISLISLE (A. DE). Notice sur Étienne de Vesc. Paris, 1881, in-8°.

2926. GUILMETU. Jean Baucher, roi d'Yvetot (1481-1498). Rouen, 1859, in-8°.

2927. VARILLAS. Histoire de Louis XII. Paris, 1688, 3 vol. in-4° et 6 vol. in-12; La Haye, 3 vol. in-12.

2928. TAILHÉ. Histoire de Louis XII. Milan et Paris, 1755, 3 vol. in-12.

2929. *RŒDERER. Mémoires pour servir à une nouvelle histoire de Louis XII... et de François Ier. Paris, 1819, in-8°; nouv. éd. 1825 et 1854, 2 vol. in-8°.

2930. *LE ROUX DE LINCY. Détails sur la vie privée d'Anne de Bretagne. Paris, 1850, in-8°. (Extr. de la Bibl. de l'École des Chartes.) — Vie d'Anne de Bretagne. Paris et Lyon, 1860-1861, 4 vol. in-8°.

2931. *MAULDE (R. de). Jeanne de France, duchesse d'Orléans et de Berry. Paris, 1883, in-8.

2932. DUBOS (abbé). Histoire de la ligue faite à Cambrai contre la république de Venise. Paris, 1709, 2 vol. in-12; 1728, 2 vol. in-12.

2933. FUCHS. Die mailændischen Feldzüge der Schweizer. Saint Gall, 1812, 2 vol. in-8°.

2934. *HAVEMANN. Geschichte der italienischen-franzœsischen Kriege von 1496 bis 1518. Gœttingue, 1833, 2 vol. in-8°.

2935. Gisi (W.). Der Antheil der Eidgenossen an der europæischen Politik in den Jahren 1512-1516. Schaffouse, 1866, in-8°.

2936. Fraknoi. Ungarn und die Liga von Cambray. Pesth, 1883, in-8°.

2937. Desjardins (Abel). Louis XII et l'alliance anglaise en 1514. Douai, 1866, in-8°.

2938. Bouteillier. Notice sur Robert II de La Marck, prince de Sedan, duc de Bouillon. Metz, 1866, in-8°.

2939. Sirmond (Jean). Vie du cardinal Georges d'Amboise, ministre d'État sous Louis XII. Paris, 1631, in-8°.

2940. * Baudier (Michel). Histoire de l'administration du cardinal Georges d'Amboise. Paris, 1634, in-4°.

2941. * Luchaire. Alain le Grand, sire d'Albret. Paris, 1877, in-8°.

2942. Ulmann (H.). Kaiser Maximilian I, t. I, Stuttgart, 1884, in-8°.

2913. Verri. Storia di Milano, t. III. Milan, 1824.

2944. Brosch. (Moritz) Papst Julius II und die Gründung des Kirchenstaates. Gotha, 1878, in-8°.

2945. Villari (P.). Girolamo Savonarola, Florence, 1859-1869, 2 vol. in-12; nouv. éd. 1887, 2 vol. in-8. — N. Macchiavelli e i suoi tempi. Florence, 1877-1882, 3 vol. in-8°.

2946. Pour les relations avec l'Espagne, voyez les historiens réunis dans le recueil de Schott et Pistorius, *Hispaniae illustratae Scriptores varii.* Francfort, 1603, 3 vol. in-fol., en particulier : Marinæus Siculus et Antonius Nebrissensis (qui reproduit en latin la chronique de Hernando Perez da Pulgar); Zurita, dans son *Histo*... *l Rey Hernando el catholico,* dernière partie de ses A...... *de la corona de Aragon* (Saragosse, 1562-79, 6 vol. in-fol.; — 1585, 6 vol. in-fol.; — 1610, 7 vol. in-fol. avec index.) —

Pour Maximilien, voyez les recueils de LE GLAY cités au paragraphe 57 et les histoires de ce prince en allemand par HEGEWISCH (Hambourg, 1782-83, 2 vol. in-8°, suppl. 1788) et HALTHAUS (Leipzig, 1850, in-8°), enfin le livre de MUENCH : *Maria von Burgund* (Leipzig, 1832, 2 vol. in-8°.)

---

57. François Ier, Henri II, François II, Charles IX.

Consultez les pièces recueillies dans les t. II-VIII, de la 1re série des *Archives curieuses* de Cimber et Danjou et les n°s 2860, 2870, 2881, 2896, 2903, 2906 du § 56.

2947. *Chronique du roy Françoys Ier; 1515-1512. (G. Guiffrey. Paris, 1868, in-8°.)

2948. *PARADIN (G.). Histoire de notre temps; 1515-1556. (Lyon, 1558, in-8.) — Journal; 1572-1573. (Lyon, 1877, in-8°.) — Chronique de Savoie. (Lyon, 1561, in-fol.; — continuée jusqu'en 1601. Lyon, 1602, in-fol.)

2949. *ARNOLDUS FERRONUS (Arnoul Le Ferron). Pauli Aemilii historiae continuatio usq. ad an. 1547. (Paris, 1550, in-8°. — Trad. Paris, 1581, in-fol.)

2950. JOVIUS (P.). Historiarum sui temporis libri XIV; 1494-1547. (Florence, 1550-52, 2 vol. in-fol.; — Trad. par Denis Sauvage. Paris, 1581, in-fol.)

2951. ADRIANI (Giov. B.). Storia de suoi tempi; 1536-1574. (Florence, 1523, in-fol.)

2952. COMES (Natalis). Universalis historiae libri XXX; 1545-1572; cont. usq. ad a. 1581. (Venise, 1581, in-fol.)

2953. *BELCARIUS (Fr. Beaucaire). Historia Gallica ab a. 1461 ad a. 1580. (Lyon, 1625, in-fol.)

29.. Journal d'un bourgeois de Paris; 1515-1536. (Lalanne. Paris, 1854, in-8°. Soc. Hist. France.)

2955. RICHER, ambassadeur en Suède et en Danemark

sous François I et Henri II. Mémoires. (dans les *Mélanges* de Camuzat. Troyes, 1619, in-4°.)

2956. BELLAY (Martin et Guillaume DU). Mémoires; 1513-1552. (Buchon, Panthéon littér. Paris, 1836, in-4°; coll., t. IX; — Petitot, XVII-XIX; — Michaud et Poujoulat, V.)

2957. LOUISE DE SAVOIE. Journal; 1476-1522. (Buchon, IX; — Panthéon litt. Paris, 1836, in-8°; — Petitot, XVI; — Michaud et Poujoulat, V.)

2958. * CARLOIX (Vinc.). Mémoires de Vieilleville; 1527-1571. (Buchon, X; — Michaud et Poujoulat, IX; — Petitot, XXVI-XXVIII.)

2959. * ROCHECHOUART (G. DE), seigneur du Jars. Mémoires; 1497-1565. (Buchon, XII. — Michaud et Poujoulat, VIII.)

2960. * TAVANES (Gaspard DE SAULX). Mémoires; 1530-1573. (Buchon, XI; — Petitot, XXIII-XXV; — Michaud et Poujoulat VIII.)

2961. * MONTLUC (Blaise DE). Commentaires et lettres; 1521-1576. (Buchon, X; — Petitot, XX-XXIII; — Michaud et Poujoulat VII; — A. de Ruble. Soc. Hist. France. Paris, 1864-72, 5 vol. in-8°.)

2962. FRANÇOIS, duc DE GUISE. Mémoires; 1547-1563. (Michaud et Poujoulat, VI.)

2963. * FRANÇOIS DE BOYVIN, baron DU VILLARS. Mémoires; 1550-1561. (Buchon, XII; — Petitot, XXVIII-XXX; — Michaud et Poujoulat, X.)

2964. * HATON (Claude). Mémoires; 1553-1582. (Bourquelot. Paris, 1857, 2 vol. in-4°. Coll. des documents inédits.)

2965. LA CHASTRE. Mémoires sur le duc de Guise; 1556-1557. (Buchon, XII; — Petitot, XXXII; — Michaud et Poujoulat VIII.)

2966. * BRANTÔME. Œuvres complètes. (Lalanne, Paris, 1864-82, 11 vol. in-8°. Soc. Hist. France.)

2967. De Thou (J.-A.). Mémoires; 1553-1601. (Buchon, XII; — Petitot, XXXVII; — Michaud et Poujoulat, XI.)

2968. Cheverny (Philippe-Hurault, comte de). Mémoires; 1528-1599. (Buchon, XIV; — Michaud et Poujoulat, X; — Petitot, XXXVI.)

2969. Mergey (J. de). Mémoires; 1554-1589. (Buchon, XII; — Michaud et Poujoulat, IX.)

2970. Henri, duc de Bouillon. Mémoires; 1555-1586. (Buchon, XII; — Michaud et Poujoulat, XI; — Petitot, XXXV.)

2971. Gamon (A.). Mémoires; 1558-1586. (Buchon, XII; — Michaud et Poujoulat, VIII; — Petitot, XXXIV.)

2972. *Condé (Prince de). Mémoires; 1559-1610. (Londres, 1743, 6 vol. in-4°; — Michaud et Poujoulat, VI, jusqu'à 1584.)

2973. Bruslart (Pierre), abbé de Joyeuse. Journal; 1559-1569. (Dans les Mémoires de Condé, Londres, 1743, t. I.)

2974. Fabas (J. de), vicomte de Castets. Mémoires; 1559-1572. (Barckhausen, Paris, 1868, in-8°.)

2975. *Castelnau. Mémoires; 1559-1570. (Buchon, XII; — Michaud et Poujoulat, IX; — Petitot, XXXIII.)

2976. Philippi (J.). Mémoires; 1560-1590. (Buchon, XII; — Michaud et Poujoulat, VIII; — Petitot, XXXIV.)

2977. * Tavanes (Guillaume de Saulx-). Mémoires; 1560-1596. (Buchon, XII; — Michaud et Poujoulat, VIII; — Petitot, XXXV.)

2978. Puget (Ant. du). Mémoires relatifs aux troubles de Provence; 1561-1596. (Michaud et Poujoulat, VI.)

2979. Valois (Marguerite de). Mémoires et lettres; 1559-1582. (Guessard. Soc. Hist. France. Paris, 1842, in-8°; — Cf. Petitot, XXXVII; — Michaud et Poujoulat, X.)

2980. * Huguerye (Michel de la). Mémoires; 1570-1588. (A. de Ruble. Soc. Hist. Fr. Paris, 1877-1880, 3 vol. in-8°.)

2981. * Bordenave (Nicolas de). Histoire de Béarn et de Navarre. (Raymond. Soc. Hist. France. Paris, 1873, in-8°. Livres V, VI, VII, 1517 à 1572.)

2982. OLHAGARAY. Histoire de Foix, de Navarre et de Béarn. (Paris, 1609, in-fol.)

2983. * LA NOUE. Mémoires; 1562-1570. (Buchon, XII; — Michaud et Poujoulat, IX; — Petitot, XXXIII-XXXIV). — Lettres. (Kervyn de Volkaersbeke. Gand, 1854, in-8°). — Discours politiques et militaires. (Du Fresne-Canaye. Bâle et Genève, 1587, in 4°, etc.)

2984. MERLE (Mathieu, capitaine) baron de Salavas. Mémoires; 1568-1588. (Buchon, XII; — Michaud et Poujoulat, XI. — Petitot, XXXVIII.)

2985. MÉDICIS (Étienne), bourgeois du Puy. Le livre de Podio, ou chronique d'Ét. M; 1475-1565. (A. Chassaing. Le Puy, 1869-1874, 2 vol. in-4°.)

2986. PARTHENAY-LARCHEVÊQUE, seigneur DE SOUBISE (Jean DE). Mémoires, accompagnés de lettres relatives aux guerres d'Italie sous Henri II et au siège de Lyon; 1562-1563. (J. Bonnet. Paris, 1879, in-8°.)

2987. D'ANTRAS DE SAMAZAN (Jean). Mémoires; 1567-1580. (Carsalade du Pont et Tamizey de Larroque. Sauveterre de Guyenne, 1880, in-8°.)

2988. GACHES (Jacques). Mémoires; 1555-1610. (Pradel. Paris, 1879, in-8°.)

2989. Histoire du recouvrement du duché de Milan par François Ier; 1515. (Godefroy, dans Histoire de Louis XII. Paris, 1617, in-4°.)

2990. PASQUIER LE MOYNE (dit le Moyne sans froc). Le couronnement du roy Françoys I... et conqueste de la duché de Milan en 1515. (Paris, 1520, in-4°.)

2991. AMBERTANUS SILVA (H.). Francisci I in Helvetios victoria. (Paris, 1516, in-8°.)

2992. * MARILLAC (G. DE). Vie du connétable de Bourbon. (Buchon, IX; Paris, 1836, in-8°.)

2993. Procès du connétable de Bourbon; 1523. (Cimber et Danjou, t. II.)

2994. CARPESANUS. Commentaria suorum temporum libris X comprehensa ab an. 1470 ad an. 1536. (Martène et Durand, Ampl. Coll., V.)

2995. PORTO (Luigi da). Lettere storiche dall' anno 1509 al 1528. (Bartolomeo Bressan. Florence, 1857, in-8°.)

2996. CAPELLA (Galeatius). De rebus nuper in Italia gestis libri VIII; 1521-1530. (Nuremberg, 1532, in-4°.)

2997. ULLOA (A.). Le Guerre d'Italia dell'anno 1525 all'anno 1557. (Venise, 1563, in-4°.)

2998. NICOLAY. Guerre du Boulonnois; 1549. (Lyon, 1550, in-8°.)

2999. * RABUTIN (Fr. DE). Commentaires; guerre de Belgique; 1551-1558. (Paris, 1574, in-8°; — Buchon, XIII; — Michaud, VII; — Petitot, XXXI-XXXII.)

3000. Journal du siège de Metz; 1552. (Chabert, 1857, in-4°.)

3001. PARÉ (Ambroise). Siège de Metz en 1552. (Metz, 1847, in-18, pièce.)

3002. SALIGNAC-FÉNELON (B. DE). Le siège de Metz; 1552. (Buchon, XII; — Petitot, XXXII; — Michaud et Poujoulat, VIII). — Voyage du roi (Henri II) aux Pays-Bas en 1554. (Paris, 1554, in-4°.)

3003. TORFS. Campagnes de Charles-Quint et de Philippe II, 1551-1557; relation contemporaine traduite du flamand. (Bruxelles, 1860, in-8°.)

3004. COLIGNY (Amiral). Siège de Saint-Quentin. (Buchon, XII; — Michaud et Poujoulat, VIII; — Petitot, XXXII.)

3005. FALETI (H.). De Bello Sicambrico libri III. (Venise, 1557, in-8°). — Delle Guerre di Alemagna. (Venise, 1552, in-8°.)

3006. *REGNIER, seigneur de LA PLANCHE. Histoire de

l'Estat de France; 1559-1560. (P. Paris, Paris, 1836-1838, 2 vol. in-12; — Buchon, XIII.)

3007. Discours des Estatz tenus à Paris; 1559. (Paris, s. d., in-8°.)

3008. HAINAULT (J. DE). Recueil des troubles advenus... sous François II et Charles IX. (Strasbourg, 1564, in-8°; 1567, in-16.)

3009. SANCTA-CROCE (Prospero di). De civilibus Galliae dissentionibus; 1547-1567. (Martène, Ampl. Coll., V.)

3010. * LA PLACE (P. DE). Commentaires de l'état de la religion et république sous Henry II, François II et Charles IX. (Paris, 1565, in-8°; — Buchon, XIII.)

3011. CORMERIUS (Th.). Rerum gestarum Henrici II libri quinque. (Paris, 1584, in-4°.)

3012. RASLE (F.). Histoire de nostre temps; 1561-1563. (Paris, 1566, in-16.)

3013. * LA POPELINIÈRE. La vraie et entière histoire des troubles et choses mémorables avenues tant en France qu'en Flandres et pays circonvoisins, depuis l'an 1562-1577. (3ᵉ édit., Bâle, 1579, 2 vol. in-8°). — Histoire de France; 1550-1577. (Paris, 1581, 2 vol. in-fol.)

3014. LANFRIN et MARTEL. Histoire de notre temps contenant un recueil des choses mémorables passées et publiées pour le faict de la religion et estat de France depuis l'édict de pacification du 23ᵉ jour de mars 1568 jusqu'au jour présent. (Paris, 1570, in-8°.)

3015. *GOULART (Simon). Mémoires de l'estat de la France sous Charles IX. (Middlebourg, 1578, 3 vol. in-8°.)

3016. EUDEL DU GORD. Recueil de fragments historiques sur les derniers Valois; 1547-1589. (Paris, 1869, in-8°.)

3017. * PAYEN (Pontus). Mémoires; 1559-1578. (Henne, Bruxelles, 1861, 2 vol. in-8°, Soc. Hist. Belgique.)

3018. VIGLIUS et HOPPERUS. Mémoires; 1559-1566. (Wauters, Bruxelles, 1858, in-8°, Soc. Hist. Belgique.)

3019. Mémoires anonymes sur les troubles des Pays-Bas; 1565-1580. (Blaes, Bruxelles, 1859-66, 5 vol. in-8°. Soc. Hist. Belgique.)

3020. BELLEFOREST. L'Histoire des neuf roys Charles de France. (Paris, 1568, in-fol.)

3021. PAPIRE MASSON. Vie de Charles IX. (Cimber et Danjou, Archives curieuses, VIII.)

3022. SORBIN DE SAINCTE-FOY (A.). Histoire de Charles IX. (Paris, 1574, in-8°. — Cimber et Danjou, Archives curieuses, t. VIII.)

3023. DES PORTES (Joachim). Discours sommaire du règne de Charles IX. (Paris, 1574, in-8".)

3024. CHOISNIN (Jean). Mémoires sur l'élection de Pologne; 1571-1573. (Buchon, XII; — Michaud et Poujoulat, XI; — Petitot, XXXVIII.)

3025. Véritable Discours de la naissance et vie de monseigneur le prince de Condé (Henri II. Halphen, Paris, 1861, in-8°.)

3026. *SERRES (Jean DE). Mémoires de la troisième guerre civile; 1568-1569. (s. l. 1570, in-8°; 1571, in-8°). — Commentarii de statu religionis et reipublicae in regno Galliae; 1557-1576. (en 5 parties; les 4 premières, Genève, 1571-1577; la 5°, Leyde, 1580, 5 vol. in-8°.) — Recueil des choses mémorables advenues en France sous le règne de Henri II, François II, Charles IX et Henri III. (Genève, 1595; — Histoire des cinq rois. 3° édit. 1603.)

3027. SCHARDIUS (S.). Epitome rerum gestarum... 1558-1564. — Epitome rerum gestarum... sub Maximiliano II, 1564-1572. (Bâle, 1574, 3 vol. in-fol.; — Giessen, aux t. III et IV. de l'Opus historicum de rebus Germanicis. 1673, 4 vol. in-fol.)

3028. LE FRÈRE (J.). Histoire des troubles; 1560-1582. (Paris, 1582, 2 vol. in-8°.)

3029. LE MAISTRE (R.). Origines des troubles de ce temps jusqu'en 1569. (Nantes, 1592, in-8°.)

3030. Honoré Henry. Guerres civiles. (Avignon, 1563, in-4°.)

3031. Jouan (Abel). Voyage du roi Charles IX; 1564-65. (Paris, 1566, in-8°; — Marquis d'Aubais, Pièces fugitives, t. I, Paris, 1759, in-4°.)

3032. Le Roy (Regius). Considérations sur l'histoire française. (Paris, 1562, in-18).

3033. Mendoça (Bernardino de). Commentarios de lo sucedido en los Paises baixos; 1567-1577. (Madrid, 1592, in-4°. — Loumier, Bruxelles, 1860-63, 2 vol. in-8°. Soc. Hist. Belgique.)

3034. Cerni (Ant.-Fr.) Commentarii. (Rome, 1567, in-4.)

3035. Vera et brevis Descriptio tumultus postremi Gallici Luteliani; 1572. (Cracovie, 1573, in-8°.)

3036. * Relations et documents divers sur les guerres de religion et la Saint-Barthélemy. (Cimber et Danjou, Arch. cur. 1ʳᵉ série, IV, V, VI, VII, VIII. Le t. VII est tout entier consacré à la Saint-Barthélemy.)

3037. Hotman. Le Tigre de 1560. (Read, Paris, 1875, in-16.) — De Furoribus gallicis. (Paris, 1673, in-12.)

3038. Olargui, secrétaire de l'ambassadeur d'Espagne. Relation de la Saint-Barthélemy. (Gachard, Bulletin de l'Acad. de Belgique, XVI, 252.)

3039. Liebenau (Th. de). Nouveaux Documents sur la Saint-Barthélemy (Indicateur d'histoire suisse, 1876, p. 249.)

3040. Vita Gaspardi Colinii. 1575, in-8°.

3041. La vie de G. de Coligny. Leyde, 1643, in-12.

3042. Loutchisky (J.). Documents inédits sur l'histoire du Languedoc et de la Rochelle après la Saint-Barthélemy, 1572-74. (Paris, 1873, in-8°.)

3043. La Gessée (J. de) et J. de Lery. Siège de Sancerre; 1573. (L. Raynal, Bourges, 1842, in-8°.)

3044. PERUSSIS. Histoire des guerres du comté Venaissin, de Provence et de Languedoc (D'Aubais, Pièces fugitives, I; — Cimber et Danjou (IV.)

3045. * TORTOREL et PERRISSIN. Guerres, massacres et troubles; 1559-1570. (1570, in-fol. — Réimpression. Paris, 1885, in-fol. Cette réédition est accompagnée de notices historiques par MM. Franklin, Dufour, Lavisse, etc.)

3046. * CHAMPOLLION. Lettres des rois de France et d'Angleterre; 1162-1515. (Paris, 1839-47, 2 vol. in-4°. Coll. des doc, inédits.)

3047. J. DE FORGES. Le Voyage de Lautrec. Prise de Pavie. (Paris, 1527, in-4°, 4 ff.)

3048. L'Assedio di Pavia. (Venise, 1555, in-4°.)

3049. FRANÇOIS Ier, Lettre à sa mère après Pavie; 1525 (Merlet. Chartres, 1858, in-8°.)

3050. * CHAMPOLLION-FIGEAC. Captivité du roi François Ier. (Paris, 1847, in-4°. Coll. des doc. inédits.)

3051. MOREAU (Séb.). Prise et délivrance de François Ier et captivité des enfants de France; 1524-1530. (Cimber et Danjou, 1re série, II, pp. 231-451.)

3052. MERVAL (DE). Documents relatifs à la fondation du Havre. (Société de l'histoire de Normandie, 1875, in-8°.)

3053. GUIFFREY (G.). Procès criminel de Jean de Poytiers, seigneur de Saint-Vallier. (Paris, 1867, in-8°.)

3054. * RIBIER. Lettres et mémoires d'Estat des roys... et ministres; 1537-1559. (Paris, 1666, 2 vol. in-fol.)

3055. Marguerite D'ANGOULÊME. Lettres. 1521-1559; (Génin. Paris, 1841, in-8°.) — Nouvelles Lettres. (Génin. Paris, 1842, in-8°. Soc. Hist. France.)

3056. * LE GLAY. Négociations entre la France et l'Autriche; 1501-1530. (Paris, 1845, 2 vol. in-4°. Coll. des doc. inédits.)

3057. * Le Glay. Correspondance de Maximilien et de Marguerite d'Autriche; 1507-1519. (Paris, 1839, 2 vol. in-8°. Soc. Hist. France.)

3058. * Gachard. Correspondance de Marguerite d'Autriche avec Philippe II. T. I-III. (Bruxelles, 1868-1881, in-4°.)

3059. Quinsonas (Comte de). Matériaux pour servir à l'histoire de Marguerite d'Autriche. (Paris et Lyon, 1860, 3 vol. in-8°.)

3060. * Correspondenz des Kaisers Karl V. (Lanz. Leipzig, 1844-46, 3 vol. in-8°). — Staatspapiere. (Lanz. Stuttgart, 1845, in-8°). — Aktenstücke. (Lanz. Vienne, 1853, in-8°.) — Correspondance de Charles V et d'Adrien VI. (Gachard. Bruxelles, 1859 in-8°.) — Correspondence of Charles V and his ambassadors in England and France. (Bradford, Londres, 1850, in-8°.)

3061. Commentaires de Charles-Quint. (Kervyn de Lettenhove. Bruxelles, 1862, in-4°.)

3062. * Weiss (Ch.). Papiers d'Etat du cardinal Granvelle. (Paris, 1841-52, 9 vol. in-8°. Coll. doc. inédits.)

3063. * Poullet et Piot. Correspondance du cardinal Granvelle, t. I-V; 1565-1575. (Bruxelles, 1878-1885, in-4°.)

3064. Sepulveda (J.-G. de). De rebus gestis Caroli V libr. 30. (Madrid, 1780, in-4°.)

3065. Janssen. Frankfurts Reichs Correspondenz; 1376-1519, t. II. (Fribourg en Brisgau, 1866, 2 vol. in-8°.)

3066. Druffel (A. von). Briefe und Acten zur Geschichte des XVI^{ten} Jahrhunderts; t. III. Acten aus der Zeit von 1546-1552; 2 parties. (Munich, 1873-1882, in-8°.)

3067. Sleidan's (J.). Briefe an den Cardinal du Bellay; 1542-1547. (Geiger, Forschungen z. deutschen Geschichte, X, 1870. — Rathgeber, Revue d'Alsace, nouv. série, II, 213-216.)

3068. * Groen van Prinsterer. Archives de la Maison

d'Orange. (1re série; 1552-1581, Leyde, 1835-41, 8 vol. in-8°; — 2° série; 1584-1588, Utrecht, 1857-62, 6 vol. in-8°.)

3069. * TEULET. Relations politiques de la France et de l'Espagne avec l'Écosse au xvie siècle. T. I-IV, correspond. françaises, 1515-1603; t. V., corr. espagnoles, 1561-1588. (Bordeaux et Paris, 1862, in-8°.) — Papiers d'État relatifs à l'Écosse au xvie siècle. (Paris, 1859, 3 vol. in-4.)

3070. * BREWER. Calendar of letters and papers, foreign and domestic, of the reign of Henri VIII; 1509-1528. (Londres, 1862-76, 7 vol. in-8°.)

3071. * State Papers, during the reign of Henry the Eighth.(Londres, 1830-1852,11 vol. in-8°. Cf. les vol. VI-XI.)

3072. BERGENROTH et D. Pascual DE GAYANGOS. Calendar of letters, despatches and state papers relating to the negotiations between England and Spain, preserved in the Archives at Simancas, vol. II-IV. (Londres, 1868-80, 3 vol. in-8°.)

3073. TURNBULL. Calendar of state papers, foreign series, of the reign of Edward VI; 1546-1553. (Londres, 1861, in-8°.) — Calendar of state papers, foreign series, of the reign of Mary; 1553-1558. (Londres, 1861, in-8°.)

3074. * STEVENSON et CROSBY. Calendar of state papers, foreign series, of the reign of Elisabeth; 1558-1574. (Londres, 1863-76, 10 vol. in-8°.)

3075. RAWDON BROWN. Calendar of state papers and manuscripts, relating to English affairs, preserved in the Archives of Venise, vol. II-VII, 1509-1538. (Londres, 1866-1880, 5 vol. in-8°.)

3076. WALSINGHAM. Correspondance; lettres et négociations. (Digges, 1655, in-fol. — Trad. fr. La Contie. Amsterdam, 1700, in-4°.)

3077. * KAULEK (J.). Correspondance politique de MM. de Castillon et de Marillac, ambassadeurs de France en Angleterre; 1537-42. (Paris, 1885, in-8°.)

3078. * DESJARDINS. Négociations diplomatiques de la France avec la Toscane; XIVe-XVIe s. (Paris, 1859-1875. 5 vol. in-4°. Coll. des doc. inédits.)

3079. * Relations des ambassadeurs vénitiens. Trad. Tommaseo. (Paris, 1838, 2 vol. in-4°. Coll. doc. inédits.) — Cf. plus haut, n° 634. — Appendice, 1863, in-8°. (Gachard, Bruxelles, 1856, in-8°.)

3080. MORONE (G.). Ricordi inediti; 1520-1530. (Comte d'Andolo. Milan, 1855, in-8°.)

3081. GIOVIO DA COMO (Paolo). Lettere volgari. (Lodovico Domenichi. Venise, 1560, in-12.)

3082. * CHARRIÈRE. Négociations de la France dans le Levant; 1515-1589. (Paris, 1848-1860, 2 vol. in-4°. Coll. doc. inédits.)

3083. TESTA (baron J. DE). Recueil des traités de la Porte Ottomane avec les puissances étrangères depuis le traité de 1536 entre Suleyman Ier et François Ier jusqu'à nos jours. Paris, 1864-76, 5 vol. in-8.

3084. MARIE STUART. Lettres inédites; 1558-1589. (Prince Labanoff. Paris, 1839-1844, 7 vol. in-8°.)

3085. DIANE DE POITIERS. Lettres inédites. (G. Guiffrey. Paris, 1866, in-8°.)

3086. GAIL. Lettres inédites de Henri II, Diane de Poitiers, Marie Stuart, François Dauphin, etc., adressées au connétable Anne de Montmorency. (Paris, 1828, in-8.)

3087. * PARIS (L.). Négociations... relatives au règne de François II. (Paris, 1841, in-4°. Coll. docum. inédits.)

3088. * LA FERRIÈRE (le comte DE). Le XVIe siècle et les Valois d'après les documents inédits du British Museum et du Record Office. (Paris, 1879, in-8°.)

3089. Deux voyages d'Élisabeth d'Autriche, reine de France; correspondances inédites du XVIe siècle. (Colmar, 1856, in-8°.)

3090. * MÉDICIS (Catherine DE). Lettres, t. I et II; 1533-1566.

(H. de la Ferrière. Paris, 1880-1885, in-4. Coll. des doc. inédits.)

3091. Avis donnés par Catherine de Médicis à Charles IX. (Cimber et Danjou, t. V.)

3092. CHARLES IX et Catherine DE MÉDICIS. Lettres inédites; — 1574. (Rouen, 1871, in-8°.)

3093. * Antoine DE BOURBON et Jeanne D'ALBRET. Lettres. (Marquis de Rochambeau, Paris, 1877, in-8°.)

3094. *ARMAGNAC (cardinal D'). Lettres inédites. (Tamizey de Larroque. Paris, 1874, in-8°.) — Lettres, 1562-1573. (Loutchisky et T. de L. Rev. hist., t. II.)

3095. MANDELOT, gouverneur de Lyon. Correspondance avec Charles IX et Henri III. (P. Paris. Paris, 1850, in-8°.)

3096. EBELING. Archivalische Beiträge zur Geschichte Frankreichs unter Karl IX. (Leipzig, 1872, in-8°.)

3097. * SALIGNAC-FÉNELON (Bertrand DE). Correspondance diplomatique; 1568-1575. (Ch. Purton-Cooper, Paris, 1838-1840, 7 vol. in-8°, — Teulet, Paris, 1840-1841, 7 vol. in-8°.)

3098. * Correspondance des Saulx-Tavanes au XVIᵉ siècle. (Pingaud. Dijon, 1877, in-8°.)

3099. FERRARE (Cardinal DE). Négociations... et lettres écrites à Pie IV et au cardinal Borromée. (Paris, 1658, in-4°; — 1680, in-4°.)

3100. SAINTE-CROIX (Pr. DE), nonce à Paris. Lettres au cardinal Borromée; 1561-1565. (Cimber et Danjou, t. VI.)

3101. Troubles religieux dans la Flandre maritime; 1560-1570. (Coussemaker, Bruges, 1876, 2 vol. in-4°.)

3102. PAILLARD (Ch.). Papiers d'État et documents inédits pour servir à l'histoire de Valenciennes; 1566-1567. (Dans les Mémoires historiques sur l'arrond. de Valenciennes, p. p. la Soc. d'agric., sciences et arts, t. V et VI, 1878-1879, in-8°.) — Histoire des troubles religieux de Valenciennes, 1560-1567. (Paris, 1874-1875, 3 vol. in-8°.)

3103. Brézé (L. de). Les Chasses de François Ier. (H. de La Ferrière. Paris, 1870, in-8°.)

3104. Champollion (A.). Poésies de François Ier, Louise de Savoie; Lettres de Diane de Poitiers à François Ier. (Paris, 1847, in-4°.) Les lettres sont de Mme de Chateaubriant.

3105. Cartier (Jacques). Relation du voyage au Canada; 1534. (Michelant et Ramé, Paris, 1867, in-8°.) — Récit de la navigation faite en 1535 et 1536 aux îles de Canada (d'après l'édit. de 1545. D'Avezac, Lyon, 1864, in-8°).

3106. Ribaut (Jean). Histoire de l'expédition française en Floride. (Londres, 1563, in-8°.)

3107. De Gourgues. La Reprise de la Floride. (Tamizey de Larroque, Bordeaux, 1867, in-8°. Soc. des Biblioph. de Guyenne.)

3108. Laudonnière (René de). Histoire notable de la Floride. (Paris, 1586, in-8°.)

3109. Brevis Narratio rerum quae in Florida... Gallis acciderunt, anno 1564. (Francfort, 1591, in-fol.)

━━━━━━

3110. *Ranke (L.). Französische Geschichte (XVI-XVII. Jahrh.). Stuttgart, 1852-1861, 5 vol. in-8°.

3111. Gaillard. Histoire de François Ier, roi de France. Paris, 1766-69, 7 vol. in-12; Paris, 1769, 8 vol. in-12; Paris, 1819, in-8°.

3112. Mathieu (P.). Histoire de France (de François Ier à Louis XIII). Paris, 1631, 2 vol. in-fol.

3113. *Mignet. Rivalité de François Ier et de Charles-Quint. Paris, 1875, 2 vol. in-8° et in-18.

3114. *Paris (Paulin). Études sur le règne de François Ier, publiées par G. Paris. Paris, 1885, 2 vol. in-8°.

3115. Ebeling. Sieben Bücher französischer Geschichte. Leipzig, 1869-72, 2 vol. in-8.

3116. Sandoval. Historia de... Carlo V. Valladolid, 1604, 2 vol. in-4°.

3117. Perizonius. Rerum per Europam maxime gestarum ab ineunte saec. XVI usque ad Caroli V mortem commentarii. Leyde, 1710, in-8°.

3118. * Robertson (W.). The History of the reign of the emperor Charles V. Londres, 1769, in-4°. — Trad. Buchon, Paris, 1836, 2 vol. in-8°.

3119. *Baumgarten. Karl der Fünfte. T. 1 et II. Stuttgart, 1885-87, 2 vol. in-8°.

3120. Druffel (A. von). Beitræge zur Reichsgeschichte, t. I et II, 1546-1552. Munich, 1883-1880, 2 vol. in-8°. Cf. n° 3066.

3121. Juste (V.). Charles V et Marguerite d'Autriche (1477-1521). Bruxelles, 1859, in-8°.

3122. Hoefler. Karl's V Wahl z. Rœmischen Kœnige (28 juin 1519). Vienne, 1873, in-8°.

3123. Fischer. Geschichte der auswærtigen Politik und Diplomatie in Reformationszeitalter. Gotha, 1873, in-8.

3124. Sandoval et Cabrera. Historia captivitatis Francisci I. Milan, 1715, in-8°.

3125. Labeyrie. Mariage de François Ier avec Éléonore d'Autriche. Paris, 1873, in-8°.

3126. Clément (P.). Trois drames historiques. Marigny, Jacques Cœur, Semblançay. Paris, 1857, in-8°.

3127. * Boislisle (A. de). Semblançay et la surintendance des finances. (Dans l'Ann.-Bull. de la Soc. d'hist. de Fr., 1882.)

3128. * Decrue (F.). Anne de Montmorency, à la cour, aux armées et au conseil du roi François Ier. Paris, 1883, in-8°.

3129. Guicciardini (Luigi). Il sacco di Roma. Paris, 1644, in-12; Cologne (Lucques), 1758, in-8°.

3130. Canale. Storia della Republica di Genova; 1528-1550. Gênes, 1874, in-8°.

3131. Fénier (le P.). Siège de Péronne (1536). Paris, 1863, in-8°.

3132. Gachard. Trois Années de l'histoire de Charles-Quint (1543-1546), d'après l'ambassadeur vénitien Navagero. Bruxelles, 1865, in-8°.

3133. Histoire de l'exécution de Cabrières et de Mérindol. Paris, 1645, in-4°.

3134. Corlieu. La mort des rois de France depuis François Iᵉʳ; étude médicale et historique. Paris, 1873, in-18.

3135. Paillard. La mort de François Iᵉʳ d'après J. de Saint-Mauris, ambassadeur de Charles V (avril-juin 1547). Paris, 1877, in-8°. (Revue histor., V.)

3136. Castan. Granvelle à Besançon (1518-1538.) Paris, 1876, in-8°. (Revue histor., I.)

3137. Baschet. La Diplomatie vénitienne au XVIᵉ siècle. Paris, 1862, in-8°.

3138. Hammer. Mémoire sur les premières relations diplomatiques entre la France et la Porte. (Soc. asiatique, 1ʳᵉ série, X, 19.)

3139. *Zeller (J.). La Diplomatie française vers le milieu du XVIᵉ siècle, d'après la correspondance de Guillaume Pellicier. Paris, 1880, in-8°.

3140. Rosmini (Carlo de). Dell'istoria intorno alla vita di J.-J. Trivulzio. Milan, 1815, 2 vol. in-4°.

3141. Pellisson. Notice sur Marguerite d'Angoulème. Angoulème, 1873, in-8°.

3142. Du Prat (marquis). Vie d'Antoine Duprat. Paris, 1857, in-8°.

3143. Guiffrey (G.). Procès de J. de Poytiers, seigneur de Saint-Vallier. Paris, 1867, in-8°.

3144. Barthélemy (E. de). Chabot, seigneur de Brion, amiral de France. Paris, 1876, in-8°. (Revue des Quest. hist., 1876.)

3145. FERRAUD. Jacques Valperga de Masin et Philippe sans Terre, comte de Bresse. Paris, 1862, in-18.

3146. PÉRICAUD. Hippolyte d'Este, cardinal-archevêque de Lyon (1510-1551). Lyon, 1865, in-8°.

3147. VARILLAS. Histoire de Henri II. Paris, 1692, 2 vol. in-4°.

3148. LAMBERT (abbé). Histoire de Henri II. Paris, 1755, 2 vol. in-12.

3149. *BAGUENAULT DE PUCHESSE. Négociations de Henri II avec le duc de Ferrare (1555-1557). Le Mans, 1869, in-8°.

3150. PAILLARD (Ch.) et HÉRELLE. L'invasion allemande en 1544. Paris, 1884, in-8.

3151. DURUY (E.). Le cardinal Carlo Caraffa. Paris, 1883, in-8°. — De pactis anno 1556, apud Valcellas indutiis. Paris 1883, in-8°.

3152. *RUBLE (baron DE). Le Mariage de Jeanne d'Albret (1528-1548). Paris, 1877, in-8°.

3153. LA FERRIÈRE-PERCY (comte DE). Marguerite d'Angoulême, sœur de François Iᵉʳ (1510-1549). Paris, 1862, in-8°.

3154. DU PRAT (marquis). Histoire d'Élisabeth de Valois reine d'Espagne (1545-1568). Paris, 1859, in-8°.

3155. DUPRÉ-LASALLE. Michel de l'Hospital avant son élévation au poste de chancelier de France (1508-1558). Paris, 1875, in-8°.

3156. LECOCQ. Marie de Clèves. Saint-Quentin, 1876, in-8°.

3157. ROUSSEL. Histoire du château d'Anet et... étude sur Diane de Poitiers. Paris, 1875, in-4°.

3158. RAHLENBECK (Ch.). Metz et Thionville sous Charles-Quint. Bruxelles, 1881, in-8°.

3159. BEAUGUÉ (J. DE). Histoire de la guerre d'Écosse. Bordeaux, 1864, in-8°.

3160. *PIMODAN (marquis DE). La réunion de Toul à la

France et les derniers évêques souverains. Paris, 1880, in-8°.

3161. VOIGT (G.). Moritz von Sachsen (1541-47). Leipzig, 1876, in-8°.

3162. CHARLIER. Siège de Metz (1552). Paris, 1811, in-8°.

3163. POUY. La Bataille de Saint-Quentin (1557), d'après le récit de Paré. Saint-Quentin, 1875, in-8°.

3164. GOMART. Siège et bataille de Saint-Quentin (1557). Saint-Quentin, 1859, in-8°.

3165. DINO (duc DE). Chroniques Siennoises. Paris, 1846, in-8°.

3166. * LOISELEUR et BAGUENAULT DE PUCHESSE. L'expédition du duc de Guise à Naples. Paris, 1876, in-8°.

3167. VARILLAS. Histoire de François II. Paris, 1693, in-12. — Histoire de Charles IX. Paris, 1683, 2 vol. in-4°.

3168. * DESJARDINS (Abel). Charles IX. Deux ans de règne (1571-1572). Douai, 1873, in-8°.

3169. CAPEFIGUE. Histoire de la Réforme, la Ligue et du règne de Henri IV. Paris, 1834, 3 vol. in-8°.

3170. * MEAUX (DE). Les luttes religieuses en France au XVIᵉ siècle. Paris, 1879, in-8.

3171. * SEGESSER (PH. VON). Ludwig Pfyffer und seine Zeit. Berne, 1880-1881, 2 vol. in-8.

3172. REUMONT (DE). La Jeunesse de Catherine de Médicis. Trad. Baschet. Paris, 1877, in-8°.

3173. * HUILLARD-BRÉHOLLES. Essai sur Catherine de Médicis. Paris, 1847, in-8°.

3174. * ALBERI. Vita di Caterina de' Medici. Firenze, 1838, in-8°. Trad. fr. Paris, 1844, in-12.

3175. * LACRETELLE. Histoire de France pendant les guerres de religion. Paris, 1822, 4 vol. in-8°.

3176. LAMBERT. Histoire des guerres de religion en Provence (1530-1598). Toulon, 1869-70, 2 vol. in-8°.

3177. Vinols (L. de), baron de Montfleury. Guerres de religion dans le Velay. Le Puy, 1862, in-8°.

3178. Charronnet. Les guerres de religion dans les Hautes-Alpes (1560-1739). Gap, 1861, in-8°.

3179. Dourille. Histoire des guerres civiles du Vivarais. Paris, 1846, in-8°.

3180. Imberdis. Histoire des luttes religieuses en Auvergne, 1840-41, 2 vol. in-8°.

3181. *Aumale (duc d'). Histoire des princes de Condé pendant les xvi° et xvii° siècles, t. I et II. Paris, 1863-64, 2 vol. in-8°.

3182. *Bouillé (René de). Les Ducs de Guise. Paris, 1849-1850, 4 vol. in-8°.

3183. *Forneron. Les Ducs de Guise. Paris, 1878, 2 vol. in-8".

3184. Trousset de Valincour (du). Vie de François, duc de Guise. Paris, 1681, in-12.

3185. Guillemin (J.-J.). Le Cardinal de Lorraine. Paris, 1847, in-8°.

3186. *Pingaud. Les Saulx-Tavanes. Paris, 1876, in-8°.

3187. *Villemain. Vie du chancelier L'Hôpital. Paris, 1874, in-8".

3188. Taillandier. Nouvelles recherches sur L'Hospital. Paris, 1861, in-8°.

3189. P. D. L. Éclaircissemens sur Michel de L'Hospital. Rennes et Clermont-Ferrand, 1862, in-8°; Clermont, 1883, in-8".

3190. *Baguenault de Puchesse. Jean de Morvilliers, évêque d'Orléans, garde des sceaux de France (1506-1577). Paris, 1870, in-8°.

3191. Freer (Martha Walker). Elisabeth de Valois, queen of Spain. Londres, 1857, 2 vol. in-8°. — The Life of Jeanne d'Albret. Londres, 1855, 2 vol. in-8°.

3192. * RUBLE (A. DE). Antoine de Bourbon et Jeanne d'Albret. Paris, 1881-1886, 4 vol. in-8°.

3193. GIRARDOT (baron DE). Procès de Renée de France contre Charles IX. Nantes, 1858, in-8°.

3194. * HEIDENHAIN. Die Unionspolitik Landgrafs Philipps des grossmuthigen von Hessen und die Unterstützung der Huguenotten im ersten Religions Krieg. Breslau, 1836, in-8°.

3195. NOAILLES (marquis DE). Henri de Valois et la Pologne en 1572. Paris, 1867, 3 vol. in-8°.

3196. LOISELEUR. La Mort du second prince de Condé. Paris, 1876, in-8. (Revue hist., I, 1876.)

3197. PONTBRIANT (DE). Le capitaine Merle. Paris, 1886, in-8°.

3198. BERSIER (E.). Coligny avant les guerres de religion. Paris, 1883, in-8°.

3199. TESSIER (J.). Étude sur Coligny. Paris, 1872, in-8°.

3200. * DELABORDE (comte J.). Éléonore de Roye, princesse de Condé (1535-1564). Paris, 1876, in-8°. — Vie de l'amiral de Coligny. Paris, 1878-1882, 3 vol. in-8°.

3201. BARTHÉLEMY (Éd. DE). La Princesse de Condé, Charlotte-Catherine de La Trémoille. Paris, 1872, in-12.

3202. DELABORDE (comte J.). Madame l'amirale Coligny après la Saint-Barthélemy. Paris, 1867, in-8°. — François de Châtillon, comte de Coligny. Paris, 1885, in-8°.

3203. BORDIER. La Veuve de l'amiral Coligny (Jacqueline d'Entremonts). Paris, 1875, in-8°.

3204. LAUDESPIN (L. DE). Le maréchal de Tavannes et l'amiral de Coligny. Poligny, 1879, in-8.

3205. TAMIZEY DE LARROQUE. Notes... pour servir à la biographie de J. de Monluc, évêque de Valence. Paris, 1869, in-8°.

3206. AMYRAULT. Vie de Lanoue. Leyde, 1661, in-4°.

3207. TAULIER. Notice sur Bertrand Raymbaud de Simiano, baron de Gordes, lieutenant général en Dauphiné (1565-1576). Grenoble, 1859, in-8°.

3208. Marsolier (J.). Histoire de Henri, duc de Bouillon. Paris, 1719, 3 vol. in-12.

3209. *Frémy. Un ambassadeur libéral sous Charles IX et Henri III. Arnaud du Ferrier. Paris, 1880, in-8°.

3210. Sandret. Ambassades de Philibert du Croc en Écosse (1565-1572). Paris, 1870, in-8°.

3211. Forbes (D.). A full view of the public transactions of the reign of Elisabeth. Londres, 1740-1741, 2 vol. in-fol.

3212. Scholz (Oscar). Hubert Languet als Kursaechsischer Berichterstatter und Gesandter in Frankreich (1560-1572). Halle, 1875, in-8°.

3213. Duval. Un jurisconsulte républicain au xvie siècle. Joachim du Chalard et les États généraux de 1560. Limoges, 1871, in-8°.

3214. *Froude. History of England from the fall of Wolsey to the death of Elisabeth. Londres, 1860 et ss., 8 vol. in-8°.

3215. *Soldan (G.-G.). La France et la Saint-Barthélemy. Trad. de l'allemand par Ch. Schmidt. Paris, 1855, in-8°.

3216. Acton (Lord). La Strage di San Bartolomeo. Venise, 1870, in-8°.

3217. Maury (A.). Recherches sur la Saint-Barthélemy. (Journal des savants, 1871-1880.)

3218. Wuttke. Zur Vorgeschichte der Bartholomæusnacht. Leipzig, 1879, in-8°.

3219. *Baumgarten. Vor der Bartholomæusnacht. Strasbourg, 1882, in-8°.

3220. Martin (W.). La Saint-Barthélemy devant le Sénat de Venise. Paris, 1872, in-16.

3221. Baguenault de Puchesse. La Saint-Barthélemy à Orléans. Orléans, 1874, in-8°.

3222. Moreno. La Notte di San-Bartolomeo. Naples, 1873, in-8°.

3223. Bordier (H.). La Saint-Barthélemy et la critique moderne. Paris et Genève, 1879, in-4°.

3224. Loiseleur. Trois Énigmes historiques. La Saint-Barthélemy... Paris, 1883, in-18.

3225. Genet. Relation du siège de La Rochelle par le duc d'Anjou en 1573. Paris, 1848, in-8°.

5226. *Forneron. Histoire de Philippe II, t. I et II. Paris, 1881, 2 vol. in-8°.

3227. Prescott (W.-H.). History of the reign of Philipp II. New-York, 1855-58, 3 vol. in-8°. — Trad. Renson et Ithier, t. I, II, Bruxelles, 1860, in-8°.

3228. Baumstark. Philippe II, Kœnig von Spanien. Fribourg en Brisgau, 1875, in-8°.

3229. Gachard. Don Carlos et Philippe II. Bruxelles, 1863, in-8°; Paris, 1867, in-8°.

3230. *Lothrop-Motley. Fondation de la république des Provinces-Unies. Trad. fr. Paris, 1859-1860, 4 vol. in-8°.

3231. Daniel Stern. Histoire des commencements de la République des Provinces-Unies. Paris, 1872, in-8°.

3232. Juste (Th.). Les Pays-Bas au XVIᵉ siècle. Sainte-Aldegonde (538-1598). Bruxelles, 1858, in-8°.

3233. Quinet (Edg.). Ph. de Marnix, sgr. de Sainte-Aldegonde. Paris, 1854, in-8°.

3234. *Kervyn de Lettenhove. La Flandre pendant les trois derniers siècles. Bruges, 1875, in-8°. — Les Huguenots et les Gueux. Bruxelles, 1883-1886, 6 vol. in-8°.

3235. *Gaffarel (P.). Histoire de la Floride française. Paris, 1876, in-8°. — Histoire du Brésil français au XVIᵉ siècle. Paris, 1878, in-8°.

3236. Jurien de la Gravière. Les marins du XVᵉ et du XVIᵉ siècles. Paris, 1879, 2 vol. in-12.

58. Renaissance.

3237. DUKAS. Histoire littéraire du xv° siècle. Paris, 1876, in-8°.

3238. SCHMIDT (Ch.). Histoire littéraire de l'Alsace à la fin du xv° siècle et au commencement du xvi°. Paris, 1879, 2 vol. in-8°.

3239. NISARD (Ch.). Les Gladiateurs de la république des lettres aux xv°, xvi° et xvii° siècles. Paris, 1859-1860, 2 vol. in-8°. — Études sur la Renaissance. Paris, 1855, in-18. — Le triumvirat littéraire au xvi° siècle. J. Lipse, Joseph Scaliger et Casaubon. Paris, 1852, in-8.

3240. SAINT-MARC GIRARDIN. Tableau de la littérature française au xvi° siècle. Paris, 1862, in-8°.

3241. SAINTE-BEUVE. Tableau de la poésie française au xvi° siècle. Paris, 1843, in-12.

3242. JOLLY (Jules). Histoire du mouvement intellectuel (xvi° siècle et première partie du xvii° siècle). Paris, 1860, 2 vol. in-8°.

3243. LIVET. La Grammaire française au xvi° siècle. Paris, 1859, in-8°.

3244. FEUGÈRE (Léon). Caractères et portraits littéraires au xvi° siècle. Paris, 1859, 2 vol. in-8°.

3245. *GÉRUSEZ. Histoire de l'éloquence politique et religieuse (fin du xv° siècle et xvi° siècle). Paris, 1836-1837, 2 vol. in-8°.

3246. *LENIENT (C.). La Satire en France ou la littérature militante au xvi° siècle. Paris, 1866, in-8°.

3247. FROMENT. Essai sur l'histoire de l'éloquence judiciaire en France avant le xvii° siècle. Paris, 1874.

3248. GEIGER (L.). Johan Reuchlin, sein Leben und seine Werke. Leipzig, 1871, in-8°.

3249. DRUMMOND. Erasmus of Rotterdam. Londres, 1873, 2 vol. in-8°.

3250. *LAUR (Durand DU). Érasme précurseur et initiateur de l'esprit moderne. Paris, 1872, 2 vol. in-8°.

3251. FEUGÈRE (G.). Érasme. Paris, 1874, in-8°.

3252. GRUN. Vie publique de Montaigne. Paris, 1855, in-8°.

3253. CHRISTIE. Étienne Dolet. Trad. fr. Paris, 1886, in-8°.

3254. OUVRÉ. Notice sur J. Bouchet. Poitiers, 1859, in-8°.

3255. EYSSEL. Doneau; l'école de Bourges. Dijon, 1860, in-8°.

3256. WADDINGTON (Ch.). Ramus. Paris, 1865, in-8°.

3257. BERNAYS. J.-J. Scaliger. Berlin, 1856, in-8°.

3258. *GAUFRÈS (J.). Claude Baduel et la Réforme des études au XVIe siècle. Paris, 1882, in-8°.

3259. MORLEY. Clément Marot. Londres, 1872, 2 vol. in-8°.

3260. VAUZELLES (L. DE). Vie de Jacques, comte de Vintimille,... savant du XVIe siècle. Orléans, 1865, in-8°.

3261. *PROST (A.). Corneille Agrippa. Paris, 1881-1882, 2 vol. in-8°.

3262. *BAUDRILLART. Jean Bodin et son temps. Paris, 1853, in-8°.

3263. FÉLICE (P. DE). Lambert Daneau. Paris, 1882, in-8°.

3264. DEJOB (Ch.). Marc-Antoine Muret. Paris, 1882, in-8°.

3265. BUDÉ (E.). Guillaume Budé. Paris, 1884, in-8°.

3266. PIGNOT (J.-H.). Un jurisconsulte au XVIe siècle. Paris, 1880, in-8°.

3267. *EGGER. Histoire de l'Hellénisme en France. Paris, 1869, 2 vol. in-8°.

3268. EDWARD. Geschichte des Wiederaufblühens wissenschaftlicher Bildung, bis zum Anfang der Reformation. Magdebourg, 1827-1832, 3 vol. in-8°.

3269. *Voigt (G.). Die Wiederbelebung des classischen Alterthums oder das erste Jahrhundert des Humanismus. Berlin, 1859, in-8. — Enea Silvio de Piccolomini als Papst Pius II und sein Zeitalter. Berlin, 1836-1853, 3 vol. in-8°.

3270. *Schaab. Die Geschichte der Erfindung der Buchdruckerkunst. Mayence, 1830-31, 3 vol. in-8°.

3271. Germain. La Renaissance à Montpellier. Montpellier, 1871, in-4°.

3272. Pattison. Casaubon (1559-1614). Londres, 1875, in-8°.

3273. Germain. Isaac Casaubon à Montpellier. Montpellier, 1871, in-4°.

3274. Jarry. Une Correspondance littéraire au XVIe siècle; P. Daniel et les érudits de son temps. Orléans, 1876, in-8°.

3275. Capefigue. François Ier et la Renaissance. Paris, 1844, 4 vol. in-8°.

3276. *Palustre. La Renaissance en France. Paris, 1880, in-fol. (En cours de publication.)

3277. *Burckhardt. Die Cultur der Renaissance in Italien. 3e édition, Leipzig, 1872, 2 vol. in-8°. — Trad. fr. Paris, 1885, 2 vol. in-8°.

3278. *Muntz. La Renaissance en France et en Italie à l'époque de Charles VIII. Paris, 1885, in-8°.

3279. *Laborde (comte de). La Renaissance des arts à la cour de France. Paris, 1855, in-8°. — Le Château de Madrid. Étude sur les arts au XVIe siècle. Paris, 1855, in-8°.

3280. Berty. Les grands architectes français de la Renaissance. Paris, 1861, in-8°.

3281. Didot (A.-F.). Étude sur Jean Cousin. Paris, 1872, in-8°.

3282. Crapelet (G.-A.). Robert Estienne, premier de ce nom. Paris, 1839, in-8°. — Robert Estienne, imprimeur royal, et le roi François Ier. Nouvelles recherches sur l'état des lettres et de l'imprimerie au xvie siècle. Paris, 1839, in-8°.

3283. BASCHET. Les Comédiens italiens à la cour de France. Paris, 1882, in-8°.

3284. PLON. Benvenuto Cellini. Paris, 1883, gr. in-4°.

3285. *BOURCIEZ. Les mœurs polies et la littérature de cour sous Henri II. Paris, 1886, in-8°.

3286. *DEJOB (Ch.). De l'influence du Concile de Trente sur la littérature et les Beaux-Arts chez les peuples catholiques. Paris, 1884, in-8°.

59. La Réforme protestante.

3287. LÖSCHER (W.-E.). Vollständige Reformations Acta und Documenta. (Leipzig, 1720-1728, 3 vol. in-4°.)

3288. *Corpus reformatorum. (Halle et Brunswick, 1834 et ss., in-4°; en cours de publ.).

3289. *HERMINJARD. Correspondance des réformateurs dans les pays de langue française. (Genève et Paris, 1866-1886, 6 vol. in-8°.)

3290. BAUM, HAGENBACH, HEPPE, PESTALOZZI, SCHMIDT-STAHELIN, SUEDHOFF. Leben und ausgewählte Schriften der Väter und Begründer der reformirten Kirche. (Elberfeld, 1857-62, 10 vol. in-8°.)

3291. QUICK (J.). Synodicon in Gallia reformata. (Londres, 1682, 2 vol. in-fol.)

3292. *BÈZE (Th. DE). Histoire ecclésiastique des églises réformées; 1521-1563. (Genève, 1586, 3 vol. in-8°; — Cunitz et Baum, Paris, 1883-84, t. I et II.)

3293. SPALATIN. Annales reformationis. (Cyprian, Leipzig, 1718, in-8°.)

3294. MYCONIUS (F.). Historia reformationis; 1518-1542. (Cyprian. Leipzig, 1718, 2 vol. in-8°.)

3295. LUTHER. Werke. (Walch, Halle, 1750-52, 24 vol. in-4; — Plochmann et Irmincher. Erlangen, 1826-57, 67 vol. in-8.) — Briefe. (De Wette. Berlin, 1825-28, 5 vol. in-8°; 6° vol. éd. par Seidemann. Berlin, 1886, in-8°. — Burckhardt. Leipzig, 1866, in-8°. — Une nouvelle édition des œuvres de Luther parait à Weimar depuis 1883, par les soins de M. Knaake.

3296. *CALVIN. Opera. (Baum, Cunitz et Reuss, Brunswick, 1863 et ss., 30 vol. in-4°.) — Catéchisme. (Genève, 1537, in-12. Dufour et Rilliet, Genève, 1878, in-12.) — Lettres. (J. Bonnet, Paris, 1854, 2 vol. in-8°.) — Œuvres françaises. (P. Lacroix, Paris, 1842, in-8°.)

3297. LOUTCHITZKY. Documents inédits sur la Réforme et la Ligue. (Paris, 1875, in-8°.)

3298. BÈZE (Th. DE). Vie de J. Calvin. (Genève, 1563, in-8°; — Cimber et Danjou, Arch. curieuses, V; — Franklin, Paris, in-8°.)

3299. BOLSEC. Histoire de Calvin. (Lyon, 1577, in-8°; — Chastel, Lyon, 1875, in-8°; — Cimber et Danjou, Arch. curieuses, V.)

3300. CRESPIN. Histoire des martyrs, jusqu'en 1610. (Genève, 1619, 2 vol. in-fol.)

3301. ZWINGLE. Opera. (Schuler et Schulthess : Zurich, 1828-1842, 8 vol., in-8°.) — Supplément. (Schulthess et Marthaler, Zurich, 1861, in-8.

3302. SLEIDAN. Briefwechsel (Baumgarten, Strasbourg, 1881, in-8°.)

3303. STRICKLER. Actensammlung zur Schweizerischen Reformationsgeschichte. (Zurich, 1878 et ss., in-4°. En cours de publication.)

3304. BORDIER (H.). Le Chansonnier huguenot du XVI° siècle. (Paris, 1871, 2 vol. in-16.)

3305. Bœhringer. Die Vorreformatoren. Zurich, 1856, in-8°.

3306. Bonnechose (E. de). Les Réformateurs avant la Réforme. Paris, 1860, 2 vol. in-8°.

3307. Tentzel. Historischer Bericht vom Anfang der Reformation. Leipzig, 1718, 2 vol. in-8°.

3308. Strype. Annals of the Reformation. Londres, 1709-1731, 4 vol. in-fol.; Oxford, 1824, 7 vol. in-8°.

3309. Dœllinger. Die Reformation, ihre innere Entwicke-lung. Ratisbonne, 1846-48, 3 vol. in-8°.

3310. Hæusser. Geschichte des Zeitalters der Reforma-tion (1517-1648). Seconde édit., Berlin, 1879, in-8°.

3311. Merle d'Aubigné. Histoire de la Réformation en Europe au xvi° siècle. Paris et Genève, 1835-53, 5 vol. in-8°. — Histoire de la Réformation au temps de Calvin. Paris, 1863-77, 7 vol. in-8°.

3312. * Ranke. Die römischen Päpste im 16ten und 17ten Jahrhundert. Berlin, 1834-36, 3 vol. in-8°; 1873, 3 vol. in-8°. Werke, t. XXXVII-XXXIX. — Deutsche Geschichte im Zeitalter der Reformation. Leipzig, 1872-73, 6 vol. in-8°. Werke, I-VI.

3313. Bossuet. Histoire des variations des Églises pro-testantes. Paris, 1688, 2 vol. in-4°.

3314. Sugenheim. Frankreichs Einfluss auf und Beziehun-gen zu Deutschland seit der Reformation. T. I. Stuttgart, 1845, in-8.

3315. Sthyr (V.). Reformationens Forberedelse og Be-gyndelsei Frankrig. Copenhague, 1870, in-8°. — Luthe-ranerne i Frankrig (1524-1526). Copenhague, 1879, in-8°.

3316. * Segesser. Ludwig Pfyffer und seine Zeit. Berne, 1880, t. I, in-8°.

3317. Brandt. Histoire abrégée de la Réformation des Pays-Bas. Texte hollandais, Amsterdam, 1671-74, 4 vol. in-4°; trad. franç., La Haye, 1726, 3 vol. in-12.

3318. WORSFOLD. The Vaudois of Piemont. Londres, 1873, in-12.

3319. MAIMBOURG (L.). Histoire du Luthéranisme. Paris, 1680, 2 vol. in-8°; La Haye, 1681, 2 vol. in-8°.

3320. SECKENDORF. Commentarius historicus... de Luthe-ranismo... libri III (1517-1546). Francfort, 1688, in-4°.

3321. * KŒSTLIN. Martin Luther. Elberfeld, 1875, 2 vol. in-8°.

3322. * MŒRIKOFER. Ulrich Zwingli. Leipzig, 1867-1869, 2 vol. in-8°.

3323. SCHMIDT. Farel et Viret. Elberfeld, 1861, in-8°.

3324. HENRY (P.). Das leben J. Calvins. Hamburg, 1835-1844, 4 tomes en 3 vol. in-8°.

3325. AUDIN. Histoire... de Calvin. Paris, 1841, 2 vol. in-8°; 1850, 2 vol. in-18.

3326. * KAMPSCHULTE. J. Calvin. Leipzig, 1869, t. I, in-8°.

3327. TOLLIN. Melanchton und Servet. Berlin, 1876, in-8°.

3328. * BAUM (J.-W.). Theodor Beza. Leipzig, 1843-1851, 2 vol. in-8°.

3329. * ROGET (A.). Histoire du peuple de Genève depuis la Réforme jusqu'à l'Escalade. Genève, 1870-1882, 8 vol. in-12.

3330. BAUMGARTEN. Ueber Sleidan's Leben und Brief-wechsel. Strasbourg, 1878, in-8°.

3331. DARESTE (R.). Fr. Hotman. Paris, 1850, in-8°. — Fr. Hotman. Revue hist., t. II, 1876, in-8°.

3332. * HAAG (Eug. et Em.). La France protestante. Paris, 1847-1859, 10 vol. in-8°. — Nouv. édit. p. p. H. Bordier, Paris, 1877-87, in-8°. (En cours de publ. 6 vol. ont paru.)

3333. TRIQUETI. Les premiers jours du protestantisme en France. Paris, 1859, in-12.

3334. KLIPFFEL. Le Colloque de Poissy. Paris, 1867, in-12.

3335. MOURGUES (Em.). Colloque de Poissy. Strasbourg, 1859, in-8°.

3336. DELABORDE (Comte J.). Les Protestans à la cour de Saint-Germain lors du colloque de Poissy. Paris, 1874, in-8°.

3337. GRÉGOIRE. Le Calvinisme en France au XVI⁰ siècle. Paris, 1860, in-8°.

3338. DRION (Ch.). Histoire chronologique de l'Église protestante de France jusqu'à la révocation de l'Édit de Nantes. Paris, 1855, t. I, II, in-8°.

3339. * ANQUEZ. Histoire des assemblées politiques des Réformés (1573-1622). Paris, 1859, in-8°.

3340. AYMON. Les Synodes nationaux des Églises réformées de France. La Haye, 1710, 2 vol. in-4°.

3341. FÉLICE (G. DE). Histoire des synodes nationaux des Églises réformées de France. Paris, 1864, in-12.

3342. LAVAL (Et.-Ab.). A compendious History of the Reformation in France. Londres, 1737-1741, 7 vol. in-8°.

3343. LUTTHEROTH. La Réformation en France pendant sa première période. Paris, 1859, in-8°.

3344. ROISSELET DE SAUCLIÈRES. Histoire du protestantisme en France. Montpellier et Paris, 1837-1839, 4 vol. in-8°.

3345. PUAUX. Histoire de la Réformation française. Paris, 1859-1864, 7 vol. in-12.

3346. *SOLDAN. Geschichte des Protestantismus in Frankreich bis zum Tode Karls IX. Leipzig, 1855, 2 vol. in-8°.

3347. BROWNING. A History of the Huguenots. Londres, 1840, in-8°.

3348. BARTHOLD. Deutschland und die Huguenotten (1531-1598). Brême, 1848, t. I, in-8°.

3349. POLENZ (G. VON). Geschichte des französichen Calvinismus. Gotha, 1857-69, 5 vol. in-8°.

3350. VINET (A.). Histoire de la prédication parmi les

réformés de France au xviiᵉ siècle. Paris, 1860, in-8°.

3351. Douen. Clément Marot et le Psautier huguenot. Paris, 1878, 2 vol. in-4°.

3352. Coquerel fils (Ath.). Précis de l'histoire de l'Église réformée de Paris (1512-1594). Strasbourg et Paris, 1862, in-8°.

3353. Bourgeon. La Réforme à Nérac. Toulouse, 1880, in-8°.

3354. Delmas. L'Église réformée de La Rochelle. Paris, 1870, in-8°.

3355. Lièvre. Histoire des protestants et des églises réformées du Poitou. Paris, 1856-1860, 3 vol. in-8°.

3356. Corbière (Ph.). Histoire de l'Église réformée de Montpellier. Montpellier et Paris, 1861, in-8°.

3357. Arnaud. Histoire des protestants de Provence, du Comtat-Venaissin et de la principauté d'Orange. Paris, 1883, 3 vol. in-8°. — Histoire des protestants du Dauphiné. Paris, 1876, 3 vol. in-8°.

3358. Muston. Histoire complète des Vaudois du Piémont et de leurs colonies. Paris, 1850, 4 vol. in-12.

3359. Le Noir (Ph.). Histoire ecclésiastique de Bretagne, publiée par Vaurigaud. Paris, 1851, in-8°.

3360. Vaurigaud. Essai sur l'histoire des églises réformées de Bretagne. Paris, 1870, 3 vol. in-8°.

3361. Rabaud. Histoire du protestantisme dans l'Albigeois et le Lauraguais. Paris, 1873, in-8°.

3362. Gaulieur. Histoire de la réformation à Bordeaux et dans le ressort du parlement de Guyenne, t. I. Paris, 1888, in-8°.

3363. Félice (P. de). Mer. Son église réformée. Paris, 1885, in-8°.

3364. Thirion. Le protestantisme à Metz. Paris, 1885, in-8°.

3365. DUPIN DE SAINT-ANDRÉ. Histoire du protestantisme en Touraine. Paris, 1885, in-8°.

3366. BUSSIÈRE (Vicomte DE). Histoire de l'établissement du protestantisme à Strasbourg et en Alsace. Paris, 1856, in-8°. — Histoire du développement du protestantisme à Strasbourg et en Alsace (1529-1601). Strasbourg, 1859, 2 vol. in-8°.

3367. BAUM (J.-G.). Capiton und Butzer, die Reformatoren von Strassburg. Elberfeld, 1861, in-8°.

3368. ERBKAM. Geschichte der protestantischen Sekten im Zeitalter der Reformation. Hambourg et Gotha, 1848, in-8°.

60. La Réforme catholique.

3369. LAEMMER. Monumenta vaticana historiam saeculi XVI illustrantia. (Fribourg-en-Brisgau, 1861, in-8°.)

3370. MASSARELLO. Acta... concilii Tridentini. (Theiner, Agram, 1874, 2 vol. in-4°.)

3371. PALEOTTUS. Acta concilii Tridentini. (Mendham, Londres, 1842, in-8°.)

3372. DŒLLINGER (J.-V.). Ungedrückte Berichte und Tagebücher zur Geschichte des Concils von Trient. (Nordlingue, 1876, 2 part. in-8°.)

3373. *LE PLAT. Monumentorum ad historiam concilii Tridentini... collectio. (Louvain, 1781-87, 7 vol. in-4°.)

3374. PLANCK. Anecdota ad historiam concilii Tridentini pertinentia. (Gœttingue, 1791-1818, 26 fasc. in-4°.)

3375. SICKEL. Zur Geschichte des Concils von Trient. (Vienne, 1870-1872, 3 parties in-8°.)

3376. MILLEDONNE (Ant.). Journal du concile de Trente. (Baschet, Paris, 1870, in-8°.)

3377. CALONGIO. Documenti inediti sul concilio di Trento. (Rome, 1874, in-8°.)

3378. *SARPI (Paolo). Istoria del concilio Tridentino. (Londres, 1619, in-fol.; Genève, 1629, in-4°. — Trad. fr. par Le Courrayer. Genève, 1636, 2 p. in-fol.)

3379. *PALLAVICINI. Istoria del concilio di Trento. (Rome, 1656-57, 2 vol. in-fol.; 1665; 3 vol. in-4°; etc.)

3380. LOYOLA (Ignacio DE). Cartas. (Madrid, 1874-77, 3 vol. in-8°.)

———

3381. VARGAS. Lettres sur le concile de Trente. Amsterdam, 1700, in-8°.

3382. SALIG. Vollständige Historie des Tridentenischen Conciliums. Halle, 1741-47, 3 part. in-4°.

3383. *MAYNIER (L.). Étude historique sur le concile de Trente. Paris, 1874, t. I, in-8°.

3384. Imago primi sæculi Societatis Jesu. Anvers, 1640, in-fol.

3385. ORLANDINI (N.). Historia Societatis Jesu. Rome, 1620-1750, 7 vol. in-fol.

3386. BARTOLCI. Istoria della Compagnia di Giesù. Rome, 1660-1673, 5 vol. in-fol.

3387. CRÉTINEAU-JOLY. Histoire de la compagnie de Jésus. 1840-46, 6 vol. in-8.

3388. HOFFMANN. Die Jesuiten. Mannheim, 1871, 2 vol. in-8°.

3389. HUBER. Les Jésuites. Trad. fr. par Marchand. Paris, 1875, 2 vol. in-12.

3390. PRAT (le P.). Recherches sur la Compagnie de Jésus en France (1564-1626). Lyon, 1876, t. I-III, in-8°.

3391. CARAYON. Première mission des Jésuites au Canada. Poitiers et Paris, 1864, in-8°.

3392. Ribadeneyra. Vida del P. Ignacio de Loyola. Madrid, 1594, in-fol.

3393. Maffei. De vita et moribus Loyolae. Rome, 1585, in-4°; trad. fr. p. Mich. d'Esne, Douai, 1594, in-8°.

3394. Ligori. Instruzione e pratica per li confessori. Lucques, 1764, in-12.

3395. Jervis. The gallican Church (1516-1789). Londres, 1873, 3 vol. in-8°.

3396. * Hübner (baron de). Sixte-Quint. Éd. française, Paris, 1870, 2 vol. in-12.

3397. Maurenbrecher. Geschichte der katolischen Reformation. Nordlingue, 1880, 2 vol. in-8°.

3398. * Philippson (M.). La contre-révolution religieuse au xvi⁰ siècle. Bruxelles et Paris, 1884, in-8°.

61. Henri III et Henri IV.
Les guerres de religions. La Ligue.

Voyez pour cette section un grand nombre des sources et des ouvrages indiqués à la section précédente, en particulier les nᵒˢ 2964, 2967 à 2972, 2976 à 2982, 2984, 2987, 2988, 3019, 3026, 3028, 3033, 3058, 3069, 3076, 3076, 3078, 3082 à 3084, 3110, 3170, 3175 à 3186, 3211, 3214, 3234, les t. VIII à XIV des Archives curieuses de Cimber et Danjou, les t. IV, X, XI, XIV, XVIII de la Revue rétrospective.

3399. * L'Estoile. Mémoires-journaux. Règne de Henri III; 1574-1589; et de Henri IV; 1589-1610. (La Haye, 1741, 4 vol. in-8°;—Monmerqué, dans Coll. Petitot, t. XIV-XLVIII; — Michaud et Poujoulat, 2⁰ série, I; — Brunet, Champollion, Halphen; Lacroix, Read, Tamizey de Larroque et Tricotel; années 1574-1610. Paris, 1875-1884, 11 vol. in-8°.)

3400. Poulain (Nic.). Journal, 1585-1588. (Dans l'Estoile, éd. de 1744, t. II; et dans celle de Bonnet, etc. ; Petitot, XI.)

3401. * Mémoires de la Ligue; 1576-1598. (Abbé Goujet, Amsterdam, 1758, 6 vol. in-4°. — S. Goulard, Genève, 1590-1599, 6 vol. in-8°.)

3402. Camusat. Mélanges historiques; 1390-1580.(Troyes, 1619, in-4°. Important surtout pour le xvi° siècle.)

3403. * Ménard (Léon) et Aubais (Ch. de Baschi, marquis d'). Pièces fugitives pour servir à l'histoire de France. (Paris, 1759, 2 t. en 3 vol. in-4°.) Contient entre autres le discours des guerres de Louis de Perussis, 1561-1580; les Mémoires de Merle (n° 2984), de Gamon (n° 2971), de Philippi (n° 2976), le Journal de Charbonneau (n° 3433), les Mémoires du duc d'Angoulême (n° 3408), l'Histoire des choses mémorables survenues en la ville de Sommières par E. Giry, 1572-77; les Mémoires du baron d'Ambres, 1586-1592; le Journal de Faurin sur les guerres de Castres, 1537-1601. — Tout ce recueil est précieux pour les règnes de Charles IX, Henri III et Henri IV.

3404. * Aubigné (Th.-A. d'). Œuvres complètes. (Réaume et de Caussade. Paris, 1873-77, 4 vol. in-8°.) — Histoire universelle; 1550-1610. (Maillé, 1616-1620, 3 vol. in-fol.; — Amsterdam 1626, 2 vol. in-fol. — De Rubie. Soc. H. F. t. I. et II. Paris 1886-87, in-8°). — Mémoires. (Amsterdam, 1731, 2 vol. in-12; — Buchon, Panth. litt., 1836, in-8°, XIII; — Lalanne. Paris, 1854, in-12°.)

3405. Pape, seigneur de Saint-Auban. Mémoires; 1572-1587. (Buchon, XIV; — Michaud et Poujoulat, 1re série, XI; — Petitot, XLIII.)

3406. Perrenot, seigneur de Champagney. Mémoires, 1573-1590. (De Robaulx. Bruxelles, 1860, in-8°.)

3407. * Villeroy. Mémoires d'État; 1574-1594 (avec les lettres, jusqu'en 1604. Du Mesnil-Basin. Paris, 1634-36, 4 vol. in-8°, avec une continuation j. 1620). — Mémoires seuls. (Buchon, XV-XVI; — Petitot, XLIV; — Michaud et Poujoulat, 1re série, XI.) — Lettres à Jacques de Matignon; 1581-1596. (Montélimart, 1749, in-12.)

3108. ANGOULÊME (Duc d'). Mémoires; 1589-1593. (Petitot, XLIV; — Michaud et Poujoulat, XI.)

3109. * NEVERS (Duc DE). Mémoires; 1574-1610. (Paris, 1625, 2 vol. in-fol.)

3110. DEL RIO (Martin-Ant.). Mémoires; 1576-1578. (Delvigne, texte latin avec trad. fr. Bruxelles, 1869-71, 3 vol. in-8°.)

3111. VAREMBON (Mémoires sur le marquis DE); 1579-1586. (Borgnet. Bruxelles, 1873, in-8°.)

3112. * MORNAY (Ph. DU PLESSIS). Mémoires (t. I et II; 1572-1599, La Forest, 1624-1625, 2 vol. in-4°. T. III et IV; 1600-1623, 2 vol. in-4°. Amsterdam, 1651-52, 2 vol. in-4°.) — Mémoires et correspondance; 1571-1623. (La Fontenelle et Auguis. Paris, 1824-25, 12 vol. in-8°.)

3113. * MORNAY (Mme DE). Mémoires et lettres. (Mme de Witt. Paris, 1868-69, 2 vol. in-8°, Soc. Hist. de Fr.)

3114. * SULLY. Mémoires; Économies royales; 1570-1611. (Abbé de l'Écluse, Londres, 1745, 3 vol. in-4°; — Petitot, 2e série, I-IX; — Michaud et Poujoulat, 2e série, II-III.)

3115. MARBAULT, secrétaire de Mornay. Remarques sur les mémoires de Sully. (Michaud et Poujoulat, 2e série, III.)

3116. CARORGUY, greffier de Bar-sur-Aube. Mémoires. (Bruwaert. Paris, 1879, in-8°. Extr. du Cabinet historique.)

3117. MARILLAC (Michel DE). Mémoires de la Ligue; 1593. (Buchon, XV-XVI; — Petitot, XLIX; — Michaud et Poujoulat, 1re série, XI.)

3118. LA FORCE (Duc DE). Mémoires. (Mis de La Grange. Paris, 1843, 4 vol. in-8°.)

3119. * BASSOMPIERRE (Maréchal DE). Journal de ma vie; 1579-1640. (Mis de Chantérac. Paris, 1870-1877, 4 vol. in-8°. Soc. Hist. de Fr.)

3120. Groulard (Cl.). Mémoires; 1588-1606. (Petitot, 1re série, XLIX; — Michaud et Poujoulat, 1re série, XI.)

3121. Vernyes (Jean de). Mémoires; 1589-1593. (Clermont-Ferrand, 1838, in-8°.)

3122. Journal d'un curé ligueur (Jean de la Fosse) sous les trois derniers Valois, suivi du journal du secrétaire de Philippe du Bec, archevêque de Reims, de 1588 à 1605. (Éd. de Barthélemy. Paris, 1886, in-12.)

3123. Hurault (Ph.), évêque de Chartres. Mémoires; 1599-1601. (Buchon, XVI; — Petitot, XXXVI; — Michaud, et Poujoulat, 1re série, X.)

3124. Pontis. Mémoires; 1600-1652. (Petitot, 2e série, XXXI-XXXII; — Michaud et Poujoulat, 2e série, VI.)

3125. * De Thou (J.-A.). Historiarum sui temporis libri CXXXVIII, 1513-1610. (Carte. Londres, 1733, 7 vol. in-fol. avec les additions de Rigault, les mémoires et les lettres. — Trad. fr. par Desfontaines, Lebeau, Le Mascrier, Adam et Leduc. Paris, 1734, 16 vol. in-4°. — Les mémoires sont aussi dans Petitot, XXXVII, et dans Michaud et Poujoulat, 1re série, XI.)

3126. Casaubon. Journal. (Russel. Oxford, 1850, in-8°.)

3127. Chamier (Dan.). Journal de son voyage à la cour d'Henri IV en 1607. (Read. Paris, 1858, in-8°.)

3128. * Palma Cayet (P.-V.). Chronologie novenaire; 1589-1597. (Paris, 1608, 3 vol. in-4°; — Buchon, XV-XVI; — Petitot, XXXVIII-XLIII; — Michaud et Poujoulat, 1re série, XII.) -- Chronologie septénaire; 1598-1604. (Paris, 1605, in-8°; — Buchon, Petitot, Michaud, ibid.)

3129. Burel (Jean), bourgeois du Puy. Mémoires; 1568-1623. (Chassaing. Le Puy, 1875, in-4°.)

3130. Lurbe (Gabriel de). Chronique bourdeloise. (Bordeaux, 1594, in-4°; -- continuée par J. Damal jusqu'à 1619, puis par Tillet jusqu'à 1701. Bordeaux, 1703, in-4°.)

3131. CRUZEAU (Étienne DE). Chronique; 1588. (Delpit. Bordeaux, 1879-1881, 2 vol. in-8°.)

3132. GAUFFRETEAU(Jean DE). Chronique bordeloise. (Bordeaux, 1877-78, 2 vol. in-8°.)

3133. CHARBONNEAU (Louis). Journal. (Germain. Montpellier, 1874, in-4°.)

3134. PÉPIN, chanoine de la Sainte-Chapelle de Dijon. Le livre de souvenance; 1581-1601. (Garnier. Analecta Divionensia, t. V-VI.)

3135. BREUNOT (Gabriel), conseiller au Parlement de Dijon. Journal; 1574-1603. (Id., ibid., VI-VII.)

3136. COUSTUREAU (Nic.). Vie de Louis Ier, duc de Montpensier; 1513-1582. (Du Bouchet. Rouen, 1643, in-4°.)

3137. *HENRI IV. Lettres missives. (Berger de Xivrey. Paris, 1843-58, 7 vol. in-4°. Coll. Doc. inédits.) — Supplément (Guadet. Paris, 1872-76, 2 vol. in-4°.) — Lettres inédites, (Galitzin. Paris, 1860, in-8°.) — Lettres conservées à Troyes. (Bouliot. Troyes, 1857, in-8°.) — Lettres inédites au chancelier Bellièvre; 1581-1601. (Halphen. Paris, 1872, in-8°.) — Lettres inédites au même. (Halphen. Paris, 1882, gr. in-8°.) — Lettres inédites au même, du 16 mars 1604 au 28 oct. (Halphen. Paris, 1883, in-8°.) — Harangues et lettres inédites du roi Henri IV, suivies de lettres inédites du poète Nicolas Rapin. (Halphen. Lille, 1879, in-4°.) — Lettres inédites à Sillery, ambassadeur à Rome; 1er avril-27 juin 1600. (Halphen. Paris, 1866, in-8°.) — Lettres intimes. (Dussieux. Versailles et Paris, 1876, in-8°.) — Correspondance avec Maurice le Savant. (De Rommel. Paris, 1840, in-8°.) — Journal militaire de Henri IV; 1589-1597, suivi de lettres. (De Valory. Paris, 1821, in-8°.) — Lettres inédites à M. de Villiers, 1599. (Halphen. Paris, 1885, in-8°.) — Lettres inédites au même, 1600. (Halphen. Paris, 1886, in-8°.) — Lettres inédites au même, 1601. (Halphen. Paris, 1887, in-8°.) — Lettres inédites à M. de Pailhès, gouverneur du comté de Foix, et aux consuls de la ville de Foix; 1576-

1602. (Ch. de la Hitte. Paris et Auch. Arch. hist. de la Gascogne, t. X.) — Lettres du roy Henri IV et de MM. de Villeroy
et de Puisieux à M. Le Fèvre de la Boderie. (Amsterdam, 1733,
2 vol. in-8°.) — Correspondance avec Roussat, maire de
Langres. (Guyot. Versailles et Paris, 1816, in-8°.) — Lettres
de Henri IV à M. de Thumery (en appendice à Lafleur de
Kermaingant : Mission de Jean de Thumery, sieur de Boissise, en Angleterre, cf. infra n° 4281). Voy. Guadet :
Henri IV, sa vie, ses œuvres, ses écrits. Paris, 1876, in-8°.

3138. Correspondance de M. d'Inteville, 1579-1586.
(Arcis-sur-Aube, 1880, in-8°.)

3139. Mémoires historiques concernant la paix traitée à
Vervins l'an 1593, par MM. de Bellièvre et de Sillery entre
Henri IV et Philippe II, roi d'Espagne et Charles-Emmanuel,
duc de Savoie. (Paris, 1660, in-12; — 1667, 2 vol. in-12;
— 1700, 2 vol. in-12.)

3140. * Perron (Cardinal du). Ambassades, 1590-1618, dans
ses Œuvres, Paris, 1622, 3 vol. in-fol; — 1633, 2 vol. in-8°.)

3141. Vossius. Perroniana. (La Haye, 1616, in-12.)

3142. * Ossat (Cardinal d'). Lettres. (Avec des notes de
M. Amelot de la Houssaye. Paris, 1692, 2 vol. in-4°. — Amsterdam, 1732, 5 vol. in-12.) — Lettres inédites. (Tamizey
de Larroque. Paris, 1873, in-8°.)

3143. Vair (Guillaume du). Lettres inédites. (Tamizey
de Larroque. Paris, 1873, in-8°.)

3144. Canaye (Ph.), seigneur du Fresne. Lettres et ambassades; 1601-1607. (Paris, 1645, 3 vol. in-fol.)

3145. Recueil de pièces diverses servant à l'histoire de
Henri III. (Cologne, 1660, in-12; — 1699, 2 vol. in-12.)

3146. Correspondance de la mairie de Dijon, XVᵉ-XVIIIᵉ
siècles. (Analecta Divionensia, t. II-IV.)

3147. Foix (Paul de), ambassadeur à Rome. Lettres à
Henri III. (Mauléon. Paris, 1628 et 1638, in-4°.)

3448. JOYEUSE (Vte DE). Correspondance inédite. (Éd. de Barthélemy. Paris, 1876, in-8°.)

3449. CHARLES III, duc de Lorraine. Lettres et instructions relatives aux affaires de la Ligue. (Lepage. Nancy, 1861, in-8°.)

3450. PARTHENAY (Cath. DE), dame de Rohan-Soubise. Lettres. (Niort et Saint-Maixent, 1874, in-8°.)

3451. * MAYENNE (Duc DE). Correspondance. (Henry et Loriquet. Reims et Paris, 1860-1864, t. I et II.)

3452. *JEANNIN (P.). Négociations; 1607-1609. (Buchon, XV-XVI; — Michaud et Poujoulat, 2me série, IV; — Petitot, 2me série, XI-XVI.)

3453. NASSAU (Élisabeth DE), duchesse de Bouillon. Lettres à la duchesse de La Trémoille; 1595-1628. (Marchegay. La Roche-sur-Yon, 1875, in-8°.)

3454. COLIGNY (Louise DE), princesse d'Orange. Lettres inédites. (Marchegay. Paris, 1872, in-8°.) — Lettres à Henry de La Tour, v^{te} de Turenne. (Laugel. Paris, 1877, in-8°.) — Correspondance; 1555-1620. (Marlet. Paris, 1887, in-8°.)

3455. *PHILIPPE II. Correspondance sur les affaires des Pays-Bas. (Gachard. Bruxelles, 1848-1859, 4 vol. in-8°.)

3456. Correspondance de Marguerite d'Autriche avec Philippe II. (Reiffenberg. Bruxelles, 1842, in-8°.)

3457. GUILLAUME LE TACITURNE, prince d'Orange. Correspondance. (Gachard. Bruxelles, 1857-1858, 6 vol. in-8°.)

3458. * Archives ou correspondance de la maison d'Orange-Nassau. (Groen van Prinsterer, 1re série et supplément. Leyde, 1835-1847, 9 vol. in-8°.)

3459. BUSBECQ. Epistolae ad Rodolphum Caesarem. (Trad. fr., Amsterdam, 1718, in-12; — De Foy. Paris, 1748, 3 vol. in-12.)

3460. CHOART, seig^{r} de Buzanval, ambassadeur en Hollande. Lettres; 1593-1606. (Leyde, 1846, in-8°.)

3461. *Bongars, ambassadeur en Allemagne. Lettres. (La Haye, 1695, 2 vol. in-12.)

3462. *La Boderie, Ambassade en Angleterre; 1606-1611. (S. l., 1750, 5 vol. in-12.)

3463. *Briefe des Pfalzgrafen Johann-Casimir mit verwandten Schriftstücken, 1576-1586. (gesammelt und bearbeitet von Fr. von Bezold. Munich, 1882-1884, 2 vol. in-8°.)

3464. Wittelsbacher Briefe aus den Jahren 1590-1610. 1re partie. (Stieve. Munich, 1885, in-8°.)

3465. *Ritter (Th.). Briefe und Acten zur Geschichte des dreissigjæhrigen Krieges in den Zeiten des vorwaltenden Einflusses der Wittelsbacher. Bd. I. Die Gründung der Union. Bd. II. Der Union und Heinrich IV. Bd. III. Die Jülicher Erbfolgekrieg. (Munich, 1870-1877, 3 vol. in-8°.)

3466. Calendars of State Papers, foreign series of the reign of Elisabeth, 1558-1577, (Stevenson et Crosby. Londres, 1863-1880, 11 vol. in-8°.)

3467. Sawyer (E.). Memorials of Affairs of State in the reign of Queen Elizabeth and King James I. Collected from the original Papers of the R. H. Sir Ralph Winwood. (Londres, 1725, 3 vol. in-4°.)

3468. Chappuis (G.). Histoire des règnes de Henri III et de Henri IV jusqu'en 1600. (Paris, 1600, in-8°.)

3469. Montlyard (J. de). Continuation de l'Inventaire général de l'Histoire de France de Jean de Serres, continué jusqu'en 1606. (Paris, 1608, 1 vol. in-8°.)

3470. *J. de Serres. Histoire des cinq rois, 1597. (S. l., 1598, in-8°; -- Genève, 1603, in-8°. Cf. n° 3026.)

3471. Strada. De bello Belgico. (Rome, 1640-47, 2 vol. in-fol.; — trad. p. Du Ryer, Paris, 1652, 2 vol. in-8°.)

3472. Bentivoglio. Opere storiche. (Milan, 1806-1807, 5 vol. in-8°.)— Della Guerra di Fiandra; 1559-1607.(Cologne, 1632-1639, 3 vol. in-4°; -- trad. par Oudin. Paris, 1631 et 1669, 2 vol. in-12; — par Loiseau, Paris, 1767-1770. 4 vol. in-12.)

3173. * DAVILA. Historia delle Guerre civili di Francia; 1559-1598. (Venise, 1630-1634, in-4°; — Paris, 1644, 2 vol. in-fol.; — trad. p. Baudouin, Paris, 1642, 2 vol. in-fol.; — par l'abbé Mallet et Grosley, Paris, 1757, 3 vol. in-12.)

3174. VILLEGOMBLAIN (Fr. Racine, seigneur DE). Mémoires des troubles arrivés en France sous les règnes des rois Charles IX, Henri III et Henri IV. (Rivaudas de Villegomblain. Paris, 1667-1668, 2 vol. in-12.)

3175. TAIX (Guill. DE). Recueil des propositions et conclusions faictes en la chambre ecclésiastique des Estats; 1576. (Camusat dans Mélanges historiques. Cf. supra n° 1102.) *3402.*

3176. * BODIN (J.). Journal du Tiers-État; 1575. (Dans États Généraux, XIII, p. 212-315. Cf. n° 670.)

3177. L'ordre des Estats tenus à Bloys; déc. 1576. (Paris, 1577, in-4°.)

3178. Procès-verbaux des États Généraux de 1593. (Aug. Bernard. Paris, 1842, in-8°.)

3179. ROSIÈRES (Fr. de). Stemmata Lotharingiae et Barri ducum. (Paris, 1580, in-8°.)

3180. [Ph. DU PLESSIS-MORNAY]. Discours sur le droit prétendu par ceux de Guise sur la couronne de France. (Paris, 1583, in-8°.)

3181. [LA CHASTRE (Cl. de).] Les plus mémorables faits advenuz en 1587. (Paris, 1588, in-8°.)

3182. LERICHE. Journal. (A. de la Fontenelle-Vaudoré. Paris, 1846, in-8°.)

3183. HÉRELLE. La Réforme et la Ligue en Champagne. Documents. (Paris, 1888, in-8°.)

3184. Mémoire des choses notables advenues en la province de Champagne, 1587-1598. (Hérelle. Reims, 1882, in-8°.)

3485. Pièces sur la Ligue en Bourgogne. (H. Chevreul. Dijon, 1882-1883, in-8°.)

3486. Girod (Jean). Journal. (Chéreau. Lons-le-Saulnier, 1865, in-8°.)

3487. Pièces sur la Ligue en Normandie. (L. Bonin. Rouen, 1878, in-8°.)

3488. Lettres et instructions de Charles III, duc de Lorraine, relatives aux affaires de la Ligue. (Lepage. Nancy, 1864, in-8°.)

3489. Mémoire présenté aux États de la Ligue par le duc de Lorraine, Charles III, 1593. (Digot. Nancy, 1855, in-8°.)

3490. Fayet. Journal sur les troubles de la Ligue. (Luzarches. Tours, 1852, in-8°.)

3491. Péricaud (A.). Notes et documents pour servir à l'histoire de Lyon pendant la Ligue. (Lyon, 1844, in-8°.)

3492. Choix de documents inédits sur l'histoire de la Ligue en Bretagne (A. de Barthélemy. Nantes, 1879-1880, 2 vol. in-8°.)

3493. Boucher. De justa Henrici III abdicatione. (Paris, 1589, in-8°.)

3494. Bertrand. Documents inédits pour servir à l'histoire du Maine; 1572-1588. (Le Mans, 1876-1883, in-8°.)

3495. Risebergius (Laurentius). Epitome de rebus Gallicis; 1555-1594. (Helmstadt, 1594, in-4°.)

3496. Herrera (Ant. de). Historia de los succesos de Francia; 1585-1594. (Madrid, 1598, in-4°.)

3497. Loutchitski. Documents inédits sur la Réforme et la Ligue. (Paris, 1875, in-8°.)

3498. Brisson (P.). Histoire des guerres civiles... de Poictou, Aunis...; 1574-1576. (Paris, 1578, in-8°.)

3499. Histoire de la journée des barricades, par un bourgeois de Paris, 1588. (Cimber et Danjou, Arch. curieuses, XI.)

3500. Campiglia (A.). Delle turbulenze della Francia in vita del re Henrico il Grande. (Venise, 1617, in-4°.)

3501. *Satyre Ménippée. Catholicon d'Espagne, Abrégé de la farce des États de la Ligue, Pièces de vers, Explications du Higuiero d'Enferno, Nouvelles régions de la Lune. (Tours, 1593, in-8°; — Tours et Paris, 1594, in-8°; — Nodier. Paris, 1824, 2 vol. in-8°; — Labitte. Paris, 1841, in-8°, etc.)

3502. Journal du siège de Paris, 1590. (A. Franklin. Saint-Germain et Paris, 1876, in-8°.)

3503. Cornejo (P.). Discorso... de las cosas acontidas en el cerco de Paris; 1590. (Bruxelles, 1591, in-8°; — trad. fr. Paris, 1834, in-8°; — Mémoires de la Ligue, IV, 276.)

3504. Pigafetta. Relazione dell' assedio di Parigi. (Rome et Bologne, 1591, in-8°; — Trad. fr. p. Dufour, Paris, 1875, in-8°. Soc. Hist. de Paris et Ile-de-France.)

3505. Chavigny. De l'avènement à la couronne de France de Henry de Bourbon. (Texte latin et trad. fr., Lyon, 1594, in-8°.)

3506. La Popelinière. Conqueste des pays de Bresse et Savoye. (Paris, 1601, in-8°.)

3507. La vie et la mort du maréchal de Biron. (Paris, 1603, in-8°.)

3508. Virey. L'enlèvement innocent ou la retraite de M. le Prince et de Mme la Princesse; 1609-1610. (Halphen, Paris, 1859, in-8°.)

3509. Botereius (R.). Henrici magni... vita. (Paris, 1611, in-8°.)

3510. *Peleus (J.). Histoire de Henri le Grand, jusq. 1593. (Paris, 1613-16, 4 vol. in-8°.)

3511. *Legrain. Décade contenant la vie...: de Henri le Grand... (Paris, 1614, in-8°.)

3512. [D'Esperses.] Mémoires de plusieurs choses advenues en France depuis 1607 où finit l'histoire de M. de Thou. (Paris, 1634, in-8°.)

3513. * Mathieu (P.). Histoire de France et des choses mémorables... durant sept années de paix ; 1598-1604. (Paris, 1606, 2 vol. in-8°.) — Histoire des derniers troubles depuis les premiers moments de la Ligue jusqu'en 1589. (Lyon, 1594 ; — continuée jusqu'en 1597. Paris, 1597, in-8° ; — Lyon, 1606, 1610, etc.) — Histoire véritable des guerres entre les deux maisons de France et d'Espagne ; 1515-1598. (Rouen, 1599, in-8°.) — Histoire de la mort déplorable d'Henri le Grand. (Paris, 1612, in-8° ; — Cimber et Danjou, XV.)

3514. Véritable discours de la vie de Mgr le Prince de Condé. (Halphen. Paris, 1861, in-12.)

3515. Cornuti (P.). Tabulae historicae Henrici IV. (Lyon, 1615, in-4°.)

3516. Vossius (G.). De vita Henrici Magni. (Paris, 1622, in-8°.)

3517. Morisotus. Henricus Magnus. (Leyde, 1624, in-fol.)

3518. Hooft (P. S.). Henrik de Groot. (Amsterdam, 1626, in-fol.)

3519. Les oraisons et discours funèbres de divers auteurs sur le trespas de Henri le Grand. (Paris, 1671, in-8°.)

3520. Lenglet-Dufresnoi. Procès de Ravaillac. (Dans les Mém. de Condé, VI. — Voir Arch. curieuses, XV, 145-165.)

3521. Procès du très méchant et détestable parricide Ravaillac. (Halphen. Paris, 1858, in-12.)

3522. Champlain. Voyage en la France-Nouvelle. (Paris, 1604, in-4° ; 1613, in-4° ; 1619, in-8° ; 1632, in-4°.)

3523. Lescarbot (Marc). Histoire de la Nouvelle-France. (Paris, 1609, in-8° ; 1618, in-8°.)

3524. Varillas. Histoire de Henri III. Paris, 1694, 2 vol. in-4°.

3525. La Barre Duparcq. Histoire de Henri III. Paris, 1882, in-8°.

3526. Vossius (G.). De vita Henrici III. Paris, 1628, in-8°.

3527. Dondinus. Historia de rebus in Gallia gestis ab Alexandro Farnesio (1585-1592). Rome, 1673, in-8°.

3528. *Maimbourg. Histoire de la Ligue. Dans ses Œuvres. Paris, 1679, 12 vol. in-4°; — à part, Paris, 1683, 2 vol. in-12, ou 1 vol. in-4°; 1686, in-4°.

3529. Croze (I. de). Les Guises, les Valois, Philippe II. Paris, 1866, 2 vol. in-8°.

3530. Anquetil. Esprit de la Ligue. Paris, 1771, 3 vol. in-12.

3531. * L'Épinois (H. de). La Ligue et les Papes. Paris, 1886. in-8°.

3532. *Chalambert (V. de). Histoire de la Ligue. Paris, 1854, 2 vol. in-8°.

3533. Loutchitsky. La Ligue catholique et les calvinistes en France au xvie siècle (en russe). Kiev, 1877, in-8°.

3534. *Labitte (Ch.). De la démocratie chez les prédicateurs de la Ligue. Paris, 1841, in-8°.

3535. Robiquet (P.). Paris et la Ligue. Paris, 1886, in-8°.

3536. Pirey (Marquis de). Histoire de la Ligue en Bretagne. (Dans Desfontaines, Histoire des ducs de Bretagne. Paris, 1739, 6 vol. in-12, t. III et IV.)

3537. Grégoire. La Ligue en Bretagne. Nantes, 1856, in-8°.

3538. Moreau. Histoire de ce qui s'est passé en Bretagne durant les guerres de la Ligue. Saint-Brieuc, 1857, in-8°.

3539. Estaintot (d'). La Ligue en Normandie. Rouen, 1862, in-8°.

3540. MOURIN (E.). La Réforme et la Ligue en Anjou. Angers, 1856, in-8°.

3541. LEFIZELIER. Le Bas-Maine après la mort d'Henri III. Mamers, 1876, in-8°.

3542. LE CHARPENTIER (H.). La Ligue à Pontoise. Paris, 1879, in-8°.

3543. DUBOIS. La Ligue en Picardie. Amiens, 1859, in-8°.

3544. POUY (F.). Mémoires pour l'histoire de la Ligue à Noyon. Amiens, 1868, in-8°.

3545. *PRAROND. La Ligue à Abbeville (1576-1594). Paris, 1870-74, 3 vol. in-8°.

3546. DUPONT-WHITE. La Ligue à Beauvais. Paris, 1846, in-8°.

3547. RICHARD. Mémoires sur la Ligue dans le Laonnois. Caen, 1869, in-8°.

3548. HENRY. La Réforme et la Ligue en Champagne. Saint-Nicolas, 1867, in-8°.

3549. HENRY. Intervention de Charles III, duc de Lorraine, dans les affaires de la Ligue en Champagne (1562-1596). Nancy, 1864, in-8°.

3550. PINGAUD. Les origines de la Ligue en Bourgogne. Besançon, 1875, in-8°.

3551. BAUDOUIN. Histoire du protestantisme et de la Ligue en Bourgogne. Auxerre, 1885, 2 vol. in-8°.

3552. *ABORD. Histoire de la Réforme et de la Ligue dans la ville d'Autun. Paris, 1855-1888, 3 vol. in-8°.

3553. OUVRÉ. Essai sur l'histoire de la Ligue à Poitiers. (Mém. de la Soc. des Antiq. de l'Ouest. 1854.)

3554. *CHALLE. Histoire des guerres du Calvinisme et de la Ligue dans... l'Yonne. Auxerre, 1863-64, 2 vol. in-8°.

3555. LEGRÉ. La Ligue en Provence. Avignon et Paris, 1867, in-18.

3556. BESAUDUN, BAUSSET, CASSAIGNES. Mémoires pour servir à l'histoire de la Ligue en Provence. Aix, 1867, in-8°.

3557. *LAIR. Histoire du parlement de Normandie depuis sa translation à Caen au mois de juin 1589, jusqu'à son retour à Rouen en août 1591. Caen, 1861, in-8°.

3558. HUBAULT. Ambassade de Michel de Castelnau en Angleterre (1575-1585). Paris, 1856, in-8°.

3559. FRÉMY. Essai sur les diplomates du temps de la Ligue. Paris, 1873, in-18.

3560. AMBERT. Études historiques et politiques sur la situation de la France de 1549 à 1623. Paris, 1843, in-8°.

3561. BRÉMOND D'ARS (Guy DE). Le père de Mme de Rambouillet, Jean de Vivonne. Paris, 1884, in-8°.

3562. JOUBERT (A.). Un mignon de la cour de Henri III. Louis de Clermont, sieur de Bussy d'Amboise. Angers, 1885, in-8°.

3563. BARRAU. Les États généraux de 1576. Grenoble, 1874, in-8°.

3564. * ANQUEZ. Histoire des assemblées politiques des Réformés. (Cf. supra n° 3339.)

————

3565. PÉRÉFIXE. Histoire du roi Henri le Grand. Paris, 1661, in-4°; Paris, 1850, in-8°.

3566. BURY (DE). Histoire de Henri IV. Paris, 1765, 2 vol. in-4° et 4 vol. in-12.

3567. * POIRSON. Histoire du règne de Henri IV. Paris, 1856, 3 vol. in-8°.

3568. HANOTAUX (G.). Études sur le XVIᵉ et le XVIIᵉ siècle. Paris, 1886, in-12.

3569. PASTORET (DE). Des moyens mis en usage par Henri IV pour s'assurer la couronne. Paris, 1815, in-8°; 1816, in-8°.

3570. FEA (P.). Alessandro Farnese, duca di Parma. Turin, 1886, in-8°.

3571. SOMMÉNIL (Abbé). Campagne de Henri IV au pays de Caux (1592). Rouen, 1863, in-8°.

3572. GOMART. Le siège de La Fère par Henri IV. Laon, 1865, in-8°.

3573. * TUETEY. Les Allemands en France et l'invasion du comté de Montbéliard par les Lorrains (1587-1588). Paris, 1883, 2 vol. in-8°.

3574. * ROTT (Éd.). Henri IV, les Suisses et la Haute-Italie. Paris, 1882, in-8°.

3575. * PERRENS. Les mariages espagnols sous le règne de Henri IV et la régence de Marie de Médicis. Paris, s. d. in-8°.

3576. * PERRENS. L'Église et l'État en France sous le règne d'Henri IV et la régence de Marie de Médicis. Paris, 1872, 2 vol. in-8°.

3577. FÉRET (Abbé). Henri IV et l'Église catholique. Paris, 1875, in-8°.

3578. * PRAT (Le P.). Recherches historiques sur la compagnie de Jésus en France du temps du P. Coton. Paris, 1875-1876, 4 vol. in-8°.

3579. SEGRETAIN. Sixte-Quint et Henri IV. Paris, 1861, in-8°.

3580. PRÉVOST-PARADOL. Élisabeth et Henri IV (1594-1598). Paris, 1862, in-8°.

3581. KERMAINGANT (LAFLEUR DE). Mission de Jean de Thumery, sieur de Boissise, en Angleterre. Paris, 1886, 2 vol. in-8°.

3582. BIRCH (Th.). An historical view of the negotiations beetwen the courts of England, France and Brussels, from the year 1592 to 1617. Londres, 1749, in-4°.

3583. * PHILIPPSON (Martin). Heinrich IV und Philipp III (1598-1610). Berlin, 1870-76, 3 parties in-8°.

3584. * Anquez. Henri IV et l'Allemagne. Paris, 1887, in-8°.

3585. Hœfler. Heinrichs IV Plan dem Hause Habsburg Italien zu entreissen. Prague, 1859, in-8°.

3586. * Zeller (B.). Henri IV et Marie de Médicis. Paris, 1877, in-8°.

3587. Hennard. Henri IV et la princesse de Condé (1609-1610). Bruxelles, 1885, in-8°.

3588. Lagrèze (de). Henri IV. Sa vie privée. Paris, 1864, in-8°.

3589. Lescure. Les Amours de Henri IV. Paris, 1864, in-12.

3590. Jung (E.). Henri IV écrivain. Paris, 1855, in-8°.

3591. Vie du cardinal d'Ossat. Paris, 1771, 2 vol. in-8°.

3592. Aubéry. Vie du cardinal de Joyeuse. Paris, 1654, in-4°.

3593. Histoire de la vie du duc d'Épernon (par Girard). Paris, 1655, in-8°.

3594. Montbrison. Le premier duc d'Épernon. Paris, 1874, in-8°.

3595. Saint-Poucy (Comte de). Marguerite de Valois, reine de France. Paris, 1886, 2 vol. in-8°.

3596. Baillon (Comte de). Histoire de Louise de Lorraine, reine de France. Paris, 1884, in-12.

3597. Desclozeaux. Le Mariage et le divorce de Gabrielle d'Estrées. (Rev. hist., t. XXV.) — Gabrielle d'Estrées et Sully. (Rev. hist., t. XXXIII.)

3598. * Mignet. Marie Stuart. Paris, 1852, 2 vol. in-8°.

3599. * Gauthier (J.). Histoire de Marie Stuart. Paris, 1869-1870, 3 vol. in-8°.

3600. Hosack. Mary, queen of Scots, and her accusers. Edimbourg, 1869, in-8°.

3601. Gedeke. Maria Stuart. Heidelberg, 1879, in-8°.

3602. Chéruel. (A.). Marie Stuart et Catherine de Médicis. Paris, 1858, in-8°.

3603. Duvernet. Louis de Gonzague, duc de Nevers. Nevers, 1861, in-8°.

3604. Derveaux (Abbé). Auger Ghisselin de Bousbecques. Paris, 1877, in-8°.

3605. Secousse. Mémoires sur le maréchal de Bellegarde. Paris, 1764, in-12.

3606. Bastard (Comte de). Vie de J. de Ferrière, vidame de Chartres. Auxerre, 1858, in-8°.

3607. Réaume. Étude historique et littéraire sur Agrippa d'Aubigné. Paris, 1883, in-8°.

3608. Tamizey de Larroque. Essai sur la vie... de Florimond de Raymond (1540-1591). Paris, 1867, in-8°.

3609. Bernard (Aug.). Les d'Urfé, souvenirs du Forez. Paris, 1839, in-8°.

3610. Litta (Greg.). Vita di Sisto Quinto. Torino, 1853, 3 vol. in-8°.

3611. *Hubner (Baron de). Sixte-Quint. Trad. fr. (Cf. supra n° 3396.)

3612. *Forneron. Histoire de Philippe II, t. III et IV. Paris, 1882, 2 vol. in-8°.

3613. Armaillé (Mᵐᵉ d'). Catherine de Bourbon. Paris, 1872, in-18.

3614. Samazeuilh. Catherine de Bourbon, régente de Béarn. Paris, 1868, in-8°.

3615. *La Ferrière (H. de). Les projets de mariages de la reine Élisabeth. Paris, 1883, in-12.

3616. *Froude. History of England from the fall of Wolsey to the defeat of the Spanish Armada. Londres, 1860-1878, 12 vol. in-8°.

3617. *GARDINER. History of England from the accession of James the first. T. I. Londres, 1863, in-8.

3618. *GINDELY. Rudolph II und seine Zeit (1600-1612). Prague, 1863-1865, 2 vol. in-8°.

3619. HOLZWARTH. Der Abfall der Niederlande. Schaffouse, 1865-1872, 3 vol. in-8°.

3620. *STIEVE. Die Politik Baierns (1591-1607). Munich, 1878, in-8°.

3621. *RITTER (M.). Geschichte der Deutschen Union (1598 1612). Schaffouse, 1867-1873, 2 vol. in-8°.

3622. FÉRET (Abbé). Le cardinal du Perron. Paris, 1877, in-8°.

3623. FORTIA D'URBAN (Marquis DE). Vie de Crillon, suivie de Recherches sur l'histoire du duel en France. Paris, 1825-26, 3 vol. in-8°.

3624. CALLIÈRES (DE). Histoire du maréchal de Matignon (1547-1597). Paris, 1661, in-fol.

3625. LOISELEUR. Ravaillac et ses complices. Paris, 1872, in-12.

3626. CALLANDREAU. Ravaillac. Son lieu d'origine. Sa famille. Paris, 1885, gr. in-8°.

3627. CHARLEVOIX (Le P.). Histoire de la Nouvelle-France. Paris, 1744, 3 vol. in-4° et 6 vol. in-12.

3628. DES FRANCS. Une colonie française au xviie siècle. (Le Canada.) Saint-Maixent et Niort, 74, in-8°.

3629. *PARKMANN. Pioneers of France in the New World. Boston, 1865, in-8°. Trad. fr. par Mme la Cse de Clermont-Tonnerre. Paris, 1870, in-12.

3630. DELAYANT. Notice sur Champlain (1567-1635). Saint-Maixent et Niort, 1867, in-8°.

§ 62. Louis XIII.

Consulter, outre les ouvrages cités au § précédent et qui dépassent la date de 1610, les *Archives curieuses* de Cimber et Danjou, 1re série, t. XV, et 2e série, t. I-VI.

3631. *HÉROARD (J.). Journal sur l'enfance et la jeunesse de Louis XIII; 1601-1628. (Soulié et Éd. de Barthélemy. Paris, 1869, 2 vol. in-8°.)

3632. *LESTOILE. Journal de Louis XIII; 1610-1611. (Petitot, XLIX; — Michaud et Poujoulat, 2e série, I.)

3633. PONTIS. Mémoires; 1600-1652. (Michaud et Poujoulat, 2e série, VI.)

3634. [ALGAY DE MARTIGNAC.] Mémoires de Gaston d'Orléans; 1608-1696. (Paris, 1685, in-12; — Petitot, 2e série, XXXI; — Michaud et Poujoulat, 2e série, IX.)

3635. *FONTENAY-MAREUIL (Mis DE). Mémoires; 1609-1647. (Paris, 1826, 2 vol. in-8°; — Petitot, 1re série, L-LI; — Michaud et Poujoulat, 2e série, V.)

3636. PONTCHARTRAIN. Mémoires; 1610-1628. (Petitot, XVI-XVII; — Michaud et Poujoulat, 2e série, V.)

3637. ESTRÉES (Mis D'). Mémoires de la régence de Marie de Médicis; 1610-1617. (Lemoine, Paris, 1666, in-12; — Petitot, 2e série, XVI; — Michaud et Poujoulat, 2e série, VI.)

3638. *RICHELIEU (C*l DE). Mémoires, 1re partie, 1610-1624; — 2e partie, 1624-1638. (La 1re partie sous le titre de: Histoire de la mère et du fils, Amsterdam, 1730, in-4°, a été attribuée à Mezerai; — Petitot, 2e série, X-XI; — Michaud et Poujoulat, 2e série, VII-IX.) — Testament politique, 1640-1641. (Amsterdam, 1688, in-12; — Foncemagne, Paris, 1764, in-8°; — Michaud et Poujoulat, 2e série, IX.) — Lettres, instructions diplomatiques et papiers d'État. (Avenel, Paris, 1853-77, 8 vol. in-4°. Coll. des doc. inédits.)—Maximes d'État et fragments politiques. (Hanotaux. Coll. des doc. inéd. Mélanges, 2ᵉ série, t. III.) — Mémoire pour se conduire à la Cour. (Baschet. Paris, s. d., in-8°.) — Journal qu'il a fait durant le grand orage de la Cour en 1630 et 1631. (Paris, 1645, in-12; — 1666, 2 vol. in-12.)

3639. *Siri (Vittorio). Memorie recondite, 1601-1640. (Paris et Lyon, 1676-1679, 8 vol. in-4°; — trad. fr. par Requier. Paris et Amsterdam, 1765-84, 40 vol. in-12, incomplète.)— Mercurio. (Genève et Lyon, 1649-1674, 15 t. in-4°; — trad. fr. par Requier. Paris, 1756-59, 48 t. in-12, incomplète.)

3640. Deageant. Mémoires; 1610-1624. (Roux de Morges. Grenoble, 1668, in-12; — Paris, 1756, in-12.)

3641. Gillot. Mémoires; 1610. (Petitot, 1ʳᵉ série, XLIX; — Michaud et Poujoulat, 1ʳᵉ série, XI.)

3642. *Rohan (Duc de). Mémoires historiques et discours politiques; 1611-1629. (Amsterdam, 1644, in-12; — Petitot, 2ᵉ série, XVIII-XIX; — Michaud et Poujoulat, 2ᵉ série, V.) — Mémoires et lettres. (Zurlauben. Paris, 1758, 34 vol. in-12.)

3643. *Molé (Mathieu). Mémoires, 1614-1650. (A. Champollion-Figeac. Paris, 1855-57, 4 vol. in-8°. Soc. Hist. Fr.)

3644. *Brienne (Henri de Loménie, comte de). Mémoires; 1615-1661. (Petitot, 2ᵉ série, XXXV-XXXVI; — Michaud et Poujoulat, 3ᵉ série, III.)

3645. Herbert de Cherbury (Lord). Mémoires. (Trad. fr. par le comte de Baillon. Paris, 1863, in-4°.)

3646. Vignolles la Hire (B. de). Mémoires des choses... passées en Guienne ès années 1621 et 1622. (Besly. La Rochelle, 1629, in-4°; — Tamizey de Larroque. Bordeaux et Paris, 1869, in-8°; — se trouvent aussi dans Ménard et Aubais. Cf. n° 3403.)

3647. Beauvais-Nangis. Mémoires ou histoire des favoris

depuis Henri II jusqu'à Louis XIII. (Paris, 1665, in-12; — Monmerqué et Taillandier. Paris, 1862, in-8°. Soc. Hist. Fr.)

3618. *OMER-TALON. Mémoires; 1630-1649. (Petitot, 2° série, LX-LXIII; — Michaud et Poujoulat, 3° série, VI.)

3649. [BOIS D'ANNEMETS.] Mémoires d'un favori de M. le duc d'Orléans; 1626. (Leyde, 1667, in-12; — Amsterdam, 1702, in-12.)

3650. MONTRÉSOR (C¹ᵉ DE). Mémoires; 1632-1637. (Leyde, 1665, 2 vol. in-12; — Petitot, 2° série, LIV; — Michaud et Poujoulat, 3° série, III.)

3651. CAMPION (H. DE). Mémoires; 1634-1654. (Paris, 1807, in-8°; — Petitot, 2° série, LI; — Moreau. Paris, 1857, in-16. Bibl. elzévirienne.)

3652. PUYSÉGUR (J. DE CHASTENET, seigneur DE). Mémoires. (Duchesne. Paris, 1690, 2 vol. in-12; — Tamizey de Larroque. Paris, 1881, 2 vol. in-12.)

3653. ANDILLY (Arnauld D'). Mémoires. (Petitot, 2° série, XXXIII-XXXIV; — Michaud et Poujoulat, 2° série, IX.) — Journal inédit; 1614-1620. (Halphen. Paris, 1857, in-8°.)

3654. *MONTGLAT. Mémoires; 1610-1668. (Amsterdam, 1727-28, 4 vol. in-12; — Petitot, 2° série, XLIX-LI; — Michaud et Poujoulat, 3° série, V.)

3655. *TALLEMANT DES RÉAUX. Historiettes. (Monmerqué et Taschereau. Paris, 1831-35, 6 vol. in-8°; — Monmerqué et P. Paris. Paris, 1857-60, 9 vol. in-8°.)

3656. NOGARET LA VALETTE (Louis DE). Mémoires; 1635-1637. (Rédigés par J. Talon; édités par Gobet, Paris, 1771, 2 vol. in-12; — 1787, 2 vol. in-12.)

3657. MAROLLES (Michel DE). Mémoires; 1600-1655. (Amsterdam, 1755, 3 vol. in-12.)

3658. LACHÂTRE (Comte DE). Mémoires; 1638-1643. (Petitot, 2° série, LI; — Michaud et Poujoulat, 3° série, III.)

3659. FONTRAILLES (Vᵗᵉ DE). Mémoires; 1642. (Petitot, 2° série, LIV; — Michaud et Poujoulat, 3° série, III.)

3660. NEMOURS (Duchesse DE). Mémoires ; 1618-1652. (Petitot, 2º série, XXXIV; — Michaud et Poujoulat, 2º série, X.)

3661. MOTTEVILLE (Mᵐᵉ DE). Mémoires. (Petitot, 2º série, XXXVI-XXXIX; — Michaud et Poujoulat, 2º série, X; — Riaux. Paris, 1855, 4 vol. in-18.)

3662. MONTCHAL, archevêque de Toulouse. Mémoires. (Rotterdam, 1718, in-12.)

3663. *GOULAS (Nic.). Mémoires; 1627-1651. (Constant. Paris, 1879-1882, 3 vol. in-8º. Soc. hist. Fr.)

3664. FLORENTIN DU RUAU. Régence de Marie de Médicis. (Poitiers, 1615, in-8º.)

3665. LANGLADE (V. DE). Mémoires sur la vie de Henri, duc de Bouillon. (Paris, 1692, in-12.)

3666. *[MALINGRE (Cl.). Histoire de Louis XIII. (Paris, 1616, in-4º.) — Histoire générale des guerres et événements arrivés sous le règne de Louis XIII. (Rouen, 1647, 4 vol. in-8º.) — Journal du règne de Louis XIII. (Rouen, 1646, in-8º.) — Histoire de la rébellion excitée en France par les prétendus réformés ou histoire de notre temps depuis 1620 jusqu'à 1629. (Paris, 1622-1629, 6 vol. in-8º.)

3667. Remarques de M. le maréchal de Bassompierre sur les vies des rois Henri IV et Louis XIII de Dupleix. (Paris, 1665, in-12.)

3668. HOWELL (J.). Lustra Ludovici XIII. (Londres, 1646, in-8º.)

3669. RONCONVERI (C. A.). Il regno di Luigi XIII. (Lyon, 1691, in-4º.)

3670. DUBOIS. Mémoires sur la mort de Louis XIII. (Michaud et Poujoulat, 1ʳᵉ série, XI.)

3671. ANTOINE (l'aîné). Journal de la mort de Louis XIII. (Cramail. Fontainebleau, 1880, in-8º.)

3672. [VIALART (Cl.).] Histoire du ministère de Richelieu; 1621-1633. (Paris, 1650, in-fol.; — 1650, 2 vol. in-12; — 1664, 3 vol. in-12.)

3673. *AUBERY (Antoine). Mémoires pour servir à l'histoire du cardinal de Richelieu. (Paris, 1660, 2 vol. in-fol.; — 1667, 5 vol. in-12.) — Histoire du cardinal de Richelieu. (Paris, 1660, in-fol.; — 1666, 2 vol. in-12.)

3674. FURIC DU RUN. Réflexions sur le gouvernement du cardinal de Richelieu. (Paris, 1640, in-4°.)

3675. HAY DU CHASTELET. Recueil de diverses pièces pour servir à l'histoire de France pendant le ministère de Richelieu. (Paris, 1643, in-4°.)

3676. FERRON (R. DU). Vita cardinalis Richelieu. (Orléans, 1626, in-4°.)

3677. MORGUES-SAINT-GERMAIN (M. DE). Pièces pour la défense de la reine-mère. (Anvers, 1644, 2 vol. in-fol.)

3678. NAUDÉ. Mémoire confidentiel adressé à Mazarin après la mort de Richelieu. (Franklin. Paris, 1870, in-16.)

3679. FERNANDEZ-VILLAREAL. El politico cristianismo del cardenal duque de Richelieu. (Pampelune, 1642, in-12; — trad. fr. par Chatonnière. Paris, 1643, in-4°.)

3680. VIDEL (L.). Histoire du duc de Lesdiguières. (Paris, 1638, in-fol.; — Grenoble, 1649, in-8°.; Paris, 1666, in-12.)

3681. GIRARD, secrétaire du duc d'Épernon. Vie du duc d'Épernon. (Paris, 1655, in-fol.; — 1740, in-4°.)

3682. Pièces du procès de Henri de Talleyrand, comte de Chalais. (La Borde. Londres, 1781, in-12.)

3683. *Le Mercure françois, ou la Suite de l'histoire de la paix; 1605-1644. (Paris, 1611-1648, 25 vol. in-8°.) Des extraits concernant la Normandie ont été publiés par M. Héron pour la Soc. d'hist. de Norm. en 1880.

3684. *LEGRAIN (Bapt.). Décade commençant l'histoire du roi Louis XIII. (Paris, 1618, in-fol.)

3685. [D'AUTREVILLE.] Inventaire général des affaires de France, depuis la mort d'Henri le Grand jusqu'à 1620. (Paris, 1620, in-8°.)

3686. *GRAMONDUS (B. DE GRAMMOND). Historiarum Galliae ab excessu Henrici IV libri XVIII. (Toulouse, 1643, in-fol. ; — Amsterdam, 1653, in-8°.)

3687. THOU (DE). J. A. Thuani historiarum continuatio; 1607-1628. (Francfort, 1628, in-fol.)

3688. [PIERRE BOITEL.] Histoire des guerres; 1610-1624. (Rouen, 1624, in-8°.)

3689. LE LABOUREUR. Histoire du maréchal de Guébriant. (Paris, 1670, in-fol.)

3690. BRACHELIUS. Historia sui temporis rerum ; 1618-1652. (Cologne, 1652, in-8°.)

3691. P. GILLES. Histoire des Églises vaudoises; 1160-1643. (Nouv. éd. Pignerol, 1881, 2 vol. in-12.)

3692. Négociations relatives à la conférence de Loudun. (Bouchitté. Paris, 1862, in-4°. Coll. Doc. inédits.)

3693. [AUBIN.] Histoire des diables de Loudun. (Amsterdam, 1693, in-12.)

3694. FRANVILLE. Le fidèle historien des affaires de France; déc. 1620-1623. (Paris, 1623, in-8°.)

3695. BERNARD (Ch.). Guerres de Louis XIII contre les religionnaires de son état. (Paris, 1633, in-fol.)

3696. BELOT. Réduction de La Rochelle. (Paris, 1622, in-8°.)

3697. SAINTE-MARTHE. Expeditio Rupellana. (Paris, 1629, in-8°; — trad. fr. par Baudouin. Paris, 1629, in-8°.)

3698. CAVRIANA (Ph.). De obsidione Rupellana commentarius. (La Rochelle, 1836, in-8°.)

3699. GAUFFRETEAU (J. DE). La Digue, ou le siège de la Rochelle. (Bordeaux, 1629, in-8°.)

3700. MERUAULT (P.), Rochelois. Le siège de La Rochelle. (Rouen, 1648, in-8°.)

3701. Relation du siège de Saint-Affrique par Condé et d'Épernon ; 1628. (Germain. Montpellier, 1874, in-4°.)

3702. Schomberg (Maréchal de). Relation du combat de Castelnaudary; 1er sept. 1632. (Paris, 1632, in-8°.)

3703. Cros (S. du). Histoire de Henri, dernier duc de Montmorency. (Paris, 1643, in-4°; 1665, in-12, sous le titre de : Mémoires de H., duc de Montmorency.)

3704. Boissat (P. de). Lotharingia capta; 1634. (Dans ses Opera Latina, Paris, 1649, in-fol.)

3705. Boys de Riocour. Relation des sièges de La Mothe; 1634, 1642, 1645. (Simonnet. Chaumont, 1861, in-8°.)

3706. Laborde de Doazit (H. de). Relation... des choses... passées en la Basse-Guienne depuis 1638. (Bordeaux, 1869, in-8°.)

3707. Diaire... du chancelier Séguier en Normandie; 1639-1640. (Floquet. Rouen, 1842, in-8°.)

3708. Bigot de Monville (Le président). Mémoires sur la sédition des Nu-pieds et l'interdiction du parlement de Normandie en 1639. (Vicomte d'Estaintot. Rouen, 1876, in-8°. Soc. hist. Norm.)

3709. *Abelin (J.-Ph.). Theatrum Europæum oder Beschreibung aller denkwürdigen Geschichten, sohin und wieder, fürnemlich in Europa; hernach auch an andern Orten der Welt, sowohl in Religion als Policey-Wesen von J. Christi — 1617, sich zugetragen. (Francfort, 1635-1738, 21 vol. in-fol.; — continuation de la Historische Chronik de J. L. Gottfried — 1619. Francfort, 1630; à partir du t. IV, a été continuée par divers auteurs, jusqu'en 1718.)

3710. Gottfried. Fortgesetzte historische chronik; 1618-1659. (Francfort, 1674, in-fol.; 1743, in-fol.).

3711. Wassenberg. Commentarii de bello inter Ferdinandos II et III et eorum hostes gesto. (Francfort, 1639, in-16; — 1640, in-8°.)

3712. *Kuevenhiller. Annales Ferdinandei. (Ratisbonne et Vienne, 1640-1646, 9 vol. in-8°; — continuées jusqu'en 1637. Leipzig, 1716, 12 vol. in-fol.)

3713. Aitzema (L. van). Zaken van Staat en Oorlog (Histoire des affaires d'état et guerre), 1621-1668. (A la suite de son Histoire des Provinces-Unies. La Haye, 1657-1671, 15 vol. in-4; — 1669-1671, 7 vol. in-fol.)

3714. Bentivoglio (Guido). Diario. (Amsterdam, 1648, in-8.) — La Nunziatura di Francia. Lettere,... etc. (L. de Stefani. Florence, 1863, 4 vol. in-12.)

3715. *Gualdo Priorato (Galeazzo). Istoria delle guerre di Ferdinando II et III et del re Filippo IV contro Gostavo-Adolfo et Luigi XIII. (Venise, 1640, in-4°.) — Istoria della vita d'Alb. Valstein. (Lyon, 1643, in-12.)

3716. Riccius. De bellis Germanicis, 1618-1648, libri X. (Venise, 1649, in-4°.)

3717. Szilagyi. Actes et documents pour servir à l'histoire de l'alliance de Rakôczy avec les Français et les Suédois. (Pesth, 1874, in-8°.)

3718. Lundorp. Der Rom. K. Majestät und des heil. Römischen Reichs Acta publica,... vom Anfang Ferdinands II. (Francfort, 4° éd., 1668, 4 vol. in-fol.)

3719. Sammlung.... Briefwechsel und Staats-schriften... K. Gustav Adolfs und des Reichs-Canzlers Oxenstiernas, 1629-1638. (Dans K. von Moser, Patriotisches Arch. für Deutschland. Francfort et Leipzig, 1784-1790, t. V et VI.)

3720. Hildebrand (É.). Wallenstein und seine Verbindungen mit den Schweden. Actenstücke aus dem schwedischen Reichs Archiv. (Francfort, 1885, in-8°.)

3721. Du Cornet (le Sr). Histoire générale des guerres de Savoie, de Bohème, du Palatinat et des Pays-Bas; 1616-1627. (Robaulx. Bruxelles, 1869, 2 vol. in-8°.)

3722. Silhon (J. de). Mémoires concernant les guerres d'Italie, 1625-1632. (Paris, 1669, 2 vol. in-12.)

3723. Boucué. Exploits des armées en Piedmont et en Dauphiné. (Grenoble, 1626, in-8°.)

3724. Sainte-Marthe (A. de). Expeditio Valtelinaca. (Paris, 1626, in-8°; trad. franç., Paris, 1626, in-8°.)

20

3725. [?Richelieu.] Relation de ce qui s'est passé en Italie en 1630. (Paris, 1631, in-8°.)

3726. [Meziriac.] Guerre d'Italie, 1629-1631. (Bourg-en-Bresse, 1632, in-4°.)

3727. Fossati. Memorie delle guerre d'Italia. (Milan, 1640, in-4°.)

3728. Boyvin (J.). Siège de Dôle. (Paris, 1637, in-4°.)

3729. Montbazon (Duc de). Réduction de Perpignan, (Paris, 1642, in-8°.)

3730. Schmidt (J.-H.). Pièces originales sur la guerre de Trente ans en Lorraine; 1632-1645. Recueil d'imprimés contemporains. (Nancy, 1866-1868, 2 vol. in-8°.)

3731. Cahiers des États de Normandie sous Louis XIII et Louis XIV; 1610-1666. (De Beaurepaire, Rouen, 1876-1879, 3 vol. in-8°, Soc. Hist. Norm.)

3732. *États-Généraux de 1614. (Consulter : Recueil des pièces originales sur les États-Généraux, t. VI-VIII; Recueil des États-Généraux. Paris, 1789, t. XVI-XVII.)

3733. Florimond Rapine, Relation des États-Généraux de 1614. (Paris, 1651, in-4°.)

3734. Recueil des pièces les plus curieuses qui ont été faites pendant le règne du connétable de Luynes. (Paris, 1632, in-12.)

3735. *Canaye, s^r du Fresne. Lettres et ambassades. (Paris, 1635-1636, 3 vol. in-fol.)

3736. Pasquier (Nicolas). Lettres (A la suite des OEuvres d'Et. Pasquier, II, col. 1053.)

3737. *Sourdis (H. de), archevêque de Bordeaux. Correspondance. (E. Sue, Paris, 1839, 3 vol. in-4°, Coll. Doc. inédits.)

3738. *Lesdiguières (Connétable de). Actes et correspondance. (Douglas et Roman, Paris, 1878-1884, 3 vol. in-4°.)

3739. Ambassade du duc d'Angoulème, du comte de

Béthune et de l'abbé de Préaux ; 1620-1621. (Paris, 1667, in-fol.)

3740. *Feuquières (M¹ˢ de). Ambassades en Allemagne. Lettres et négociations ; 1633-1634. (Amsterdam, Paris, 1753, 3 vol. in-12.) — Lettres inédites des Feuquières. (E. Gallois, Paris, 1845, 5 vol. in-8º.)

-3740 bis. Correspondance inédite du comte d'Avaux avec son père J.-J. de Mesmes; 1627-1642. (Boppe. Paris, 1887, in-8º).

3741. *Bassompierre (de). Ambassades. (Cologne, 1668, 4 vol. in-12.)

3742. *Estrades (Comte d'). Ambassades; 1637-1662. (Amsterdam, 1718, 2 vol. in-12. — Cf. Revue hist., 2º année, t. III et IV, 1877.) — Lettres et négociations; 1637-1668. (La Haye, 1719, 6 vol. in-12; — Londres, 1743, 9 vol. in-12, avec les lettres de d'Avaux et de Colbert de Croissy à Nimègue.)

3743. Du Maurier (Aubéry). Mémoires de Hambourg, de Lubeck, de Holstein, de Danemarck, de Suède, de Pologne. (La Haye, 1748, in-12.)

3744. Ogier (Ch.). Ephemerides sive iter Danicum, Suecicum, Polonicum, etc. (Paris, 1656, in-8º.)

3745. Correspondance politique adressée au magistrat de Strasbourg par ses agents à Metz. (Bouteiller et Hepp. Nancy, 1882, in-8º.)

3746. Charavay. Catalogue de la collection de lettres sur le règne de Louis XIII, formée par Pécard, à Tours. (Paris, 1873, in-8º.)

3747. Leveneur, comte de Tillières. Mémoires inédits sur la cour de Charles Iᵉʳ. (Hippeau. Paris, 1862, in-12.)

3748. [Earl of Hardwicke.] Miscellaneous State Papers; 1501-1726. (Londres, 1778, 2 vol. in-4º.)

3749. *Le Vassor (Mich.). Histoire du règne de Louis XIII. Amsterdam, 1700-1711, 19 vol. in-12; — ibid., 1756, 7 vol. in-4°.

3750. *[Le Cointe (J.).] Règne de Louis XIII. Paris, 1716-1717, 5 vol. in-12. — Pièces justificatives. Paris, 1716-1717, 4 vol. in-12.

3751. *Griffet (le P.). Histoire du règne de Louis XIII. Paris, 1758, 3 vol. in-4° (t. XII-XIV de l'Hist. de France du P. Daniel).

3752. Bury (de). Vie de Louis XIII. Paris, 1767, 4 vol. in-12.

3753. *Bazin. Histoire de France sous Louis XIII. Paris, 1838, 4 vol. in-8°; 1846, 4 vol. in-12.

3754. Poirson. Observations sur le règne de Louis XIII et le ministère de Richelieu, et sur l'ouvrage de M. Bazin..., etc., suivies de pièces justificatives. Paris, 1839, in-8°.

3755. Puyol (Abbé). Louis XIII et le Béarn. Paris, 1872, in-8°.

3756. *Topin (M.). Louis XIII et Richelieu. Paris, 1876, in-8°.

3757. Baschet (A.). Le Roi chez la Reine. Paris, 1866, in-8.

3758. Canel. Le Voyage du roi Louis XIII en Normandie (1620). Rouen, 1869, in-4°.

3759. Tamizey de Larroque. Louis XIII à Bordeaux. Bordeaux, 1876, in-8°.

3760. Pardoe (Miss). The life of Marie de Medecis. Londres, 1853, 3 vol. in-8°.

3761. Arconville (Mme Tiroux d'). Vie de Marie de Médicis. Paris, 1774, 3 vol. in-8°.

3762. *Henrard (P.). Marie de Médicis dans les Pays-Bas (1631-1638). Bruxelles, 1876, in-8°.

3763. Pouy (F.). Concini, maréchal d'Ancre, son gouvernement en Picardie. (Amiens, 1885, in-8°.)

3764. *ZELLER (B.). Le connétable de Luynes. Paris, 1879, in-8°. — Richelieu et les ministres de Louis XIII, de 1621 à 1624. Paris, 1880, in-8°. — De dissolutione contracti apud Brusolum foederis inter Henricum IV et Carolum Emmanuelem I Sabaudiae ducem. Paris, 1883, in-8°.

3765. AVENEL. La jeunesse de Richelieu. (Rev. des Quest. hist., 1869.)

3766. JAY (A.). Ministère de Richelieu. Paris, 1816, 2 vol. in-8°.

3767. MARTINEAU. Le cardinal de Richelieu. Paris, 1865, in-8°.

3768. AVENEL. Le dernier épisode de la vie du cardinal de Richelieu. Paris, 1868, in-8°.

3769. HUBAULT. De politicis in Richelium lingua latina scriptis. Paris, 1856, in-8°.

3770. GELEY. Fancan et la politique de Richelieu de 1617 à 1627. Paris, 1884, in-8°.

3771. HOUSSAYE (Abbé). Le cardinal de Bérulle et le cardinal de Richelieu (1625-1629). Paris, 1875, in-8°.

3772. BAILLON (DE). Henriette-Marie de France. Paris, 1877, in-8°. —Madame de Montmorency. Paris, 1880, in-12.

3773. GOLL. Die Französische Heirath. Frankreich und England (1624-1625). Prague, 1875, in-8°.

3774. ASSELINEAU. Claire-Clémence de Maillé-Brézé, princesse de Condé (1628-1694). Paris, 1872, in-12.

3775. RAVENEZ. Histoire du cardinal de Sourdis. Bordeaux et Paris, 1867, in-8°.

3776. OUVRÉ. Aubéry du Maurier, ministre de France à La Haye; 1566-1636. Paris, 1853, in-8°.

3777. POUY. Histoire de F. Faure, évêque d'Amiens, prédicateur de la Cour (1612-1687). Amiens, 1876, in-8°.

3778. CALLOT. Jean Guiton, dernier maire de La Rochelle (1628). La Rochelle, 1873, in-8°.

3779. RENÉE (Am.). Mᵐᵉ de Montmorency. Paris, 1858, in-8°.

3780. BONNEAU-AVENANT. La Duchesse d'Aiguillon. Paris, 1878, in-8°.

3781. LEGUÉ. Urbain Grandier. Nouvelle édition. Paris, 1884, in-12.

3782. KERVILER. Marin Le Roy, sieur de Gomberville (1600-1674). Paris, 1876, in-8°.

3783. LA GARDE (H. DE). Le duc de Rohan et les pro-testants sous Louis XIII. Paris, 1884, in-8°.

3784. MENTION. De duce Rohanio post pacem apud Ale-sium usque ad mortem. Paris, 1884, in-8°.

3785. SCHYBERGSON. Le duc de Rohan. Paris, 1875, in-8°.

3786. *AUMALE (Duc D'). Histoire des princes de la maison de Condé pendant les XVIᵉ et XVIIᵉ siècles. Paris, 1863-1886, 4 vol. in-8°.

3787. BAUDIER (Michel). Histoire du maréchal de Toiras. Paris, 1644, in-fol. et 1666, 2 vol. in-12.

3788. SAINT-GENIÈS (RAY DE). Histoire militaire du règne de Louis XIII. Paris, 1755, 2 vol. in-12.

3789. LARROQUE (Daniel DE). Remarques générales sur les lettres de M. le comte d'Estrades. Paris, 1709, in-8°.

3790. *CHARVÉRIAT. Histoire de la guerre de Trente ans. Paris, 1878, 2 vol. in-8°.

3791. MUFFAT. Die Verhandlungen der protestantischen Fürsten in 1590 und 1591 zu Gründung einer Union. Munich, 1865, in-4°.

3792. [STUMPF.] Diplomatische Geschichte der Teut-schen Liga. Erfurt, 1800, in-8°.

3793. *STIEVE (F.). Der Ursprung des dreissigjährigen Krieges (1607-1619). Munich, 1875, t. I, in-8°.

3794. RICHTER. Geschichte des dreissigjährigen Krieges. Leipzig, 1840-1859, 5 vol. in-8°.

3795. *GINDELY. Geschichte des dreissigjährigen Krieges. Prague, 1869-1880, 4 vol. in-8°.

3796. HURTER. Geschichte des Kaisers Ferdinand II. Schaffouse, 1857-1864, 4 vol. in-8°.

3797. RÜHS. Historische Entwickelung des Einflusses Frankreichs und der Franzosen auf Deutschland und den Deutschen. Berlin, 1815, in-8°.

3798. *DROYSEN. Gustaf Adolf. Leipzig, 1869-70, 2 vol. in-8°.

3799. GÆDEKE (A.). Wallensteins Verhandlung mit den Schweden und Sachsen, 1631-34. Francfort 1885, in-8°.

3800. WAGNER. Des Herzogs v. Friedland Unterhandlungen mit Frankreich und Schweden (1633-1634). Vienne, 1847, in-12.

3801. RANKE. Geschichte Wallensteins. Leipzig, 1869; 1880, in-8°. (Œuvres, t. XXIII.)

3802. *DROYSEN (G.). Bernard von Weimar. Leipzig, 1885, 2 vol. in-8°.

3803. BÜHRING. Venedig, Gustav-Adolf und Rohan. Halle, 1885, in-8°.

3804. SCHEBEK (Edm.). Die Lœsung der Wallensteins-frage. Berlin, 1881, in-8°. -- Kinsky und Feuquières. Berlin, 1882, in-8°.

3805. BARTHOLD. Geschichte des grossen deutschen Krieges von Tode Gustav Adolphs ab und mit besonderer Rucksicht auf Frankreich. Stuttgart, 1842-43, 2 vol. in-8°.

3806. VAUCIENNE (Linage DE). Mémoires sur l'origine des guerres qui travaillent l'Europe depuis cinquante ans. Paris, 1677, in-12.

3807. AVRIGNY (le P. Robillard D'). Mémoires pour servir à l'histoire universelle de l'Europe depuis 1600 jusqu'en 1716. Paris, 1725, 4 vol. in-12; 1787, 5 vol. in-12.

3808. Artigny (Abbé d'). Nouveaux mémoires d'histoire, de critique et de littérature. Paris, 1749-1756, 7 vol. in-12.

3809. Recueil A.-Z. Fontenoy-Amsterdam, 1745-1752, 31 vol. in-12.

3810. Mémoires concernant M. le général d'Erlach... pour servir à l'histoire de la guerre de Trente ans et des règnes de Louis XIII et Louis XIV. Yverdon, 1784, 4 vol. in-8°.

3811. *Gonzenbach (A. von). Der General H. L. von Erlach von Castelen. Berne, 1880-1882, 2 vol. in-8°.

3812. Reuss. Beiträge zur Geschichte des Elsasses im dreissigjæhrigen Kriege (1618-1621). Mulhouse, 1868, in-8°.

3813. Molitor. Der Verrath von Breisach (1639). Iéna, 1873, in-8°.

3814. Fagniez. La mission du P. Joseph à Ratisbonne en 1630. (Rev. hist., t. XXVII et XXVIII.) — La jeunesse du P. Joseph. (Ibid., t. XXXV.) — Le P. Joseph et Richelieu (Ibid., t. XXVI.)

3815. Heyne. Der Kurfürstentag zu Regensburg v. 1630. Berlin, 1866, in-8°.

3816. Robert (Ch. des). Campagnes de Charles IV, duc de Lorraine et de Bar en Lorraine, en Allemagne et en Franche-Comté (1634-1638). Paris, 1883, in-8°.

3817. Gardiner (S.-R.). A History of England from the accession of James the First to the Disgrace of chief justice Coke, t. II. Londres, 1863, in-8°. — Prince Charles and the Spanish marriage. Londres, 1869, 2 vol. in-8°. — A history of England under the duke of Buckingham and Charles. Londres, 1874, 2 vol. in-8°. — The personal government of Charles I (1628-1637). Londres, 1877, 2 vol. in-8°.

3818. Carutti. Storia delle diplomazia della corte di Savoia ; 1494-1663, t. II. Rome, 1876, in-8°.

3819. Claretta (G.). Storia del regno di Carlo Emmanuele II, duca di Savoia, t. I. Gênes, 1877, in-8°.

§ 63. Droit, mœurs et institutions.

Voir pour cette période de l'histoire du droit, des mœurs et des institutions les indications que nous avons données en tête du § 53, les ouvrages cités dans ce paragraphe lui-même, et ceux qui sont indiqués aux § 56 à 61. Pour les ordonnances, cf. les nos 639, 645, 646, 647; pour les coutumes, les nos 655, 656, 670-714, 1110-1112 et 1115; pour les États-Généraux, les nos 668-671; pour l'histoire religieuse, le n° 447. Les principaux travaux sur l'histoire des institutions se trouvent indiqués au § 30, mais il faut remarquer que beaucoup de ces ouvrages écrits au xvie et au xviie siècle peuvent être considérés comme des sources pour le temps où leurs auteurs ont vécu. C'est le cas pour les nos 1006, 1014, 1030, 1031, 1032, 1042, 1043, 1044, 1045, 1052, 1063, 1080, 1096, 1110-1112, 1115, 1126, 1127, 1130, 1131, 1148. Les § 31 à 37 devront être également consultés. Nous ajouterons ici un certain nombre d'indications spéciales et supplémentaires.

Voyez pour les ouvrages de droit : CAMUS. Bibliothèque choisie des livres de droit. (Dupin. Paris, 1834, 2 vol. in-8°.) Voir aussi le *Catalogue des Actes de François I*, t. I. 1515-1530. (Paris, 1887, in-4°. Coll. des ordonnances.)

3820. SEYSSEL (Claude DE). La grand' monarchie de France. (Paris, 1519, in-8°; 1557, in-8°.)

3821. GRASSAILLE (DE). Regalium Franciae libri II. (Paris, 1538, in-8°.)

3822. PASQUIER (Ét.). Les recherches de la France. (Paris, 1665, in-fol.) — Œuvres. (Trévoux, 1723, 2 vol. in-fol.)

3823. BODIN (Jean). Les VI livres de la République. (Paris, 1576, in-fol.; — en latin, 1586, in-fol.)

3824. BELLOY (Pierre DE). Apologie catholique. (Paris, 1588, in-8°. Attribuée aussi au jurisconsulte Edm. de

l'Allouette.) — De l'autorité du Roi et crimes de lèse-
majesté qui se commettent par ligues. (Paris, 1588, in-8°.)
— Recueil de pièces pour les Universités contre les Jésuites; 1352-1624. (Paris, 1624, in-8°.)

3825. * FROMENTEAU [Barnaud?]. Le Secret des finances
de France. (S. l. 1581, 3 vol. in-8°.)

3826. * SILHON (J. DE). Le Ministre d'État avec le véritable
usage de la politique moderne. (Paris, 1631-43, 2 vol. in-4.)

3827. HURAULT DU FAY. Excellents et libres discours. (Paris, 1593, in-12.)

3828. DU VAIR (Guill.). Œuvres. (Paris, 1641, in-fol.)

3829. DU MOULIN. Œuvres complètes. (Paris, 1612, 3 vol.
in-fol.; 1681, 5 vol. in-fol.)

3830. * L'HOSPITAL (Michel DE). Œuvres. (Dufey. Paris,
1824-26, 5 vol. in-8°.)

3831. GUY COQUILLE. Œuvres. (Paris, 1666, 2 vol. in-fol.;
— Bordeaux, 1703, 2 vol. in-fol.)

3832. CUJAS. Œuvres. (Fabrot. Paris, 1658, 10 vol. in-fol.;
— Naples, 1722-1727, 11 vol. in-fol.)

3833. LOISEL. Opuscules. (Cl. Joly. Paris, 1652, in-4.) —
Institutes coutumières (supra n° 1110).

3834. * BRISSON (B.). Le Code du roy Henry III,... depuis
augmenté des édits du roy Henry IV... (Charondas le
Caron. 3° édit. Paris, 1609, in-fol.)

3835. * MARILLAC (M. DE). Code Michau ou Ordonnance
de 1629. (Cf. Néron et Girard, Isambert, etc.)

3836. DU CHALARD. Sommaire exposition des Ordonnances du roi Charles IX. (Paris, 1567, in-8°.)

3837. DU CROT. Le vray style du Conseil privé du Roy,
de la cour de Parlement, de la cour des Aydes, des re-
questes du Palais et du Chastelet de Paris. (Paris, 1627,
in-8°.)

3838. Hennequin (Jean). Le Guidon général des finances. (Paris, 1585, 1631, 1644, etc., in-8°.)

3839. *Valois (N.). Inventaire des arrêts du Conseil d'État. Règne de Henri IV, t. I. (Paris, 1886, in-4°.)

3840. *Beaurepaire (Ch. de). Cahiers des États de Normandie sous Henri III. (Rouen, 1887, in-8°, Soc. hist. Norm.) — Sous Henri IV. (Rouen, 1880-82, 2 vol. in-8°. Soc. hist. Norm.) — Sous Louis XIII et Louis XIV. (Rouen, 1876-1878, 3 vol. in-8°. Soc. hist. Norm.) — Louis XIII et l'Assemblée des notables de Rouen en 1617. Documents. (Rouen, 1883, in-8°.)

3841. *Recueil des remontrances, édits, contrats et autres choses concernant le clergé de France; 1579-1606. (Paris), 1606, in-4°.

3842. *Actes de l'Assemblée générale des églises réformées de France; 1620-1622. (A. de Barthélemy. Poitiers, 1876, in-8°. Dans Archives historiques du Poitou.)

3843. *Concordata inter Leonem decimum et regem Franciscum primum. (Paris, 1538, in-4°.)

3844. *Richer (E.). De ecclesiastica et politica potestate. (Paris, 1611, in-4°; 1612, in-8°.)

3845. Registre du bailliage de Gap; 1552-1592. (Abbé Guillaume. Gap, 1884, in-8°.)

3846. Collection de documents inédits relatifs à la ville de Troyes et à la Champagne méridionale. (Troyes, 1878-1882, 2 vol. in-8°.)

3847. Alix (Président). Dénombrement du duché de Lorraine, en 1594. (Lepage et A. de Bonneval. Nancy, 1870, in-8°.)

3848. H. Lepage et A. de Bonneval. Les offices des duchés de Lorraine et de Bar et la maison des ducs de Lorraine. (Nancy, 1869, in-8°.)

3849. Guigue. Registres consulaires de la ville de Lyon, ou Recueil des délibérations du Conseil de la commune. Tome I. (Lyon, 1882, in-4°.)

3850. Registres consulaires de la ville de Limoges ; 1501-1788. (Limoges, 1869-1881, 3 vol. in-8°.)

3851. * SERRES (Olivier DE). Théâtre d'agriculture ou ménage des champs. (Paris, 1600-1804 ; 2 vol. in-4°.)

3852. LAFFÉMAS (Isaac DE). Histoire du commerce de France. (Paris, 1606. — Cimber et Danjou, Archives curieuses, XIV.)

3853. LAFFÉMAS (Isaac DE). Recueil de ce qui se passa en l'assemblée du commerce à Paris, 1604. (Cimber et Danjou, Arch. curieuses, XIV.)

3854. THÉVENEAU (Adam). Commentaire sur les Ordonnances... divisé en six livres. Paris, 1629, 1641, 1666, in-4°.

3855. * DELACHENAL. Histoire des avocats au Parlement de Paris. Paris, 1886, in-8°.

3856. FROMENT. L'Éloquence et le Barreau dans la première moitié du xvi° siècle. Paris, 1875, in-8°. — Essai sur l'éloquence judiciaire en France avant le xvii° siècle. Paris, 1875, in-8°.

3857. TAILLANDIER (H.). Mémoire sur les registres du parlement de Paris pendant le règne de Henri II. Paris, 1842, in-8°.

3858. * HANOTAUX (G.). Origine de l'institution des Intendants des provinces. Paris, 1884, in-8°.

3859. KOVALEVSKY. Essai sur l'histoire de la juridiction fiscale en France depuis le xiv° siècle jusqu'à la mort de Louis XIV. Moscou, 1876, in-8° (en russe).

3860. CHEVALIER (H.). Étude sur les cahiers des États-Généraux de Blois. (1576-1588). Paris, 1877, in-8°.

3861. * LAIR (J.). Histoire du parlement de Normandie depuis sa translation à Caen, juin 1589, jusqu'à son retour à Rouen en avril 1594. Caen, 1861, in-8°.

3862. * CLERC. Histoire des États-Généraux et des libertés publiques en Franche-Comté. Besançon, 1882, 2 vol. in-8°.

3863. GACHON. Les États de Languedoc au XVIIe siècle. Paris, 1888, in-8°.

3864. LALOURCÉ et DUVAL. Recueil des pièces originales et authentiques, contenant la tenue des États-Généraux; 1560-1614. Paris, 1765, 9 vol. in-8°. — Recueil des cahiers généraux des trois ordres aux États-Généraux; 1560-1614. Paris, 1785, 4 vol. in-8°.

3865. COUGNY. Guillaume du Vair. Paris, 1857, in-8°.

3866. DECRUE (F.). De consilio regis Francisci I. Paris, 1885, in-8°. — La cour de François I. Paris, 1888, in-8°.

3867. FAGNIEZ. L'Industrie en France sous Henri IV. (Revue historique, t. XXIII.) — Le Commerce de la France sous Henri IV. (Ibid., t. XVI.)

3868. ANQUEZ. Un nouveau chapitre de l'histoire des réformés de France; 1621-1626. Paris, 1865, in-8°. — Cf. n° 3339.

3869. * CAILLET. L'Administration en France sous le ministère de Richelieu. Paris, 1857, in-8°; 1860, 2 vol. in-12.

3870. * AVENEL (G. D'). Richelieu et la monarchie absolue; t. I-III. Paris, 1884-87, 3 vol. in-8°.

3871. GOUGEARD. La marine de guerre, ses institutions militaires. Richelieu et Colbert. Paris, 1877, in-8°.

3872. CARON (N.). Michel Le Tellier. Son administration comme intendant d'armée au Piémont. Paris, 1881, in-12.

3873. MIRON DE L'ESPINOY. F. Miron et l'administration municipale de Paris sous Henri IV. Paris, 1885, in-8°.

3874. HATIN (E.). Théophraste Renaudot. Paris, 1883, in-12.

3875. LÉZAT (Abbé). De la prédication sous Henri IV. Paris, 1871, in-8°.

3876. JACQUINET. Des prédicateurs du xvii⁰ siècle avant Bossuet. Paris, 1863, in-8⁰.

3877. * PUYOL (Abbé). Edm. Richer. Étude... sur la rénovation du gallicanisme au commencement du xvii⁰ siècle. Paris, 1876, 2 vol. in-8⁰.

3878. PELLISSON (P.). Histoire de l'Académie française jusqu'en 1652. Paris, 1653, in-8⁰.

3879. OLIVET (Abbé D'). Histoire de l'Académie françoise. Paris, 1729, 2 vol. in-4⁰; 1766, 2 vol. in-12; 1858, 2 vol. in-8⁰.

3880. LIVET. Précieux et Précieuses. Paris, 1859, in-8⁰.

3881. LE ROUX DE LINCY. Les Femmes célèbres de l'ancienne France. 2⁰ partie, xvi⁰-xviii⁰ siècles. Paris, 1858, in-4⁰.

3882. BOURCHENIN. Les Académies protestantes. Paris, 1882, in-8⁰.

3883. BOURMONT (A. DE). Étude sur la fondation de l'université de Caen et son organisation au xv⁰ siècle. Paris, 1884, in-8⁰.

3884. PETIT DE JULLEVILLE. Les Comédiens en France au moyen âge. Paris, 1885, in-12. — La Comédie et les mœurs en France au moyen âge. Paris, 1886, in-12.

3885. GASTÉ (A.). Étude critique et historique sur Jean le Houx et le Vau de Vire à la fin du xvi⁰ siècle. Paris, 1875, in-8⁰.

3886. DESJARDINS (Albert). Les Sentiments moraux au xvi⁰ siècle. Paris, 1887, in-8⁰.

3887. FAURE (H.). Antoine de Laval et les écrivains bourbonnais de son temps. Clermont-Ferrand, 1870, in-8⁰.

3888. BOULAS (Abbé). Camus, évêque de Belley. Lyon, 1879, in-8⁰.

3889. VASCHALDE. Olivier de Serres. Paris, 1886, in-8⁰.

3890. JOUBERT, La Misère en Anjou au xv⁰ et au xvii⁰ siècle. Angers, 1886, in-8⁰.

3891. Perrin (Ch.). Les États pontificaux de France au xvie siècle. Lyon, 1847, in-8°.

3892. Cambon de Lavalette. La Chambre de l'Édit de Languedoc. Paris, 1874, in-8°.

VI

LA MONARCHIE ABSOLUE JUSQU'EN 1789

§ 64. Louis XIV.

Voyez au § 62 les sources qui dépassent l'année 1643, les *Archives curieuses* de Cimber et Danjou, t. VI à XII, la *Revue rétrospective*, passim.

3893. Arnauld (Abbé). Mémoires; 1634-1675. (Petitot, 2e série, XXXIV; — Michaud et Poujoulat, 2e série, IX.)

3894. Pomponne (Arnauld de). Mémoires. (Mavidal, Paris, 1860-61, 2 vol. in-8°.)

3895. Nemours (Duchesse de). Mémoires; 1648-1653. (Cologne, 1709, in-12; — Petitot, 2e série, XXXIV; — Michaud et Poujoulat, 2e série, IX.)

3896. *Molé (Mathieu). Mémoires. (A. Champollion-Figeac. Paris, 1855-57, 4 vol. in-8°. Soc. Hist. France.)

3897. Ormesson (Olivier Lefèvre d'). Journal. (Chéruel, Paris, 1860, 2 vol. in-4°. Coll. documents inédits.)

3898. *Ormesson (André d'). Mémoires. (Extraits dans le 2e volume du Journal d'Olivier Lefèvre d'Ormesson, éd. Chéruel.)

3899. Rapin (Le P.). Mémoires. (Aubineau. Paris, 1865, 3 vol. in-8°.)

3900. Analecta Divionensia. (Les tomes VIII et IX contiennent les Mémoires de Muteau, avocat général au Parlement de Dijon de 1650 à 1668; les anecdotes du Parlement de Bourgogne depuis 1650 par Cl. Malteste, et les principales délibérations de la Chambre de ville de Dijon au temps de la Fronde.)

3901. MÉTIVIER (J. DE). Chronique du parlement de Bordeaux. (Delpit et A. de Brezetz. Bordeaux, 1886-87, 2 vol. in-8°.)

3902. BOUDON (Philippe), sieur de La Salle. Mémoires. (Comte de Baillon. Paris, 1874, in-8°.)

3903. *BRIENNE(Louis de Loménie, comte DE). Mémoires; 1614-1661. (Petitot, 2° série, XXXV-XXXVI; — Michaud et Poujoulat, 3° série, III; — Barrière. Paris, 1828, 2 vol. in-8°.)

3904. *MONTPENSIER (Mˡˡᵉ DE). Mémoires; 1627-1686. (Paris, 1728, 6 vol. in-12; — Petitot, 2° série, XL-XLIII; — Michaud et Poujoulat, 3° série, IV.)

3905. *MOTTEVILLE(Mᵐᵉ DE). Mémoires; 1630-1666.(Amsterdam, 1723, 5 vol. in-12; — Petitot, 2° série, XXXVI-XL; — Michaud et Poujoulat, 2° série, X; — Riaux. Paris, 1869, 4 vol. in-12.)

3906. *RETZ (Cardinal DE). Mémoires. (Amsterdam, 1717, 3 vol. in-8°; — Petitot, 2° série, XLIV-XLVI; — Michaud et Poujoulat, 3° série, I à VI.) — Œuvres. (Feillet, Gourdault, Chantelauze. Paris, 1870-1888, 9 vol. in-8°.)

3907. DUBUISSON-AUBENAY. Journal des guerres civiles. (Saige. Paris, 1882-83, 2 vol. in-8°. Soc. Hist. Paris.)

3908. JOLY (Guy). Mémoires contenant l'histoire de la Régence d'Anne d'Autriche et des premières années de la majorité de Louis XIV jusqu'en 1666. (Amsterdam, 1718, 2 vol. in-8°; — Petitot, 2° série, XLVII; — Michaud et Poujoulat, 3° série, II.)

3909. JOLY (Claude). Mémoires concernant le cardinal de Retz; 1648-1655. (Petitot, 2° série, XLVII; — Michaud et Poujoulat, 3° série, II.)

3910. Conrart (Valentin). Mémoires. (Petitot, 2ᵉ série, XLVII ; — Michaud et Poujoulat, 3ᵉ série, IV.)

3911. Berthod (le P.). Mémoires. (Petitot, 2ᵉ série, XLVIII ; — Michaud et Poujoulat, 2ᵉ série, X.)

3912. *Montglat (Marquis de). Mémoires. Cf. n° 1657.

3913. *Sourches (Marquis de). Mémoires sur la cour de France. (J. De Cosnac, A. Bertrand et E. Pontal. Paris, t. I-VII, 1882-1888, in-8°. En cours de publication.)

3914. Campion (Henri de). Mémoires. (Petitot, 2ᵉ série, LI ; — Michaud et Poujoulat, 3ᵉ série, III ; — C. Moreau. Paris, 1857. Bibl. elzévirienne. Seule édit. complète.)

3915. *Turenne (Maréchal vicomte de). Mémoires. (Michaud et Poujoulat, 3ᵉ série, III.)

3916. Langlade (V. de). Particularités de la vie et des mœurs du maréchal de Turenne. (A la suite des Mémoires sur la vie du duc de Bouillon. Paris, 1692, in-12.)

3917. La Rochefoucauld (Duc de). Mémoires. (Paris, 1817, in-12 ; — Petitot, 2ᵉ série, LI-LII ; — Michaud et Poujoulat, 3ᵉ série, V ; — Œuvres, éd. Gilbert et Gourdault, Paris, 1868-84, 3 vol. in-8°.)

3918. Puységur (Jacques de Chastenet, seigneur de). Cf. 3652.)

3919. Chouppes (Marquis de). Mémoires (Paris, 1753, in-12 ; — Moreau. Paris, 1861, in-8°.)

3920. Coligny-Saligny (Comte de). Mémoires ; 1617-1690. (Monmerqué. Paris, 1841, in-8°. Soc. Hist. France.)

3921. York (Duc d'). Mémoires. (Michaud et Poujoulat, 3ᵉ série, III.)

3922. *Gourville (J.-H. de). Mémoires ; 1649-1697. (Paris, 1724, 2 vol. in-12 ; — Petitot, 2ᵉ série, LII ; — Michaud et Poujoulat, 3ᵉ série, V.)

3923. Lenet (Pierre). Mémoires ; 1649-1665. (Petitot, 2ᵉ série, LIII-LIV ; — Michaud et Poujoulat, 3ᵉ série, II.)

3924. Guise (Duc de). Mémoires. (Petitot, 2ᵉ série, LV-LVI; — Michaud et Poujoulat, 3ᵉ série, VII.)

3925. * Gramont (Maréchal de). Mémoires; 1604-1677, (Francheville, 1742, in-8°; — Petitot, 2ᵉ série, LVI-LVII; — Michaud et Poujoulat, 3ᵉ série, VII.)

3926. Guiche (Comte de). Relation du passage du Rhin, 1672. (Petitot, 2ᵉ série, LVII; — Michaud et Poujoulat, 3ᵉ série, VII.)

3927. Du Plessis (Maréchal). Mémoires; 1627-1671. (Petitot, 2ᵉ série, LVII; — Michaud et Poujoulat, 3ᵉ série, VII.)

3928. Brégy (Comte de). Mémoires; 1613-1673. (Petitot, 2ᵉ série, LVIII-LIX; — Michaud et Poujoulat, 3ᵉ série, VII.)

3929. La Porte (P. de). Mémoires contenant plusieurs particularités des règnes de Louis XIII et de Louis XIV. (Genève, 1756, in-12; — Petitot, 2ᵉ série, LIX; — Michaud et Poujoulat, 3ᵉ série, VIII.)

3930. *Talon (Omer). Mémoires; 1630-1649. (Petitot, 2ᵉ série, LX-LXIII; — Michaud et Poujoulat, 3ᵉ série, VI.)

3931. Saulx-Tavannes (Jacques de). Mémoires; 1649-1653. (Paris, 1691, in-12; — Moreau. Paris, 1858, in-12.)

3932. *Choisy (Abbé de). Mémoires pour servir à l'histoire du règne de Louis XIV. (Utrecht, 1727, 3 vol. in-12; — Petitot, 2ᵉ série, LXIII; — Michaud et Poujoulat, 3ᵉ série, VI.)

3933. Bussy-Rabutin (Comte de). Mémoires. (Paris, 1696, 2 vol. in-4°; — 1712, 3 vol. in-12; — L. Lalanne. Paris, 1857, 2 vol. in-12.)

3934. Navailles (Maréchal, Duc de). Mémoires. (Paris, 1701, in-12.)

3935. Temple (Chevalier). Mémoires. (Petitot, 2ᵉ série, LXIV; — Michaud et Poujoulat, 3ᵉ série, VIII.)

3936. *La Fare (Marquis de). Mémoires et réflexions sur les principaux événements du règne de Louis XIV. (Rotlerdar.), 1715, in-12; — Petitot, 2ᵉ série, LXV; — Michaud et Poujoulat, 3ᵉ série, VIII; — Raunié. Paris, 1886, in-12.)

3937. LA COLONIE (DE), maréchal de camp des armées de l'électeur de Bavière. Mémoires contenant les événements de la guerre depuis 1692 à 1717. (Bruxelles-Blois, 1737, 2 vol. in-12.)

3938. *BERWICK (Maréchal DE). Mémoires écrits par lui-même, avec une suite abrégée depuis 1716 jusqu'à sa mort en 1734. (Paris, 1778, 2 vol. in-12; — Petitot, 2ᵉ série, LXV-LXVI; — Michaud et Poujoulat, 3ᵉ série, VIII.)

3939. *LAFAYETTE (Mᵐᵉ de). Mémoires de la cour de France pour les années 1688-1689. (Amsterdam, 1731, in-12; — Petitot, 2ᵉ série, LXV; — Michaud et Poujoulat, 3ᵉ série, t. VIII.) — Histoire de Madame Henriette d'Angleterre. (Petitot, 2ᵉ série, LXIV; — Michaud et Poujoulat, 3ᵉ série, t. VIII.)

3940. COURCELLES (Marquise DE). Mémoires et correspondance. (Pougin. Paris, 1855, in-12.)

3941. GONZAGUE (Anne DE). Mémoires. (Senac de Meilhan. Londres, 1786, in-8°.)

3942. LA TRÉMOILLE (Charlotte-Amélie DE). Mémoires, 1652-1719. (É. de Barthélemy. Paris, 1876, in-12.)

3943. LA GUETTE (Mᵐᵉ DE). Mémoires. (Moreau. Paris, 1856, in-16.)

3944. TOURVILLE (Amiral DE). [Abbé de Margon]. Mémoires. (Amsterdam, 1742, 3 vol. in-12.)

3945. *CATINAT. Mémoires et correspondance. (Le Bouyer de Saint-Gervais. Paris, 1819, 3 vol. in-8°.)

3946. *FOUCAULT (Nicolas-Joseph). Mémoires; 1650-1719. (Baudry. Paris, 1862, in-4°. Coll. des documents inédits.)

3947. *LOUIS XIV. Mémoires pour l'instruction du Dauphin. (De Gain-Montagnac. Paris, 1806, 2 vol. in-8°. — Ch. Dreyss, Paris, 1859, 2 vol. in-8°.) — Œuvres. (Grimoard et Grouvelle. Paris et Strasbourg, 1806, 6 vol. in-8°.)

3948. *SAINT-SIMON (DUC DE). Mémoires sur le règne de Louis XIV. (Paris, 1829-1830, 21 vol. in-8°; — Chéruel. Paris, 1856-1858, 21 vol. in-8°; — A. de Boislisle, t. I à V. Paris, 1878-1880, in-8°. En cours de publication.)

3949. *SAINT-SIMON. Écrits inédits. (Faugère, t. I à VI. Paris, 1880-1883, 6 vol. in-8°.)

3950. *DANGEAU. Journal de la cour de Louis XIV; 1681-1715. (Soulié, Dussieux, Mantz, Montaiglon, de Chennevières. Paris, 1854-1868, 19 vol. in-8°.)

3951. VALLOT, D'AQUIN et FAGON. Journal de la santé de Louis XIV. (Le Roi. Paris, 1862, in-8°.)

3952. SAINT-HILAIRE. Mémoires contenant ce qui s'est passé de plus considérable en France depuis le décès du cardinal de Mazarin jusqu'à la mort de Louis XIV. (Amsterdam, 1766, 4 vol. in-12.)

3953. *PERRAULT (Ch.). Mémoires contenant beaucoup de particularités et d'anecdotes intéressantes du ministère de M. Colbert. (Avignon, 1759, in-12; — dans l'édition des œuvres de Perrault par P. Lacroix. Paris, 1842, in-12.)

3954. HUET (D.). Mémoires. (Trad. Ch. Nisard. Paris, 1853, in-8°.)

3955. *LEGENDRE (Abbé). Mémoires. (Roux. Paris, 1863, in-8°.)

3956. THOMAS (Pierre), sieur du Fossé. Mémoires. (Bouquet. Rouen, 1876-79, 4 vol. in-8°. Soc. Hist. Norm.)

3957. *CAYLUS (M^{se} DE). Souvenirs. (Petitot, 2° série, LXVI. — Michaud et Poujoulat, 3° série, VIII; — Asselineau. Paris, 1860, in-12; — Raunié. Paris, 1884, in-12.)

3958. TERLON (Chevalier de). Mémoires. (Paris, 1681-1682, 2 vol. in-16.)

3959. *TORCY (Marquis DE). Mémoires; 1687-1713. (Petitot, 2° série, LXVII-LXVIII; — Michaud et Poujoulat, 3° série, VIII.) — Journal; 1709-1711. (F. Masson. Paris, 1884, in-8°).

3960. *VILLARS (Maréchal DE). Mémoires; 1672-1734. (Petitot, 2ᵉ série, LXVIII-LXXI; — Michaud et Poujoulat, 3ᵉ série, t. IX; — Marquis de Vogüé, t. I et II. Paris, 1883-1887, 2 vol. in-8°. Soc. Hist. Fr.)

3961. FEUQUIÈRES (Antoine DE PAS, marquis DE). Mémoires, contenant ses maximes sur la guerre. (Gillet de Moivre. Paris, 1750, 4 vol. in-12.)

3962. FORBIN (Comte DE). Mémoires. (Amsterdam, 1729, 2 vol. in-12. — Petitot, 2ᵉ série, LXXIV-LXXVI., — Michaud et Poujoulat, 3ᵉ série, IX.)

3963. [Le P. Griffet.] Mémoires du duc Henri de la Trimouille. (Liège, 1767, in-12.)

3964. DUGUAY-TROUIN. Mémoires. (Petitot, 2ᵉ série, LXXV; — Michaud et Poujoulat, 3ᵉ série, IX; — Fougères, 1853, in-12.) — Sa vie, écrite par lui-même. (Voillard. Paris, 1884, in-12.)

3965. DOUBLET (Jean), corsaire. Journal. (Bréard. Paris, 1884, in-12.)

3966. Strassburgische Chronik; 1657-1677; 1667-1710. (Reuss. Strasbourg, 1879-80; 2 vol. in-8°.)

3967. COSNAC (Daniel DE), archevêque d'Aix. Mémoires. (Comte Jules de Cosnac. Paris, 1852, 2 vol. in-8°. Soc. Hist. Fr.)

3968. *COSNAC (Comte Jules DE). Souvenirs du règne de Louis XIV. (Paris, 1874-1881, 8 vol. in-8°.)

3969. RIENCOURT (DE). Histoire de la monarchie française contenant ce qui s'y est passé de plus remarquable depuis 1643 jusqu'en 1654. (Paris, 1688, 2 vol. in-12.)

3970. VINCART. Relations des campagnes de 1644 et 1646. (Henrard, Bruxelles, 1869, in-8°.)

3971. *LABARDAEUS (Jean de la Barde, marquis de Marolles). De rebus Galliae libri X. (Paris, 1671, in-4°.)

3972. *PRIOLO (B.). Ab excessu Ludovici XIII de rebus Gallicis historiarum libri XII. (Paris, 1665, in-4°.)

3973. *Gualdo Priorato (Galeazzo). Histoire du ministère du cardinal Jules Mazarin, premier ministre de la couronne de France, dans laquelle on voit les succès et les principaux événements qui lui sont arrivés depuis le commencement de son gouvernement jusqu'à sa mort. (Amsterdam, 1671, 3 vol. in-12.) — Historia delle rivoluzioni di Francia, libri X; 1648-1655. (Venise, 1655, in-fol.; — Cologne, 1670, in-4°.)

3974. Carsalade du Pont. Documents inédits sur la Fronde; 1648-1654. (Paris et Auch, 1883, in-8°. Archives historiques de la Gascogne.)

3975. Mémoires contenant divers événements remarquables arrivés sous le règne de Louis le Grand, l'état où était la France lors de la mort de Louis XIII, et celui où elle est à présent. (Cologne, 1684, in-12.)

3976. Histoire des conquêtes de Louis le Grand et de toutes ses victoires, contenant tout ce qui s'est passé de plus mémorable dans tout le temps des guerres présentes; 1643-1690. (Paris, 1692, in-12.)

3977. L'Histoire du temps, ou le véritable récit de ce qui s'est passé dans le parlement depuis le mois d'août 1647 jusques au mois de novembre 1648...(S. l., 1649, in-4°.)

3978. — Seconde partie de l'Histoire du temps contenant tout ce qui s'est passé dans le parlement de Paris depuis le mois de novembre 1648 jusques à la paix, publiée le premier jour d'avril 1649. (S. l., 1649, in-8°.)

3979. Journal contenant tout ce qui s'est passé aux assemblées des compagnies souveraines de la cour du parlement de Paris, en l'année 1648. (Paris, 1649, in-4°.)

3980. Journal de ce qui s'est fait ès assemblées du Parlement depuis le commencement de janvier 1649; ensemble par addition ce qui s'est passé de plus mémorable tant en la ville de Paris qu'ailleurs. (Paris, 1649, in-4°.)

3981. Nouveau Journal contenant tout ce qui s'est fait et passé aux assemblées des compagnies souveraines ou parlement de Paris, ès années 1648 et |1649..., (Paris 1649, in-4°.)

3982. Suite du vrai journal des assemblées du Parlement, contenant ce qui s'y est fait depuis la Saint-Martin 1649 jusques à Pâques 1651. (Paris, 1651, in-4°.)

3983. Le Journal ou histoires du temps présent, contenant toutes les déclarations du roi vérifiées en parlement et tous les arrêts rendus depuis le mois d'avril 1651 jusques en juin 1652. (Paris, 1652, in-4°.)

3984. Le Roux de Lincy et Douet d'Arcq. Registres de l'hôtel de ville de Paris pendant la Fronde, suivis d'une relation de ce qui s'est passé dans la ville et l'abbaye de Saint-Denis à la même époque. (Paris, 1847-1848, 3 vol. in-8°. Soc. Hist. France.)

3985. * Moreau (C.). Choix de Mazarinades. (Paris, 1853, 2 vol. in-8°.)

3986. Chéruel (A.). Les Carnets de Mazarin pendant la Fronde; sept.-oct. 1648. (Paris, 1877, in-8°. Revue historique, t. II.)

3987. Massiac (de). Mémoires de ce qui s'est passé de plus considérable pendant la guerre depuis l'an 1688 jusqu'en 1698. (Paris, 1698, in-12.)

3988. Pellisson. Histoire de Louis XIV. (Paris, 1749, 3 vol. in-12.)

3989. Vizé (Donneau de). Mémoires pour servir à l'histoire de Louis le Grand. (S. l., 1697-1703, 10 vol. in-fol.)

3990. Antoine (Jean et François). Journal de la mort de Louis XIV. (E. Dumont. Paris, 1880, in-12.)

3991. Lefebvre de Fontenay. Journal historique de tout ce qui s'est passé depuis les premiers jours de la maladie de Louis XIV jusqu'au jour de son service à Saint-Denis

in-fol. — Ravenel et Livet. Paris, 1857-1878, 4 vol. in-8°.)—
Les continuateurs de Loret. Lettres en vers de La Gravette
de Mayolas, Robinet, Boursault, Perdou de Subligny, Laurent et autres; 1665-1689. (Baron James de Rothschild.
Paris, 1881-1883, 2 vol. in-8°; seuls parus.)

3993. Breviarium politicorum secundum rubricas Maza-
rinicas. (Cologne, 1688, in-12.)

3994. Les pourtraits de la Cour pour le présent, c'est-à-
dire du Roi, des princes et des ministres d'État et autres.
(Cologne, 1667, in-16.)

3995. *MAZARIN (Cardinal). Lettres... à la reine, à la princesse palatine, etc., écrites pendant sa retraite hors de
France, en 1651 et 1652. (Ravenel. Paris, 1836, in-8°. Soc.
Hist. de France.)—Lettres du cardinal Mazarin pendant son
ministère. (Chéruel. Paris, 1872-1887, 4 vol. in-4°. T. I-IV.
1642-1651. Coll. des documents inédits. En cours de
publication.)

3996. *LOUIS XIV. Lettres aux princes de l'Europe, à ses
généraux, à ses ministres, etc., recueillies par M. Rose, secrétaire du cabinet, avec des remarques par Morelly. (Paris,
1755, 2 vol. in-12.) — Lettres au comte de Briord, ambassadeur extraordinaire de S. M. Très Chrétienne auprès des
États-Généraux, dans les années 1700-1701. (La Haye, 1728,
in-12.) — Correspondance avec M. Amelot, son ambassadeur en Portugal; 1685-88. (Girardot. Nantes, 1863, in-8°.)
— Correspondance avec M. Amelot, son ambassadeur en
Espagne; 1705-1709. (Girardot. Paris, 1864, 2 vol. in 8°.)
— Lettres de Louis XIV, du Dauphin et d'autres princes,
adressées à Mme de Maintenon. Paris, 1822, in-8°.

3997. *GRIMBLOT. Letters of William III and Louis XIV.
Londres, 1849, 2 vol. in-8°.

3998. LANGUET DE GERGY. Mémoires sur Mme de Maintenon et la cour de Louis XIV. (Paris, 1863, in-8°.)

3999. BEAUMELLE (L.-A. DE LA). Mémoires pour servir
à l'histoire de Mme de Maintenon. (Amsterdam, 1755-1756,

6 vol. in-12.) — Lettres de Mme de Maintenon. (Ibid., 9 vol. in-12.)

4000. * MAINTENON (Mme DE). Lettres... précédées de sa vie. (Paris, 1806, 6 vol. in-12.) — Correspondance générale, (Th. Lavallée. Paris, 1865 et suiv. 4 vol. in-12; inachevée.)

4001. * GEFFROY (A). Mme de Maintenon, d'après sa correspondance authentique. (Paris, 1887, 2 vol. in-12.)

4002. BOURGOGNE (Adélaïde de Savoie, duchesse DE). Lettres inédites, précédées d'une notice sur sa vie par Mme de Noailles. (Paris, 1850, in-8°.)

4003. * URSINS (Princesse DES). Lettres inédites à M. le maréchal de Villeroi, suivies de sa correspondance avec Mme de Maintenon. (L. Collin. Paris, 1806, in-12.) — Correspondance avec Mme de Maintenon. (Paris, 1826, 4 vol. in-8°.) — Lettres inédites. (Geffroy, Paris, 1859, in-8°.)

4004. TURENNE (Maréchal DE). Correspondance inédite... avec Michel Le Tellier et Louvois. (Éd. de Barthélemy. Paris, 1874, in-8°.)

4005. * SÉVIGNÉ (Mme DE). Lettres. (Monmerqué. Paris, 1818-19, 10 vol. in-8° ou 12 vol. in-12; — Paris, 1862-64, 14 vol. in-8° et album.)

4006. BUSSY-RABUTIN. Lettres. (Paris, 1858-1859, 5 vol. in-12.)

4007. CHAPELAIN. Lettres. (Tamizey de Larroque, Paris, 1880-83, 2 vol. in-4°. Collection des documents inédits.)

4008. PATIN (Gui). Lettres. (Réveillé-Parise. Paris, 1846, 3 vol. in-8°.)

4009. FABRE. Correspondance de Fléchier avec Mme Deshoulières et sa fille. (Paris, 1882, in-8°.)

4010. COULANGES (DE). Mémoires, suivis de lettres inédites de Mme de Sévigné, de La Fontaine et autres personnes célèbres du siècle de Louis XIV. (Monmerqué. Paris, 1820, in-8°.)

4011. JORET. Correspondance inédite de L.-A. de Bourbon, duc du Maine, avec Lamoignon de Basville. (Paris, 1884, in-8°.)

4012. PÉLISSON. Lettres historiques. (Paris, 1729, 3 vol. in-12.

4013. GUEZ DE BALZAC (J.-L.). Lettres (1613-1617). (Tamizey de Larroque. Mélanges historiques, t. I. Paris, 1873, in-4°. Coll. des documents inédits.)

4014. ORLÉANS. (Prinzessin Charlotte von). Briefe. (Stuttgartt, 1834-1875, 4 vol. in-8°.)

4015. *ORLÉANS (Élisabeth-Charlotte de Bavière, duchesse D'). Fragments de lettres originales écrites au duc Antoine-Ulrich de Bavière et à Mme la princesse de Galles de 1715 à 1720. (Paris, 1788, 2 vol. in-12.) — Mélanges historiques, anecdotiques et critiques sur la fin du règne de Louis XIV et le commencement du règne de Louis XV. (Paris, 1807, in-8°.) — Mémoires sur la cour de Louis XIV et la régence. (Monmerqué et Schubhart. Paris, 1822. in-8°. — Busoni. Paris, 1832, in-8°. — Barrière et Lescure, 1re série, t. I.) — Nouvelles Lettres. (Traduites de l'allemand par G. Brunet. Paris, 1853, in-8°.) — Correspondance avec les raugraves palatins. (Jæglé. Paris, 1880, 2 vol. in-12; trad. du texte allemand p. p. Holland et Ranke.) — Lettres nouvelles inédites. (Trad. de l'allemand par A. Rolland. Paris, 1863, in-12.)

4016. ARGENSON (René D'). Notes intéressantes pour l'histoire des mœurs et de la police de Paris sous le règne de Louis XIV. (Paris, 1866, in-12.)

4017. *GEFFROY (A.). Recueil des instructions données aux ambassadeurs et ministres de France en Suède. (Paris, 1885, gr. in-8°.)

4018. *SOREL (A.). Recueil des instructions données aux ambassadeurs et ministres de France en Autriche. (Paris, 1884, gr. in-8°.)

4019. *CAIX DE SAINT-AYMOUR (vicomte DE). Recueil des

instructions données aux ambassadeurs et ministres de France en Portugal. (Paris, 1886, gr. in-8°.)

4020. *FARGES (L.). Recueil des instructions données aux ambassadeurs et ministres de France en Pologne. (Paris, 1888, gr. in-8°.)

4021. HANOTAUX (G.). Recueil des instructions données aux ambassadeurs et ministres de France à Rome, t. I. (Paris, 1888, gr. in-8°.)

4022. *ARNAULD (H.). Négociations à...Rome; 1645-1648. (Burtin. Paris, 1748, 5 vol. in-12.)

4023. *MAIERN (J.-G.-V.). Acta pacis Westphalicae. (Hanovre, 1731-36, 6 vol. in-fol.)

4024. *GÆRTNER. Westphælische Friedenscanzley.(Leipzig, 1731-38, 9 vol. in-8°.)

4025. LECLERC (Jean). Négociations secrètes touchant la paix de Munster. (La Haye, 1725-26, 4 vol. in-fol.)

4026. ADAMI (A.). Arcana pacis Westphalicae. Francfort, 1698, in-4°. (Republié par Meiern : Historica relatio de pacificatione Osnabrugo-Monasteriensi, Leipzig, 1737, in-4°.)

4027. *LÜNIG. Teutsche Reichs-Canzlei oder auserlesene Briefe seit dem Westphælischen bis auf den Rastædtischen Frieden. (Leipzig, 1714, 8 vol. in-8°.) — Literae procerum Europae; 1572-1712. (Leipzig, 1712, 3 vol. in-8°). — Sylloge publicorum negotiorum; 1674-1702. (Francfort, 1694-1702, 2 vol. in-4°.)

4028. * FABER (Anton.) [Chr. L. LEUCHT] et KŒNIG (J.-C.). Europæische Staats - Kanzley; 1697-1759. (Nuremberg, 1697-1759, 114 vol. et 9 vol. de tables in-8°.)

4029. CONTARINI. Relazione del congresso di Munster. (Comte Papadopoli. Venise, 1864, in-8°.)

4030. Mémoires pour servir à l'histoire des négociations depuis le traité de Ryswick jusqu'à la paix d'Utrecht. (Paris, 1717, 3 vol. in-12.)

4031. *ESTRADES (Comte D'). Lettres, mémoires et négociations. (La Haye, 1709, 5 vol. in-12.) — Ambassades et négociations en Italie, en Angleterre et en Hollande depuis l'année 1637 jusqu'en l'année 1662. (Amsterdam, 1718, in-12; — La Haye, 1719, 6 vol. in-12; — Londres, 1743, 9 vol. in-12.)

4032. *AVAUX (Comte D'). Négociations en Hollande depuis 1679 jusqu'à 1684. (Mallet. Paris, 1752, 6 vol. in-12.) — Négociations avec la cour de Suède; 1693, 1697, 1698. (A. Wijnne. Utrecht, 1883-84, 3 vol. in-8°.)

4033. *SPANHEIM. Relation sur la cour de France en 1690. (Scheffer. Paris, 1882, in-8°. Soc. Hist. France.)

4034. GUALDO PRIORATO (Galeazzo). Historia di Leopoldo Cesare, che contiene le cose più memorabile successe in Europa dal 1656-1670. (Vienne, 1670-1674, 3 vol. in-fol.)

4035. *GRIFFET (Le P.). Recueil de lettres pour servir à l'histoire militaire de Louis XIV, 1671-1694. (Paris, 1761-1764, 8 vol. in-12.)

4036. *LAMBERTY (DE). Mémoires pour servir à l'histoire du XVIII° siècle; — 1717. (2° éd. Amsterdam, 1735-1740, 14 vol. in-4°.)

4037. *Négociations relatives à la succession d'Espagne sous Louis XIV. (Mignet. Paris, 1835-42, 4 vol. in-4°. Coll. doc. inédits.)

4038. *Mémoires militaires relatifs à la succession d'Espagne sous Louis XIV. (De Vault et Pelet. Paris, 1835-62, 11 vol. in-4° et atlas in-fol. Coll. des doc. inédits.)

4039. *HIPPEAU. Avènement des Bourbons au trône d'Espagne; correspondance inédite du marquis d'Harcourt. (Paris, 1875, 2 vol. in-8°.)

4040. WITT (Jean DE). Correspondance française de J. de W., grand pensionnaire. (F. Combes. Paris, 1873, in-4°. Mélanges historiques, t. I. Coll. documents inédits.)

4041. *Urkunden und Actenstücke zur Geschichte des Kurfürsten Friedrich Wilhelm von Brandenburg. (Erdmannsdœrfer et Simson. Berlin, 1864-1882, 10 vol. in-8°. En cours de publication. Voy. surtout le t. II relatif à la France.)

4012. Correspondenz der Franzœsischen Gesandtschaft in der Schweiz; 1664-1671. (Schweizer. Bâle, 1880, in-8°.)

4013. BARDE (J. DE LA), ambassadeur en Suisse. Dépêches; 1648-1654. (Vuillemin, dans l'Archiv für Schweizerische Geschichte, t. V-VIII.)

4014. *EUGÈNE DE SAVOIE (Prince). Militärische Correspondenz; 1694-1703. (Heller, Vienne, 1848, 2 vol. in-8°.) — Sammlung der hinterlassenen Schriften des Prinzen Eugen von Savoyen. (Stuttgart et Tübingue, 1811-19, 7 vol. in-8°.)

4015. Feldzüge des Prinzen Eugen von Savoyen. Publiés par le ministère de la guerre d'Autriche, 1re série. (Vienne, 1876-1888, 13 vol. in-8°. En cours de publication.)

4016. *ESNAULT (l'Abbé). Michel Chamillart, contrôleur des finances et secrétaire d'État. Correspondance et papiers inédits. (Paris, 1884, 2 vol. in-8°.)

4017. *BENOIT (Élie). Histoire de l'édit de Nantes. (Delft, 1693-1695, in-4°.) — Histoire et apologie de la retraite des pasteurs à cause de la persécution. (Francfort, 1687, in-12.)

4018. SOULIER. Histoire du calvinisme. (Paris, 1686, in-8°.)

4019. LÉGER (J.). Histoire générale des églises évangéliques des vallées du Piémont. (Leyde, 1669, in-fol.)

4050. [MARTEILHE.] Mémoires d'un protestant condamné aux galères de France pour cause de religion, écrits par lui-même, 1700-1713. (Rédigés par Superville. Rotterdam, 1757, in-8°; — Paris, 1881, in-12.)

4051. BRUEYS (DE). Histoire du fanatisme de notre temps et le dessein que l'on avoit en France de soulever les mécontentements des Calvinistes. (Paris, 1692, in-12.) — Suite de cette histoire, où l'on voit les derniers troubles des Cévennes. (Paris, 1709-1713, 4 vol. in-12; — Montpellier,

1709-1716, 4 vol. in-12, jusqu'en 1702.) — Continuation jusqu'en 1710. (Utrecht, 1737, 3 vol. in-12. — Réimprimé par
Cimber et Danjou, II.)

4052. *[COURT DE GÉBELIN.] Histoire des troubles des Cévennes ou de la guerre des Camisards. (Villefranche, 1760,
3 vol. in-12; — Alais, 1819, 3 vol. in-12.)

4053. *CAVALIER (Jean). Memoirs of the wars of the Ce-
vennes. (Réimprimés par Galli. Londres, 1726, in-12; —
1734, in-8°.)

4054. Lettres choisies de M. Fléchier... avec une relation des fanatiques du Vivarez... (Lyon, 1734, in-12.)

4055. [MISSON (M.).] Le théâtre sacré des Cévennes. (Londres, 1707, in-8°; réimprimé sous le titre : les Prophètes
protestants... avec des notes par A. Bost. (Paris, 1847, in-8°.)

4056. FROSTERUS (G.). Souvenirs de la guerre des Camisards. Mémoires inédits d'un gentilhomme protestant
[Rossel d'Aigaliers]. (Lausanne, 1866, in-8°.)

4057. [JURIEU.] Les Soupirs de la France esclave. (S. l.
1689, in-4°.)

4058. [CLAUDE.] Les plaintes des protestants opprimés.
Nouvelle édit. Puaux. Paris, 1885, in-4°.)

4059. *MARGRY (P.). Mémoires et documents pour servir
à l'histoire des origines françaises des Pays d'outre-mer.
Découvertes et établissements des Français dans l'ouest et
dans le sud de l'Amérique septentrionale ; 1614-1754.
Paris, 1879-1888, 6 vol. gr. in-8°.

————

4060. CARNÉ (L. DE). La Monarchie française au XVIIIᵉ
siècle : Études historiques sur les règnes de Louis XIV et
de Louis XV. Paris, 1859, in-8°.

4061. LÉMONTEY. Essai sur l'établissement monarchique
de Louis XIV. Paris, 1818, in-8°.

4062. BONNEMÈRE. La France sous Louis XIV; 1643-1715.
Paris, 1865, 2 vol. in-8°.

4063. * VOLTAIRE. Le Siècle de Louis XIV. Première édition. Berlin, 1752, in-12. Se trouve dans toutes les éditions des Œuvres, et a été souvent édité à part.

4064. * CHÉRUEL. Histoire de la France pendant la minorité de Louis XIV et sous le ministère de Mazarin. Paris, 1879-83, 7 vol. in-8°.

4065. * GAILLARDIN (C.). Histoire du règne de Louis XIV. Paris, 1871-75, 5 vol. in-8°.

4066. * MORET (E.) Quinze Ans du règne de Louis XIV; 1700-1715. Paris, 1851-59, 3 vol. in-8°.

4067. TOPIN (M.). L'Europe et les Bourbons sous Louis XIV. Paris, 1867, in-8°.

4068. * SAINTE-AULAIRE (Comte DE). Histoire de la Fronde. Paris, 1827, 3 vol. in-8°; 1860, 2 vol. in-8°.

4069. BARANTE (DE). Vie de Mathieu Molé : le Parlement et la Fronde. Paris, 1835, in-8°.

4070. GAFFAREL (P.). La Fronde en Provence. Paris, 1876, in-8°. Revue historique, t. II.

4071. DEBIDOUR. La Fronde angevine; tableau de la vie municipale au XVIIe siècle. Paris, 1878, in-8°.

4072. * BAZIN (A.). Histoire de France sous le ministère du cardinal Mazarin. Paris, 1842, 2 vol. in-8°.

4073. * AUMALE (Duc D'). Histoire des princes de Condé, t. IV. Paris, 1886, in-8°.

4074. RENÉE (Am.). Les Nièces de Mazarin. Paris, 1858, in-8°.

4075. MOREAU (C.). Bibliographie des Mazarinades. Paris, 1851, 3 vol. in-8°. Soc. Hist. France.

4076. GOLL (I.). Recherches critiques sur l'authenticité des ambassades et négociations de M. le comte d'Estrades. Paris, 1877, in-8°. Revue historique, t. III et IV.

4077. CHÉRUEL. Mémoires sur la vie et le procès du surintendant Fouquet. Paris, 1864, 2 vol. in-8°.

4078. Bonaffé. Les amateurs de l'ancienne France. Le surintendant Fouquet. Paris, 1881, in-4°.

4079. *Chantelauze (R). Le cardinal de Retz et l'affaire du chapeau. Paris, 1878, 2 vol. in-8°. — Le cardinal de Retz et ses missions diplomatiques à Rome. Paris, 1879, in-8°. — Saint Vincent de Paul et les Gondi. Paris, 1882, in-8°. — Louis XIV et Marie Mancini. Paris, 1880, in-8 .

4080. Gazier. Les dernières années du cardinal de Retz. Paris, 1876, in-8°.

4081. Topin (M.). L'Homme au masque de fer. Paris, 1869, in-8°.

4082. *Kerviler (R.). Jean de Silhon. Paris, 1876, in-8°. — Abel Servien. Paris, 1878, in-8°.

4083. *Cousin (V.). La Jeunesse de Mazarin. Paris, 1865, in-8°. — La jeunesse de madame de Longueville. Paris, 1853, in-8°. — Madame de Longueville pendant la Fronde. Paris, 1853, in-8°. — Madame de Sablé. Paris, 1854, in-8°. — Madame de Chevreuse. Paris, 1864, in-8°. — Madame de Hautefort. Paris, 1856, in-8°.

4084. Coste. Histoire de Louis de Bourbon. Paris, 3e édit., 1748, in-4°.

4085. *Lair (J.). Louise de La Vallière et la jeunesse de Louis XIV... avec le texte authentique des lettres de la duchesse au maréchal de Bellefonds. Paris, 1881, in-8°.

4086. Duclos (H.). Madame de La Vallière et Marie-Thérèse d'Autriche, femme de Louis XIV. Paris, 1869, 2 vol. in-8°.

4087. Clément (P.). Madame de Montespan. Paris, 1868, in-8°. — Une abbesse de Fontevrault. Paris, 1869, in-8°.

4088. Loiseleur. Trois énigmes historiques. La Saint-Barthélemy, l'Affaire des poisons et madame de Montespan, le Masque de fer. Paris, 1882, in-12.

4089. *Lavallée (Th.). Histoire de la maison royale de Saint-Cyr. Paris, 1853, in-8°.

4090. *Noailles (Duc de). Histoire de madame de Maintenon et des principaux événements du règne de Louis XIV. Paris, 1848-58, 4 vol. in-8°.

4091. Combes (L.). La princesse des Ursins; 1697-1722. Paris, 1850, in-8°.

4092. Le Roi. Curiosités historiques sur Louis XIII, Louis XIV, Louis XV, etc. Paris, 1864, in-8°.

4093. Chéruel. Saint-Simon considéré comme historien de Louis XIV. Paris, 1865, in-8°.

4094. Baschet. Le Duc de Saint-Simon, son cabinet et ses manuscrits. Paris, 1874, in-8°.

4095. Krohn. Die letzten Lebensjahre Ludwigs XIV. Iéna et Leipzig, 1865, in-8°.

4096. Loiseleur et Baguenault de Puchesse. L'expédition du duc de Guise à Naples. Lettres et instructions diplomatiques de la cour de France (1647-1648). Paris, 1875, in-8°.

4097. *Valfrey (J.). Hugues de Lionne, ses ambassades en Italie; 1642-1656. Paris, 1877, in-8°. — Hugues de Lionne, ses ambassades en Espagne et en Allemagne. La Paix des Pyrénées. Paris, 1881, in-8°.

4098. Loth (Am.). Robert le Roux d'Esneval et les deux Grémonville, ambassadeurs de Louis XIV. Rouen, 1873, in-8°.

4099. Forneron (H.). Louise de Kéroualle, duchesse de Portsmouth (1647-1734). Paris, 1886, in-12.

4100. Baillon (Comte de). Henriette-Anne d'Angleterre, duchesse d'Orléans, sa vie et sa correspondance. Paris, 1887, in-8°.

4101. Filon. La France et l'Autriche au xviiᵉ siècle. Paris, 1859, in-8°.

4102. Lefèvre-Pontalis (Ant.). Vingt ans de République parlementaire : Jean de Witt, grand pensionnaire de Hollande. Paris, 1884, 2 vol. in-8°.

4103. Depping. Geschichte des Krieges der Münsterer und Cœlner im Bündnisse mit Frankreich gegen Holland in den Jahren 1672-1674. Münster, 1840, in-8°.

4104. *Bougeant. Histoire du traité de Westphalie. Paris, 1744, 6 vol. in-4°. — Histoire des guerres et des négociations qui précédèrent le traité de Westphalie. Paris, 1751, 3 vol. in-4°.

4105. *Denans de Courchetet. Histoire des négociations et du traité de paix des Pyrénées. Paris, 1750, 2 vol. in-12.

4106. Peter (H.). Der Krieg des Grossen Kurfürsten gegen Frankreich (1672-1675). Halle, 1870, in-8°.

4107. *Ennen (L. von). Frankreich und der Niederrhein oder Geschichte von der Stadt und Kurstaat Köln seit dem dreissig-jæhrigen Kriege. Cologne, 1855-1856, 2 vol. in-8°.

4108. *Piépape (de). Histoire de la réunion de la Franche-Comté à la France. Événements diplomatiques et militaires (1279-1678). Paris, 1881, 2 vol. in-8°.

4109. Pimodan (Marquis de). La réunion de Toul à la France et les derniers évêques-comtes souverains. Paris, 1885, in-8°.

4110. Rochas d'Aiglun (A. de). Les Vallées Vaudoises. Paris, 1880, in-8°.

4111. Hallez-Claparède. La réunion de l'Alsace à la France. Paris, 1814, in-8°.

4112. *Legrelle. Louis XIV et Strasbourg, d'après des documents inédits. 5° édition. Paris, 1887, in-8°.

4113. *Reynald. Louis XIV et Guillaume III. Paris, 1883, 2 vol. in-8°. — Guerre de la Succession d'Espagne. Paris, 1878, in-8°.

4114. *Sirtema de Grovestins. Guillaume III et Louis XIV. Histoire des luttes et rivalités politiques entre les puissances maritimes et la France. Paris, 1868, 8 vol. in-8°.

4115. *Courcy (Marquis de). La coalition de 1701 contre la France. Paris, 1886, 2 vol. in-8°.

4116. *Noorden (K. von). Europæische Geschichte im achtzehnten Jahrhundert, t. I-III. Dusseldorf, 1870-1883, in-8°.

4117. *Arneth. Prinz Eugen von Savoyen. Vienne, 1838-1859, 3 vol. in-8°; — 2° éd., 1864.

4118. Campori (C.). Raimondo Montecuculi, la sua famiglia e i suoi tempi. Florence, 1876, in-8°.

4119. *Gædeke. Die Politik OEsterreichs in der spanischen Erbfolgefrage. Leipzig, 1877, 2 vol. in-8°.

4120. *Bourgeois (E.). Neufchâtel et la politique prussienne de 1709 à 1713. Paris, 1887, in-8°.

4121. *Giraud (Ch.). Le traité d'Utrecht. Paris, 1847, in-8°.

4122. *Roschach. Études historiques sur l'histoire du Languedoc, 1642-1750. Toulouse, 1876-1877, 2 vol. in-4°. T. XIII et XIV formant la suite de l'Histoire du Languedoc de D. Vaissete.

4123. *Ranke. Französische Geschichte in XVI^{ten} und XVII^{ten} Jahrhunderten. Dans ses œuvres complètes, t. VIII à XII. Trad. fr. par Porchat. Paris, 1854-1886, 4 vol. in-8°. — Die rœmischen Pæpste in den letzten vier Jahrhunderten. Œuvres complètes, t. XXXVII-XXXIX. Trad. fr. par Saint-Chéron. Paris, 1838, 2 vol. in-8°.

4124. *Claretta. Storia di Carlo Emmanuele II di Savoia. Gênes, 1877-1879, 3 vol. in-8°.

4125. *Carutti (D.). Storia del regno di Vittorio Amedeo II. Turin, 1856, in-8°. — Storia della diplomazia della corte di Savoia. T. II. Turin, 1875-76, in-8°.

4126. Tessier. Le chevalier de Jant et les relations de la France et du Portugal au temps de Mazarin. Paris, 1877, in-8°.

4127. GIRAUD (Ch.). La maréchale de Villars et son temps. Paris, 1881, in-8°.

4128. * BOURELLY (F.). Le maréchal de Fabert. Paris, 1880, in-8°. — Cromwell et Mazarin. Deux campagnes de Turenne en Flandre. Paris, 1886, in-12°.

4129. * ROY (J.). Turenne, sa vie et les institutions militaires de son temps. Paris, 1884, gr. in-8°.

4130. CARON (L.). Michel Le Tellier. Son administration comme intendant d'armée au Piémont. Paris, 1881, in-12.

4131. MAGNIENVILLE (M. DE). Le maréchal d'Humières et le gouvernement de Compiègne. Paris, 1881, in-8°.

4132. * JAL. Abraham Du Quesne et la marine de son temps. Paris, 1872, 2 vol. in-8°.

4133. DU CASSE (Baron Robert). L'amiral Du Casse; 1646-1715. Paris, 1876, in-12°.

4134. * CLÉMENT (P.). Dix ans du règne de Louis XIV. Paris, 1848, in-8°. — Histoire de Colbert et de son administration. Paris, 1874, 2 vol. in-8°.

4135. * ROUSSET. Histoire de Louvois. Paris, 1863, 4 vol. in-8°.

4136. * MICHEL (G.). Vauban. Paris, 1878, in-8°.

4137. MELLION. Vauban, l'homme de guerre, l'homme d'État, l'homme privé. Paris, 1886, in-8°.

4138. PROYART (Abbé). Vie du Dauphin, père de Louis XV, écrite sur les mémoires de la cour, enrichie des écrits du même prince. Lyon et Paris, 1778-1782, 2 vol. in-8°; — Paris, 1819, 2 vol. in-12.

4139. ALLAIRE (E.). La Bruyère dans la maison de Condé. Paris, 1887, 2 vol. gr. in-8°.

4140. ZELLWEGER. Geschichte der diplomatischen Verhæltnisse der Schweiz mit Frankreich, 1692-1784. Saint-Gall et Berne, 1848-49, 2 vol. in-8°.

4141. SÉGUR-DUPERRON (P. DE). Histoire des négociations

maritimes et commerciales de la France aux XVII° et XVIII°
siècles. Paris, 1873, 3 vol. in-8°.

4142. Caix de Saint-Aymour (Vicomte de). Histoire des
relations de la France et de l'Abyssinie chrétienne sous les
règnes de Louis XIII et de Louis XIV; 1634-1706. Paris,
1886, in-12.

4143. Paulliat. Louis XIV et la compagnie des Indes
orientales de 1664. Paris, 1886, in-12.

4144. Berlioux. André Brüe, ou l'origine de la colonie
française du Sénégal. Paris, 1874, in-8°.

4145. Grammont (H.-D. de). Relations entre la France
et la régence d'Alger au XVII° siècle. Alger, 1879, in-8°.

4146. Lanier (L.). Étude historique sur les relations de
la France et du royaume de Siam; de 1662 à 1703. Versailles, 1883, in-8°.

4147. Joret (Ch.). Jean-Baptiste Tavernier. Paris, 1886,
in-8°.

4148. *Parkmann (F.). Pioneers of France in the New
World. Boston, 1865, in-8. -- La Salle and the Discovery
of the Great West. Boston, 1879, in-8°. — The Jesuits in
North-America. Boston, 1867, in-8°. Trad. fr. Paris, 1882,
in-12. — The Old Regime in Canada. Boston, 1874, in-8°.
— Count Frontenac and New France under Louis XIV.
Boston, 1877, in-8°.

4149. Rameau. Une colonie féodale en Amérique. L'Aca-
die. Paris, 1877, in-12.

4150. Loyson (Abbé). L'Assemblée du clergé de France
de 1682, d'après des documents dont un grand nombre
inconnus jusqu'à ce jour. Paris, 1870, in-8°.

4151. Gérin. Le pape Alexandre VIII et Louis XIV. Paris, 1877, in-8°.

4152. *Michaud. Louis XIV et Innocent XI. Paris, 1882-
1883, 4 vol. in-8°.

4153. REGNAULT (le P. Em.). Christophe de Beaumont, archevêque de Paris. Paris, 1882, 2 vol. in-8°.

4154. NÈGRE (L.). La vie et le ministère de Claude Brousson (1647-1698). Paris, 1878, in-8°.

4155. COQUEREL (Ath.). Les Forçats pour la foi. Étude historique (1684-1775). Paris, 1867, in-18.

4156. * WEISS (Ch.). Histoire des réfugiés protestants de France depuis la révocation de l'Édit de Nantes jusqu'à nos jours. Paris, 1853, 2 vol. in-18.

4157. MŒRIKOFER (J.-C.). Geschichte der evangelischen Fluechtlinge in der Schweiz. Leipzig, 1876, in-8°. Trad. franç. par G. Roux. Paris, 1878, in-8°.

4158. CHAVANNES (J.). Les Réfugiés français dans le pays de Vaud et particulièrement à Vevey. Lausanne, 1874, in-12.

4159. AGNEW (Rev. D.-C.-A.). Protestant exiles from France or the huguenot refugees and their descendants in Great Britain and Ireland. Londres, 1874, 3 vol. in-8°.

4160. FROSTERUS (G.). Les Insurgés protestants sous Louis XIV. Études et documents inédits. Paris, 1868, in-12.

4161. BONNEMÈRE. Histoire des Camisards. Paris, 1869, in-18.

4162. HOFMANN (J.-C.-C.). Geschichte des Aufruhrs in den Sevennen unter Ludwig XIV. Nördlingue, 1837, in-8°.

4163. PUAUX. Vie de Jean Cavalier. Paris, 1868, in-12.

4164. * PUAUX et SABATIER. Étude sur la révocation de l'Édit de Nantes. Paris, 1886, in-12.

4165. BONNEFON. Benjamin du Plan, gentilhomme d'Alais, député général des synodes des églises réformées de France (1688-1763). Paris, 1877, in-12.

§ 65. Louis XV et Louis XVI.

Voir les t. VIII, IX et X de la collection Michaud et Poujoulat, LXXVI et LXXVII de la coll. Petitot, la *Revue rétrospective*, la *Bibliothèque des Mémoires relatifs à l'histoire de France pendant le* XVIII° *s.* de MM. Barrière et Lescure (Paris, 1855-1875, 30 vol. in-12), la *Collection des mémoires relatifs à la Révolution française* par MM. Berville et Barrière (Paris, 1820-1827, 55 vol. in-8°).

4166. VOLTAIRE. Précis du règne de Louis XV. (Genève, 1769, 2 vol. in-12, suivi de l'histoire du Parlement de Paris. — Paris, 1850, in-8°.) †

4167. *BUVAT. Journal de la Régence. (Campardon. Paris, 1865, 2 vol. in-8°.) †

4168. [Ch⁰ᵗ DE PIOSSENS.] Mémoires de la Régence. (Amsterdam, 1739, 3 vol. in-12; — 1749, 5 vol. in-12.) †

4169. *BARBIER (Avocat). Journal historique et anecdotique du règne de Louis XV. (A. de La Villegille. Paris, 1847-1856, 4 vol. in-8°. Soc. Hist. France; — Paris, 1857, 8 vol. in-12. Cette seconde édition est la plus complète.) †

4170. *MARAIS (Mathieu). Mémoires. (Lescure. Paris, 1863-1868, 4 vol. in-8.) — Journal de Paris; 1721-1727. (Revue rétrospective, t. XII-XV.)

4171. MASSILLON. [Soulavie.] Mémoires de la minorité de Louis XV. (Paris, 1805, in-12.)

4172. *DUBOIS (Cardinal). Mémoires secrets et correspondance inédite. (L. de Sévelinges. Paris, 1815, 2 vol. in-8°.)

4173. CHOISEUL (Duc DE). Mémoires écrits par lui-même et imprimés sous ses yeux en 1778 [par Soulavie]. (Paris, 1790, 2 vol. in-8°.)

4174. *ARGENSON (Mᵗⁱ D'). Mémoires et journal inédit; 1721-1757. (Voyer d'Argenson. Paris, 1858, 5 vol. in-18.) —

Journal et Mémoires; 1697-1757. (Rathery. Paris, 1859-1867, 9 vol. in-8. Soc. Hist. France.)

4175. Noailles (Duc de). Mémoires [rédigés par l'abbé Millot]. (Petitot, 2ᵉ série, LXXI-LXXIV; — Michaud et Poujoulat, 3ᵉ série, X.)

4176. Montbarey (Prince de). Mémoires; 1732-1796. (Paris, 1826-27, 3 vol. in-8°.)

4177. Narbonne. Journal des règnes de Louis XIV et Louis XV, de l'année 1701 à l'année 1774, par Pierre Narbonne, premier commissaire de police de la ville de Versailles. (J.-A. Le Roi. Paris, 1866, in-8°.)

4178. Montgon (Abbé de). Mémoires. (Lausanne, 1756, 9 vol. in-12.)

4179. Mirabeau (Comte de). Mémoires du ministère du duc d'Aiguillon et de son commandement en Bretagne, pour servir à l'histoire de la fin du règne de Louis XV. (Soulavie. Paris, 1792, in-8°.)

4180. Lévy (Président). Journal historique ou fastes du règne de Louis XV, surnommé le Bien-Aimé. (Paris, 1766, 2 vol. in-8°.)

4181. *Duclos. Mémoires secrets. (Soulavie. Paris, 1791, 2 vol. in-8°; — Petitot, 2ᵉ série, LXXVI-LXXVII; — Michaud et Poujoulat, 2ᵉ série, t. X; — Barrière et Lescure, II.)

4182. Marmontel. Mémoires. (Paris, 1804-1805, 6 vol. in-8°; — Barrière et Lescure, V.)

4183. *Staal-Delaunay (Mᵐᵉ de). Mémoires. (Paris, 1755, 4 vol. in-12; — Petitot, 2ᵉ série, LXXVII; — Michaud et Poujoulat, 3ᵉ série, X; — Barrière et Lescure, I.)

4184. La Bourdonnaye (de). Mémoires historiques. (Paris, 1827, in-8°.)

4185. Hénault (Président). Mémoires. (Baron de Vigan. Paris, 1851, in-8°.)

4186. *Bernis (Cardinal de). Mémoires et lettres. (F. Masson. Paris, 1878, 2 vol. in-8°.)

4187. *Chéverny (Dufort, comte de). Mémoires. (Robert de Crèvecœur. Paris, 1886, 2 vol. in-8°.)

4188. Créquy (Mme de). Souvenirs; 1710-1800. (Paris, 1834-1835, 7 vol. in-8°.) Ouvrage apocryphe par le comte de Courchamps.

4189. Brancas (Duchesse de). Mémoires sur Louis XV et Mme de Châteauroux. (L. Lacour. Paris, 1865, in-16.)

4190. *Luynes (Duc de). Mémoires; 1735-1758. (Dussieux et Soulié. Paris, 1860-1865, 17 vol. in-8°.)

4191. [Mouffle d'Angerville.] Vie privée de Louis XV. (Londres, 1781, 4 vol. in-12.)

4192. *Soulavie. Mémoires du maréchal de Richelieu pour servir à l'histoire des cours de Louis XIV, de la régence du duc d'Orléans, de Louis XV et à celle des quatre premières années du règne de Louis XVI. (Londres et Paris, 1790-1793, 9 vol. in-8°; — Barrière et Lescure, XVI-XVII.) — Mémoires historiques et anecdotiques sur la cour de France pendant la faveur de la marquise de Pompadour. (Paris, an X [1802], in-8°.) — Mémoires historiques et politiques du règne de Louis XVI. (Paris, an X [1802], 6 vol. in-8°.)

4193. Lauzun (Duc de). Mémoires. (Barrois. Paris, 1822, 2 vol. in-8°; — Barrière et Lescure, XXV.)

4194. *Tilly (Comte A. de). Souvenirs. (Barrière et Lescure, XXV; — L. Lacour. Paris, 1858, in-8°.)

4195. Saint-Germain (Comte de). Mémoires [par l'abbé de la Montagne]. (Amsterdam, 1779, in-12.)

4196. Beugnot. Mémoires; 1783-1815. (Paris, 1866, 2 vol. in-8°.)

4197. Georgel (Abbé). Mémoires pour servir à l'histoire des événements de la fin du xviiie siècle depuis 1760 jusqu'à 1810. (Paris, 1817 et 1820, 6 vol. in-8°.)

4198. MORELLET (Abbé). Mémoires sur le XVIIIe siècle et sur la Révolution. (Paris, 1821 et 1823, 2 vol. in-8°.)

4199. ALLONVILLE (Comte D'). Mémoires secrets de 1770 à 1830. (Paris, 1838, 6 vol. in-8°.)

4200. LINGUET. Annales politiques, civiles et littéraires du XVIIIe siècle. (Londres, 1777-1792, 19 vol. in-8°.) — Mémoires sur la Bastille; 1780-1782. (Londres, 1783, in-8°; — Berville et Barrière, t. IV; — Barrière et Lescure, XXVIII.)

4201. BAILLY. Mémoires. (Paris, 1804, 3 vol. in-8°; — Berville et Barrière, VI.)

4202. WEBER. [LALLY-TOLLENDAL.] Mémoires concernant Marie-Antoinette. (Londres, 1804, 3 vol. in-8°; — Berville et Barrière, VIII; — Barrière et Lescure, VII.)

4203. *DU HAUSSET (Mme). Mémoires. (Dans Crawford, Mélanges d'histoire et de littérature. Paris, 1809, in-4°; — Barrière et Berville, II; — Barrière et Lescure, III.)

4204. *OBERKIRCH (Baronne D'). Mémoires sur la cour de Louis XVI et la société française avant 1789, publiés par le comte de Montbrison, petit-fils de l'auteur. (Paris, 1853, 2 vol. in-18.)

4205. *BEZENVAL (Baron DE). Mémoires. (Paris, 1805-1807, 4 vol. in-8°; — Barrière et Berville, III; — Barrière et Lescure.)

4206. DUMOURIEZ (Général). Mémoires. (Barrière et Lescure, XI-XII.)

4207. LOUIS XVI. Journal. (Nicolardot. Paris, 1873, in-12.

4208. *CAMPAN (Mme). Mémoires sur la vie privée de Marie-Antoinette, reine de France. (Barrière et Berville. Paris, 1823, 3 vol. in-8°; — Barrière et Lescure, X.)

4209. BARENTIN (DE). Mémoires sur les derniers conseils du roi Louis XVI. (M. Champion. Paris, 1844, in-8°.)

4210. *HÉZECQUES (Comte D'). Souvenirs d'un page de la cour de Louis XVI. (Paris, 1872, in-12.)

4211. Roland (Mᵐᵉ). Mémoires et correspondance. (Barrière et Berville, 1820, 2 vol. in-8°; — Barrière et Lescure, VIII; — Dauban. Paris, 186 , 2 vol. in-12.)

4212. Maurepas. Mémoires [par Soulavie]. (Paris, 1792, 4 vol. in-8°.)

4213. *Augeard, secrétaire des commandements de Marie-Antoinette. Mémoires secrets; 1760-1800. Paris, 1866, in-8°.

4214. Legris (Abbé), chanoine de Saintes. Journal. 1781-1791. (Saint-Jean d'Angély, 1867, in-8°.)

4215. Hœfler (L.). Der Congress von Soissons (1729), nach den Instructionen des K. Cabinets und den Berichten des Grafen Kinski. (Vienne, 1871-1876, 2 vol. in-8°. Fontes rerum Austriacarum.)

4216. *Saint-Simon (Duc de). Lettres et dépêches sur l'ambassade d'Espagne; 1721-1722. (Éd. Drumont. Paris, 1880, in-8°.)

4217. Spon (Baron de). Mémoires pour servir à l'histoire de l'Europe de 1740 à 1748. (Amsterdam, 1749, 2 vol. in-12.)

4218. *Fain (Baron). Politique de tous les cabinets de l'Europe pendant les guerres de Louis XV et de Louis XVI. (Roussel. Paris, 1793, 2 vol. in-8°; — De Ségur. Paris, 1801, 3 vol. in-8°.)

4219. Pinard. Chronologie historique militaire. (Paris, 1760-1767, 7 vol. in-4°.)

4220. Bourcet. Mémoires historiques sur les guerres que les Français ont soutenues en Allemagne, 1757-1762. (Paris, 1792, 3 vol. in-8°.)

4221. Lloyd. Histoire de la guerre d'Allemagne, 1756 et suivantes, ouvrage traduit de l'anglais par Roux-Fazillac. (Paris, 1803, 2 vol. in-8°.)

4222. Histoire de Maurice, comte de Saxe. (Paris, 1752, in-12.)

4223. Mémoires sur l'ambassade de Choiseul à Vienne; 1757-1758. (Comptes rendus de l'Académie des Sciences, morales et politiques. Paris, 1872, in-8°.)

4224. Gazette de France. (Paris, 1631-1792, 163 vol. in-4°.)

4225. *Mercure galant. (Paris, 1672-1717, 571 vol. in-12.)

4226. *Mercure de France. (Paris, 1717-1799; mensuel.)

4227. *Journal de Verdun. (Verdun, 1711-1772, 124 vol. in-12.)

4228. Pompadour (Mme de). Correspondance. (Malassis, Paris, 1878, in-8°.) — Lettres; 1753-1762. (Liège, 1768, in-12; — nouv. édit. Paris, 1814, in-12.)

4229. Deffand (Mme du). Correspondance complète avec ses amis, le président Hénault, Montesquieu, d'Alembert, Voltaire, Horace Walpole (Lescure. Paris, 1865, 2 vol. in-8°.)

4230. Van Hoey, ambassadeur à la cour de France. Lettres et négociations. (Londres, 1743-1744, 2 vol. in-12.)

4231. The political and confidential correspondance of Louis XV. (Helena Williams. New-York, 1803, 3 vol. in-8°.)

4232. *Correspondance secrète inédite de Louis XV sur la politique étrangère avec le comte de Broglie, Tercier, etc., et autres documents relatifs au ministère secret. (E. Boutaric. Paris, 1866, 2 vol. in-8°.)

4233. *Rousset. Recueil historique d'actes, négociations, mémoires et traités, depuis la paix d'Utrecht jusqu'au second congrès de Cambrai; 1748. (La Haye, 1728-1752, 23 vol. in-12.)

4234. La Rochefoucauld (M. de), ambassadeur à Rome. Correspondance; 1744-1748. (Baron de Girardot. Nantes, 1871, in-8°.)

4235. Aguesseau (Chancelier d'). Lettres. (Rives. Paris, 1823, 2 vol. in-8°.)

4236. BERNIS (DE). Correspondance avec Pâris-Duverney;
1752-1769. (Londres et Paris, 1790, 2 vol. in-8°.)

4237. Correspondance de plusieurs personnages illustres de la cour de Louis XV depuis les années 1715 jusques et y compris 1774. (Paris, 1808, 2 vol. in-12.)

4238. CHATEAUROUX (Mⁿᵉ DE). Correspondance inédite
avec le duc de Richelieu, le maréchal de Belle-Isle, etc.
(Paris, 1806, 2 vol. in-12.)

4239. PAOLI (P.) Lettres. (Perelli. Bastia, 1884-1885,
2 vol. in-8°.)

4240. JADART, commissaire des guerres en Corse. Correspondance; 1767-1768. (Bastia, 1883, in-8°.)

4241. *Correspondance de Louis XV et du maréchal de
Noailles. (C. Rousset. Paris, 1865, 2 vol. in-8°.)

4242. LORÉDAN-LARCHEY et MABILLE. Documents inédits
sur le règne de Louis XV. Journal des inspecteurs de
M. de Sartines; 1761-1764. (Bruxelles, 1863, in-18.)

4243. DUBOIS DE SAINT-GELAIS. Histoire journalière de
Paris; 1716-1717. (Tourneux. Paris, 1885, in-8°.)

4244. *KLINCKOWSTRŒM (R. DE). Le comte de Fersen et la
cour de France; extraits des papiers du grand maréchal
de Suède, comte Jean Axel de Fersen. (Paris, 1877-1878,
2 vol. in-8°.)

4245. *LUCAS DE MONTIGNY. Mémoires biographiques, littéraires et politiques de Mirabeau écrits par lui-même,
par son père, son oncle et son fils adoptif. (Paris, 1834 et
1835, 8 vol. in-8°.)

4246. FEUILLET DE CONCHES. Louis XVI, Marie-Antoinette
et Madame Élisabeth. Lettres et documents inédits. (Paris,
1862-73, 6 vol. in-8.) Contient beaucoup de pièces fabri-
quées et falsifiées.

4247. *Correspondance secrète entre Marie-Thérèse et
le comte de Mercy-Argenteau, avec les lettres de Marie-

Thérèse et de Marie-Antoinette. (D'Arneth et Geffroy. Paris, 1874, 3 vol. in-8°.)

4248. *Arneth (A. von). Marie-Antoinette, Joseph II und Leopold II, ihr Briefwechsel. Vienne, 1866, in-8°.

4249. Lettres inédites de Marie-Antoinette et de Marie-Clotilde de France. (Comte de Reiset. Paris, 1876, in-12.)

4250. *Correspondance inédite de Marie-Antoinette, publiée sur les documents originaux par le comte Paul Vogt d'Hunolstein. (Paris, 1868, in-8°.)

4251. Œuvres de Louis XVI. (Paris, 1863-1864, 2 vol. in-8.)

4252. *Correspondance secrète inédite sur Louis XVI, Marie-Antoinette, la cour et la ville, de 1777 à 1792, publiée d'après les mss. de la Bibliothèque impériale de Saint-Pétersbourg par A. de Lescure. (Paris, 1866, 2 vol. in-8°.)

4253. Kageneck (Baron de). Lettres; 1779-1789. (Léouzon le Duc. Paris, 1884, in-8°.) Ces deux correspondances sont à peu près identiques pour les années 1779-1784.

4254. *Staël-Holstein (Baron de). Correspondance diplomatique, 1783-1799. (Léouzon le Duc. Paris, 1881, in-8°.)

4255. Faber (A.). Neue Europæische Staats-Canzley. (Ulm, Francfort et Leipzig, 1761-1782, 55 vol. in-8°.)

4256. *Frédéric II. Histoire de mon temps. (Dans les Œuvres. Berlin, 1846 et ss., in-8°, t. II et III.) — Histoire de la guerre de Sept ans. (Œuvres, t. IV-V.) — Mémoires de 1763 jusqu'à 1775; de ce qui s'est passé depuis l'année 1774 jusqu'à 1778; Mémoires de la guerre de 1778. (Œuvres, t. VI.) — Correspondance. (Œuvres, t. XVI-XXVII. Berlin, 1850-1856, 12 vol. in-8°.) — Première rédaction de l'Histoire de mon temps. (Posner. Berlin, 1879, in-8°.) — Politische Correspondenz. (Koser. Berlin, 1878-1885, 11 vol. En cours de publication.)

4257. RAUMER (F. von). König Friedrich II und seine Zeit (1740-1769). Nach den gesandtschaftlichen Berichten im Britischen Museum und Reichs-Archive. (Leipzig, 1836, in-8°.)

4258. VITZTHUM D'ECKSTÆDT (comte). Maurice, comte de Saxe, et Marie-Josèphe de Saxe, dauphine de France. Lettres et documents inédits des archives de Dresde. (Leipzig, 1867, in-8°.)

————

4259. CARNÉ (Comte DE). La Monarchie française au XVIIIe siècle. Études historiques sur les règnes de Louis XIV et de Louis XV. Paris, 1859, in-8°.

4260. FANTIN DES ODOARDS. Histoire de France depuis la mort de Louis XIV jusqu'à la paix de Versailles, 1783. Paris, 1789, 2 vol. in-12. Suite du président Hénault.

4261. *LACRETELLE (DE). Histoire de France pendant le XVIIIe siècle. Paris, 1830, 6 vol. in-8°.

4262. ANQUETIL. Louis XIV, sa cour et le Régent. Paris, 1789, 4 vol. in-12.

4263. CHÂTEAUNEUF. Histoire du régent Philippe d'Orléans. Paris, 1829, 2 vol. in-18.

4264. *LÉMONTEY (P.). Histoire de la Régence et de la minorité de Louis XV jusqu'au ministère du cardinal de Fleury. Paris, 1832, 2 vol. in-8°.

4265. SEILHAC (Comte DE). L'abbé Dubois, premier ministre de Louis XV. Paris, 1862, 2 vol. in-8°.

4266. CHÉRUEL (A.). Saint-Simon et l'abbé Dubois, leurs relations de 1718 à 1722. (Rev. Hist., t. I.)

4267. *JOBEZ (Ad.). La France sous Louis XV; 1715-1774. Paris, 1864-73, 6 vol. in-8°.

4268. *TOCQUEVILLE (A. DE). Histoire philosophique du règne de Louis XV. Paris, 1847, 2 vol. in-8°.

4269. Bonhomme (H.). Louis XV et sa famille d'après des lettres et des documents inédits. (Paris, 1873, in-12.) — Madame de Pompadour général d'armée. Paris, 1880, in-8°.

4270. *Goncourt (Ed. et J. de). La duchesse de Châteauroux et ses sœurs. Nouv. éd. Paris, 1879, in-12. — Madame de Pompadour. Paris, 1878, in-12. — La Du Barry. Paris, 1878, in-12.

4271. *Campardon. Madame de Pompadour et la cour de Louis XV. Paris, 1867, in-8°.

4272. *Vatel. Histoire de madame Du Barry. (Paris, 1882-83, 3 vol. in-12.)

4273. Barthélemy (É. de). Mesdames de France, filles de Louis XV. Paris, 1870, in-12.

4274. Faucher (Le P. Chr.). Histoire du cardinal de Polignac, ambassadeur de France. Paris, 1777, 2 vol. in-12.

4275. *Zévort (Ed.). Le Marquis d'Argenson et le ministère des affaires étrangères; 1744-1747. Paris, 1880, in-8°.

4276. *Pajol (Général). Les Guerres sous Louis XV. Paris, 1881-1887, 5 vol. in-8.

4277. Morris (Henri). Opérations militaires dans les Alpes pendant la guerre de succession d'Autriche. Paris, 1886, in-8°.

4278. *Haussonville (Comte d'). Histoire de la réunion de la Lorraine à la France. Paris, 1854-1859, 4 vol. in-8°.

4279. Heigel. Der œsterreichische Erbfolgestreit und der Kaiserwahl Karl's VII. Nordlingen, 1877, in-8°.

4280. *Broglie (Duc de). Frédéric II et Marie-Thérèse. Paris, 1882, 2 vol. in-8°. — Frédéric II et Louis XV. Paris, 1884, 2 vol. in-8°. — Marie-Thérèse impératrice. Paris, 1888, 2 vol. in-8°. — Le Secret du roi. Paris, 1879, 2 vol. in-8°.

4281. *Carlyle (Th.). History of Friedrich II of Prussia. Londres, 1858-1860, 6 vol. in-8°.

4282. [Fæsch.]Geschichte des œsterreichischen Erbfolge-
krieges von 1740-1748. Dresde, 1787, 2 vol. in-8°.

4283. *Arneth (A. von). Geschichte Maria Theresia's.
Vienne, 1868-79, 10 vol. in-8°.

4284. *Droysen. Geschichte der preussischen Politik.
Berlin, 1855-1881, 5 vol. in-8°; 2e édit., t. I à III, 1868-1872.

4285. *Ranke (L. von). Zwœlf Bücher der preussischen
Geschichte. Leipzig, 2e éd. 1878, 4 vol. in-8°. (Œuvres,
t. XXV-XXVIII.) — Der Ursprung des siebenjæbrigen
Krieges. Leipzig, 1871, in-8°.

4286. *Schæfer. Geschichte des siebenjæhrigen Krieges.
Berlin, 1867-1874, 3 vol. in-8°.

4287. Huschberg. Die drei Kriegesjahre 1756, 1757,
1758 in Deutschland, hsggb. v. Wuttke. Leipzig, 1856,
in-8°.

4288. Renouard (C.). Geschichte des Krieges in Hanno-
ver, Hessen und Westphalen ; 1757-1763. Cassel, 1863,
3 parties in-8°.

4289. Beaulieu-Marconnay (C. freiherr von). Der Huberts-
burger Friede. Leipzig, 1871, in-8°.

4290. Huber (F.-X.). Geschichte Josephs II. Vienne, 1792,
2 vol. in-8°.)

4291. Borgnet (A.). Histoire des Belges à la fin du
XVIIIe s. Bruxelles; 2e éd., 1861-1863, 2 vol. in-8°.

4292. *Lecky. A history of England in the eigtheenth
century. Londres, 1878-1887, 4 vol. in-8°.

4293. Zellweger. Geschichte der diplomatischen Ver-
haltnisse der Schweiz mit Frankreich (1698-1784). Saint-
Gall et Berne, 1848-49, 2 vol. in-8°.

4294. Carutti. Storia di Carlo Emmanuele III. Turin,
1859, 2 vol. in-8°.

4295. Bianchi (Nicomede). Storia della monarchia pie-
montese dal 1773 sino al 1861. T. I. Turin, 1877, in-8°.

23

4296. FILON. De la diplomatie française sous Louis XV. Paris, 1863, in-8°. — L'ambassade de Choiseul à Vienne en 1757-1758. Paris, 1872, in-8°.

4297. *MASSON (F.). Le cardinal de Bernis depuis son ministère (1758-1794). La suppression des Jésuites. Le schisme constitutionnel. Paris, 1884, in-8°.

4298. *VANDAL. Louis XV et Élisabeth de Russie. Paris, 1882, in-8°. — Une ambassade française en Orient sous Louis XV. La mission du marquis de Villeneuve; 1728-1740. Paris, 1887, in-8°.

4299. *SAINT-RENÉ TAILLANDIER. Maurice de Saxe. Paris, 1865, in-8°.

4300. HENNEQUIN. Essai historique sur la vie et les campagnes du bailli de Suffren. Paris, 1824, in-8°.

4301. BAILLON (DE). Lord Walpole à la cour de France. Paris, 1867, in-12.

4302. ROUSSET (C.). Le comte de Gisors; 1752-1758. Paris, 1868, in-8°.

4303. COUSIN (J.). Le comte de Clermont, sa cour et ses maîtresses. Paris, 1867, 2 vol. in-18.

4304. RATHERY. Le comte de Plélo; un gentilhomme français au XVIII° siècle, guerrier, littérateur et diplomate. Paris, 1876, in-8°.

4305. *SOREL (A.). L'Europe et la Révolution française, t. I. Les mœurs et les traditions. Paris, 1885, in-8°. — La question d'Orient au XVIII° siècle. Paris, 1878, in-8°.

4306. *DROZ. Histoire du règne de Louis XVI pendant les années où l'on pouvait prévenir et diriger la Révolution. Paris, 1839-1842, 3 vol. in-12.

4307. *JOBEZ. La France sous Louis XVI. Paris, 1877, in-8°.

4308. RENÉE (Am.). Louis XVI et sa cour, 2° édit. Paris, 1858, in-8°.

4309. *CuéREST. La Chute de l'ancien régime. Paris, 1884-1887, 3 vol. in-8°.

4310. TOCQUEVILLE (A. DE). Coup d'œil sur le règne de Louis XVI depuis son avènement à la couronne jusqu'à la séance royale du 23 juin 1789. Paris, 1830, in-8°.

4311. *LOMÉNIE (L. DE). Les Mirabeau. Paris, 1878, 2 vol. in-8°.

4312. GUIBAL (G.). Mirabeau et la Provence en 1789. Paris, 1887, in-8°.

4313. FAURE (F.). Les Assemblées de Vizille et de Romans, en Dauphiné, durant l'année 1788. Paris, 1887, in-16.

4314. *GONCOURT (J. et E. DE). Histoire de Marie-Antoinette. Paris, 1878, in-12.

4315. LESCURE (A. DE). Marie-Antoinette et sa famille d'après les nouveaux documents. Paris, 1865, in-8°.

4316. *ARNETH. Maria Theresia und Marie-Antoinette. Vienne et Paris, 1865, in-8°.

4317. *CAMPARDON. Marie-Antoinette et le procès du collier d'après la procédure instruite devant le parlement de Paris. Paris, 1863, in-8°.

4318. *DESJARDINS (Gustave). Le Petit Trianon. Versailles, 1885, gr. in-8°.

4319. TRATCHEVSKY. La France et l'Allemagne sous Louis XVI. Paris, 1830, in-8°. (Rev. Hist. XIV, XV, XVI.)

4320. WITT (P. DE). Une invasion prussienne en Hollande en 1787. Paris, 1886, in-12.

4321. PINGAUD (L.). Choiseul-Gouffier. La France en Orient sous Louis XV. Paris, 1887, in-8°.

4322. DUSSIEUX (L.). Le Canada sous la domination française. Paris, 1855, in-8°.

4323. DONIOL (H.). Histoire de la participation de la France à la libération des États-Unis d'Amérique. T. I et II. Paris, 1887, 2 vol. in-4°.

4324. *PARKMAN. History of The Conspiration of Pontiac (1763). Boston, 1851, in-8°. — France and England in North America. Montcalm and Wolfe. Boston, 1884, 2 vol. in-8°.

4325. LABOULAYE (Ed.). Histoire des États-Unis, depuis les premiers essais de colonisation jusqu'à l'adoption de la constitution fédérale (1620-1789). Paris, 1855-66, 3 vol. in-8°.

4326. WITT (Cornélis DE). Histoire de Washington et de la fondation de la république des États-Unis. Paris, 1859, in-8°.

4327. *BANCROFT. Histoire de l'action commune de la France et de l'Amérique pour l'indépendance des États-Unis. Trad. et annoté par le comte de Circourt. Paris, 1876, 3° édit. in-8°.

4328. CHEVALIER (Ed.). Histoire de la Marine française pendant la guerre de l'indépendance américaine. Paris, 1877, in-8°.

4329. BALCH. Les Français en Amérique pendant la guerre de l'indépendance des États-Unis (1777-1783). Paris, 1872, in-8°.

4330. RÉVEILLAUD. Histoire du Canada et des Canadiens français. Paris, 1884, in-8°.

4331. BIONNE. Dupleix. Paris, 1881, 2 vol. in-8°.

4332. *HAMONT (T.). Un essai d'empire français dans l'Inde au xviii° siècle : Dupleix. Paris, 1881, in-8°. — Lally Tollendal. Paris, 1887, in-8°.

4333. POUGET DE SAINT-ANDRÉ. La colonisation de Madagascar sous Louis XV. Paris, 1886, in-12.

4334. ARRIGHI (Arrigo). Histoire de Pascal Paoli où la dernière guerre de l'indépendance (1755-1807). Paris, 1843, 2 vol. in-8°.

§ 66. Droit, mœurs et institutions.

Consulter les §§ 63, 64 et 65 et surtout les §§ 17, 20, 21, 30 et 31, en particulier les ouvrages publiés au XVIIe et au XVIIIe siècle. Nous ajoutons ici quelques indications complémentaires et les ouvrages qui se rapportent spécialement aux règnes de Louis XIV, Louis XV et Louis XVI. L'Encyclopédie méthodique est une source des plus précieuses pour les institutions administratives, financières et judiciaires au XVIIIe siècle.

Voir dans le Recueil d'Isambert les diverses ordonnances qui composent le code Louis, les codes de procédure civile, de procédure criminelle, de marine, le code noir, etc.

4335. LEMERRE. Recueil des actes, titres et mémoires concernant les affaires du clergé de France. Paris, 1716-1750, 12 vol. in-fol.

4336. DANSY. Bénéfices de l'église d'Amiens ou État général des biens, revenus et charges du clergé du diocèse d'Amiens en 1730. Amiens, 1869-1870, 2 vol. in-4°.

4337. *Almanachs royaux. (Paris, 1700-1792, in-8°.)

4338. *Correspondance administrative sous le règne de Louis XIV..., recueillie par G.-B. Depping. (Paris, 1850-55, 4 vol. in-4°. Coll. des docum. inédits.)

4339. *COLBERT. Lettres, instructions et mémoires. (P. Clément. Paris, 1861-65, 7 vol. en 10 t. in-4°.)

4340. *VAUBAN. Projet d'une dîme royale. (S. l., 1707, in-4° et in-12.)—Les Oisivetés. (Paris, 1843-46, 3 vol. in-8°.)

4341. *BOISGUILLEBERT (LE PESANT DE). Détail de la France sous le règne de Louis XIV. (Paris, 1693 et 1707, 2 vol. in-12.)

4342. *BOISLISLE (DE). Correspondance des contrôleurs généraux des finances avec les intendants des provinces. (Paris, 1874-1883, 2 vol. in-4°.)-- Mémoires des intendants sur l'état des généralités. T. I. Mémoires de la généralité de Paris. (Paris, 1881, in-4°. Coll. des doc. inédits.)

4313. *BESOIGNE (N.). L'État de la France où l'on voit tous les princes, ducs et pairs, maréchaux... les évêques, les cours qui jugent en dernier ressort... les gouverneurs des provinces, les chevaliers de trois ordres du roy, etc. (Paris, 1698, 3 vol. in-12; — 1749, 6 vol. in-12.)

4314. *BOULAINVILLIERS (comte DE). Mémoires présentés au duc d'Orléans, contenant les moyens de rendre ce royaume très puissant et d'augmenter considérablement les revenus du roi et du peuple. (La Haye et Amsterdam, 1727, 2 vol. in-12.) — État de la France, dans lequel on voit tout ce qui regarde le gouvernement ecclésiastique, le militaire, la justice, les finances, le commerce, les manufactures, le nombre des habitants et en général tout ce qui peut faire connaître à fond cette monarchie. (Londres, 1727, 3 vol. in-fol.; 1737, 6 vol. in-12; 1752, 8 vol. in-12.)

4315. ARGENSON (Marquis D'). Considérations sur le gouvernement ancien et présent de la France. (2e éd. par le marquis de Paulmy. Paris, 1874, in-8°.)

4316. SÉNAC DE MEILHAN. Du gouvernement, des mœurs et des conditions en France avant la Révolution. (Paris, 1814, in-8° ; — Lescure. Paris, s. d., in-12.)

4317. *YOUNG (Arthur). Voyage en France pendant les années 1787, 1788, 1789. (Trad. Lesage. Paris, 1883, 2 vol. in-8°.)

4318. VANHUFFEL. Documents inédits concernant l'histoire de France et particulièrement l'Alsace et son gouvernement sous le règne de Louis XIV. (Paris, 1840, in-8°.)

4319. SPACH (L.). Lettres écrites à la cour, par M. d'Angervillers, intendant d'Alsace; 1716-1724. (Strasbourg, 1878, in-8°.)

4350. WAROQUIER (Comte DE). État général de la France. (Paris, 1789-1791, 2 vol. in-8°.)

4351. Dumoulin. Description générale du royaume divisé en généralités. (Paris, 1762-1767, 2 vol. in-8°.)

4352. Nouveaux dénombrements du royaume par généralités, élections, paroisses et feux. (Paris, 1735, in-4°.)

4353. Doisy. Le royaume de France et les États de Lorraine disposés en forme de dictionnaires. (Paris, 1753, in-4°.)

4354. Sièges royaux ressortissant directement au Parlement de Paris. (Paris, 1776, in-4°.)

4355. Supplément au traité des Aydes, contenant l'estat des généralités, élections, etc. (Paris, 1645, in-8°.)

4356. *Quesnay. Tableau économique... (Versailles, 1758, in-4°.)

4357. Messanges. Nouvelles Recherches sur la population de la France. (Lyon, 1788, in-4°.)

4358. * Desmarets. Mémoire sur l'administration des finances depuis le 20 février de l'année 1708 jusqu'au 1er septembre 1715. (S. l. n. d., in-4° et in-8°.)

4359. Saint-Pierre (Abbé de). Annales politiques. (Londres, 1757, 2 vol. in-12.)

4360. *[Du Hautchamp.] Histoire générale et particulière du visa. (La Haye, 1743, 4 vol. in-12.)—Histoire du système des finances sous la minorité de Louis XV pendant les années 1719 et 1720. (La Haye, 1739, 6 vol. in-12.)

4361. Law (J.). Œuvres. (Traduction française. Paris, 1790, in-8°.)

4362. [Coquereau.] Mémoires concernant l'administration des finances sous le ministère de l'abbé Terrai. Londres, 1776, 2 col. in-12.)

4363. *[Auger.] Mémoire pour servir à l'histoire du droit public de la France en matière d'impôts, ou recueil de ce qui s'est passé de plus intéressant à la cour des Aides, depuis 1756 jusqu'au mois de juin 1775. (Bruxelles et Paris, 1779, in-4°.)

4364. Mémoire pour la cour des Aides sur les conflits élevés entre elle et la Chambre des Comptes. (Paris, 1782, in-4°.)

4365. [DIONIS.] Mémoire pour servir à l'histoire de la cour des Aides depuis son origine en 1335 jusqu'à sa suppression, le 22 janvier 1791. (Paris, 1792, in-4°.)

4366. Collection des comptes-rendus, pièces authentiques, états et tableaux concernant les finances de la France depuis 1708 jusqu'en 1757. (Lausanne, 1788, in-4°.)

4367. LE TROSNE. De l'administration provinciale et de la réforme de l'impôt. (Paris, 1779, in-4°.)

4368. [MOLLIEN.] Mémoires d'un ministre du Trésor public; 1780-1815. (Paris, 1846, 4 vol. in-8°.)

4369. GAUDIN (Duc de Gaëte). Mémoire sur le cadastre. (Paris, 1817, in-8°.)

4370. *TURGOT. Œuvres. (Dupont de Nemours. Paris, 1808-1811, 9 vol. in-8°.)

4371. MIRABEAU (Marquis DE). L'Ami des hommes; ou traité de la population. (S. l., 1755-1760, 8 vol. in-18.)

4372. BAUDEAU. Les Éphémérides du citoyen ou chronique de l'esprit national. (Paris, 1765-1772, 40 vol. in-12.)

4373. *NECKER. Œuvres. (Baron de Staël. Paris, 1820-1821, 15 vol. in-8°.) — De l'administration des finances de la France. (S. l., 1784, 3 vol. in-8°.)

4374. *DAIRE. Collection des économistes du xviiie siècle. (Paris, 1868, gr. in-8°.)

4375. GALIANI (Abbé). Correspondance. (Perey et Maugras. Paris, 1881, 2 vol. in-8°.)

4376. [DUTOT.] Réflexions politiques sur les finances et le commerce. (La Haye, 1738, 2 vol. in-8°.)

4377. MELON. Essai politique sur le commerce. (S. l., 1734, in-12; nouv. éd., 1736.)

1378. *TESSIER (O.). Archives historiques de la Chambre de commerce de Marseille. (Marseille, 1878, in-fol.)

1379. *Collection des mémoires présentés à l'assemblée des notables. (Versailles, 1787, 2 vol. in-4°.)

1380. Procès-verbal de l'Assemblée des notables. Paris, 1788, in-4°.

1381. Procès-verbaux des Assemblées provinciales. (On en trouvera la liste dans la Bibliographie de Stourm, citée plus bas n° 1165.)

1382. MAVIDAL ET LAURENT. Archives parlementaires. T. I à VII. Paris, 1867-1875, 7 vol. in-4°. (On y trouve les cahiers des États généraux.)

1383. HÉRELLE. Documents inédits sur les États généraux. 1182-1789. Paris, 1879, in-8°.

1384. LALOURCÉ ET DUVAL. Forme générale et particulière de la convocation et de la tenue des assemblées nationales ou États généraux de France. (Paris, 1789, 3 vol. in-8°.)

1385. *CHASSIN (L.). Les Élections et les Cahiers de Paris en 1789. (Paris, 1888, in-8°.)

1386. Les Cahiers du clergé et du tiers-état du bailliage de Soissons. (Périn, Soissons, 1868, in-8°.)

1387. LA JONQUIÈRE (Marquis DE). Les Cahiers de 89 dans la sénéchaussée de Castres. (Paris, 1867, in-8°.)

1388. Procès-verbaux du comité d'administration de l'agriculture. (Pigeonneau et de Foville. Paris, 1882, in-8°.)

1389. [BONCERF.] Les Inconvénients des droits féodaux. (Londres et Paris, 1776, in-8°.)

1390. FRÉMINVILLE (Edme DE). Pratique universelle sur la rénovation des terriers et des droits seigneuriaux. (Paris, 1752-59, 5 vol. in-4°.)

1391. RENAULDIN. Traité historique et pratique des droits seigneuriaux. (Paris, 1765, in-8°.)

1392. *FLÉCHIER. Mémoires sur les Grands Jours tenus à Clermont en 1665-1666. (Gonod. Paris, 1844, in-8°; 1856, in-8°.)

1393. BAUDOUIN (J.). Journal sur les grands jours du Languedoc, 1666-1667. (P. Le Blanc. Paris, 1871, in-8°.)

1394. PASQUIER (F.). Les Grands Jours de Poitiers. (Toulouse, 1875, in-8°.)

1395. [PIDANSAT DE MAIROBERT.] Journal historique de la Révolution opérée dans la constitution de la monarchie française par M. de Maupeou. (Londres, 1774-1776, 7 vol. in-12.)

1396. Recueil de pièces sur ce qui s'est passé en France depuis l'édit de décembre 1770, relativement à la suppression des parlements. (Londres, 1773-1774, 2 vol. in-8°.)

1397. BEAUMARCHAIS. Œuvres. (Gudin de la Brennellerie. Paris, 1809, 7 vol., 1827, 6 vol. in-8°.)

1398. *RAVAISSON (F.). Les Archives de la Bastille. (Paris, 1868-1886, 16 vol. in-8°.)

1399. *Journal des savants. (Paris, 1665-1792, 111 vol. in-4°. — Réimprimé à Amsterdam, 1669 et ss., 381 vol. in-24.) — Table méthodique et analytique des articles du Journal des Savants, par H. COCHERIS. (Paris, 1860, in-4°.)

1400. *Journal de Paris. (Paris, 1777-1811, in-4°.)

1401. *Journal de Trévoux. (Trévoux, 1701-1707, 265 vol. in-4°.)

1402. *BAYLE. Nouvelles de la république des lettres. (Rotterdam, 1684-1718, 36 vol. in-4°.)

1403. COLLÉ (Charles). Journal et mémoires sur les hommes de lettres, les ouvrages dramatiques et les événements les plus remarquables du règne de Louis XV; 1748-1772. (H. Bonhomme. Paris, 1868, 3 vol. in-8°.)

1404. *GRIMM, RAYNAL et MEISTER. Correspondance littéraire, philosophique et critique; 1747-1793. (Tourneux. Paris, 1877-1887, 20 vol. in-8°.)

4405. *BACHAUMONT. Mémoires secrets pour servir à l'histoire de la république des lettres, depuis 1762 jusqu'à nos jours. (Londres, 1777-1789, 36 vol. in-12; — Barrière et Lescure, III.)

4406. *L'Observateur anglois. (Londres, 1777-1778, 4 vol. in-12. — L'Espion anglais. Londres, 1780-1784, 6 vol. in-12. [Par Pidansat de Mairobert et autres.]

4407. *MÉTRA. Correspondance littéraire secrète, 1775-1793. (Neuwied, 1775-1793, 19 vol. in-8°.) — Correspondance secrète politique et littéraire, ou Mémoires pour servir à l'histoire des cours, des sociétés et de la littérature en France, depuis la mort de Louis XV. (Londres, 1787-1790, 18 vol. in-12.)

4408. *Chansonnier historique du XVIII° siècle. (Raunié. Paris, 1879-1884, 10 vol. in-12.)

4409. LA FERTÉ (Papillon DE), Intendant des Menus; 1766-1762. Journal. (Boyne. Paris, 1887, in-8°.) •

4410. La Société béarnaise au XVIII° siècle. Historiettes tirées des mémoires inédits d'un gentilhomme béarnais. (Paris, 1876, in-8°.)

4411. LABORDE (L. DE). Les comptes des bâtiments du Roi. (Paris, 1878-1880, 2 vol. in-8°.)

4412. GUIFFREY (J.-J.). Comptes des bâtiments du roi sous le règne de Louis XIV, t. I et II. (Paris, 1881-1887, 2 vol. in-4. Coll. des doc. inédits.)

4413. MONTAIGLON (A. DE). Procès-verbaux de l'Académie royale de peinture et sculpture. (Paris, 1877-1886, 7 vol. in-8°.)

4414. LA LONDE (DE FORMIGNY DE). Documents inédits pour servir à l'histoire de l'ancienne académie royale des belles-lettres de Caen. (Caen, 1854, in-8°.)

4415. MARTIN (H.). La Monarchie au XVII° siècle. Essai

sur le système et l'influence personnelle de Louis XIV.
Paris, 1848, in-8°.

4116. *CHÉRUEL. De l'administration de Louis XIV; 1661-
1672. Paris, 1849, in-8°.

4117. *TAINE (Hipp.). Les Origines de la France contemporaine. T. I. L'Ancien Régime. Paris, 1875, in-8°.

4118. *TOCQUEVILLE (DE). L'Ancien Régime et la Révolution. Paris, 1857, in-8°.

4119. DONIOL (H.). La Révolution française et la Féodalité.
Paris, 1874 et 1883, in-8°.

4120. *ROCQUAIN. L'Esprit révolutionnaire avant la Révolution. Paris, 1878, in-8°.

4121. RAUDOT. La France avant la Révolution. Paris,
1841 et 1847, in-8°.

4122. *BOITEAU. État de la France en 1789. Paris, 1861,
in-8°.

4123. ARBOIS DE JUBAINVILLE (D'). L'Administration des
intendants d'après les archives de l'Aube. Paris, 1880, in-8°.

4124. *MONIN (H.). Essai sur l'histoire administrative du
Languedoc pendant l'intendance de Basville (1685-1719).
Paris, 1884, in-8°.

4125. NORMAND (Ch.). Études sur les relations de l'État
et les communautés aux XVIIᵉ et XVIIIᵉ siècles. Saint-Quentin et la royauté. Paris, 1882, in-8°.

4126. *THOMAS (Cl.). Une province sous Louis XIV. Situation politique et administrative de la Bourgogne de 1661 à
1715. Paris, 1844, in-8°.

4127. *MATHIEU (Abbé). L'Ancien régime dans la province de Lorraine et Barrois; 1698-1789. Nancy, 1879, in-8°.

4128. LEGRAND (L.). Sénac de Meilhan et l'intendance du
Hainaut et du Cambrésis sous Louis XVI. Paris, 1868, in-8°.

4129. KRUG-BASSE. L'Alsace avant 1789, ou État de ses
institutions provinciales et locales. Paris, 1877, in-8°.

1130. *CLÉMENT (P.). Histoire de la vie et de l'administration de Colbert. Paris, 1846, in-8°. — Histoire de Colbert et de son administration. Paris, 1874, 2 vol. in-8°. — Le Gouvernement de Louis XIV ou la cour, l'administration, les finances et le commerce de 1683 à 1689. Paris, 1848, in-8°. — Histoire du système protecteur en France depuis le ministère de Colbert jusqu'à la révolution de 1848. Paris, 1854, in-8°.

1131. NEYMARCK. Colbert et son temps. Paris, 1877, 2 vol. in-8°.

1132. THIERS (A.). Histoire de Law. Paris, 1858, in-12.

1133. CLÉMENT (P.). Portraits historiques (Law, les frères Paris, etc.). Paris, 1855, in-12.

1134. *HORN (F.-E.). Jean Law, étude d'histoire financière. Leipzig, 1850, gr. in-8°.

1135. *FLAMMERMONT (J.). La Réforme judiciaire du chancelier Maupeou. Paris, 1880, in-8°. — Le chancelier Maupeou et les Parlements. Paris, 1884, in-8°.

1136. D'HUGUES. Essai sur l'administration de Turgot dans la généralité de Limoges. Paris, 1859, in-8°.

1137. *FONCI Essai sur le ministère de Turgot. Paris, 1877, in-8°.

1138. NEYMARCK. Turgot et ses doctrines. Paris, 1885, 2 vol. in-8°.

1139. SAY (L.). Turgot. Paris, 1888, in-12.

1140. BOISSY D'ANGLAS (Comte DE). Essai sur la vie, les écrits et les opinions de M. de Malesherbes. Paris, 1819-1821, 2 vol. in-8°.

1141. SEMICHON. Les Réformes sous Louis XVI. Assemblées provinciales et parlements. Paris, 1876, in-8°.

1142. *LAVERGNE (Léonce DE). Les Assemblées provinciales sous Louis XVI. Paris, 1879, in-12.

4443. *LUÇAY (DE). Les Assemblées provinciales sous Louis XVI et les divisions administratives de 1789. Paris, 1871, in-8°.

4444. GIRARDOT (Baron DE). Essai sur les assemblées provinciales et en particulier sur celle du Berry; 1778-1790. Bourges, 1845, in-8°.

4445. *DARESTE (R.). La Justice administrative en France. Paris, 1862, in-8°.

4446. Bos (E.). Les Avocats aux conseils du roi. Paris, 1880, in-8.

4447. *ESMEIN. Histoire de la procédure criminelle et spécialement de la procédure inquisitoriale depuis le XIIIᵉ siècle. Paris, 1881, in-8°.

4448. DETOURBET (E.). La Procédure criminelle au XVIIᵉ siècle. Paris, 1881, in-8°.

4449. ÉVERAT (E.). La Sénéchaussée d'Auvergne et siège présidial de Riom au XVIIIᵉ siècle. Paris, 1886, in-8°.

4450. THOLIN (G.). Ville libre et barons. Étude sur les limites de la juridiction d'Agen et sur la condition des forains de cette juridiction. Paris, 1886, in-8°.

4451. *BOSCHERON DES PORTES. Histoire du parlement de Bordeaux. Bordeaux, 1877, 2 vol. in-8°.

4452. *DUBÉDAT. Histoire du parlement de Toulouse. Toulouse, 1885, 2 vol. in-8°.

4453. DES MARCHES (A.-S.). Histoire du parlement de Bourgogne de 1733 à 1790. Châlons, 1851, in-fol.

4454. BOUÉTIEZ DU KERORGUEN (A. DE). Recherches sur les États de Bretagne, la tenue de 1736. Paris, 1875, 2 vol. in-8°.

4455. POUY. La Chambre du Conseil des États de Picardie. Amiens, 1882, in-8°.

4456. *CLERC. Histoire des États Généraux et des libertés publiques en Franche-Comté. Paris, 1882, 2 vol. in-8°.

4157. VAESEN. La Juridiction commerciale à Lyon sous l'ancien régime. (Lyon, 1881, in-8°.)

4158. *CLÉMENT (P.). La Police sous Louis XIV. Paris, 1866, in-18.

4159. O'REILLY. Mémoires sur la vie publique et privée de Claude Pellot, conseiller, maître des requêtes, intendant et premier président du Parlement de Normandie. Paris, 1881-82, 2 vol. in-8°.

4160. KERVILER (René). Le Chancelier Pierre Séguier. (Paris, 1874, in-8°.)

4161. *ROUSSET (C.). Histoire de Louvois. Paris, 1861-1863, 4 vol. in-8°.

4162. *GÉBELIN. Histoire des milices provinciales (1688-1791). Paris, 1883, in-8°.

4163. *MENTION. Le comte de Saint-Germain et ses réformes. Paris, 1884, in-8°.

4164. MOUILLART. Armée française. Les Régiments sous Louis XV. Paris, 1882, in-fol.

4165. *STOURM (René). Les Finances de l'ancien régime et de la Révolution. Paris, 1885, 2 vol. in-8°. — Bibliographie des finances au xviii° siècle. (Annales de l'École des sciences politiques, 15 juillet 1886 et 15 juillet 1887.)

4166. *VÜHRER (A.). Histoire de la dette publique en France. Paris, 1886, 2 vol. gr. in-8°.

4167. MONTYON (Auget DE). Particularités et observations sur les ministres des finances de France les plus célèbres, depuis 1660 jusqu'à 1791. Paris, 1812, in-8°.

4168. *MALLET. Comptes rendus de l'administration des finances du royaume de France pendant les onze dernières années de Henri IV, le règne de Louis XIII et 65 années de celui de Louis XIV. Londres et Paris, 1789, in-4°.

4169. CLERGIER. Notions historiques sur les impôts et revenus de l'ancien régime. Paris, 1882, in-8°.

4470. Saulnier. Recherches historiques sur le droit de douane depuis les temps les plus reculés jusqu'à la Révolution de 1709. Paris, 1839, in-8°.

4471. * Vuitry (Ad.). Le Désordre des finances et les excès de la spéculation à la fin du règne de Louis XIV et au commencement du règne de Louis XV. Paris, 1885, in-12.

4472. * Feillet (Alph.). La Misère au temps de la Fronde. Paris, 1868, in-12.

4473. Loth. Saint Vincent de Paul et sa mission sociale. Paris, 1879, gr. in-8°.

4474. Biollay (P.). Études économiques sur le xviiie siècle. Le pacte de famine. Paris, 1885, in-8°.

4475. Oberleiterer. Frankreichs Finanz-Verhœltnisse unter Ludwig XVI. Vienne, 1866, in-8°.

4476. Horn. L'Économie politique avant les physiocrates. Paris, 1867, in-8°.

4477. * Lavergne (Léonce de). Les Économistes français au xviiie siècle. Paris, 1870, in-8°.

4478. * Levasseur. La France industrielle en 1789. Paris, 1865, in-8°.

4479. Calonne (A. de). La Vie agricole sous l'ancien régime en Picardie et en Artois. Paris, 1883, in-8°.

4480. * Babeau (A.). La Ville sous l'ancien régime. Paris, 1880, in-8°. — Le Village sous l'ancien régime. Paris, 1879, in-12. — La Vie rurale dans l'ancienne France. Paris, 1882, in-8°. — Les Artisans et les Domestiques d'autrefois. Paris, 1885, in-12. — Les Bourgeois d'autrefois. Paris, 1886, in-8°. — Les Voyageurs en France depuis la Renaissance jusqu'à la Révolution. Paris, 1885, in-12.

4481. Bertin. Les Mariages dans l'ancienne société française. Paris, 1879, in-8°.

4482. * Cousin (V.). La Société française au xviie siècle, d'après le *Grand Cyrus*, roman de Mlle de Scudéry. Paris, 1858, 2 vol. in-8°.

4483. BELIN. La Société française au xviiᵉ siècle, d'après les sermons de Bourdaloue. Paris, 1876, in-8°.

4484. GIDEL (Ch.). Les Français au xviiᵉ siècle. Paris, 1860, in-12.

4485. LARROUMET. La Comédie de Molière. L'auteur et le milieu. Paris, 1887, in-8°.

4486. *SAINTE-BEUVE. Port-Royal. Paris, 1877, 7 vol. in-12.

4487. FUZET (Abbé). Les Jansénistes du xviiᵉ siècle, leur histoire et leur dernier historien, M. Sainte-Beuve. Paris, 1877, in-8°.

4488. LOUBERS. Jean Domat, philosophe et magistrat. Paris, 1873, in-8°.

4489. BOURGOIN (Aug.). Un bourgeois de Paris lettré au xviiᵉ siècle. Valentin Conrart. Paris, 1883, in-8°.

4490. URI. Guyet et son cercle littéraire. Paris, 1886, in-8°.

4491. MARCOU. Étude sur la vie et les œuvres de Pellisson. Paris, 1859, in-8°.

4492. JACQUET (A.). La Vie littéraire dans une ville de province sous Louis XIV. Paris, 1887, in-8°.

4493. CAPEFIGUE. Louis XV et la société du xviiiᵉ siècle. Paris, 1842, 4 vol. in-8°.

4494. *BRUNEL. Les Philosophes et l'Académie française au xviiiᵉ siècle. Paris, 1884, in-8°.

4495. DELAHANTE. Une famille de finance au xviiiᵉ siècle. (Les Delahante.) Paris, 1881, 2 vol. in-8°.

4496. AUBERTIN. L'Esprit public au xviiiᵉ siècle. Paris, 1872, in-12. — L'Éloquence politique et parlementaire en France avant 1789. Paris, 1882, in-12.

4497. *LOMÉNIE (L. DE). Beaumarchais et son temps. Paris, 1856, 2 vol. in-8°.

1198. PÉREY (L.). Histoire d'une grande dame au XVIIIᵉ siècle : La princesse Hélène de Ligne. Paris, 1887, in-8°. — La comtesse Potocka. Paris, 1888, in-8°.

1199. PÉREY et MAUGRAS. Une femme de lettres au XVIIIᵉ siècle. La jeunesse de Mᵐᵉ d'Épinay. Les dernières années de Mᵐᵉ d'Épinay. Paris, 1882-1883, 2 vol. in-8°.

1500. * DESNOIRESTERRES (G.). Voltaire et la société française au XVIIIᵉ siècle. Paris, 1867-75, 7 vol. in-12.

1501. VIAN (L.). Histoire de Montesquieu, sa vie et ses œuvres. Paris, 1878, in-8°.

1502. * SOREL (A.). Montesquieu. Paris, 1887, in-8°.

1503. * SCHÉRER (E.). Melchior Grimm. Paris, 1887, in-8°.

1504. GUERRIER (Wl.). L'abbé de Mably. Paris, 1886, in-8°.

1505. * FOISSET (Th.). Le Président de Brosses. Histoire des lettres et des Parlements au XVIIIᵉ siècle. Dijon, 1842, in-8°.

1506. HAUSSONVILLE (O, D'). Le Salon de Mᵐᵉ Necker. Paris, 1882, 2 vol. in-12.

1507. FRANCK (Ad.). Réformateurs et publicistes de l'Europe au XVIIᵉ siècle. Paris, 1881, in-8°.

1508. PUAUX (F.). Les Précurseurs français de la tolérance au XVIIᵉ siècle. Paris, 1881, in-8°.

1509. JARRIN. La Province au XVIIIᵉ siècle. Mandrin. Bourg, 1880, in-8°.

1510. JULLIEN. La Comédie à la cour. Les théâtres de société royale pendant le siècle dernier. Paris, 1883, in-4°.

1511. MAUGRAS (G.). Les Comédiens hors la loi. Paris, 1887, in-8°.

1512. LANTOINE (H.). Histoire de l'enseignement secondaire en France au XVIIᵉ siècle. Paris, 1874, in-8°.

1513. LOISELEUR. L'Université d'Orléans pendant la période de décadence. Orléans, 1886, in-8°.

1514. *ALLAIN (Abbé). L'Instruction primaire en France avant la Révolution. Paris, 1881, in-12. — La Question d'enseignement en 1789. Paris, 1886, in-12.

1515. SICARD (Abbé). Les Études classiques avant la Révolution. Paris, 1887, in-12.

1516. PELLISSON et D'OLIVET. Histoire de l'Académie française. 3e édition. Paris, 1743, 2 vol. in-12.

1517. *MAURY. Les Académies d'autrefois. Académie des Sciences. Paris, 1863, in-8°. — L'ancienne Académie des Inscriptions et Belles-Lettres. Paris, 1864, in-8°.

1518. MAINDRON. L'Académie des Sciences. Son histoire. Fondation de l'Institut National. Paris, 1888, in-8°.

1519. GRANDPERRET. Histoire de l'Académie royale des Sciences, Belles-lettres et Arts de Lyon. Lyon, 1845, in-8°.

1520. TASSIN (Dom). Histoire littéraire de la congrégation de Saint-Maur. Bruxelles, 1770, in-4°.

1521. RAYNAL. Histoire philosophique des Deux Indes. Nouv. éd. Paris, 1820, 12 vol. in-8° avec atlas in-4°.

1522. [PICOT.] Mémoires pour servir à l'histoire ecclésiastique pendant le XVIIIe siècle. Paris, 1806, 2 vol. in-8.

1523. AVRIGNY (Abbé H. Robillard D'). Mémoires pour servir à l'histoire ecclésiastique; 1600-1716. Paris, 1720, 4 vol. in-12.

1524. GERBERON. Histoire générale du Jansénisme. Amsterdam, 1700, 3 vol. in-12.

1525. [CLÉMENCET.] Histoire générale de Port-Royal. Amsterdam, 1755-1757, 10 vol. in-12.

1526. LAFITAU, évêque de Sisteron. Histoire de la constitution Unigenitus. Avignon, 1766, 2 vol. in-12.

1527. [J. PHÉLIPEAUX.] Relation de l'origine, du progrès et de la condamnation du Quiétisme. Paris, 1732, in-12.

1528. *BAUSSET (L.-Fr.). Histoire de Bossuet. Versailles, 1819, 4 vol. in-8°. — Histoire de Fénelon. Versailles, 1842,

1 vol. in-8°. — Supplément aux histoires de Bossuet et de Fénelon par Rabavaud. Paris, 1822, in-8°.

4529. RÉAUME (Abbé). Histoire de Jacques-Bénigne Bossuet et de ses œuvres. Paris, 1869-70, 3 vol. in-8°.

4530. RAMSAY. Histoire de la vie et des œuvres de Fénelon. La Haye, 1723, in-12.

4531. GUERRIER (L.). Mᵐᵉ Guyon, sa vie, sa doctrine et son influence. Paris, 1881, in-8°.

4532. SCHICKELÉ (Abbé). L'état de l'église d'Alsace avant la Révolution. Paris, 1877, in-8°.

4533. BELLET (Abbé Ch.). Histoire du cardinal Le Camus, évêque et prince de Grenoble. Paris, 1887, in-8°.

4534. INGOLD (Le P.). L'Oratoire et le Jansénisme au temps de Massillon. Paris, 1880, in-8°.

4535. FABRE. La Jeunesse de Fléchier. Paris, 1882, 2 vol. in-8°.

4536. PIGNOT. Un évêque réformateur sous Louis XIV. Gabriel de Roquette, évêque d'Autun. Paris, 1876, 2 vol. in-8°.

4537. GOUMY. Étude sur la vie et les écrits de l'abbé de Saint-Pierre. Paris, 1859, in-8°.

4538. * CRÉTINEAU-JOLY. Histoire religieuse, politique et littéraire de la compagnie de Jésus. Paris, 1851, 6 vol. in-8°.

4539. CARAYON (Le P. A.). Notes historiques sur les parlements et les jésuites au xvIIIᵉ siècle. Poitiers, 1867, in-8°.

4540. SAINT-PRIEST (A. DE). Histoire de la chute des jésuites au xvIIIᵉ siècle (1750-1782). Paris, 1844, in-8°.

4541. CRÉTINEAU-JOLY. Clément XIV et les jésuites. Paris, 1847, in-8°.

4542. HUGUES (E.). Antoine Court. Histoire de la restauration du protestantisme en France au xvIIIᵉ siècle. Paris, 1872, 2 vol. in-8°.

INDEX ALPHABÉTIQUE

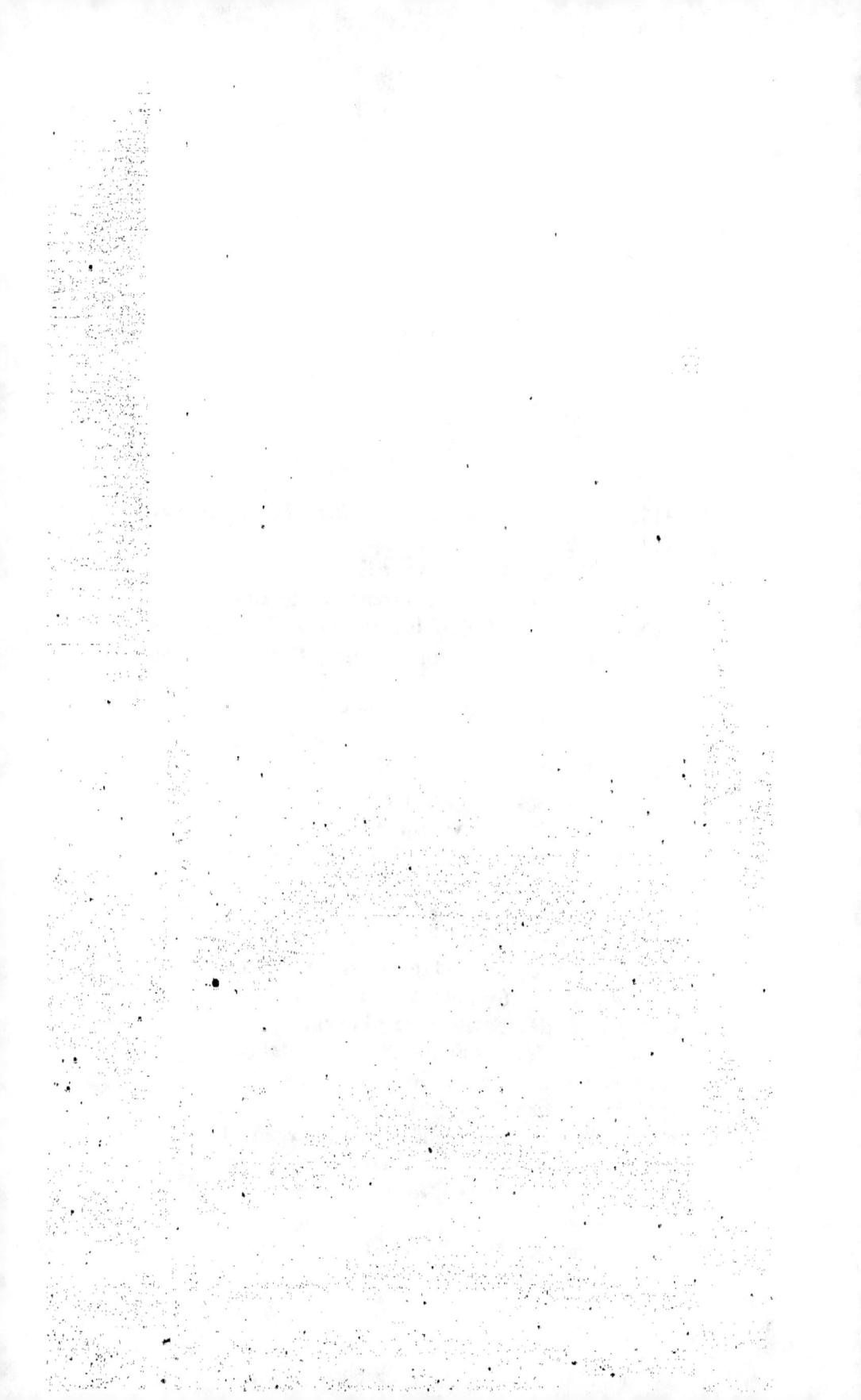

ERRATA

N° 147, *au lieu de :* P. Menestrier, *lisez :* Le P. Ménestrier.

N° 247 à annuler. Cf. n° 150.

N° 269, *au lieu de :* Hauk, *lisez :* Hauck.

N° 284, *au lieu de :* A. Rochas, *lisez :* A. de Rochas.

N° 310, *au lieu de :* Cl. Expilly, *lisez :* J.-J. Expilly.

N° 370, *au lieu de :* Champollion, *lisez :* Champollion-Figeac.

N° 410, *au lieu de :* Ph. D : *lisez :* Th. D.

N° 459, *au lieu de :* n° 43, *lisez :* n° 42.

N° 422, *au lieu de :* historische, *lisez :* historischen.

N° 423, *au lieu de :* schweizerische, *lisez :* schweizerischen.

N° 481, *au lieu de :* 18,20, *lisez :* 1829.

N° 563, *au lieu de :* Beauville, *lisez :* Beauvillé.

N° 586, *au lieu de :* nach der ef, *lisez :* noch der.

N° 613, *au lieu de :* Miroeus, *lisez :* Miraeus.

N° 83, *au lieu de :* Laborderie, *lisez :* La Borderie.

N° 866, *au lieu de :* Altaserra, *lisez :* A. D. de Hautescrre.

N° 975, *au lieu de :* Nostradamus, *lisez :* Nostredame.

N° 982, *au lieu de :* Gingins la Sarra, *lisez :* Gingins-la-Sarraz.

N° 1043, *au lieu de :* Favin, *lisez :* Favyn.

N° 1046, *au lieu de :* Besongne, *lisez :* Besoigne.

N° 1110, *au lieu de :* Loysel, *lisez :* Loisel.

N° 1134, *au lieu de :* Dufay, *lisez :* Dufey.

N° 1163, *au lieu de :* Bourneuf, *lisez :* Bourganeuf.

N° 1165, *au lieu de :* Bezinghen, *lisez :* Beringhen.

N° 1345, *au lieu de :* Vœsen, *lisez :* Vaesen.

N° 1389, *au lieu de :* Boullay, *lisez :* Boulay.

N° 1412, *au lieu de :* de la Rue, *lisez :* Delarue.

Nᵒˢ 1438, 1442, *au lieu de :* Delaborde, *lisez :* de Laborde.

Nᵒ 1872, *au lieu de :* Baudeville, *lisez :* Bandeville.

Nᵒ 1887, *au lieu de :* Constantin, *lisez :* Constantinus.

Nᵒ 1944, *au lieu de :* 1944. Lex Rib., *lisez :* 1943. Lex Rib.

Nᵒ 2020, *au lieu de :* Symphorani, *lisez :* Symphoriani.

Nᵒ 2096, *au lieu de :* Baldericus, *lisez :* Baldericus Burguliensis
     sire.

Nᵒ 2138, *au lieu de :* Breslau, *lisez :* Bresslau.

Nᵒ 2216, *au lieu de :* Henri II, *lisez :* Henrici II.

Nᵒ 2234, *au lieu de :* Vaucandard, *lisez :* Vacandard.

Nᵒ 2242, *au lieu de :* Bernbard, *lisez :* Bernhardi.

Nᵒ 2264, *au lieu de :* Surita, *lisez :* Zurita.

Nᵒ 2268, *au lieu de :* Anna Comnense, *lisez :* Anna Comnena.

Nᵒ 2417, *au lieu de :* Mathæus, *lisez :* Matthæus.

Nᵒ 3121, *au lieu de :* V. Juste, *lisez :* Th. Juste.

Nᵒ 3166 à supprimer.

Nᵒ 3239. Les *Études sur la Renaissance* sont de Désiré Nisard.

Nᵒ 3900, *au lieu de :* Dumont, *lisez :* Drumont.

TABLE DES MATIÈRES

SECONDE PARTIE

HISTOIRE PAR ÉPOQUES.